文/白/对/照

资治通鑑

第十九册

〔宋〕司马光　　编撰

〔清〕康熙 乾隆　御批

〔清〕申涵煜　　点评

　　　萧祥剑　　主编

　　中华文化讲堂　译

团结出版社

目 录

资治通鉴卷第二百二十三　唐纪三十九

起昭阳单瘀七月，尽旃蒙大荒落十月，凡二年有奇。

【译文】起癸卯（公元763年）七月，止乙巳（公元765年）十月，共两年三个月。

【题解】本卷记录了公元763年七月至765年十月的史事，共两年又三个月，正当唐代宗广德元年到永泰元年十月。此时期，安史之乱已经平定，由于代宗平庸，依赖宦官，处理安史之乱善后不当，事事姑息，是非不明，逼反仆固怀恩，形势急转，唐朝再次陷入危机。仆固怀恩两次与回纥、吐蕃连兵，一度攻占长安，代宗蒙尘，所幸郭子仪被重新起用，和好回纥，大破吐蕃，才又使唐王室转危为安。

代宗睿文孝武皇帝上之下

广德元年（癸卯，公元七六三年）秋，七月，壬寅，群臣上尊号曰宝应元圣文武孝皇帝。壬子，赦天下，改元。诸将讨史朝义者进官阶、加爵邑有差。册回纥可汗为颉咄登蜜施合俱录英义建功毗伽可汗，可敦为娑墨光亲丽华毗伽可敦；左、右杀以下，皆加封赏。

戊辰，杨绾上贡举条目：秀才问经义二十条，对策五道；国子监举人，令博士荐于祭酒，祭酒试通者升之于省，如乡贡法。

明法，委刑部考试。或以为明经、进士，行之已久，不可遽改。事虽不行。识者是之。

【译文】广德元年（癸卯，公元763年）秋季，七月，在壬寅日（初一），各位大臣上尊号为宝应元圣文武孝皇帝。壬子日（十一日），大赦天下，并且改年号为广德。各个讨伐史朝义的将军都被晋升了官位，增加了爵位和封邑个个都不大相同。册命回纥可汗作为颉咄登蜜施合俱录英义建功毗伽可汗，任命可敦作为娑墨光亲丽华毗伽可敦；左、右杀以下的许多官员都有封爵和赏赐。

戊辰日（二十七日），杨绾向唐代宗呈上了贡举的一些详细的办法：秀才考问二十条经书大义，五道对策题；对于国子监推荐出来应举的人，必须先由国子博士推荐给国子祭酒，国子祭酒的考试通过之后就晋升到了尚书省，和乡贡的办法一样。对于考明法科的人，就委任刑部考试。有些人以为明经科、进士科已经实行了很长时间，所以不能够马上革除。虽然这个办法还没有实行，但是有识之士却认为这个想法特别好。

以仆固玚为朔方行营节度使。

吐蕃入大震关，陷兰、廓、河、鄯、洮、岷、秦、成、渭等州，尽取河西、陇右之地。唐自武德以来，开拓边境，地连西域，皆置都督、府、州、县。开元中，置朔方、陇右、河西、安西、北庭诸节度使以统之，岁发山东丁壮为戍卒，缯帛为军资，开屯田，供糗粮，设监牧，畜马牛，军城戍逻，万里相望。及安禄山反，边兵精锐者皆征发入援，谓之行营，所留兵单弱，胡虏稍蚕食之；数年间，西北数十州相继沦没，自凤翔以西，邠州以北，皆为左衽矣。

【译文】任命仆固玚作为朔方行营节度使。

吐蕃入侵大震关，并且攻陷了兰、廓、河、鄯、洮、岷、秦、成、渭等各州，还取得河西、陇右两个地区的全部土地。唐朝自从武德（高祖年号）以后，就开始开辟和扩展边疆地区，土地和西域地区相连接，都分别设置了都督、府、州、县。在开元年间，还设置了朔方、陇右、河西、安西、北庭的各个节度使来进行统治，并且每年还征发太行山东边的壮丁作为守御的士兵，缯帛作为军队上用的物资；开荒屯田，来保障军队的供给；并且设置了监牧，养一些牛和马，驻扎在城镇进行守御和防护巡逻的士兵，万里之间前后都能够互相看见。等到安禄山造反的时候，守卫边疆的那些精锐士兵都被调回国中去进行支援，称为行营（军营行止不定，故名）。所以留下来的士兵都是些单薄衰弱的，慢慢地被少数民族所侵吞。就在几年的时间里，西北几十个州一个接一个地沦陷。凤翔的西边、邠州的北边，都成为少数民族的地区了。

初，仆固怀恩受诏与回纥可汗相见于太原；河东节度使辛云京以可汗乃怀恩婿，恐其合谋袭军府，闭城自守，亦不犒师。及史朝义既平，诏怀恩送可汗出塞，往来过太原，云京亦闭城不与相闻。怀恩怒，具表其状，不报。怀恩将朔方兵数万屯汾州，使其子御史大夫玚将万人屯榆次，裨将李光逸等屯祈县，李怀光等屯晋州，张维岳等屯沁州。怀光，本勃海靺鞨也，姓茹，为朔方将，以功赐姓。中使骆奉仙至太原，云京厚结之，为言怀恩与回纥连谋，反状已露。奉仙还，过怀恩，怀恩与饮于母前，母数让奉仙曰："汝与吾儿约为兄弟，今又亲云京，何两面也！"酒酣，怀恩起舞，奉仙赠以缠头彩。怀恩欲酬之，曰："来日端午，当更乐饮一日。"奉仙固请行，怀恩匿其马，奉仙谓左右曰："朝来责

3

我，又匿我马，将杀我也。"夜，逾垣而走；怀恩惊，遽以其马追还之。八月，癸未，奉仙至长安，奏怀恩谋反；怀恩亦具奏其状，请诛云京、奉仙；上两无所问，优诏和解之。

【译文】起初，仆固怀恩受到唐代宗的诏书和回纥可汗在太原地区见面；河东节度使辛云京认为可汗是仆固怀恩的女婿，害怕他们计谋着攻击军府，所以就关闭了太原城门自己进行防守，对他的军队也不进行犒劳。待到史朝义被平定之后，唐代宗就又下诏书让仆固怀恩送可汗出塞，出来和进去都经过了太原。辛云京也都是关闭城门不与他互通消息。仆固怀恩十分地生气，于是就写表文把这里的详细情形上报给了朝廷，朝廷没有搭理他。仆固怀恩就带领朔方军队的几万名士兵驻扎在了汾州，并且让他的儿子御史大夫仆固玚带领一万人驻扎在了榆次，副将李光逸等一些人驻扎在了祁县，李怀光等一些人驻扎在了晋州，张维岳等一些人驻扎在了沁州。李怀光，原本是渤海靺鞨人，姓茹，是朔方将军，因为他对朝廷有功劳所以赐姓李。宦官骆奉仙到达太原，辛云京和他的关系很好，所以对他说仆固怀恩和回纥合谋，反叛的迹象已经显现出来了。骆奉仙回来之后，还顺便拜访了仆固怀恩，仆固怀恩在母亲的面前和他一块儿喝酒，母亲多次责备骆奉仙说："你和我的儿子相约是兄弟，现在你却又和辛云京亲近，怎么能这么反复无常呢？"酒喝到兴浓的时候，仆固怀恩就站起来跳舞，骆奉仙送给他彩物作为缠头。仆固怀恩想要答谢他，于是就说："等到端午节的时候，我们应该再快快乐乐地喝一天酒。"骆奉仙坚决要求回到朝堂，于是仆固怀恩就把他的马给藏了起来。骆奉仙就对身边的人说："早上责罚我，此刻却又把我的马给藏了起来，这是要杀死我啊！"在晚上的时候，他就翻过墙逃跑了。仆固怀恩十分惊慌，立刻追上去并且把马还给他。八月，癸未日（十三日），骆奉仙回到了长安，就向唐代宗报告仆固怀恩想要谋反的事。仆固怀恩于是也把实际的情况向唐代宗详细地说了，请求杀死辛云京和骆奉仙。但是唐代宗两方面都不予以追究，还下优诏褒扬他们让他们和解。

怀恩自以兵兴以来，所在力战，一门死王事者四十六人，女嫁绝域，说谕回纥，再收两京，平定河南、北，功无与比，而为人构陷，愤怨殊深，上书自讼，以为："臣昨奉诏送可汗归国，倾竭家资，俾之上道。行至山北，云京、奉仙闭城不出祇迎，仍令潜行窃盗。回纥怨怒，亟欲纵兵，臣力为弥缝，方得出塞。云京、奉仙恐臣先有奏论，遂复妄称设备，与李抱玉共相组织。臣静而思之，其罪有六：昔同罗叛乱，臣为先帝扫清河曲，一也；臣男玚为同罗所虏，得间亡归，臣斩之以令众士，二也；臣有二女，远嫁外夷，为国和亲，荡平寇敌，三也；臣与男玚不顾死亡，为国效命，四也；河北新附，节度使皆握强兵，臣抚绥以安反侧，五也；臣说谕回纥，使赴急难，天下既平，送之归国，六也。臣既负六罪，诚合万诛，惟当吞恨九泉，衔冤千古，复何诉哉！臣受恩至重，夙夜思奉天颜，但以来瑱受诛，朝廷不示其罪，诸道节度，谁不疑惧！近闻诏追数人，尽皆不至，实畏中官谗口，虚受陛下诛夷；岂惟群臣不忠，正为回邪在侧。且臣前后所奏骆奉仙，词情非不撼实，陛下竟无处置，宠任弥深；皆由同类比周，蒙蔽圣听。窃闻四方遣人奏事，陛下皆云与票骑议之，曾不委宰相可否，或稽留数月不还，远近益加疑阻。如臣朔方将士，功效最高，为先帝中兴主人，乃陛下蒙尘故吏，曾不别加优奖，反信谗嫉之词。子仪先已被猜，臣今又遭诋毁，弓藏鸟尽，信匪虚言。陛下信其矫诬，何殊指鹿为马！倘不纳愚恳，且贵因循，臣实不敢保家，陛下岂能安国！忠言利行，惟陛下图之。臣欲公然入朝，恐将士留沮。今托巡晋、绛，于彼迁延，乞陛下特遣一介至绛州问臣，臣即与之同发。"

【译文】仆固怀恩认为自从战乱发生到现在，他四处尽力作战，全家为国家而战死的就有四十六人，女儿又嫁到很远的地方，并且劝说回纥派兵让他们帮助唐朝收复东京、西京，平定河南、河北；功劳十分大，是没有人能和他相提并论的；现在却被人设计陷害，因此气愤、怨恨也特别深。于是就上书为自己申诉冤屈，说道："臣前段时间遵守唐代宗的命令送可汗回国，耗尽了自己的家产，这才使他上路。等走到山北的时候，辛云京和骆奉仙都紧紧地关闭城门，不但不出来恭候迎接，还让他们偷偷地行军，像盗匪一样。回纥十分怨恨并且恼怒，很想带兵攻城。臣竭尽全力为他们调解劝说，才安全地把他们送到塞外。

"辛云京、骆奉仙害怕臣以前已经向陛下申论说明了这件事，所以就又随便地找了个借口说预做防备，于是就和李抱玉联合起来。臣静下心来细想，觉得自己有六个罪过：先前同罗叛变，臣替先帝平定河曲地区，这是第一个罪过；臣的儿子仆固玢被同罗俘获，趁机逃了回来，臣把他杀了来对士兵发号施令，这是第二个罪过；臣有两个宝贝女儿，都嫁到很远的夷狄，为国家和亲，消除贼寇和敌国，这是第三个罪过；臣和儿子仆固玚不顾自己的安危，为国家拼命效劳，这是第四个罪过；河北刚刚回归朝廷，节度使都掌握军权，臣安抚他们这样才让他们不再害怕，这是第五个罪过；臣劝说回纥，让他们奔赴国家的急难，天下平定之后，又送他们回到了自己的国家，这是第六个罪过。臣既然背负着六大罪过，确实应当万死；只是应当含恨九泉之下，衔冤到千年万代，这又有什么好申诉的呢？臣蒙受国家的大恩大德，白天晚上都想着回到朝中侍奉皇上。只是因为来瑱被杀害了，朝廷并没有宣告他的罪状。各个地方的节度使哪一个不心怀疑惑和害怕？最近听说陛下下诏征召几个人入朝，全部都没有到。他们实在是害怕被宦官陷害，白白地被朝廷杀害。岂止是各位大臣不忠于君上，正是因为邪恶的小人待在陛下的身边。臣前后两次所上报的有关骆奉仙的事，言辞和实情并不是不真实，可是陛下居然没有处置，并且对他的宠爱和信任却更加深厚。这都是那些小人结党营私，蒙蔽了陛下耳目的结果。臣自己听说四方派人到朝廷奏报事情，陛下却总是说要去和骠骑将军（程元振）商量，从来也没有交给宰相决定能不能施行；有时扣留几个月还不把人放回来，这更是增加了远方和近处将吏的猜疑和隔阂。比如，臣所率领的朔方的将士，功劳是最高，是先帝中兴大业的主导力量，也是陛下您做兵马大元帅的时候的旧部下，却没有特别地给予优厚的奖赏，反而相信谗害嫉妒的话。郭子仪以前已经受到小人的猜疑和嫉妒，臣现在又被谗害。古代有句俗话说：'飞鸟尽，良弓藏。'这的确不是句假话。陛下居然相信他们借谋反来陷害我，这和'指鹿为马'又有什么区别呢？如果陛下不接受臣的忠诚言论，仍然遵循旧的不加以改正，臣实在不敢说能够保有家业，陛下又怎么能够安定国家呢？忠言逆耳，但是对做事情有利，希望陛下您仔细考虑考虑。臣想要公开回到朝廷，害怕将士们阻挡挽留我。现在就借口去晋州和绛州出巡，将会在那里多待一段时间。请陛下特别派遣一个使者来绛州看望我，臣就同他一块儿出发。"

九月，壬戌，上遣裴遵庆诣怀恩谕旨，且察其去就。怀恩见遵庆，抱其足号泣拆冤。遵庆为言圣恩优厚，讽令入朝，怀恩许诺。副将范志诚以为不可，曰："公信其甘言，入则为来瑱，不复还矣！"明日，怀恩见遵庆，以惧死为辞，请令一子入朝，志诚又以为不可，遵庆乃还。御史大夫王翊使回纥还，怀恩先与可汗往来，恐翊泄其事，遂留之。

吐蕃之初入寇也，边将告急，程元振皆不以闻。冬，十月，吐蕃寇泾州，刺史高晖以城降之，遂为之乡导，引吐蕃深入；过邠州，上始闻之。辛未，寇奉天、武功，京师震骇。诏以雍王适为关内元帅，郭子仪为副元帅，出镇咸阳以御之。

【译文】九月，在壬戌日（二十二日），唐代宗派裴遵庆到仆固怀恩那里去宣示朝廷的旨意，并且察看他的意图。仆固怀恩见到裴遵庆之后，就抱着他的脚大声哭着申诉冤屈。裴遵庆对他说皇上的恩意十分优厚，就暗示他让他回朝。仆固怀恩答应了。副将范志诚认为不可以，他说："您相信他的话，回到朝中就有可能成为来瑱第二，就永远不能再回来了！"第二天，仆固怀恩见到裴遵庆之后，以怕死为借口，便请求让他的一个儿子回到朝廷，范志诚又认为不行，裴遵庆就回来了。御史大夫王翊出使回纥回来之后，仆固怀恩以前已经同回纥有过来往，害怕王翊泄露了他的事情，于是就把他给扣留下来了。

当吐蕃侵略中国的时候，守卫边疆的将士向朝廷告急，程元振都不给唐代宗报告这边的情况。冬季，十月，吐蕃侵犯了泾州，刺史高晖把城献出而向他们投降，因此为其做向导，带领吐蕃深入内地。过了邠州之后，唐代宗才知道消息。辛未日（初二），进攻奉天、武功，京城的人十分害怕。于是，唐代宗下诏任命雍王李适作为关内元帅，郭子仪作为副元帅，出兵守卫咸阳来抵抗吐蕃。

【乾隆御批】怀恩自收京以后，强场之宣力居多，恃功骄蹇，已非一日。狼子野心固不能保其克全，臣节，然彼时未遽有跋扈之形，徒以云京怀疑激怒，实为过举。迨嫌隙已成，抗不赴徵，逆迹显著矣，代宗竟视为固然，不即声罪致讨，威令不行，复何以驭下乎。

【译文】仆固怀恩收复二京，确实出了大力，但他此后居功自傲、傲慢不驯，不是一朝一夕形成的。他的狼子野心本来就不能保全他约束臣子的节操，然而那时仆固怀恩并未马上显现出飞扬跋扈，唐代宗仅因幸云京怀疑仆固怀恩而愤怒，这也太过分了。等到猜疑形成仇恨，仆固怀恩抗旨不赴征召时，仆固怀恩的罪恶行迹已经显露，唐代宗反而又把这看成理所应当，而不立即发兵声讨问罪，皇上的威令不行，又拿什么来驾驭臣民呢？

子仪闲废日久，部曲离散，至是召募，得二十骑而行，至咸阳，吐蕃帅吐谷浑、党项、氐、羌二十馀万众，弥漫数十里，已自司竹园渡渭，循山而东。子仪使判官中书舍人王延昌入奏，请益兵，程元振遏之，竟不召见。癸酉，渭北行营兵马使吕月将将精卒二千，破吐蕃于盩厔之西。乙亥，吐蕃寇盩厔，月将复与力战，兵尽，为虏所擒。

【译文】郭子仪闲散废弃了很长时间，部下都已经四处分离。现在招募士兵，仅募得二十人骑马出发。到了咸阳，吐蕃带领吐谷浑、党项、氐、羌二十多万人马，布满了几十里的路面，已经由司竹园渡过渭水，沿着山边向东边进军。郭子仪让判官中书舍人王延昌进入朝廷报告情况，请求增加士兵。程元振加以阻止，竟然没有召见他。癸酉日（初四），渭北行营兵马使吕月将带领精兵二千人在螯屋西边打败了吐蕃士兵。乙亥日（初六），吐蕃攻击螯屋，吕月将又竭尽全力和他交战，士兵死完了，自己也被吐蕃俘虏了。

上方治兵，而吐蕃已度便桥，仓猝不知所为。丙子，出幸陕州，官吏藏窜，六军逃散。郭子仪闻之，遽自咸阳归长安，比至，车驾已去。上才出苑门，渡浐水，射生将王献忠拥四百骑叛还长安，胁丰王珙等十王西迎吐蕃。遇子仪于开远门内，子仪叱之，献忠下马，谓子仪曰："今主上东迁，社稷无主，令公身为元帅，废立在一言耳。"子仪未应。珙越次言曰："公何不言！"子仪责让之，以兵援送行在。丁丑，车驾至华州，官吏奔散，无复供拟，扈从将士不免冻馁。会观军容使鱼朝恩将神策军自陕来迎，上乃幸朝恩营。丰王珙见上于潼关，上不之责，退至幕中，有不逊语；群臣奏请诛之，乃赐死。

戊寅，吐蕃入长安，高晖与吐蕃大将马重英等立故邠王守礼之孙广武王承宏为帝，改元，置百官，以前翰林学士于可封等为相。吐蕃剽掠府库市里，焚闾舍，长安中萧然一空。苗晋卿病卧家，遣人舆入，迫胁之，晋卿闭口不言，虏不敢杀。于是，六军散者所在剽掠，士民避乱，皆入山谷。

【译文】当时唐代宗正在练兵，而吐蕃却已经渡过了便桥，紧急之下，不知该怎么办。丙子日（初七），出城逃到了陕州，官员都隐藏起来，六军都逃走了。郭子仪听说后，马上从咸阳跑回到了长安。待他到达了长安之后，车驾已经离开了。唐代宗刚离开苑门，渡过浐水，射生将军王献忠带领四百骑兵叛乱回到了长安，逼迫丰王李珙等十个王向西迎接吐蕃。在开远门里面碰到了郭子仪。郭子仪斥责他，王献忠下马之后，就对郭子仪说："现在皇上已经逃到东方去了，国家没有君主了。令公作为元帅，废立就是您的一句话。"郭子仪没有说话。于是李琪抢着说："您为什么不说话？"郭子仪责备他，并且用兵护送他到行在。丁丑日（初八），唐代宗到了华州，官员都逃散了，不再有供奉和拟度。随从的将士难免挨冻受饿。恰巧赶上观军容使鱼朝恩带领神策军从陕州来迎驾，于是唐代宗就到了鱼朝恩的军营。丰王李琪在潼关拜见唐代宗，唐代宗没有责备他；退回营幕之后，就说了一些不太恭敬的话。群臣上奏章议论这件事，都请求把他杀死，唐代宗这才命令他自杀。

戊寅日（初九），吐蕃攻进了长安。高晖与吐蕃大将马重英等立了以前的邠王李守礼的孙子李承宏作为皇帝，改设了年号，设立了百官，任命以前的翰林学士于可封等人作为宰相。吐蕃掠夺府库和民间的财物，焚烧了民间的房屋，长安城中被侵掠一空。苗晋卿生病了躺在家里，他们就派人把他抬到了朝廷，并且威逼他。苗晋卿闭着嘴不说话，丑虏不敢杀害他。这时六军逃散在外，四处抢夺，士人百姓为了躲避战乱，都逃到山谷里去了。

辛巳，上至陕，百官稍有至者。郭子仪引三十骑自御宿川循山而东，谓王延昌曰："六军将士逃溃者多在商州，今速往收之，并发武关防兵，数日间，北出蓝田以向长安，吐蕃必遁。"过蓝田，遇元帅都虞候臧希让、凤翔节度使高升，得兵近千人。子仪与延昌谋曰："溃兵至商州，官吏必逃匿而人乱。"使延昌自直径入商州抚谕之。诸将方纵兵暴掠，闻子仪至，皆大喜听命。子仪恐吐蕃逼乘舆，留军七盘，三日乃行，比至商州，行收兵，并武关防兵合四千人，军势稍振。子仪乃泣谕将士以共雪国耻，取长安，皆感激受约束。子仪请太子宾客第五琦为粮料使，给军食。上赐子仪诏，恐吐蕃东出潼关，征子仪诣行在。子仪表称："臣不收京城无以见陛下，若出兵蓝田，虏必不敢东向。"上许之。鄜坊节度判官段秀实说节度使白孝德引兵赴难，孝德即日大举，南趣京畿，与蒲、陕、商、华合势进击。

【译文】 辛巳日（十二日），唐代宗到达了陕州，官员渐渐有人来到这里。郭子仪率领三十个骑兵从御宿川沿着山边向东行进，对王延昌说："六军将士逃散的地区大部分是在商州，现在赶快去召集他们。与此同时，征调武关的防御部队，几天以后，北从蓝田出兵向长安进发，吐蕃一定会逃跑的。"经过蓝田的时候，他们遇见了元帅都虞候臧希让和凤翔节度使高升，得到士兵大约有一千人。郭子仪同王延昌商议说："溃散的士兵到了商州之后，官员一定会逃避隐藏起来，而且百姓也会骚乱。"让王延昌从径直的小路进城去安抚和告谕他们。各个将军正在放纵士兵抢劫财物，他们听说郭子仪来了，都非常高兴愿意听从他的命令。郭子仪害怕吐蕃威胁唐代宗的车驾，于是就把军队留在了七盘，三天之后才出发。等到了商州之后，他一边走一边收取散兵，再加上武关的防御士兵总共有四千人，军中的声势慢慢地盛大起来。郭子仪于是就流着泪勉励将士去共同洗刷国家的耻辱，从而收复长安。将士们都十分感激愿意接受约束。郭子仪请求太子宾客第五琦作为粮料使，负责供给军队中的粮食和草料。唐代宗颁给郭子仪诏书，害怕吐蕃从潼关向东边进攻，要求郭子仪到行在去。郭子仪上表说："臣不收复京城就没有脸面见陛下，假如从蓝田出兵，敌人是绝对不敢向东进军的。"唐代宗答应了。鄜坊节度判官段秀实劝告节度使白孝德带领士兵去赴国难。白孝德当天就带领大军向南直逼京畿、和蒲、陕、商、华各州，一同进攻。

吐蕃既立广武王承宏，欲掠城中士、女、百工，整众归国。子仪使左羽林大将军长孙全绪将二百骑出蓝田观虏势，令第五琦摄京兆尹，与之偕行，又令宝应军使张知节将兵继之。全绪至韩公堆，昼则击鼓张旗帜，夜则多燃火，以疑吐蕃。前光禄卿殷仲卿聚众近千人，保蓝田，与全绪相表里，帅二百馀骑直度浐水。吐蕃惧，百姓又绐之曰："郭令公自商州将大军不知其数至矣！"虏以为然，稍稍引军去。全绪又使射生将王甫入城阴结少年数百，夜击鼓大呼于朱雀街，吐蕃惶骇，庚寅，悉众遁去。高晖闻之，帅麾下三百馀骑东走，至潼关，守将李日越擒而杀之。

壬辰，诏以元载判元帅行军司马，以第五琦为京兆尹。癸巳，以郭子仪为西京留守。甲午，子仪发商州。己亥，以鱼朝恩部将皇甫温为陕州刺史，周智光为华州刺史。

【译文】吐蕃拥立广武王李承宏登基之后，想要抢夺城中的士人、女子和各种工匠，等到编制整齐之后再回国。郭子仪让左羽林大将军长孙全绪带领两百骑兵从蓝田出发观察胡虏的情况；命令第五琦代理京兆尹和长孙全绪一块儿出发；又命令宝应军使张知节带领军队紧接着出发。长孙全绪到达韩公堆之后，白天的时候就敲鼓插起旗帜，晚上的时候就点燃了许多火堆，以使吐蕃害怕。前任光禄卿殷仲卿聚集士兵和士民大约一千人来保卫蓝田，和长孙全绪内外相呼应，带领二百多骑兵横渡浐水。吐蕃十分害怕，老百姓又骗他们说："郭令公从商州带领大军不知道有多少人已经来到这里了！"胡虏认为是真的，于是就慢慢地带兵离开了。长孙全绪又教射生将军王甫到长安城里暗中集合了几百个少年人，晚上敲着鼓在朱雀街上大声叫喊。吐蕃十分害怕，庚寅日（二十一日）就全部逃走。高晖听到之后，带领手下三百多骑兵向东逃跑；到了潼关之后，守将李日越就把他给捉住杀了。

壬辰日（二十三日），唐代宗下诏书任命元载为代理元帅行军司马，任命第五琦作为京兆尹。癸巳日（二十四日），任命郭子仪作为西京的留守。在甲午日（二十五日），郭子仪从商州出发。在己亥日（三十日），任命鱼朝恩的部下将军皇甫温作为陕州刺史，周智光作为华州刺史。

骠骑大将军、判元帅行军司马程元振专权自恣，人畏之甚于李辅国。诸将有大功者，元振皆忌疾欲害之。吐蕃入寇，元振不以时奏，致上狼狈出幸。上发诏征诸道兵，李光弼等皆忌元振居中，莫有至者，中外咸切齿而莫敢发言。太常博士柳伉上疏，以为："犬戎犯关度陇，不血刃而入京师，劫宫闱，焚陵寝，武士无一人力战者，此将帅叛陛下也。陛下疏元功，委近习，日引月长，以成大祸，群臣在廷，无一人犯颜回虑者，此公卿叛陛下也。陛下始出都，百姓填然，夺府库，相杀戮，此三辅叛陛下也。自十月朔召诸道兵，尽四十日，无只轮入关，此四方叛陛下也。内外离叛，陛下以今日之势为安邪，危邪？若以为危，岂得高枕，不为天下讨罪人乎！臣闻良医疗疾，当病饮药，药不当病，犹无益也。陛下视今日之病，何繇至此乎？必欲存宗庙社稷，独斩元振首，驰告天下，悉出内使隶诸州，持神策兵付大臣，然后削尊号，下诏引咎，曰：'天下其许朕自新改过，宜即募士西赴朝廷；若以朕恶未悛，则帝王大器，敢妨圣贤，其听天下所往。'如此，而兵不至，人不感，天下不服，臣请阖门寸斩以谢陛下。"上以元振尝有保护功，十一月，辛丑，削元振官爵，放归田里。

　　【译文】 骠骑大将军、判元帅行军司马程元振专权放肆，朝中的大臣怕他比李辅国还要厉害，各个将军只要有大功的，程元振都十分忌恨，想要陷害他。吐蕃入侵中国的时候，程元振不及时向唐代宗报告情况，才使唐代宗狼狈逃跑。唐代宗发布诏书召集各节度的兵马，李光弼等人都忌恨程元振在朝中专权，没有一个人愿意来。朝廷内外都十分痛恨他，但是没有人敢说话。太常博士柳伉上书，说道："吐蕃入侵大震关，渡越陇山，没有动用一刀一箭就进入了京师，劫掠宫禁，焚烧了陵园和寝庙，武士没有一个人愿意努力作战，这是将士背叛陛下的。陛下对大功臣疏远，却信任身边奸邪的小人，日积月累，才导致酿成了大祸，大臣在朝廷上没有一个人愿意冒犯皇上敢于直言进谏让陛下您回心转意的，这是公卿大臣背叛唐代宗的呀！陛下刚刚离开了京城，老百姓就到处抢夺府库的粮食，相互杀害，这是三辅的百姓在背叛陛下呀！从十月初一就下达诏书召集各节度的部队勤王，到现在已经有四十天了，连一辆入关勤王的兵车都没有，这是四方背叛皇上呀！朝廷内外都背叛与您离散，陛下认为今天的形势是平安呢，还是危险呢？如果您认为是危险，怎么能够高枕无忧，而不替天下百姓讨伐罪人呢！臣听说优秀的医生替人治病的时候，要对准病症，对症下药；所吃的药如果不适合病症，那么还是没有好处的。陛下您今天的病症是怎么到达这种地步的呢？假如要想保全宗庙国家，只有砍下程元振的头，飞书宣告天下，把所有的宦官隶属各州管理，把神策兵交付大臣管理，然后削去他们的尊号，下诏书把这些错误归咎到自己身上，然后说：'天下的将吏如果答应让朕改过自新，就应当立即招募士兵西来朝廷进行救援；如果认为朕所犯的罪恶不能够悔改，那么帝王的大业又怎么能够妨碍圣贤？将任凭天下臣民推立贤良的君主。'假如这样做，但是勤王的士兵却不愿意来，并且人民不受感动，天下还有不服从的，臣宁愿全家碎尸万段来向陛下您谢罪。"唐代宗认为程元振曾经有保驾的功劳，在十一月，辛丑日（初二），割除了程元振的官爵，放他回到了老家。

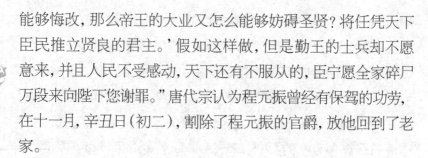

王甫自称京兆尹，聚众二千馀人，署置官属，暴横长安中。壬寅，郭子仪至浐水西，甫按兵不出。或谓子仪，城不可入。子仪不听，引三十骑徐进，使人传呼召甫；甫失据，出迎拜伏，子仪斩之，其兵尽散。白孝德与邠宁节度使张蕴琦将兵屯畿县，子仪召之入城，京畿遂安。

宦官广州市舶使吕太一发兵作乱，节度使张休弃城奔端州。太一纵兵焚掠，官军讨平之。

吐蕃还至凤翔，节度使孙志直闭城拒守，吐蕃围之数日。镇西节度使马璘闻车驾幸陕，将精骑千馀自河西入赴难；转斗至凤翔，值吐蕃围城，璘帅众持满外向，突入城中，不解甲，背城出战，单骑先士卒奋击，俘斩千计而归。明日，虏复逼城请战，璘开悬门以待之。虏引退，曰："此将军不惜死，宜避之。"遂去，居于原、会、成、渭之地。

【译文】王甫自称京兆尹，聚集士兵两千多人，并且设置了官员，在长安市中横行霸道。壬寅日（初三），郭子仪到达浐水的西边，王甫禁止士兵不让他们出去。有人劝告郭子仪，长安城不能进入。郭子仪不听，于是就带领三十人骑马缓缓前进，派人传告王甫；王甫失去了凭据，出来迎接跪倒在地，于是郭子仪就把他给杀了；他的士兵都离开了。白孝德和邠宁节度使张蕴琦带领士兵驻扎在京畿各县，郭子仪召集他们进城，京城这一地区因此安定了下来。

担任广州市舶使的宦官吕太一带领士兵发动了叛乱，节度使张休丢弃广州城逃跑到端州。吕太一放纵士兵烧杀抢掠，官军把他们讨伐平定了。

吐蕃回到凤翔之后，节度使孙志直关闭城门来进行抵抗和防守，吐蕃围攻了好几天。镇西节度使马璘听说唐代宗逃到了陕州地区，于是就带领一千个精锐的骑兵从河西入关赴难；辗转几次战斗来到了凤翔，恰好碰到了吐蕃围攻州城。马璘带领士兵把弓箭拉紧，面向外紧紧对着敌人，突破包围圈攻进城中，并没有解下铠甲休息片刻，就离开城池出去作战。马璘一个人骑马身先士卒奋力作战，俘虏和杀死上千人回来。第二天，贼寇又逼近城墙进行挑战，马璘开放城门等待他们。于是，敌人撤退了，并且说："这位将军不怕死，我们应该避开他。"随后就离开了，驻扎在原州、会州、成州、渭州等地区。

十二月，丁亥，车驾发陕州。左丞颜真卿请上先谒陵庙，然后还宫，元载不从，真卿怒曰："朝廷岂堪相公再坏邪！"载由是衔之。甲午，上至长安，郭子仪帅城中百官及诸军迎于浐水东，伏地待罪。上劳之曰："用卿不早，故及于此。"

以鱼朝恩为天下观军容宣慰处置使，总禁兵，权宠无比，筑城于鄠县及中渭桥，屯兵以备吐蕃，以骆奉仙为鄠县筑城使，遂将其兵。

乙未，以苗晋卿为太保，裴遵庆为太子少傅，并罢政事；以宗正卿李岘为黄门侍郎、同平章事。遵庆既去，元载权益盛，以货结内侍董秀，使主书卓英倩潜与往来，上意所属，载必先知之，承意探微，言无不合；上以是愈爱之。英倩，金州人也。

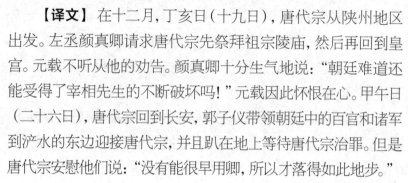

【译文】 在十二月，丁亥日（十九日），唐代宗从陕州地区出发。左丞颜真卿请求唐代宗先祭拜祖宗陵庙，然后再回到皇宫。元载不听从他的劝告。颜真卿十分生气地说："朝廷难道还能受得了宰相先生的不断破坏吗！"元载因此怀恨在心。甲午日（二十六日），唐代宗回到长安，郭子仪带领朝廷中的百官和诸军到浐水的东边迎接唐代宗，并且趴在地上等待唐代宗治罪。但是唐代宗安慰他们说："没有能很早用卿，所以才落得如此地步。"

以鱼朝恩作为天下观军容宣慰处置使，统一管理禁卫军，权势和恩宠是没有人能够比得上的，在鄠县和中渭桥地区建筑城池、驻扎士兵以防备吐蕃。任命骆奉仙作为鄠县筑城使，于是就统一率领当地的驻军。

在乙未日（二十七日），任用苗晋卿作为太保，裴遵庆作为太子少傅，同时都罢除了他们的政事。任用宗正卿李岘作为黄门侍郎、同平章事。裴遵庆罢除政事之后，元载的权势比以前更大，利用钱财结交宦官董秀，让主管文书的官员卓英倩暗中和他交往；唐代宗心中所想的是什么，元载必定能够预先知道；于是就承顺着唐代宗的心意探索他的懿旨，所说的话全部都符合唐代宗的心意。唐代宗因此更加宠爱他。卓英倩原本是金州人。

吐蕃既去，广武王承宏逃匿草野；上赦下诛，丙申，放之于华州。

程元振既得罪，归三原，闻上还宫，衣妇人服，私入长安，复规任用，京兆府擒之以闻。

吐蕃陷松、维、保三州及云山新筑二城，西川节度使高适不能救，于是剑南西山诸州亦入于吐蕃矣。

【译文】吐蕃离开之后，广武王李承宏逃亡到了野外隐藏起来；唐代宗赦免了他所犯的罪过，没有杀害他。丙申日（二十八日），就把他安置在了华州。

程元振因为罪孽被撤职之后，回到了三原。自从听说唐代宗回宫以后，就穿上了女人的衣服，自己一人进入了长安，希望能够再被任用，京兆府把他给逮捕了，然后报告给了唐代宗。

吐蕃攻陷松、维、保三州和云山县新建筑的两座城。西川节度使高适没有去援救，于是剑南西山各个州县也都落入吐蕃手中了。

广德二年（甲辰，公元七六四年）春，正月，壬寅，敕称程元振变服潜行，将图不轨，长流溱州。上念元振之功。寻复令于江陵安置。

癸卯，合剑南东、西川为一道，以黄门侍郎严武为节度使。

丙午，遣检校刑部尚书颜真卿宣慰朔方行营。上之在陕也，真卿请奉诏召仆固怀恩，上不许。至是，上命真卿说谕怀恩入朝。对曰："陛下在陕，臣往，以忠义责之，使之赴难，彼犹有可来之理；今陛下还宫，彼进不成勤王，退不能释众，召之，庸肯至乎！且言怀恩反者，独辛云京、骆奉仙、李抱玉、鱼朝恩四人耳，自外群臣皆言其枉。陛下不若以郭子仪代怀恩，可不战而服也。"时汾州别驾李抱真，抱玉之从父弟也，知怀恩有异志，脱身归京师。上方以怀恩为忧，召见抱真问计，对曰："此不足忧也。朔方将士思郭子仪，如子弟之思父兄。怀恩欺其众云'郭子仪已为鱼朝恩所杀'，众信之，故为其用耳。陛下诚以子仪领朔方，彼皆不召而来耳。"上然之。

【译文】广德二年（甲辰，公元764年）春季，正月的时候，壬寅日（初四），敕书说程元振换穿女人的衣服偷偷地回到了长安，将要图谋不轨的行为，便把他放逐到了遥远的溱州。唐代宗考虑到程元振的功劳，不久之后又命令把他安置在江陵地区。

癸卯日（初五），把剑南东和西川合并在一起，任命黄门侍郎严武作为节度使。

丙午日（初八），派遣检校刑部尚书颜真卿立即去宣旨安慰朔方节度行营。唐代宗在陕州的时候，颜真卿请求奉唐代宗的旨意去召仆固怀恩回到朝堂，唐代宗没有答应。到现在，唐代宗命令颜真卿劝说并且颁布唐代宗的旨意请求仆固怀恩入朝。颜真卿回答说："陛下您在陕州的时候，臣就去过那里，并且拿忠义来责备他，教他来救陛下您于危难之中，他还有可以回到朝廷来的理由；现在陛下您已经回到了宫中，他如果前进不能成就勤王的功劳，如果后退又不忍心舍弃士兵，怎么愿意来呢？而且说仆固怀恩造反的人也只有辛云京、骆奉仙、李抱玉、鱼朝恩四个人，其余的各位大臣都说他是被冤枉。陛下还不如任用郭子仪代替仆固怀恩，就可以不用发动战争并且能够让他服从。"当时汾州别驾李抱真，就是李抱玉的堂弟，他知道仆固怀恩有反叛的意图，就一个人离开回到了京师。唐代宗正在担忧仆固怀恩，于是就召见李抱真，并且问他计策。李抱真回答说："这件事不用担心。朔方的将士十分想念郭子仪，就如同子弟思念父兄。仆固怀恩欺骗他的部下说，郭子仪已经被鱼朝恩给杀害了，士兵相信了他的话，所以才受他的摆布。陛下如果真的任用郭子仪主管朔方，他们不用您亲自去召就来了。"唐代宗认为他说得很对。

甲寅，礼仪使杜鸿渐奏：“自今祀圜丘、方丘请以太祖配，祈谷以高祖配，大雩以大宗配，明堂以肃宗配。”从之。

乙卯，立雍王适为太子。

吐蕃之入长安也，诸军亡卒及乡曲无赖子弟相聚为盗；吐蕃既去，犹窜伏南山子午等五谷，所在为患。丁巳，以太子宾客薛景仙为南山五谷防御使，以讨之。

魏博节度使田承嗣奏名所管曰天雄军，从之。

仆固怀恩既不为朝廷所用，遂与河东都将李竭诚潜谋取太原；辛云京觉之，杀竭诚，乘城设备。怀恩使其子场将兵攻之，云京出与战，场大败而还，遂引兵围榆次。上谓郭子仪曰：“怀恩父子负朕实深。闻朔方将士思公如枯旱之望雨，公为朕镇抚河东，汾上之师必不为变。”戊午，以子仪为关内、河东副元帅、河中节度等使。怀恩将士闻之，皆曰：“吾辈从怀恩为不义，何面目见汾阳王！”

【译文】在甲寅日（十六日），礼仪使杜鸿渐上书说：“从现在开始，冬至祭天，夏至祭地，请用太祖配享，孟春祈谷用高祖配享，孟夏祈雨用太宗配享，祭祀太庙用肃宗配享。”唐代宗听从了他的建议。

在乙卯日（十七日），立雍王李适作为皇太子。

在吐蕃进攻长安的时候，各军流散的士兵和乡里中的无赖子弟相互聚集在一起成为盗贼；吐蕃离开之后，仍然逃窜并且躲藏在南山子午等五个山谷之中，四处为害地方。丁巳日（十九日），任命皇太子的门客薛景仙作为南山五谷防御使去征讨他们。

魏博节度使田承嗣上奏请求把他所管辖的地区取名天雄

军，朝廷允许了。

仆固怀恩不被朝廷重用，因此就和河东都知兵马使李竭诚秘密计划夺取太原。辛云京察觉了，就将李竭诚杀死了，登上城楼建设防御工事。仆固怀恩让他的儿子仆固玚去攻击，辛云京出城与他战斗，仆固玚大败，退回，因此就带兵围攻榆次。唐代宗对郭子仪说："仆固怀恩父子二人深深辜负了我啊！听说东方的将军和士卒想念您就像久旱盼雨一样，如果您替我镇压安抚河东，汾阳的士兵就肯定不会叛变。"戊午日（二十日），任命郭子仪为关内、河东兵马副元帅、河中节度等使。仆固怀恩的属下听说后，都说："我们现在跟着仆固怀恩做大逆不道的事，还有什么脸面去见汾阳王！"

癸亥，以刘晏为太子宾客，李岘为詹事，并罢政事。晏坐与程元振交通；元振获罪，岘有力焉，由是为宦官所疾，故与晏皆罢。以右散骑常侍王缙为黄门侍郎，太常卿杜鸿为兵部侍郎，并同平章事。

丁卯，以郭子仪为朔方节度大使。二月，子仪至河中。云南子弟万人戍河中，将贪卒暴，为一府患，子仪斩十四人，杖三十人，府中遂安。

癸酉，上朝献太清宫；甲戌，享太庙；乙亥，祀昊天上帝于圜丘。

【译文】癸亥日（二十五日），让刘晏做太子宾客，李岘做太子詹事，一起罢除政事。刘晏是因为和程元振结交获罪；程元振获罪，李岘有功，因此被宦官忌恨，所以与刘晏同时罢相。任用右散骑常侍王缙为黄门侍郎，太常卿杜鸿渐为兵部侍郎，二人都为同平章事。

丁卯日（二十九日），唐代宗任命郭子仪为朔方大使。二月，郭子仪到达河中。戍守河中的云南籍士兵有一万多人，当地将军贪得无厌、士卒残忍暴躁，是全府的祸患。郭子仪杀了十四人，杖打了三十人，这时河中府才恢复安宁。

癸酉日（初五），唐代宗去太清宫进行朝拜和祭奠；甲戌日（初六），祭祀太庙；乙亥日（初七），在圜丘祭祀昊天上帝。

仆固玚围榆次，旬馀不拔；遣使急发祁县兵，李光逸尽与之。士卒未食，行不能前，十将白玉、焦晖緊鸣镝射其后者，军士曰："将军何乃射人？"玉曰："今从人反，终不免死；死一也，射之何伤！"至榆次，玚责期迟，胡人曰："我乘马，乃汉卒不行耳。"玚捶汉卒，卒皆怨怒，曰："节度使党胡人。"其夕，焦晖、白玉帅众攻玚，杀之。仆固怀恩闻之，入告其母。母曰："吾语汝勿反，国家待汝不薄，今众心既变，祸必及我，将如之何！"怀恩不对，再拜而出。母提刀逐之曰："吾为国家杀此贼，取其心以射三军。"怀恩疾走，得免，遂与麾下三百渡河北走。

时朔方将浑释之守灵州，怀恩檄至，云全军归镇，释之曰："不然，此必众溃矣。"将拒之，其甥张韶曰："彼或翻然改图，以众归镇，何可不纳也！"释之疑未决。怀恩行速，先候者而至，释之不得已纳之。张韶以其谋告怀恩，怀恩以韶为间，杀释之而收其军，使韶主之；既而曰："释之，舅也，彼尚负之，安有忠于我哉！"他日，以事杖之，折其胫，置于弥峨城而死。

【译文】仆固玚围攻榆次，攻打了十几天都没有成功；就派人紧急征募祁县的士兵，李光逸把所有的士兵都给他了。士卒还没有吃饭，没有办法前进，副将白玉、焦晖用响箭向掉队的人射去。军士说："将军您为什么射人？"白玉说："现在跟着别人反叛，都免不了一死；不管怎么都要死，射一箭又能怎么样！"到了榆次，仆固玚指责他们来迟了。胡人说："我们骑马，都是因为汉族的士兵走不动！"仆固玚捶打汉族士兵，汉卒又怨又恨，说："节度使对胡人偏心！"当晚，焦晖、白玉带兵袭击仆固玚，将他杀死。仆固怀恩听说这件事后，进入房中禀告他的母亲。母亲说："我给你说不可以反叛，你们受恩于国家。但是现在士兵都已经有反心了，灾难必然会波及我们，该怎么办啊？"仆固怀恩没有回答，拜了两拜，就走出家门。母亲拿着刀追着他说："我要为国家杀了你这个反贼，拿你的心向将士告罪！"仆固怀恩迅速逃离，才免得一死；就和部下三百人从汾州西向渡过黄河，向北边逃走了。

那个时候朔方将军浑释之在灵州守卫，仆固怀恩的檄文送到，说要带全部士兵回到镇所。浑释之说："情况不对，以这样的情形来看，一定是军队溃败了。"想要回绝他。他的外甥张韶说："或许他确实改变想法，真的带领部众回镇所。怎么能不让他进城呢？"浑释之很是犹豫。仆固怀恩走得非常快，在浑释之的斥候回来之前已经到了，浑释之没有办法让他进城。张韶把浑释之的计划告诉仆固怀恩，仆固怀恩以张韶替他当间谍，就杀了浑释之，并且接收了他的军队，让张韶带领。不久之后，想着："浑释之是舅父，他尚且要背叛，又怎么能对我忠心呢！"有一天，找个借口杖责张韶，把他的小腿都给打断了，把他丢在弥峨城等死。（《唐书》《仆固怀恩传》都没记载这件事。本卷永泰元年怀恩死，张韶曾代领其军。）

都虞候张维岳在沁州，闻怀恩去，乘传至汾州，抚定其众，杀焦晖、白玉而窃其功,以告郭子仪。子仪使牙官卢谅至汾州,维岳赂谅,使实其言。子仪奏维岳杀场,传首诣阙。群臣入贺,上惨然不悦,曰:"朕信不及人,致勋臣颠越,深用为愧,又何贺焉!"命辇怀恩母至长安,给待优厚,月馀,以寿终;以礼葬之,功臣皆感叹。

戊寅,郭子仪如汾州,怀恩之众数万悉归之,咸鼓舞涕泣,喜其来而悲其晚也。子仪知卢谅之诈,杖杀之。上以李抱真言有验,迁殿中少监。

上之幸陕也,李光弼竟迁延不至;上恐遂成嫌隙,其母在河中,数遣中使存问之。吐蕃退,除光弼东都留守以察其去就;光弼辞以就江、淮粮运,引兵归徐州。上迎其母至长安,厚加供给,使其弟光进掌禁兵,遇之加厚。

戊子,赦天下。

【译文】 在沁州的都虞候张维岳听说仆固怀恩逃跑了,骑驿马赶到汾州,安抚军队,将焦晖、白玉杀死,因而抢夺了他们的功劳,向郭子仪回报。郭子仪派牙官卢谅到达汾州,张维岳贿赂卢谅,让他作伪证。郭子仪向唐代宗上奏说张维岳杀死仆固场,并且把头上呈到朝廷。群臣纷纷进宫庆贺,唐代宗却闷闷不乐,说:"我的诚心都不能让天下的人相信,以至于让有功的人死去,对此,我感到很羞愧,这又有什么值得庆祝的!"下令用辇车把仆固怀恩的母亲接到长安来,给予丰厚的待遇;一个月后,寿终正寝,按照礼法把她安葬,有功的人很是感动。

戊寅日(初十),郭子仪到汾州后,仆固怀恩的士兵全部归附他,都感动得涕泗横流,因为他的到来而欢喜,同时也悲叹他来得太晚了。郭子仪知晓了卢谅的欺骗性行为,就将他杖责至死。唐代宗认为李抱真的话得到验证,将他升职做殿中监。

唐代宗逃到陕州的时候，李光弼始终找借口不去勤王。唐代宗恐怕会因而造成间隙，他母亲在河中居住，多次派遣宦官去慰问她。吐蕃撤退之后，任命李光弼为东都留守来看他的去留；李光弼用担任江、淮转运粮食的职务推辞，就带兵回到了徐州。唐代宗将他的母亲接到长安，提供优厚的供给；让他的弟弟李光进管理禁卫军，待遇很是优厚。

戊子日（二十日），大赦天下。

【乾隆御批】仆固怀恩之反，虽骆奉仙、幸云京激成，然皆由代宗不从颜真卿、李抱真之言，用郭子仪为镇抚，以致披猖。若此及乎怀恩拒命，逆子伏诛，乃云："信不及人，勋臣颠越益"，形昏愦可笑耳！

【译文】仆固怀恩反叛，虽说是由骆奉仙、幸云京激怒而导致，然而其根本是唐代宗未听颜真卿、李抱玉的谏言，任命郭子仪镇抚朔方，以至猖獗到如此地步。及至仆固怀恩回拒命令，他的儿子仆固玚伏罪被诛，代宗才说："未能信任仆固怀恩，使功臣遭到冷落"，唐代宗太愚昧可笑了！

自丧乱以来，汴水埋废，漕运者自江、汉抵梁、洋，迂险劳费。三月，己酉，以太子宾客刘晏为河南、江、淮以来转运使，议开汴水。庚戌，又命晏与诸道节度使均节赋役，听从便宜行毕以闻。时兵火之后，中外艰食，关中米斗千钱，百姓接穗以给禁军，宫厨无兼时之积。晏乃疏浚汴水，遗元载书，具陈漕运利病，令中外相应。自是每岁运米数十万石以给关中，唐世称漕运之能者，推晏为首，后来者皆遵其法度云。

甲子，盛王琦薨。

党项寇同州，郭子仪使开府仪同三司李国臣击之，曰："虏得间则出掠，官军至则逃入山，宜使羸师居前以诱之，劲骑居后以覆之。"国臣与战于澄城北，大破之，斩首捕虏千馀人。

【译文】自从安史之乱后，汴水堙塞都废弃不用了，米粮都是从长江、汉水转运到梁州、洋州，路途曲折危险，耗费很多。三月，己酉日（十二日），任命太子宾客刘晏为河南、江、淮以米的转运使，商量着开通汴水。庚戌日（十三日），同时任命刘晏和各道的节度使公平地调节赋税和劳役，任由便宜行事，事后再向唐代宗禀报。那时正值战争之后，关内外粮食短缺，吃饭都很难。关中的米价一斗值一千钱，老百姓都搓揉禾穗的米粒来供给禁卫军，宫中厨房连两天的存粮都没有。于是，刘晏就将汴河里的泥沙清理出去使河流畅通，并且给宰相元载写信，细说漕运的利弊，让关内关外的官员共同协助。自此，每年运送米粮好几十万石来供给关中。唐代擅长转运米粮的人，首推刘晏，后来的人都是效法他的。

甲子日（二十七日），盛王李琦薨。

党项士兵进攻同州，郭子仪让开府仪同三司李国臣去和他们交战，说："胡人只要有机会就来打劫，官兵一来他们就躲到山里去了，我们应该让弱兵在前方引诱他们，再在后面派精兵攻击他们。"李国臣在澄城北与他战斗，打败了他，杀死一千多俘虏。

夏，五月，癸丑，初行《五纪历》。

庚申，礼部侍郎杨绾奏岁贡教弟力田无实状，及童子科皆侥幸；悉罢之。

郭子仪以安、史昔据洛阳，故诸道置节度使以制其要冲；今大盗已平，而所在聚兵，耗蠹百姓，表请罢之，仍自河中为始。六月，庚辰，敕罢河中节度及耀德军。子仪复请罢关内副元帅；不许。

仆固怀恩至灵武，收合散亡，其众复振。上厚抚其家，癸未，下诏，称其"勋劳著于帝室，及于天下。疑隙之端，起自群小，察其深衷，本无他志；君臣之义，情实如初。但以河北既平，朔方已有所属，宜解河北副元帅、朔方节度等使，其太保兼中书令、大宁郡王如故。但当诣阙，更勿有疑。"怀恩竟不从。

【译文】夏季，五月，癸丑日（初八），国家开始施行《五纪历》。

庚申日（十五日），礼部侍郎杨绾上奏说每年各地选来的举子与所呈报的情形不符合，所选举的童生并没有真才实学，都是靠运气中举；最终完全停办。

郭子仪认为安禄山、史思明以往都占据洛阳，因此各道都设节度使控制要道。现在大盗都已经被平定了，但是各地的节度使却拥兵自重，浪费百姓的钱财，因此上表撤离节度使，就从河中节度开始。六月，下敕书罢免河中节度和耀德军。郭子仪又向唐代宗请求罢免自己的关内副元帅职务，唐代宗不同意。

仆固怀恩到了灵武，聚集失散的士兵，他的部队又重新振兴。唐代宗对他的家人给予优厚的抚恤。癸未日（十七日），颁布诏书，称赞他："功载皇宫，普及天下。猜忌的产生，缘于小人。仔细窥探他的内心，没有叛逆的想法。君臣之间的正常关系，实际上和开始时相同。只是因为河北已经稳定，朔方已经有所归属，该取消河北副元帅和朔方节度等使的职位；他的太保兼中书令和大宁郡王照旧。但他应该回朝，不应该有什么疑虑恐惧。"仆固怀恩最终还是没有听从。

秋，七月，庚子，税天下青苗钱以给百官俸。

大尉兼侍中、河南副元帅、临淮武穆王李光弼，治军严整，指顾号令，诸将莫敢仰视，谋定而后战，能以少制众，与郭子仪齐名。及在徐州，拥兵不朝，诸将田神功等不复禀畏，光弼愧恨成疾，己酉，薨。八月，丙寅，以王缙代光弼都统河南、淮西、山南东道诸行营。

郭子仪自河中入朝，会泾原奏仆固怀恩引回纥、吐蕃十万众将入寇，京师震骇，诏子仪帅诸将出镇奉天。上召问方略，对曰："怀恩无能为也。"上曰："何故？"对曰："怀恩勇而少恩，士心不附，所以能入寇者，因思归之士耳。怀恩本臣偏裨，其麾下皆臣部曲，必不忍以锋刃相向，以此知其无能为也。"辛巳，子仪发，赴奉天。

【译文】秋季，七月，庚子日（初五），征青苗税款作为官员的俸禄。

太尉兼侍中、河南副元帅、临淮武穆王李光弼训练军队严明，发号施令，各将军都不敢直视他；确定计策后再作战，可以以少胜多，与郭子仪齐名。等到大驻扎在徐州，拥兵众多却不觐见唐代宗，像田神功等将军就不再受命和畏惧他。李光弼心中很是惭愧以至于得重病，己酉日（十四日），去世。八月，丙寅日（初一），任用王缙接替李光弼总领河南、淮西、山南东道各行营。

郭子仪从河中回朝廷，恰好遇到泾原奏报仆固怀恩带领回纥和吐蕃的十万大军想要入侵中原，京师的人很是恐慌。唐代宗下诏让郭子仪率领各将军出京镇守奉天县。唐代宗询问破敌的策略，郭子仪回答说："仆固怀恩成不了大事。"唐代宗说：

"为什么?"郭子仪回答说:"仆固怀恩勇敢但对他的属下苛刻,士兵已经对他不满了。他之所以能够打进关内,也不过是顺应士兵回归的想法。他以前是我的副将,他带领的士兵都是我的旧属,他们一定不忍心和我兵刃相见,因此我知道他不会成功。"辛巳日(十六日),郭子仪出发到奉天去。

【乾隆御批】光弼以名将,拥兵自雄不共朝命,岂独闻召即至远愧子仪,卒之名义既乘群下,亦不为之用,以是饮恨长终,则虽当时习闻跋扈,恬不知怪,而天理民彝,自无一日或绝于人心也。

【译文】李光弼身为名将,却拥兵自重而不听从朝廷命令,岂止在闻召即至方面远不及郭子仪,而且在士兵面前已经丧失声名道义,部下也不再为他所用,以至饮恨死去,虽在当时常听人说自己专横跋扈,却安然处之不以为怪,天理人伦,自然不是一日之间就失去人心。

甲午,加王缙东都留守。

河中尹兼节度副使崔寓发镇兵西御吐蕃,为法不一。九月,丙申,镇兵作乱,掠官府及居民,终夕乃定。

丙午,加河东节度使辛云京同平章事。

辛亥,以郭子仪充北道邠宁、泾原、河西以来通和吐蕃使,以陈郑? 泽潞节度使李抱玉充南道通和吐蕃使。子仪闻吐蕃逼邠州,甲寅,遣其子朔方兵马使晞将兵万人救之。

己未,剑南节度使严武破吐蕃七万众,拔当狗城。

关中虫蝗、霖雨,米斗千馀钱。

仆固怀恩前军至宜禄,郭子仪使右兵马使本国臣将兵为郭晞后继。邠宁节度使白孝德败吐蕃于宜禄。冬,十月,怀恩引回纥、吐蕃至晞州,白教德、郭晞闭城拒守。

【译文】甲午日（二十九日），加王缙东都留守官职。

河中府尹兼任节度副使崔寓调派镇兵向西攻击吐蕃，军令不能统一。九月，丙申日（初二），镇兵叛乱，抢夺官府和居民的财产，过了一整夜才平静下来。

丙午日（十二日），加河东节度使辛云京同平章事官衔。

辛亥日（十七日），唐代宗任命郭子仪管理北道邠宁、泾原、河西以来通和吐蕃使，任命陈郑、泽潞节度使李抱玉管理南道通和吐蕃使。郭子仪听闻吐蕃逼近邠州，甲寅日（二十日），派其子朔方兵马使郭晞率兵马万众前去救援。

己未日（二十五日），剑南节度使严武打败吐蕃七万士卒，攻下当狗城。

关中出现蝗虫灾，伴随的还有连阴雨，一斗米值一千多钱。

仆固怀恩的前锋到达宜禄，郭子仪让右兵马使李国臣带领军队作为郭晞的后援。邠宁节度使白孝德在宜禄击败吐蕃军队。冬季，十月，仆固怀恩率领回纥和吐蕃的军队到达晞州，白孝德、郭晞闭城防卫。

庚午，严武拔吐蕃盐川城。

仆固怀恩与回纥、吐蕃进逼奉天，京师戒严。诸将请战，郭子仪不许，曰："虏深入吾地，利于速战，吾坚壁以待之，彼以吾为怯，必不戒，乃可破也。若遽战而不利，则众心离矣。敢言战者斩！"辛未夜，子仪出陈于乾陵之南，壬申未明，虏众大至。虏始以子仪为无备，欲袭之，忽见大军，惊愕，遂不战而退。子仪使裨将李怀光等将五千骑追虏，至麻亭而还。虏至邠州，丁丑，攻之，不克；乙酉，虏涉泾而遁。

【译文】庚午日（初六），严武攻克吐蕃盐川城。

仆固怀恩带领回纥和吐蕃的军队威逼奉天，京城全城戒严。各将军请命出城迎战，郭子仪不同意，说："胡虏深入，就是想速战速决。如果我们坚守阵地而不进攻，他们以为我们胆怯，肯定不会有所防备，这样才有可能打败他们。如果我们匆匆应战但是不能将他们打败，那么就会影响士气。谁再敢说迎战的按军令处罚！"辛未日（初七），夜晚，郭子仪带兵出城在乾陵以南列阵。壬申日（初八）天还没亮，敌兵席卷而来。胡虏开始认为郭子仪没有防备，想要偷袭他。忽然看见大军，惊慌失措，因此不战而退。郭子仪派副将李怀光等人带领五千骑兵追逐胡虏，一直到麻亭才回来。胡虏到达邠州，丁丑日（十三日），进攻邠州城，未竟。乙酉日（二十一日），胡虏渡过泾水而逃。

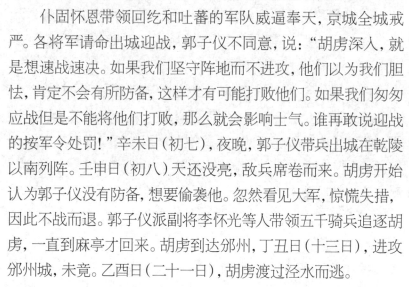

怀恩之南寇也，河西节度使杨志烈发卒万千，谓监军柏文达曰："河西锐卒，尽于此矣。君将之以攻灵武，则怀恩有返顾之虑，此亦救京师之一奇也！"文达遂将其众击摧砂堡、灵武县，皆下之，进攻灵州。怀恩闻之，自永寿遽归，使蕃、浑二千骑夜袭文达，大破之，士卒死者殆半。文达将馀众归凉州，哭而入。志烈迎之曰："此行有安京室之功，卒死何伤。"士卒怨其言。未几，吐蕃围凉州，士卒不为用；志烈奔甘州，为沙陀所杀，凉州遂陷。沙陀姓朱耶，世居沙陀碛，因以为名。

【译文】仆固怀恩攻击南方的时候，河西节度使杨志烈派士兵五千人，对监军柏文达说："河西的精兵，都在这里了。如果您带他们进攻灵武，那么仆固怀恩的后方就不稳固了，这也是救京师的妙计啊！"柏文达因此就带兵进攻摧砂堡和灵武县，全都攻克。随后进攻灵州。仆固怀恩听说，急忙从永寿返回，

资治通鉴

让吐蕃、吐谷浑两千骑兵在夜里偷袭柏文达，取胜，近一半的士兵被杀。柏文达带领残余部众返回凉州，哭着进城。杨志烈迎接他说："此次出征保全了京师，是有功的，死了士兵有什么值得伤心的。"听说了这件事，士兵都怨恨他。不久，吐蕃围攻凉州，士卒不服调控，杨志烈逃到甘州，被沙陀杀死。沙陀姓朱耶，世代住在沙陀碛，因而以此为名。

十一月，丁未，郭子仪自行营入朝。郭晞在邠州，纵士卒为暴，节度使白孝德患之，以子仪故，不敢言；泾州刺史段秀实自请补都虞候，孝德从之。既署一月，晞军士十七人入市取酒，以刃刺酒翁，坏酿器，秀实列卒取十七人首注槊上，植市门。晞一营大噪，尽甲。孝德震恐，召秀实曰："奈何？"秀实曰："无伤也，请往解之。"孝德使数十人从行，秀实尽辞去，选老躄者一人持马至晞门下。甲者出，秀实笑且入，曰："杀一老卒，何甲也！吾戴吾头来矣。"甲者愕。因谕曰："尚书负若属邪，副元帅负若属邪？奈何欲以乱败郭氏！"晞出，秀实让之曰："副元帅勋塞天地，当念始终。今尚书恣卒为暴，行且致乱，乱则罪及副元帅；乱由尚书出，然则郭氏功名，其存者几何！"言未毕，晞再拜曰："公幸教晞以道，恩甚大，敢不从命！"顾叱左右："皆解甲，散还火伍中，敢哗者死！"秀实因留宿军中。晞通夕不解衣，戒候卒击柝卫秀实。旦，俱至孝德所，谢不能，请改。邠州由是无患。

【译文】十一月，丁未日（十四日），郭子仪自军营班师回朝，郭晞留在邠州，放任士兵鱼肉百姓，节度使白孝德苦之；但是由于看在郭子仪的面子上，不敢说。泾州刺史段秀实自动请求白孝德任用他做都虞候的官，白孝德答应了他的要求。一个月后，有十七个郭晞的士兵到市场去拿酒，用刀向卖酒的老人刺去，损坏酒器。段秀实让士兵取下十七个人头插在长矟的顶端，竖立在市场的大门口。郭晞的军营为之喧闹，被服铠甲；白孝德甚感恐慌，把段秀实叫了去说："怎么办？"段秀实说："没事，我现在就去见他。"白孝德派几十人随从他，段秀实推辞了，只选一个年老瘸腿的人，牵着马到郭晞门口。穿着铠甲的士兵都冲出来，段秀实笑着走进门，说："只是杀一个老兵，哪里用得着穿铠甲！我是提头来的。"甲士们都感到诧异。段秀实因而晓谕他们说："常侍有对不起你们的地方吗？副元帅有辜负你们吗？为什么想要败坏郭家的名声？"郭晞出来，段秀实指责他说："副元帅功劳盖世，但是您要有始有终啊！现在常侍放纵士兵作乱，是会引起战争的，乱事一开始就要使副帅获罪；而乱事由您引起，那么郭家的功名还能够存在多少！"话还没有说完，郭晞拜了两拜说："我有幸聆听先生以正道教诲，恩德很大，哪敢不从命！"回头呵斥左右说："各个都去除铠甲，回队伍去，有再敢喧闹的处死！"于是，段秀实就留在军营中过夜。郭晞一夜都没脱掉衣服，置备守候的士卒敲着梆子来保卫段秀实。第二天一早，一同到白孝德的办公处，以治军不严负荆请罪，请求改过。邠州因而没有灾祸作乱。

【申涵煜评】 秀实弹压邠卒，其着最险。夫刺酒翁、坏酿器，诚为暴横。然因此便戮十七人，亦觉太甚。至挺身以当阖营之怒，何异以肉投虎，所以得幸免者，以汾阳法度，犹在人心耳。

【译文】 段秀实镇压邠州士卒，他这一行为最为危险。刺杀酒翁、破坏酿酒器具，确实是暴横之行。然而因此就杀了十七人，也让人觉得太过了。至于挺身以抵挡全营的愤怒，和把肉扔给老虎有什么不同。之所以得以幸免，是因为汾阳王的法度，犹在人心。

五谷防御使薛景仙讨南山群盗，连月不克，上命李抱玉讨之。贼帅高玉最强，抱玉遣兵马使李崇客将四百骑自洋州入，袭之于桃虢川，大破之；玉走成固。庚申，山南西道节度使张献诚擒玉，献之，馀盗皆平。

十二月，乙丑，加郭子仪尚书令。子仪以为："自太宗为此官，累圣不复置，近皇太子亦尝为之，非微臣所宜当。"固辞不受，还镇河中。

是岁，户部奏：户二百九十馀万，口一千六百九十馀万。

上遣于阗王胜还国，胜固请留宿卫，以国授其弟曜；上许之，加胜开府仪同三司，赐爵武都王。

【译文】 五谷防御使薛景仙征讨南山的土匪，几个月都没有结果，唐代宗命令李抱玉去征讨他们。贼首高玉实力最盛，李抱玉让兵马使李崇客率领四百骑兵从洋州进军，在桃虢川突袭他，败之；高玉逃到成固。庚申日（二十七日），山南西道节度使张献诚抓获高玉，献给朝廷，其余匪乱都平复了。

十二月，乙丑日（初二），升郭子仪尚书令官衔。郭子仪的看法是："自太宗任此职后，后世皇帝均不再设，不久太子曾任，这样的职位不是我该拥有的。"坚决推辞，不受，又回去镇守河中。

这一年，户部上报说：现在有二百九十多万户，一千六百九十多万人口。

唐代宗送于阗王胜回国，胜坚决要求留在国中守护，把国家交给他的弟弟曜去治理。唐代宗同意了，任命胜开府仪同三司官衔，赐爵位为武都王。

永泰元年（乙巳，公元七六五年）春，正月，癸卯朔，改元，赦天下。

戊申，加陈郑、泽潞节度使李抱玉凤翔、陇右节度使，以其从弟殿中少监抱真为泽潞节度副使。抱真以山东有变，上党为兵冲，而荒乱之馀，土瘠民困，无以赡军，乃籍民，每三丁选一壮者，免其租徭，给弓矢，使农隙习射，岁暮都试，行其赏罚。比三年，得精兵二万，既不费廪给，府库充实，遂雄视山东。由是天下称泽潞步兵为诸道最。

二月，戊寅，党项寇富平，焚定陵殿。

庚辰，仪王璲薨。

【译文】 永泰元年（乙巳，公元765年）春季，正月，癸卯（按：卯，当从两《唐书》作巳）朔日（初一），把年号改为永泰，大赦天下。

戊申日（十六日），加陈郑、泽潞节度使李抱玉为凤翔、陇右节度使，任命他的堂弟殿中少监李抱真为泽潞节度副使。李抱真认为山东事态有变，上党是军事的要塞，可是由于战争，土薄人贫，难以供养士兵，于是就录民户籍，每三个壮丁中就挑选一个健壮的人，免除他租税徭役，发给他弓箭，让他们在农闲时练习射箭，年终集会比赛射艺，施行奖惩。三年之后，就得到了两万精兵；像这样，既不耗费国家粮食，府库里也很充足，因此就雄视山东。所以人们都称赞泽潞的兵力最盛。

二月，戊寅日（十六日），党项进攻富平，将定陵（中宗陵）的前殿焚烧。

庚辰日（十八日），仪王李璲薨。

三月，壬辰朔，命左仆射裴冕、右仆射郭英乂等文武之臣十三人于集贤殿待制。左拾遗洛阳独孤及上疏曰："陛下召冕等待制以备询问，此五帝盛德也。顷者陛下虽容其直，而不录其言，有容下之名，无听谏之实，遂使谏者稍稍钳口饱食，相招为禄仕，此忠鲠之人所以窃叹，而臣亦耻之。今师兴不息十年矣，人之生产，空于杼轴。拥兵者第馆亘街陌，奴婢厌酒肉，而贫人羸饿就役，剥肤及髓。长安城中白昼椎剽，吏不敢诘，官乱职废，将惰卒暴，百揆隳刺，如沸粥纷麻，民不敢诉于有司，有司不敢闻于陛下，茹毒饮痛，穷而无告。陛下不以此时思所以救之之术，臣实惧焉。今天下惟朔方、陇西有吐蕃、仆固之虞，邠泾、凤翔之兵足以当之矣。自此而往，东洎海，南至番禺，西尽巴、蜀，无鼠窃之盗而兵不为解。倾天下之货，竭天下之谷，以给不用之军，臣不知其故。假令居安思危，自可厄要害之地，俾置屯御，悉休其馀，以粮储扉屦之资充疲人贡赋，岁可减国租之半。陛下岂可持疑于改作，使率土之患日甚一日乎！"上不能用。

【译文】三月，壬辰朔日（初一），让十三个像左仆射裴冕、右仆射郭英乂那样的文臣武将在集贤殿待制。左拾遗洛阳人独孤及进言说："陛下召裴冕等臣待制以备问计，这是像五帝那样的功德。可是近来，您虽容忍他们的直言，但并没有接纳他们的建议；有允许臣子直言的美名，但不听诤言，因而使谏诤不再直谏，他们都以功名利禄作为做官的原因，这是忠贞之士叹息之源，亦是臣以为耻。战火蔓延十年之久，物资贫乏，妇女无力纺织之事。手握重兵者屋舍遍街，奴婢有吃不完的酒肉；但是贫病者服徭役，这样剥削百姓是极其酷虐的。长安街上光天化日之下的抢劫与椎杀之事无人敢审，官员丢弃职责操守；将军懈怠，士兵残忍；百官职事，败坏乖戾，如同沸粥乱麻。百姓不敢向主管申诉，主管官吏不敢报告陛下，人民备受煎熬，穷苦窘迫而无处诉说。如果您不能消除这种现象，臣确实感到恐惧啊！如今我们只有朔方和陇西有吐蕃和仆固怀恩在边界侵扰的顾虑，邠州、泾州和凤翔的军队已经足够抵挡他们了。除了这些地方，东到海边，南到番禺，西到巴、蜀，没有盗匪作乱，但是兵士众多。倾天下物力，来供养没有用处的军队，我不知道这于国家有何裨益。假使我们说居安思危，那我们只要控制要塞，以便设置屯垦和防御，剩下士兵都可卸甲归田，把供给军中的粮食与衣物，充作贫困人家的赋税，每年可以减少国家一半的租税。陛下您怎么对改革如此犹豫，让国家的祸患一天天加重！"唐代宗未能采纳他的建议。

丙午，以李抱玉同平章事，镇凤翔如故。

庚戌，吐蕃遣使请和，诏元载、杜鸿渐与盟于兴唐寺。上问郭子仪："吐蕃请盟，何如？"对曰："吐蕃利我不虞，若不虞而来，国不可守矣。"乃相继遣河中兵戍奉天，又遣兵巡泾原以觇之。

是春不雨，米斗千钱。

夏，四月，丁丑，命御史大夫王翊充诸道税钱使。河东道租庸、盐铁使裴谞入奏事，上问："榷酤之利，岁入几何？"谞久之不对。上复问之，对曰："臣自河东来，所过见菽粟未种，农夫愁怨，臣以为陛下见臣，必先问人之疾苦，乃责臣以营利，臣是以未敢对也。"上谢之，拜左司郎中。谞，宽之子也。

辛卯，剑南节度使严武薨。武三镇剑南，厚赋敛以穷奢侈，梓州刺史章彝小不副意，召而杖杀之；然吐蕃畏之，不敢犯其境。母数戒其骄暴，武不从；及死，母曰："吾今始免为官婢矣！"

【译文】丙午日（十五日），任命李抱玉为同平章事，仍旧镇守凤翔。

庚戌日（十九日），吐蕃派使臣求和，下诏元载与杜鸿渐在兴唐寺和吐蕃订盟约。唐代宗问郭子仪:"吐蕃请求订立和平条约,你怎么看?"郭子仪回答说:"照目前情形来看,最有利于吐蕃的就是我们的防御力弱;如果我们没有防备,他们攻过来,我们就不知道该如何防守了。"于是,接连派遣河中的士兵镇守奉天,又派兵到泾原巡逻以侦察敌情。

今春未雨,米粮一斗价值一千钱。

夏季,四月,丁丑日(十六日),任命御史大夫王翊代理各道税钱使。河东道租庸、盐铁使裴谞回朝奏报事务,唐代宗问:"盐铁的税金,每年征收多少?"裴谞久久未语。唐代宗又问他,回答说:"我从河东进京,沿途未见种小麦大豆,农人愁苦怨叹。我想您见到我,肯定是要询问人民的灾苦,现在您责问我税收事宜,所以臣不敢说。"唐代宗向他告罪,任命他为左司郎中。裴谞,是裴宽的儿子。

辛卯日(三十日),剑南节度使严武殁。严武曾三次为剑南节度使,征重税以满足自己。梓州刺史章彝稍有拂他的意思,就将他杖责至死。但是吐蕃畏惧他,不敢侵犯他的境地。他的母亲多次告诫他免除骄纵凶暴,他不听。等到他死后,他的母亲说:"我现在才可以免于被没为公家的奴婢了!"

五月,癸丑,以右仆射郭英乂为剑南节度使。

畿内麦稔,京兆尹第五琦请税百姓田,十亩收其一,曰:"此古什一之法也。"上从之。

平卢节度使侯希逸镇淄青,好游畋,营塔寺,军州苦之。兵马使怀玉得众心,希逸忌之,因事解其军职。希逸与巫宿于城外,军士闭门不纳,奉怀玉为帅。希逸奔滑州上表待罪,诏赦之,召还京师。秋,七月,壬辰,以郑王邈为平卢、淄青节度大使,以怀玉知留后，赐名正己。时成德节度使李宝臣，魏博节度使田承嗣，相卫节度使薛嵩，卢龙节度使李怀仙，收安、史馀党，各拥劲卒数万，治兵完城，自署文武将吏，不供贡赋，与山南东道节度使梁崇义及正己皆结为婚姻，互相表里。朝廷专事姑息，不能复制，虽名藩臣，羁縻而已。

【译文】五月，癸丑日（二十二日），任命右仆射郭英乂为剑南节使。

京城附近各县的小麦成熟了，京兆尹第五琦请征田谷税每十亩收取一亩，说："这是古时候征收十分之一的税法。"唐代宗采纳了他的意见。

平卢节度使侯希逸守卫淄青，好游玩打猎，建宝塔佛寺，所在军州深受其苦。兵马使李怀玉深得兵心，侯希逸忌恨他，借口免除了他的职位。侯希逸和巫师睡在城外，军士关闭城门不让他进城，奉李怀玉为主帅。侯希逸逃奔到滑州，上表求罪。唐代宗下诏书免除其罪，召他回京。秋季，七月，壬辰日（初二），任命郑王李邈为平卢、淄青节度大使，让李怀玉代理留后事务，赐名正己。此时承德节度使李宝臣、魏博节度使田承嗣、相卫节度使薛嵩、卢龙节度使李怀仙、聚集安禄山、史思明的残余兵力，各据强兵，训练兵士，完治城池；自己任命文臣武将，不向朝廷缴纳贡赋；与山南东道节度使梁崇义及李正己都通婚，内外相呼应。朝廷一直纵容他们；他们名义上虽然是藩臣，实际上却名不符实。

甲午，以上女升平公主嫁郭子仪之子暖。

太子母沈氏，吴兴人也；安禄山之陷长安也，掠送洛阳宫。上克洛阳，见之，未及迎归长安；会史思明再陷洛阳，遂失所在。

上即位，遣使散求之，不获。己亥，寿州崇善寺尼广澄诈称太子母，按验，乃故少阳院乳母也，鞭杀之。

九月，庚寅朔，置百高座于资圣、西明两寺，讲仁王经，内出经二宝舆，以人为菩萨、鬼神之状，导以音乐卤簿，百官迎于光顺门外，从至寺。

仆固怀恩诱回纥、吐蕃、吐谷浑、党项、奴剌数十万众俱入寇，令吐蕃大将尚结悉赞磨、马重英等自北道趣奉天，党项帅任敷、郑庭、郝德等自东道趣同州，吐谷浑、奴剌之众自西道趣盩厔，回纥继吐蕃之后，怀恩又以朔方兵继之。

【译文】甲午日（初四），升平公主下嫁郭子仪的儿子郭暧。

太子的生母沈氏，吴兴人；安禄山攻陷长安时，被劫掠至洛阳宫中。唐代宗克复洛阳，曾经遇见她，还没来得及接到长安，又逢史思明再克洛阳，已经失去消息了。唐代宗即位以后，四处寻求她，未果。己亥日（初九），寿州崇善寺的尼姑广澄谎称是太子之母，经过盘问考验后，原为前少阳院的乳母，鞭笞致死。

九月，庚寅朔日（初一），在资圣、西明两个寺庙里建立百尺高座，讲说《护国仁王经》，从宫中输出佛经两车，使人扮菩萨和鬼神状，以乐队和仪仗队在前面引导，朝廷百官在光顺门外面迎接，至寺中。

仆固怀恩诱使回纥、吐蕃、吐谷浑、党项、奴剌几十万兵马一起入侵中原；让吐蕃大将尚结悉赞摩、马重英等人从北道进攻奉天，党项的元帅任敷、郑庭、郝德等人从东道进攻同州，吐谷浑和奴剌的部队从西面进攻盩厔；回纥随从吐蕃，仆固怀恩又带领朔方的部队跟随在回纥的后面。

郭子仪使行军司马赵复入奏曰："虏皆骑兵，其来如飞，不可易也。请使诸道节度使凤翔李抱玉、滑濮李光庭、邠宁白孝德、镇西马璘、河南郝庭玉、淮西李忠臣各出兵以扼其冲要。"上从之。诸道多不时出兵；李忠臣方与诸将击球，得诏，亟命治行。诸将及监军皆曰："师行必择日。"忠臣怒曰："父母有急，岂可择日而后救邪！"即日勒兵就道。

怀恩中途遇暴疾而归；丁酉，死于鸣沙。大将张韶代领其众，别将徐璜玉杀之，范志诚又杀璜玉而领其众。怀恩拒命三年，再引胡寇，为国大患，上犹为之隐，前后制敕未尝言其反；及闻其死，悯然曰："怀恩不反，为左右所误耳！"

【译文】郭子仪命令行军司马赵复回朝上奏："胡虏都是骑兵，他们行军如飞，不可轻视。请唐代宗下令让凤翔节度使李抱玉、滑濮节度使李光庭、邠宁节度使白孝德、镇西节度使马璘、河南节度使郝庭玉、淮西节度使李忠臣，出兵控制要塞。"唐代宗采纳他的建议。各道的节度使好多都没有及时出兵；李忠臣正与属下踢球，接奉诏命，即刻整装出发。各将军和监军都说："出兵应择吉日。"李忠臣生气地说："若你的父母有难，你也要择吉日前去救援吗？"当天就带兵出发。

仆固怀恩半道病重，返回；丁酉日（初八），死于鸣沙。大将张韶暂代他领军，别将徐璜玉杀死张韶；范志诚又杀死徐璜玉并且接收其军。仆固怀恩违抗皇命，两次带领胡寇侵犯，成为国家的祸患，唐代宗仍然替他避讳，所发的诏书都不说他造反；一直到他死了，还很悲痛地说："仆固怀恩原本无心反叛，是受左右人误导的！"

吐蕃至邠州，白孝德婴城自守。甲辰，上命宰相及诸司长官于西明寺行香设素馔，奏乐。是日，吐蕃十万众至奉天，京城震恐。朔方兵马使浑瑊、讨击使白元光先戍奉天，虏始列营，瑊帅骁骑二百直冲之，身先士卒，虏众披靡。瑊挟虏将一人跃马而还，从骑无中锋镝者。城上士卒望之，勇气始振。乙巳，吐蕃进攻之，虏死伤甚众，数日，敛众还营；瑊夜引兵袭之，杀千馀人，前后与虏战二百馀合，斩首五千级。丙午，罢百高座讲；召郭子仪于河中，使屯泾阳。己酉，命李忠臣屯东渭桥，李光进屯云阳，马璘、郝庭玉屯便桥，李抱玉屯凤翔，内侍骆奉仙、将军李日越屯盩厔，同华节度使周智光屯同州，鄜坊节度使杜冕屯坊州，上自将六军屯苑中。

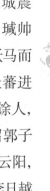

【译文】吐蕃到了邠州，白孝德亲自环城守卫。甲辰日（十五日），唐代宗让宰相与各部会首长到西明寺进香陈设素食，奏乐。那天，吐蕃十万大军到奉天，京城惶恐。朔方兵马使浑瑊、讨击使白元光先在奉天镇守，胡虏才刚到，浑瑊就率领勇猛的骑兵二百人去冲锋，身先士卒，败之。浑瑊挟胡虏一将军飞奔而回，随从的两百骑兵无一人受伤。城上的士卒看见了，士气大增。乙巳日（十六日），吐蕃进攻浑瑊，胡虏死伤许多人。几天后，收军回营。浑瑊又带兵偷袭他们，杀一千多人，前后与胡虏交战二百多次，斩敌首级五千。丙午日（十七日），取消百尺高座讲经；从河中征召郭子仪，屯驻泾阳。己酉日（二十日），命李忠臣驻军东渭桥，李光进驻军云阳，马璘、郝庭玉驻兵便桥，李抱玉驻兵凤翔，宦官骆奉仙、将军李日越屯兵盩厔，同华节度使周智光于同州屯兵，鄜坊节度使杜冕在坊州驻军，唐代宗亲领六军驻军在禁苑中。

庚戌，下制亲征。辛亥，鱼朝恩请索城中，括士民私马，令城中男子皆衣皂，团结为兵，城门皆塞二开一。士民大骇，逾垣凿窦而逃者甚众，吏不能禁。朝恩欲奉上幸河中以避吐蕃，恐群臣论议不一；一旦百官入朝，立班久之，阁门不开，朝恩忽从禁军十馀人操白刃而出，宣言："吐蕃数犯郊畿，车驾欲幸河中，何如？"公卿皆错愕不知所对。有刘给事者，独出班抗声曰："敕使反邪！今屯军如云，不戮力扞寇，而遽欲胁天子弃宗庙社稷而去，非反而何！"朝恩惊沮而退，事遂寝。

【译文】庚戌日（二十一日），唐代宗下制书亲征贼人。辛亥日（二十二日），鱼朝恩请求在京城里搜刮所有人的马匹，下令城中男子皆服黑，建民兵团，堵塞两个城门只开放一个让人通行。人们惊恐万分，很多人挖墙凿洞逃跑，官兵也无力阻止。鱼朝恩想要奉送唐代宗到河中去躲避吐蕃，但害怕大臣不同意。一天早朝时，官员分班站立了很久，东西上阁门不开。忽然，见鱼朝恩带着武装的禁卫军进来，向大家宣布说："吐蕃屡次进犯京城附近的地区，唐代宗要迁移到河中，你们意下如何？"公卿皆惊慌。只有一位刘给事，走出朝列说："敕使要造反吗！现在驻扎在京城附近还有很多士兵，咱们不是齐心协力抵御外辱，却突然间要挟天子奔逃，这不是造反是什么！"鱼朝恩慌忙退下，迁徙之事就到这里结束了。

自丙午至甲寅，大雨不止，故房不能进。吐蕃移兵攻醴泉，党项西掠白水，东侵蒲津。丁巳，吐蕃大掠男女数万而去，所过焚庐舍，蹂禾稼殆尽。周智光引兵邀击，破之于澄城北，因逐北至邠州。智光素与杜冕不协，遂杀鄜州刺史张麟，坑冕家属八十一人，焚坊州庐舍三千馀家。

冬，十月，己未，复讲经于资圣寺。

吐蕃退至邠州，遇回纥，复相与入寇，辛酉，至奉天。癸亥，党项焚同州官廨、民居而去。

【译文】 自丙午日（十七日）到甲寅日（二十五日），连连大雨，因此胡虏不能侵袭。吐蕃调兵去攻醴泉，党项羌向西劫掠白水县，向东侵犯蒲津关。丁巳日（二十八日），吐蕃大肆掳掠了几万的人，所经之地皆焚烧庐舍，几乎把庄稼都糟蹋光了。周智光带兵迎击，败之于澄城北方，并且乘胜追击到鄜州。周智光和杜冕一直不和，因此杀死鄜州刺史张麟，坑杀杜冕的家属八十一人，焚烧三千多家坊州房屋。

冬季，十月，己未日（初一），又在资圣寺里传颂佛经。

吐蕃退到邠州，遇到回纥，两者又联合进犯中原；辛酉日（初三），至奉天。癸亥日（初五），党项羌焚烧百姓与官家的房屋后离去。

丙寅，回纥、吐蕃合兵围泾阳，子仪命诸将严设守备而不战。及暮，二虏退屯北原，丁卯，复至城下。是时，回纥与吐蕃闻仆固怀恩死，已争长，不相睦，分营而居，子仪知之。回纥在城西，子仪使牙将李光瓒等往说之，欲与之共击吐蕃。回纥不信，曰："郭公固在此乎？汝绐我耳。若果在此，可得见乎？"光瓒还报，子仪曰："今众寡不敌，难以力胜。昔与回纥契约甚厚，不若挺身往说之，可不战而下也。"诸将请选铁骑五百为卫从，子仪曰："此适足为害也。"郭晞扣马谏曰："彼，虎狼也；大人，国之元帅，奈何以身为虏饵！"子仪曰："今战，则父子俱死而国家危；往以至诚与之言，或幸而见从，则四海之福也！不然，则身没而家全。"以鞭击其手曰："去！"遂与数骑开门而出，使人传呼曰："令公来！"回纥大惊。其大帅合胡禄都督药葛罗，可汗之弟也，执弓注矢立于阵前。子仪免胄释甲投枪而进，回纥诸酋长相顾曰："是也！"皆下马罗拜。子仪亦下马，前执药葛罗手，让之曰："汝回纥有大功于唐，唐之报汝亦不薄，奈何负约，深入吾地，侵逼畿县，弃前功，结怨仇，背恩德而助叛臣，何其愚也！且怀恩叛君弃母，于汝国何有！今吾挺身而来，听汝执我杀之，我之将士必致死与汝战矣。"药葛罗曰："怀恩欺我，言天可汗已晏驾，令公亦捐馆，中国无主，我是以敢与之来。今知天可汗在上都，令公复总兵于此，怀恩又为天所杀，我曹岂肯与令公战乎！"子仪因说之曰："吐蕃无道，乘我国有乱，不顾舅甥之亲，吞噬我边鄙，焚荡我畿甸，其所掠之财不可胜载，马牛杂畜，长数百里，弥漫在野，此天以赐汝也。全师而继好，破敌以取富，为汝计，孰便于此！不可失也。"药葛罗曰："吾为怀恩所误，负公诚深，今请为公尽力，击吐蕃以谢过。然怀恩之子，可敦兄弟也，愿舍之勿杀。"子仪许之。回纥观者左右为两翼，稍前，子仪麾下亦进，子仪挥手却之，因取酒与其酋长共饮。药葛罗使子仪先执酒为誓，子仪酹地曰："大唐天子万岁！回纥可汗亦万岁！两国将相亦万岁！有负约者，身殒陈前，家族灭绝。"杯至药葛罗，亦酹地曰："如令公誓！"于是，诸酋长皆大喜曰："向以二巫师从军，巫言此行甚安稳，不与唐战，见一大人而还，今果然矣。"子仪遗之彩三千匹，酋长分以赏巫。子仪竟与定约而还。吐蕃闻之，夜，引兵遁去。回纥遣其酋长石野那等六人入见天子。

【译文】 丙寅日（初八），回纥、吐蕃两军会合围攻泾阳，郭子仪令各军严加防范但不要与他们战斗。至傍晚，两支胡兵退而屯于泾阳北原，丁卯日（初九），又至城下。这时，回纥和吐蕃听说仆固怀恩死了，已在争权谋位，互相不和，分营驻扎。郭子仪了解详情。回纥兵驻扎在城西,郭子仪派牙将李光瓒等人去劝他们,欲与之共击吐蕃。回纥不信,说:"郭公真在这儿?你在骗我。假如真的在这里,我们可以见见面吗?"李光瓒回来禀告,郭子仪说:"现在敌人和我们实力相当,难以凭力量取胜。以前我们和回纥有稳固的盟约,不如让我一人去游说他们,可不战而屈人之兵。"各将军请挑骑兵五百精兵随从,郭子仪说:"这样做恰恰是害了我。"郭晞拉住马缰进谏说:"他们都是狼子野心;您是国家的元帅,为何以命为饵?"郭子仪说:"现在战斗的话,那么不仅我们父子会死,国家也会面临巨大灾难;而如果我去用诚心和他们交涉,或许还有可能让他们听从我的建议,那就是天下之福了!如果我没能成功,那么只是我一个人死了,我的家人却可以保住性命。"用马鞭敲他的手说:"走开!"之后就和几个骑兵开门出去。教人传话说:"郭令公来了!"回纥非常吃惊。他们的大元帅合胡禄都督药葛罗,是可汗的弟弟,引弓站于阵前。郭子仪丢枪卸甲骑马至前方,回纥各部落的酋长面面相觑地说:"是令公啊!"全都下马列队跪拜。郭子仪也下马,上前握着药葛罗的手,指责他说:"你们回纥对唐朝有功,唐朝待你们也不薄,为什么要背弃盟约,深入我国内部,侵逼京城属县,因此抛弃前功,结下怨仇?你们背离对你们有恩德的人,反而去帮助叛军,你们好生愚昧啊!而且仆固怀恩叛君弃母,对你们来说能有什么好处!如今我一个人来到这里,随你们把我杀了,但是我的将士必和你们抗战到底。"药葛罗说:"仆固怀恩骗我们说天可汗已经驾崩,令公也已经去世,中原无主,因此我们才敢同他来中原。现在知道天可汗在上都,令公又在这里总领大军,仆固怀恩又被上天杀死,我们哪里敢和您对抗呢?"郭子仪随后又对他说:"吐蕃不守规矩,趁我国乱事起,不顾外甥和舅公的关系,吞我边疆土地,焚烧扰乱我们京城属县,其所掠夺不计其数,马牛和其他的家畜,绵延百里,遍布原野,这是上天赐给你们的。保全军队又能维持友好的关系,击溃敌人而取得财富,为你们打算,哪有比这样做更有利的! 机不可失。"药葛罗说:"我被仆固怀恩欺骗,真的很对不起您。现在我们愿意替您尽力攻打吐蕃以此谢罪。但仆固怀恩之子,是我们可敦的兄弟,希望免他一死。"郭子仪同意了。回纥围观的人分成两边,徐徐前行,郭子仪的部下也向前进。郭子仪挥手让他们退下,并且拿出酒来和他们酋长一同饮酒。药葛罗教郭子仪先举杯立誓,郭子仪浇于地说:"大唐天子万岁! 回纥可汗万岁! 两国的将相万岁! 如有背盟约,自己陈尸阵前,断子绝孙。"酒杯传到药葛罗的面前,他也把酒浇在地上说:"同令公!"于是,各位酋长都非常高兴地说:"前段时间带领两个巫师随从,巫师说这次出征很平安,不会与唐朝战斗,见到一位大人而返回。果不其然。"郭子仪赠给他们锦缎三千匹,酋长赏赐巫师一份。吐蕃听说郭子仪与回纥订立和约后,连夜带兵逃走。回纥派遣他们的酋长石野那等六个人入朝拜见天子。

药葛罗帅众追吐蕃,子仪使白元光帅精骑与之俱;癸酉,战于灵台西原,大破之,杀吐蕃万计,得所掠士女四千人。丙子,又破之于泾州东。

丁丑,仆固怀恩将张休藏等降。

辛巳,诏罢亲征,京城解严。

初,肃宗以陕西节度使郭英乂领神策军,使内侍鱼朝恩监其军；英乂入为仆射，朝恩专将之。及上幸陕，朝恩举在陕兵与神策军迎扈，悉号神策军，天子幸其营。及京师平，朝恩遂以军归禁中，自将之，然尚未得与北军齿。至是，朝恩以神策军从上屯苑中，其势浸盛，分为左、右厢，居北军之右矣。

【译文】 药葛罗率领大军去追吐蕃士兵，郭子仪派白元光率精骑兵与他一齐追击。癸酉日（十五日），交战于灵台县西原，败之，杀上万吐蕃士兵，救回四千被虏掠的士女。丙子日（十八日），又败之于泾州东方。

丁丑日（十九日），仆固怀恩的将军张休藏等投降。

辛巳日（二十三日），唐代宗下达诏令罢除亲征令，京城取消戒严令。

一开始，肃宗任命陕西节度使郭英乂统领神策军，让宦官鱼朝恩做他的监军。后来郭英乂入朝为官做仆射，因此鱼朝恩一人统率神策军。当唐代宗逃到陕州，鱼朝恩尽发在陕州的军队和神策军迎驾扈从，都称为神策军，唐代宗居住在他军营中。一直到京师祸乱平定，鱼朝恩就让军队归属宫中，亲自带领。但那时还不能和北门六军并列。而现在，鱼朝恩用神策军跟随唐代宗驻扎在禁苑中，他的势力就逐渐壮大，分为左、右两厢，地位已经在北门六军之上。

郭子仪以仆固名臣、李建忠等皆怀恩骁将，恐逃入外夷，请招之。名臣，怀恩之侄也，时在回纥营。上敕并旧将有功者皆赦其罪，令回纥送之。壬午，名臣以千馀骑来降。子仪使开府仪同三司慕容休贞以书谕党项帅郑庭、郝德等，皆诣凤翔降。

甲申，周智光诣阙献捷，再宿归镇。智光负专杀之罪未治，上既遣而悔之。

乙酉，回纥胡禄都督等二百馀人入见，前后赠赍缯帛十万匹；府藏空竭，税百官俸以给之。

【译文】 郭子仪认为仆固名臣、李建忠等人全部是仆固怀恩的猛将，害怕他们逃往外夷，请求招降他们。当时在回纥军中的仆固名臣是仆固怀恩的侄子。唐代宗下敕书连同以前各将军有功勋的都赦免他们的罪过，让回纥送他们回来。壬午日（二十四日），仆固名臣率一千多人来降。郭子仪让开府仪同三司慕容休贞用书信规劝党项羌的统帅郑庭和赦德等人，都到凤翔投降。

甲申日（二十六日），周智光到朝廷敬献战斗所得，第二天晚上才回到镇所。周智光还有随意杀人罪没定罪，唐代宗让他走后才追悔。

乙酉日（二十七日），二百多回纥胡禄都督入朝觐见，唐代宗总共送他们十万匹缯帛；国库里的钱财布帛都用完了还不够，于是就征收百官薪俸的税金以满足他们。

资治通鉴卷第二百二十四　唐纪四十

起旃蒙大荒落闰月，尽昭阳赤奋若，凡八年有奇。

【译文】　起乙巳（公元765年）闰十月，止癸丑（公元773年），共八年三个月。

【题解】　本卷记录了公元765年闰月至773年的史事，共八年又三个月，正当唐代宗永泰元年闰十月到大历八年。此时期，宦官程元振、鱼朝恩相继掌权，唐代宗平庸，不能裁减藩镇的兵力，不能控御权臣，政刑废弛，征收赋税没有节制，国库仍然空虚。虽然刘晏、第五琦等人掌理财赋，国用稍足，但是百姓生活更加艰难。蜀中大乱，举国不宁，局部叛乱不断。所幸郭子仪等良将健在，维护了国家的统一，打击吐蕃入侵，巩固了西北的边防。和亲、互市维护了与回纥的和平。

代宗睿文孝武皇帝中之上

永泰元年（乙巳，公元七六五年）闰十月，乙巳，郭子仪入朝。子仪以灵武初复，百姓雕弊，戎落未安，请以朔方军粮使三原路嗣恭镇之；河西节度使杨志烈既死，请遣使巡抚河西及置凉、甘、肃、瓜、沙等州长史。上皆从之。

丁未，百官请纳职田充军粮；许之。

戊申，以户部侍郎路嗣恭为朔方节度使。嗣公披荆棘，立军府，威令大行。

己酉，郭子仪还河中。

【译文】永泰元年（乙巳，公元765年）闰十月，乙巳日（十七日），郭子仪入京朝见唐代宗。郭子仪认为灵武刚刚收复，百姓贫困伤残，戎族的部落还没有平定，请求唐代宗任命朔方军粮使三原人路嗣恭去镇抚这里。河西节度使杨志烈已死，请求派遣使者巡视安抚河西并且设置凉州、甘州、肃州、瓜州、沙州等长史。唐代宗都采纳了。

丁未日（十九日），百官请求缴纳职分田使军中粮食充足；唐代宗同意了。

戊申日（二十日），任命户部侍郎路嗣恭作为朔方节度使。路嗣恭铲除困难，设立各军府，政令畅通。

己酉日（二十一日），郭子仪回到河中。

初，剑南节度使严武奏将军崔旰为利州刺史；时蜀中新乱，山贼塞路，旰讨平之。及武再镇剑南，赂山南西道节度使张献诚以求旰，献诚使旰移疾自解，诣武。武以为汉州刺史，使将兵击吐蕃于西山，连拔其数城，攘地数百里；武作七宝舆迎旰入成都以宠之。

武薨，行军司马杜济知军府事。都知兵马使郭英幹，英乂之弟也，与都虞候郭嘉琳共请英乂为节度使；旰时为西山都知兵马使，与所部共请大将王崇俊为节度使，会朝廷已除英乂，英乂由是衔之，至成都数日，即诬崇俊以罪而诛之。召旰还成都，旰辞以备吐蕃，未可归，英乂愈怒，绝其馈饷以困之。旰转徙入深山，英乂自将兵攻之，声言助旰拒守。会大雪，山谷深数尺，士马冻死者甚众，旰出兵击之，英乂大败，收馀兵，才及千人而还。

【译文】起初，剑南节度使严武上奏，请求让崔旰将军作为利州刺史。当时蜀地刚好匪乱，盗贼在山林挡道，崔旰将他们平定。等到严武第二次做剑南节度使，就贿赂山南西道节度使张献诚借此请求得到崔旰。张献诚就让崔旰请病假辞职到严武那里。严武任命崔旰做汉州刺史，让他带兵到西山攻击吐蕃，连克数邑，夺几百里土地。严武制造了系有七种宝物的车子迎接崔旰到成都以尊宠他。

严武死后，行军司马杜济主管军府。都知兵马使郭英干是郭英乂的弟弟，和都虞候郭嘉琳一起请求郭英乂为节度使。那时，崔旰是西山都知兵马使，与他属下一起请让大将王崇俊为节度使。刚好朝廷已经颁布任命郭英乂作为节度使的命令，因此郭英乂对崔旰就怨恨有加；到成都几天后，就诬陷王崇俊，并且杀了他。召崔旰回成都，崔旰假借抵御吐蕃不能去，拒绝他。郭英乂更加生气了，因此将他的粮草断绝使他困窘。崔旰辗转迁徙进入深山，郭英乂亲自带兵向他进攻，宣称和他一起抵御吐蕃。正好遇上大雪，山谷里积雪好几尺深，冻死好多士卒和马。崔旰出兵进攻他，败之。搜集残众，仅一千人返回成都。

英乂为政，严暴骄奢，不恤士卒，众心离怨。玄宗之离蜀也，以所居行宫为道士观，仍铸金为真容。英乂爱其竹树茂美，奏为军营，因徙去真容，自居之。旰宣言英乂反，不然，何以徙真容自居其处！于是，帅所部五千馀人袭成都。辛亥，战于城西，英乂大败。旰遂入成都，屠英乂家。英乂单骑奔简州。普州刺史韩澄杀英乂，送首于旰。邛州牙将柏茂琳、泸州牙将杨子琳、剑州牙将李昌夔各举兵讨旰，蜀中大乱。旰，卫州人也。

华原令顾繇上言，元载子伯和等招权受贿，十二月，戊戌，繇坐流锦州。

自安、史之乱，国子监室堂颓坏，军士多借居之。祭酒萧昕上言："学校不可遂废。"

【译文】郭英乂施政，心狠手辣、骄奢淫逸，对士兵不珍惜，已失人心。玄宗在离开蜀地时，将其行宫改为道观，铜铸自己的人像。郭英乂喜其美竹，奏请把那里改为军营，因此移除铜像，自己居住在里面。崔旰就散布郭英乂造反，假如不造反，为什么把铜像移去而自己住在里面？于是带领五百多人进攻他。辛巳日（闰十月无此日），交战于城西，败之。因而崔旰进入成都，屠杀郭英乂全家。郭英乂一个人骑马逃到简州。普州刺史韩澄将郭英乂杀死，把头交给崔旰。邛州牙将柏茂琳、泸州牙将杨子琳、剑州牙将李昌夔都派兵攻打崔旰，因此蜀地大乱。崔旰，是卫州人。

华原县令顾繇进言，元载之子元伯和等人招权揽势，收受贿赂。十二月，戊戌日（十一日），顾繇却因之流放至锦州。

自安禄山、史思明叛变以来，国子监讲堂毁坏，一些军队暂时住在里面。国子监祭酒萧昕进言："不能因此废弃教育。"

大历元年（丙午，公元七六六年）春，正月，乙酉，敕复补国子学生。

丙戌，以户部尚书刘晏为都畿、河南、淮南、江南、湖南、荆南、山南东道转运、常平、铸钱、盐铁等使，侍郎第五琦为京畿、关内、河东、剑南、山南西道转运等使，分理天下财赋（常）。

周智光至华州，益骄横，召之，不至，上命杜冕从张献诚于山南以避之；智光遣兵于商山邀之，不获。智光自知罪重，乃聚亡命、无赖子弟，众至数万，纵其剽掠以悦其心，擅留关中所漕米二万斛，藩镇贡献，往往杀其使者而夺之。

二月，丁亥朔，释奠于国子监。命宰相帅常参官、鱼朝恩帅六军诸将往听讲，子弟皆服朱紫为诸生。朝恩既贵显，乃学讲经为文，仅能执笔辨章句，遽自谓才兼文武，人莫敢与之抗。

辛卯，命有司修国子监。

【译文】 大历元年（丙午，公元766年）春季，正月，乙酉日（二十九日），唐代宗下诏恢复招国子学生。

丙戌日（三十日），任命户部尚书刘晏为都畿、河南、淮南、江南、湖南、荆南、山南东道转运、常平、铸钱、盐铁等使，侍郎第五琦作为京畿、关内、河东、剑南、山南西道转运等使，分管天下财税。

周智光回华州后，更加飞扬跋扈；朝廷召唤他，他也不应召。唐代宗让杜冕到山南依靠张献诚来避开他。周智光派遣士兵在商山邀截，未能得逞。周智光自知罪责深重，就聚集亡命之徒、无赖子弟，多达几万，任其劫掠百姓讨他欢心；擅自扣留二万斛由水路所运的米粮；对于藩镇向朝廷贡献，他经常杀死使者自己留下财物。

二月，丁亥朔日（初一），唐代宗到国子监祭拜文宣王（孔子），让宰相带领常参官、鱼朝恩率禁卫六军的各将领前去听讲，弟子们都穿着红色和紫色的衣服当学生。鱼朝恩那时已经是显贵，就学讲论经书写作，他仅仅会拿笔，辨句读，就认为自己文武兼备，其他人都不可以和他分庭抗礼。

辛卯日（初五），唐代宗让主管官员修建国子监。

元载专权，恐奏事者攻讦其私，乃请："百官凡论事，皆先白长官，长官白宰相，然后奏闻。"仍以上旨谕百官曰："比日诸司奏事烦多，所言多谗毁，故委长官、宰相先定其可否。"

刑部尚书颜真卿上疏，以为："郎官、御史，陛下之耳目。今使论事者先白宰相，是自掩其耳目也。陛下患群臣之为谗，何不察其言之虚实！若所言果虚宜诛之，果实宜赏之。不务为此，而使天下谓陛下厌听览之烦，托此为辞以塞谏争之路，臣窃为陛下惜之。太宗著《门司式》云：'其无门籍人，有急奏者，皆令门司与仗家引奏，无得关碍。'所以防壅蔽也。天宝以后，李林甫为相，深疾言者，道路以目。上意不下逮，下情不上达，蒙蔽暗呜，卒成幸蜀之祸。陵夷至于今日，其所从来者渐矣。夫人主大开不讳之路，群臣犹莫敢尽言，况令宰相大臣裁而抑之，则陛下所闻见者不过三数人耳。天下之士从此钳口结舌，陛下见无复言者，以为天下无事可论，是林甫复起于今日也！昔林甫虽擅权，群臣有不咨宰相辄奏事者，则托以它事阴中伤之，犹不敢明令百司奏事皆先白宰相也。陛下倘不早寤，渐成孤立，后虽悔之，亦无及矣！"载闻而恨之，奏真卿诽谤；乙未，贬峡州别驾。

【译文】宰相元载专权，害怕别人向唐代宗说他的私心，就奏请唐代宗："各部门凡是有事情要讨论，都要先报告长官，长官再报告宰相，然后才可以上奏皇上。"因而就拿唐代宗的旨意告诉各官员说："最近各部上奏的很多，但多数是互相诋毁的话，所以要交由长官、宰相先审核可以不可以上奏。"

刑部尚书颜真卿上书，认为："郎官和御史是陛下的耳目。现在让论奏事情的人先报告宰相，这就是把自己的眼睛、耳朵捂住。陛下担心群臣互相诋毁，为什么不先观察他们所说的是不是真的？如果他所说的话是假的，就应该杀了他；如果是真实的，就应该奖励他。如果现在不这样做的话，却让所有人觉得陛下厌烦听察谏言，借此堵塞进谏言的道路，我心里面替您感到可惜！太宗编著《门司式》说：'不在门籍的人，假如有急事需要奏议，都教门司和宿卫五仗的执事引领奏报，不能阻止。'这就是用来使天子耳聪目明的。天宝以后，李林甫做宰相，特别讨厌进言的人，路上的行人都只能用眼神来传意。政令不通，臣子的想法也无法上传；陛下备受蒙蔽，百姓心中恼怒，最终会造成逃离蜀地的灾难。陵夷渐渐地衰败到现在这样。就算君主不忌讳广开言路，群臣还不敢畅所欲言；更何况让宰相来进行抑制呢？这样一来，您接触到的只有几个人而已。士子将不敢进言。陛下您看到没人言事就以为天下太平无事可议，那就是今天的李林甫又兴起了！以前李林甫虽然专权，群臣有不曾请求宰相擅自向陛下奏事的，就借口暗中害他，还不敢直接说百官奏事需要先经过宰相审核。陛下如果不早觉悟，就会变得越来越被孤立，以后就后悔莫及了！"元载知道了非常痛恨他，向唐代宗奏论颜真卿诽谤；乙未日（初九），贬谪颜真卿为峡州别驾。

己亥，命大理少卿杨济修好于吐蕃。

壬子，以杜鸿渐为山南西道·剑南东·西川副元帅、剑南西川节度使，以平蜀乱。

以四镇、北庭行营节度使马璘兼邠宁节度使。璘以段秀实为三使都虞候。卒有能引弓重二百四十斤者，犯盗当死，璘欲生之，秀实曰："将有爱憎而法不一，虽韩、彭不能为理。"璘善其议，竟杀之。璘处事或不中理，秀实力争之。璘有时怒甚，左右战栗，秀实曰："秀实罪若可杀，何以怒为！无罪杀人，恐涉非道。"璘拂衣起，秀实徐步而出；良久，璘置酒召秀实谢之。自是军州事皆咨秀实而后行。璘由是在邠宁，声称殊美。

癸丑，以山南西道节度使张献诚兼剑南东川节度使，邛州刺史柏茂琳为邛南防御使；以崔旰为茂州刺史，充西山防御使。三月，癸未，献诚与旰战于梓州，献诚军败，仅以身免，旌节皆为旰所夺。

【译文】己亥日（十三日），让大理少卿杨济出使吐蕃和睦两国邦交。

壬子日（二十六日），任命杜鸿渐作为山南西道、剑南东西川副元帅、剑南西川节度使，去蜀地平定叛乱。

任命四镇、北庭行营节度使马璘同时担任邠宁节度使。马璘用段秀实为三节度使都虞候。他的士兵中有一个可以拉重二百四十斤的弓，因为犯了盗窃罪应该被处死，马璘不想杀他。段秀实说："将军有自己的喜好，这样就会使法令不一致，即便是韩信、彭越也不能做好。"马璘觉得他的建议很对，最终把那个士兵给杀了。只要是马璘处理问题有不对的地方，段秀实就据理力争。有时马璘很是恼火，边上的人都非常害怕。段秀实说："如果我的罪足以致死，为什么生气呢？如果无罪却杀人，恐怕不合法度。"马璘拂袖而起，段秀实慢慢地走出去；很久以后，马璘备好酒菜向段秀实告罪。此后，军中和州里的事务，都要先征求段秀实的意见然后才施行。因此，马璘在邠宁，名誉非常美好。

癸丑日（二十七日），任命山南西道节度使张献诚同时任剑南东川节度使，邛州刺史柏茂琳作为邛南防御使；命令崔旰为茂州刺史，摄行西山防御使。三月，癸未日（二十八日），张献诚与崔旰在梓州战斗。张献诚军队战败，仅仅一人逃脱，旌旗和符节都被崔旰夺去。

夏，五月，河西节度使杨休明徙镇沙州。

秋，八月，国子监成；丁亥，释奠。鱼朝恩执《易》升高座，讲"鼎覆𫗧"以讥宰相。王缙怒，元载怡然。朝恩谓人曰："怒者常情，笑者不可测也。"

杜鸿渐至蜀境，闻张献诚败而惧，使人先达意于崔旰，许以万全。旰卑辞重赂以迎之，鸿渐喜；进至成都，见旰，但接以温恭，无一言责其干纪，日与将佐高会，州府事悉以委旰。又数荐之于朝，因请以节度让旰，以柏茂琳、杨子琳、李昌夔各为本州刺史。上不得已从之。壬寅，以旰为成都尹、西川节度行军司马。

甲辰，以鱼朝恩行内侍监、判国子监事。中书舍人京兆常衮上言："成均之任，当用名儒，不宜以宦者领之。"丁未，命宰相以下送朝恩上。

【译文】夏季，五月，河西节度使杨休明奉命守卫沙州。

秋季，八月，国子监建成；丁亥日（初四），祭祀至圣先师。鱼朝恩拿着《易经》登上高座，讲解《鼎卦》"鼎折足，覆公𫗧"来嘲讽丞相。王缙非常生气，元载微笑自若。鱼朝恩对别人说："生气是人之常情，笑的人高深莫测。"

杜鸿渐到了蜀地，听闻张献诚战败了非常害怕，派人先去和崔旰表明心意，保证他的安危。崔旰用谦卑的言语和丰厚的贿赂来迎接使者，杜鸿渐非常高兴；进成都后，会见崔旰，对他和颜悦色，丝毫没有责备他违法乱纪的话，州府和军府中的事情全都托付给崔旰去办理。又多次向唐代宗推荐他，并且请求将节度使职位给崔旰。让柏茂琳、杨子琳、李昌夔各为本州刺史。唐代宗被迫答应了他。壬寅日（十九日），任命崔旰作为成都尹、西川节度行军司马。

甲辰日（二十一日），让鱼朝恩担任内侍监，代为管理国子监的事情。中书舍人京兆人常衮进言说："国子监的工作,本该选择德高望重的大儒,不该让宦官来当主管。"丁未日(二十四日),命令宰相以下的人送鱼朝恩到国子监去走马上任。

京兆尹黎幹自南山引涧水穿漕渠入长安,功竟不成。

冬,十月,乙未,上生日,诸道节度使献金帛、器服、珍玩、骏马为寿,共值缗钱二十四万。常衮上言,以为:"节度使非能男耕女织,必取之于人。敛怨求媚,不可长也。请却之。"上不听。

京兆尹第五琦什一税法,民苦其重,多流亡。十一月,甲子,日南至,赦,改元,悉停什一税法。

十二月,癸卯,周智光杀陕州监军张志斌。智光素与陕州刺史皇甫温不协,志斌入奏事,智光馆之,志斌责其部下不肃,智光怒曰:"仆固怀恩不反,正由汝辈激之。我亦不反,今日为汝反矣!"叱下斩之,脔食其肉。朝士举选人,畏智光之暴,多自同州窃过,智光遣将将兵邀之于路,死者甚众。戊申,诏加智光检校左仆射,遣中使余元仙持告身授之。智光慢骂曰:"智光有大功于天下国家,不与平章事而与仆射!且同、华地狭,不足展材,若益以陕、虢、商、鄜、坊五州,庶犹可耳。"因历数大臣过失,且曰:"此去长安百八十里,智光夜眠不敢舒足,恐踏破长安城,至于挟天子令诸侯,惟周智光能之。"元仙股栗。郭子仪屡请讨智光,上不许。

【译文】京兆尹黎幹由南山引山涧中的水开凿运粮的运河进入长安,未竟。

冬季,十月,乙未日(十三日),天子诞辰,各道节度使进献财帛、器物服饰、珍玩和骏马作为寿礼,价值二十四万缗钱。常衰上书，认为："节度使并没有劳作，肯定是向百姓搜刮来的。为了向陛下献媚，不顾人民怨恨征收钱物，不可以助长这种风气的蔓延。请您退给他们。"天子不听。

京兆尹第五琦十分之一的税法，赋税很重，百姓苦之，多数逃至他乡。十一月，甲子日（十二日），冬至，大赦天下，改年号大历，废十分之一税。

十二月，癸卯日（二十二日），周智光杀陕州监军张志斌。周智光一直都和陕州刺史皇甫温不和，张志斌到达京师禀报事情，周智光将他留在驿馆。张志斌指责他的部下纪律不严明。周智光很生气地说："仆固怀恩无心反叛，就是你们这些人逼他的。我也不想造反，但今天却因为你反叛了！"呵斥命令左右将他杀了，并且把他的尸体切成肉片吃了。朝中做官的人举荐应选的士子，害怕周智光的残暴，多数人都从同州秘密地经过，周智光派兵拦截，杀死很多人。戊申日（二十七日），唐代宗下诏任命周智光代理左仆射，派宫中使者余元仙拿着任命状给他。周智光谩骂道："我于天下都有功劳，不授予我平章事却叫我当仆射！并且同州、华州土地少，哪里够我施展才华？假如增加陕、虢、商、鄜、坊五州，还差不多。"并且一个挨一个地数落官员，并说："这里距长安只有一百八十里，我夜里睡觉都不敢将腿伸直，就害怕把长安城给摧毁了。至于挟天子以令诸侯，只有我才能做到。"余元仙吓得两腿直抖。郭子仪多次请求征讨周智光，唐代宗不同意。

郭子仪以河中军食常乏，乃自耕百亩，将校以是为差，于是士卒皆不劝而耕。是岁，河中野无旷土，军有馀粮。

以陇右行军司马陈少游为桂管观察使。少游，博州人也，为吏强敏而好贿，善结权贵，以是得进。既得桂州，恶其道远多瘴疠；宦官董秀掌枢密，少游请岁献五万缗，又纳贿于元载子仲武。内外引荐，数日，改宣歙观察使。

【译文】因为河中的军中食粮经常不够，郭子仪就自己耕种一百亩，将军和校尉耕种的田地依次递减，因此士兵不用督促就自主耕种。当年，河中野外无闲田，军中有余粮。

任命陇右行军司马陈少游作为桂管观察使。陈少游，是博州人，开始做小官的时候就强势，并且心思敏捷喜欢财贿，善于结交有权势的贵人，因此得以升官。得到桂州以后，嫌它路途遥远又多瘴疠之气；宦官董秀掌管中枢机密的事务，陈少游请求向他每年进献五万缗，又贿赂元载的儿子元仲武。皇宫内外都推举他，没过几天，就改任为宣歙观察使。

大历二年（丁未，公元七六七年）春，正月，丁巳，密诏郭子仪讨周智光。子仪命大将浑瑊、李怀光军于渭上；智光麾下闻之，皆有离心。己未，智光大将李汉惠自同州帅所部降于子仪。壬戌，贬智光澧州刺史。甲子，华州牙将姚怀、李延俊杀智光，以其首来献。

淮西节度使李忠臣入朝，以收华州为名，帅所部兵大掠，自潼关至赤水二百里间，财畜殆尽，官吏有衣纸或数日不食者。己巳，置潼关镇兵二千人。

壬申，分剑南置东川观察使，镇遂州。

二月，丙戌，郭子仪入朝。上命元载、王缙、鱼朝恩等互置酒于其第，一会之费至十万缗。上礼重子仪。常谓之大臣而不名。

【译文】大历二年（丁未，公元767年）春季，正月，丁巳日

（初六），唐代宗给郭子仪下密诏让他去征讨周智光。郭子仪下令让大将浑瑊、李怀光在渭水旁边驻扎；周智光的属下听说这件事后，都有离散的心思。己未日（初八），周智光的大将李汉惠率领他的部下从同州投降郭子仪。壬戌日（十一日），贬谪周智光为澧州刺史。甲子日（十三日），华州牙将姚怀、李延俊将他杀死，带他的头进献给朝廷。

淮西节度使李忠臣入朝，借口收复华州，带着部下士兵大肆抢劫，在潼关到赤水二百里之间，百姓的金钱和家畜几乎都被劫掠完了，官吏有用纸蔽体的，也有好几天没有吃饭的。己巳日（十八日），设置两千士兵镇守在潼关。

壬申日（二十一日），分割剑南建立东川观察使，守卫遂州。

二月，丙戌日（初六），郭子仪进京。唐代宗命令元载、王缙、鱼朝恩等人在家轮流设宴，一次宴会花费十万缗。唐代宗优待郭子仪，经常称他为大臣却不叫他的名字。

郭暧尝与升平公主争言，暧曰："汝倚乃父为天子邪？我父薄天子不为！"公主恚，奔车奏之。上曰："此非汝所知。彼诚如是，使彼欲为天子，天下岂汝家所有邪？"慰谕令归。子仪闻之，囚暧，入待罪。上曰："鄙谚有之：'不痴不聋，不作家翁。'儿女子闺房之言，何足听也！"子仪归，杖暧数十。

夏，四月，庚子，命宰相、鱼朝恩与吐蕃盟于兴唐寺。

杜鸿渐请入朝奏事，以崔旰知西川留后。六月，甲戌，鸿渐来自成都，广为贡献，因盛陈利害，荐旰才堪寄任；上亦务姑息，乃留鸿渐复知政事。秋，七月，丙寅，以旰为西川节度使，杜济为东川节度使。旰复敛以赂权贵，元载擢旰弟宽至御史中丞，宽兄审至给事中。

【译文】郭暧曾经和升平公主吵架。郭暧说:"你依仗你的父亲是天子吗?我的父亲看不起天子也不屑于做天子!"公主非常生气,坐着车子急忙去禀报唐代宗。唐代宗说:"这些不是你可以知道的,他确实不屑于做天子。如果他真的想当天子,那么这天下又怎么是我们所拥有呢?"对升平公主安慰教育后让她回去了。郭子仪知道了,把郭暧抓起来,亲自进宫等待唐代宗的处罚。唐代宗说:"俗话说:'不痴不聋,不做家翁。'小孩子闺房中的话,用不着理会!"郭子仪回去,将郭暧打了几十大棍。

夏季,四月,庚子日(二十一日),让宰相和鱼朝恩同吐蕃在兴唐寺订立盟约。

杜鸿渐请求回朝上奏情况,将西川节度使的事情交由崔旰暂时管理。六月,甲戌日(六月无此日),杜鸿渐从成都来到京城,呈献给唐代宗的东西很多。因此,向唐代宗说明任用崔旰的利弊,并且说崔旰可以担当大任。唐代宗也专门纵容,于是把杜鸿渐留在朝中还做宰臣执政。秋季,七月,丙寅日(十九日),命令崔旰做西川节度使,杜济做东川节度使。崔旰向百姓收重税并以此贿赂达官显贵。元载提拔崔旰的弟弟崔宽一直到御史中丞,崔宽的哥哥崔审到给事中。

丁卯,鱼朝恩奏以先所赐庄为章敬寺,以资章敬太后冥福,于是,穷壮极丽,尽都市之材不足用,奏毁曲江及华清宫馆以给之,费逾万亿。卫州进士高郢上书,略曰:"先太后圣德,不必以一寺增辉;国家永图,元宁以百姓为本。舍人就寺,何福之为!"又曰:"无寺犹可,无人其可乎!"又曰:"陛下当卑宫室,以夏禹为法。而崇塔庙踵梁武之风乎?"又上书,略曰:"古之明王积善以致福，不费财以求福；修德以消祸，不劳人以禳祸。今兴造急促，昼夜不息，力不逮者随以榜笞，愁痛之声盈于道路，以此望福，臣恐不然。"又曰："陛下回正道于内心，求微助于外物，徇左右之过计，伤皇王之大猷，臣窃为陛下惜之！"皆寝不报。

【译文】丁卯日（二十日），鱼朝恩上奏请求把以前所赏赐的庄园当作章敬寺，借以替章敬太后祈祷冥福。于是把它修建得极其华丽，用光了城中的木材还不够，又请求拆卸曲江和华清宫馆舍的木材，耗费的金钱逾万亿。卫州进士高郢进言，大概说："先太后的圣德，不需用寺庙彰显其光辉；如果想要为国家长久计议，就需要以民为本。舍民而建寺，岂能得福！"又说："没有寺庙还可以，没有人民该如何！"又说："陛下应以夏禹做榜样，将宫室建造得矮小一些，怎么可以沿袭梁武帝的遗风崇尚建立寺塔呢！"又进言，大略说："古来明君积德以得福，并非浪费钱财求福；修身以灭灾，不劳累人民以禳除灾祸。现在兴建紧急，日夜不息。如果力量不够就会挨打，满道都是痛苦的声音。用这种方法希求得福，我怕不一定有用。"又说："陛下心中修改正确的做法，希求外物的细微帮助；听从错误的谋略，这些损害了为帝者的大计。臣私下里为您感到可惜！"两次上书都被搁置。

　　始，上好祠祀，未甚重佛。元载、王缙、杜鸿渐为相，三人皆好佛；缙尤甚，不食荤血，与鸿渐造寺无穷。上尝问以："佛言报应，果为有无？"载等奏以："国家运祚灵长，非宿植福业，何以致之！福业已定，虽时有小灾，终不能为害，所以安、史悖逆方炽而皆有子祸；仆固怀恩称兵内侮，出门病死；回纥、吐蕃大举深入，不战而退：此皆非人力所及，岂得言无报应也！"上由是深信之，常于禁中饭僧百馀人；有寇至则令僧讲《仁王经》以禳之，寇去则厚加赏赐。胡僧不空，官至卿监，爵为国公，出入禁闼，势移权贵，京畿良田美利多归僧寺。敕天下无得箠曳僧尼。造金阁寺于五台山，铸铜涂金为瓦，所费巨亿，缯给中书符牒，令五台僧数十人散之四方，求利以营之。载等每侍上从容，多谈佛事，由是中外臣民承流相化，皆废人事而奉佛，政刑日紊矣。

【译文】起初，唐代宗爱好祠祷祭祀，倒不是很在乎佛教。元载、王缙、杜鸿渐为宰相，三人都喜欢佛教；尤其是王缙，不吃荤腥，与杜鸿渐不停地建寺庙。唐代宗曾经问他们："佛讲因果报应，真的吗？"元载等回答说："国家运祚长久，若不是早种下福德，怎么得到现在的结果？福德的业行已成，虽然偶尔会有小的灾难，不管怎么也成不了大的祸害，因此当安禄山和史思明叛乱的势力最强的时候都发生了儿子逆袭；仆固怀恩举兵入侵，出门就病死了；回纥和吐蕃大举入侵深入内地，不战而退。这都非人力所能及，怎么能说不是因果报应呢？"从此以后，唐代宗深深地相信佛教，经常在宫里宴请一百多个僧人就餐；有敌入侵就让僧人讲《仁王经》来禳除灾难，敌军远去就打赏僧人。有一个叫不空的胡僧，官做到卿监，爵位至国公；出入宫门，威风可压倒所有权贵。京城附近的良田和美好有利的东西几乎都是佛寺的。诏告所有人，不可以打僧人和尼姑。并且在五台山上建立金阁寺，用铜铸瓦，表面再抹上金水，耗费亿万银钱；王缙发给他们中书省的符信和公文，让五台山的十几个和尚四处去求取钱财建筑金阁寺。在闲暇的时候，元载等随从唐代宗的人，谈论许多关于佛教的事情。自此以后朝廷内外大臣和百姓受其影响，都废弃正事而信奉佛教，政事和法律日渐错乱。

八月，庚辰，凤翔等道节度使、左仆射、平章事李抱玉入朝，固让仆射，言情确至，上许之；癸丑，又让凤翔节度使，不许。

丁酉，杜鸿渐饭千僧，以使蜀无恙故也。

九月，吐蕃众数万围灵州，游骑至潘原、宜禄；郭子仪自河中帅甲士三万镇泾阳，京师戒严。甲子，子仪移镇奉天。

山獠陷桂州，逐刺史李良。

【译文】八月，庚辰日（初三），陈郑、泽潞、凤翔等道节度使、左仆射、平章事李抱玉入朝，要求辞去左仆射的官衔，言辞坚决诚恳，唐代宗同意了；癸丑日（八月无此日），又辞让凤翔节度使，唐代宗不同意。

丁酉日（二十日），杜鸿渐给一千个和尚施饭，是为了在他任西川节度使时没有灾害。

九月，几万吐蕃士兵围攻灵州，巡逻兵到达潘原、宜禄；唐代宗下令郭子仪从河中率三万甲士守卫泾阳，京城戒严。甲子日（十七日），郭子仪转移兵力镇守奉天。

山獠攻克桂州，驱逐刺史李良。

冬，十月，戊寅，朔方节度使路嗣恭破吐蕃于灵州城下，斩首二千馀级；吐蕃引去。

十二月，庚辰，盗发郭子仪父冢，捕之，不获。人以为鱼朝恩素恶子仪，疑其使之。子仪自奉天入朝，朝廷忧其为变；子仪见上，上语及之，子仪流涕曰："臣久将兵，不能禁暴，军士多发人冢，今日及此，乃天谴，非人事也。"朝廷乃安。

是岁，复以镇西为安西。

新罗王宪英卒，子乾运立。

【译文】冬季,十月,戊寅日(初一),朔方节度使路嗣恭在灵州城下打败吐蕃的军队,斩下首级两千多。吐蕃带兵离去。

十二月,庚辰日(初四),有盗贼掘开郭子仪之父的坟墓。追捕盗贼,未果。有人认为鱼朝恩素来讨厌郭子仪,怀疑是他派人做的。郭子仪从奉天入朝,朝廷害怕他将会叛乱。郭子仪觐见唐代宗,唐代宗说话中提到这件事,郭子仪流泪说:"臣经常在外带兵,难以禁止士卒做暴虐的事,有一些士兵挖别人的坟墓。今天我遇到这样的祸害,也是上天的惩罚啊,不是人为。"朝廷听到这些,才安定下来。

那一年,还将镇西称为安西。

新罗王宪英毙,其子乾运继任王。

【康熙御批】自汉唐以来之勋臣,功名最盛而福祚克全者以郭子仪为首称。非其得于天者独厚也,良由笃棐谦冲,不敢以功业自矜,故能终身显荣,声施后世。观其自谓不能禁暴,乃遭天谴数语。其虚怀卓识过人远矣。

【译文】自汉、唐以来的功臣,功名最盛而福禄能够保全的以郭子仪算第一。并不是他独自得到上天的厚待,实在是由于他忠诚为国而又谦虚,不敢以功劳自居,所以能终身显贵,声望延及后世。观察他自认为不能禁止暴力,就会遭到上天谴责几句话。他的虚心和卓越见识超过一般人太远了。

大历三年(戊申,公元七六八年)春,正月,乙丑,上幸章敬寺,度僧尼千人。

赠建宁王倓为齐王。

二月,癸巳,商州兵马使刘洽杀防御使殷仲卿,寻讨平之。

甲午，郭子仪禁无故军中走马。南阳夫人乳母之子犯禁，都虞候杖杀之。诸子泣诉子仪，且言都虞候之横，子仪叱遣之。明日，以事语僚佐而叹息曰："子仪诸子，皆奴材也。不赏父之都虞候而惜母之乳母子，非奴材而何!"

庚子，以后宫独孤氏为贵妃。

三月，乙巳朔，日有食之。

夏，四月，戊寅，山南西道节度使张献诚，以疾举从父弟右羽林将军献恭自代，上许之。

【译文】大历三年（戊申，公元768年）春季，正月，乙丑日（二十日），唐代宗到章敬寺，剃度和尚尼姑一千人。

追封建宁王李倓为齐王。

二月，癸巳日（十八日），商州兵马使刘洽杀防御使殷仲卿，不久将他平定了。

甲午日（初九），郭子仪禁止无故骑马在军中奔驰，南阳夫人（郭子仪的妻子）乳母的儿子触犯了禁令，都虞候将他杖责至死。郭子仪的儿子向郭子仪哭诉，都说都虞候专横无礼。郭子仪将他们呵斥走。第二天，把这件事告诉僚属和佐官，叹息说："子仪的每个儿子，都是奴才。不赏识父亲的都虞候却怜惜母亲乳母的儿子，这就是奴相啊!"

庚子日（二十五日），封后宫独孤氏为贵妃。

三月，乙巳朔日（初一），出现日食。

夏季，四月，戊寅日（初四），山南西道节度使张献诚，由于生病推荐堂弟右羽林将军张献恭接替自己，唐代宗同意了。

壬寅，西川节度使崔旰入朝。

初，上遣中使征李泌于衡山，既至，复赐金紫，为之作书院于蓬莱殿侧，上时衣汗衫、蹑屦过之，自给、舍以上及方镇除拜、军国大事，皆与之议。又使鱼朝恩于白花屯为泌作外院，使与亲旧相见。

上欲以泌为门下侍郎、同平章事，泌固辞。上曰："机务之烦，不得晨夕相见，诚不若且居密近，何必署敕然后为宰相邪！"后因端午，王、公、妃、主各献服玩，上谓泌曰："先生何独无所献？"对曰："臣居禁中，自巾至履皆陛下所赐，所馀独一身耳，何以为献！"上曰："朕所求正在此耳。"泌曰："臣身非陛下有，谁则有之？"上曰："先帝欲以宰相屈卿而不能得，自今既献其身，当惟朕所为，不为卿有矣。"泌曰："陛下欲使臣何为？"上曰："朕欲卿食酒肉，有室家，受禄位，为俗人。"泌泣曰："臣绝粒二十馀年，陛下何必使臣隳其志乎！"上曰："泣复何益！卿在九重之中，欲何之？"乃命中使为泌葬二亲，又为泌娶卢氏女为妻，资费皆出县官。赐第于光福坊，令泌数日宿第中，数日宿蓬莱院。

【译文】 壬寅日（二十八日），西川节度使崔旰回京城朝见天子。

起初，唐代宗命令宫中使者到衡山征召李泌，到达皇宫后，又赐给他金鱼紫袍，为他在蓬莱殿旁建造书院。偶尔唐代宗穿着汗衫、趿拉着草鞋去访问他。自给事中、中书舍人以上，到方镇节度使的任命、军中和国家的大事，都要和他商量。还让鱼朝恩在白花屯为李泌建造外院，以便他与亲友会见。

唐代宗想让李泌当门下侍郎、同平章事，李泌断然回绝。唐代宗说："事务繁多，我们不能朝夕相见，还不如暂时住得近些，为何非要下诏书任命才能当宰相呢？"后来因为端午节，王、公、妃嫔、公主都向唐代宗敬献奇珍异玩。唐代宗问李泌说："怎么就先生您没送礼呢？"李泌回答说："臣住在宫中，从头到脚都是陛下赐给的，所剩下的只有一具身躯，无好礼相送！"唐代宗说："朕想要的就是这个身躯。"李泌说："我的身躯不是陛下您的还能是谁的啊？"唐代宗说："先帝想让您当宰相却不能做到。从今往后，您既然献出自身，就该为我所用，不是您的了！"李泌说："陛下想让我做何事？"唐代宗说："朕想要您饮酒吃肉，娶妻成家，接受官爵俸禄，成为一个平常人。"李泌流泪说："臣不事凡俗多年，您为什么要让我打破以往的心志呢？"唐代宗说："哭顶什么用！你在深宫之中，还想到哪里去？"随后让人将李泌的父母埋葬，又替李泌娶卢家女子为妻子，所费皆出自天子。赐给光福坊的宅第，让李泌可以在家待几天，在蓬莱院待几天。

上与泌语及齐王俶，欲厚加褒赠，泌请用岐、薛故事赠太子，上泣曰："吾弟首建灵武之议，成中兴之业，岐、薛岂有此功乎！竭诚忠孝，乃为谗人所害。向使尚存，朕必以为太弟。今当崇以帝号，成吾夙志。"乙卯制，追谥俶曰承天皇帝；庚申，葬顺陵。

崔旰之入朝也，以弟宽为留后，泸州刺史杨子琳帅精骑数千乘虚突入成都；朝廷闻之，加旰检校工商尚书，赐名宁，遣还镇。

六月，壬辰，幽州兵马使朱希彩、经略副使昌平朱泚、泚弟滔共杀节度使李怀仙，希彩自称留后。闰月，成德军节度使李宝臣遣将将兵讨希彩，为希彩所败，朝廷不得已宥之。庚申，以王缙领卢龙节度使；丁卯，以希彩知幽州留后。

【译文】当唐代宗与李泌谈到齐王李俶时，想给他丰厚的奖赏额追赠。李泌请求依照岐王、薛王的先例追赠为太子。唐代宗流泪说："我的弟弟首先提出赴灵武的建议，成就了中兴大业，岐王、薛王没有这等功劳！他竭诚尽忠孝，却被谗人谋害。

如果他还在，朕一定以他为皇太弟。如今应该称他为皇帝，以此达成我的旧愿。"乙卯日（五月十二日），下制书，追谥李俶为承天皇帝；庚申日（五月十七日），将他埋葬在顺陵。

崔旰回京晋见唐代宗时，任命弟弟崔宽为节度留后，泸州刺史杨子琳率领几千个精锐的骑兵乘虚而入成都。朝廷听说后，任命崔旰暂时为工部尚书，赐名宁，遣回镇所。

六月，壬辰日（二十日），幽州兵马使朱希彩、经略副使昌平人朱泚、朱泚的弟弟朱滔，一起杀死节度使李怀仙，朱希彩自称是留后。闰六月，成德军节度使李宝臣派将军带兵讨伐朱希彩，被打败。朝廷不得不原谅他。庚申日（十八日），任命王缙兼任卢龙节度使；丁卯日（二十五日），让朱希彩代理幽州留后。

【乾隆御批】 崔旰擅戕制帅，扰乱蜀中，罪在不赦。鸿渐奉诏镇抚，首当剿灭祸魁，以次绥辑，乃领其重赂，转以节制相推让，其恶与叛臣等。代宗竟尔曲从其请专事调停，唐之纪纲至此扫地矣。

【译文】 崔旰任意残杀统帅，扰乱蜀中，罪不容赦。杜鸿渐奉诏镇抚，首先应剿灭罪魁祸首，然后安抚集聚，他却接受重贿，把节度使相让，他的罪过与叛臣等同。唐代宗竟然婉转答应杜鸿渐的请求，以此调停矛盾，唐朝的纲纪从此全部丧失。

崔宽与杨子琳战，数不利，秋，七月，崔宁妾任氏出家财数十万，募兵得数千人，帅以击子琳，破之；子琳走。

乙亥，王缙如幽州，朱希彩盛兵严备以逆之。缙晏然而行，希彩迎谒甚恭。缙度终不可制，劳军，旬馀日而还。

回纥可敦卒，庚辰，以右散骑常侍萧昕为吊祭使。回纥庭诘昕曰："我于唐有大功，唐奈何失信，市我马，不时归其直？"昕曰："回纥之功，唐已报之矣。仆固怀恩之叛，回纥助之，与吐蕃连兵入寇，逼我郊畿。及怀恩死，吐蕃走，然后回纥惧而请和，我唐不忘前功，加惠而纵之。不然，匹马不归矣。乃回纥负约，岂唐失信邪！"回纥惭，厚礼而归之。

丙戌，内出盂兰盆赐章敬寺。设七庙神座，书尊号于幡上，百官迎谒于光顺门。自是岁以为常。

【译文】崔宽与杨子琳交战，多次失败。秋季，七月，崔宁妾任氏拿出自家的几十万钱财，征募到几千个士兵，带领他们攻击杨子琳，打败了他。杨子琳逃走。

乙亥日（初四），王缙到幽州去任职，朱希彩大陈士兵加强防备来迎他。王缙十分安详地向前走去，朱希彩很恭敬地欢迎拜见他。王缙考虑到终究不能制约他，于是就犒劳将士，十几天之后就回来了。

回纥可敦死去，庚辰日（初九），派出右散骑常侍萧昕担任吊祭使者。回纥在大庭广众中诘问萧昕说："我们对于唐朝来说有大功绩，唐朝怎么会失信，买过我们的马，却不按时归还我们的马钱？"萧昕说："回纥的功绩，唐朝已经回报过了。仆固怀恩叛变之时，回纥援助他，和吐蕃联合出兵侵占唐朝，进逼我们京都附近的县邑。直至仆固怀恩死后，吐蕃逃亡，之后回纥害怕才恳请议和。我们唐朝还记得你们以前的功绩，给予恩德放你们回来。要不然，你们连一匹马都不能回来。这是回纥背弃誓言，怎么能说是唐朝失信呢？"回纥感到十分羞愧，厚加待遇而让他回来。

丙戌日（十五日），从宫内取出盂兰盆赏给章敬寺，设置七庙的神座，把尊号书写在幡上，百官在光顺门欢迎拜见。在这之后，每年按照传统这样做。

八月，壬戌，吐蕃十万众寇灵武。丁卯，吐蕃尚赞摩二万众寇邠州，京师戒严；邠宁节度使马璘击破之。

庚午，河东节度使、同平章事辛云京薨，以王缙领河东节度使，馀如故。

九月，壬申，命郭子仪将兵五万屯奉天以备吐蕃。

丁丑，济王环薨。

壬午，朔方骑将白元光击吐蕃，破之。壬辰，元光又破吐蕃二万众于灵武。凤翔节度使李抱玉使右军都将临洮李晟将兵五千击吐蕃，晟曰："以力则五千不足用；以谋则太多。"乃将千人兼行出大震关；至临洮，屠吐蕃定秦堡，焚其积聚，虏堡帅慕容谷种而还。吐蕃闻之，释灵州之围而去。戊戌，京师解严。

【译文】八月，壬戌日（二十一日），吐蕃士兵十万人进攻灵武。丁卯日（二十六日），吐蕃的尚赞摩带领两万人侵犯邠州，京师严加防守。邠宁节度使马璘打败了他。

庚午日（二十九日），河东节度使、同平章事辛云京辞世，王缙兼任河东节度使，其余的官职照常不变。

九月，壬申日（初一），命令郭子仪带领五万士兵驻扎在奉天，来防备吐蕃。

丁丑日（初六），济王李环辞世。

壬午日（十一日），朔方骑兵将军白元光攻击吐蕃，打败了敌人。壬辰日（二十一日），白元光又在灵武击败吐蕃两万人马。凤翔节度使李抱玉派出右军都将临洮人李晟带领五千士兵攻击吐蕃。李晟说："如果只借武力那么五千人不够用，如果凭借谋略那么五千人又太多。"于是，就带领一千人从大震关西出发，抵达临洮，屠灭了吐蕃的定秦堡，焚烧了他们聚集的粮食财产, 俘虏了定秦堡的元帅慕容谷种归来。吐蕃听闻之后, 就不包围灵州回去。戊戌日（二十七日）, 京师解严。

颍州刺史李岵以事忤滑亳节度使令狐彰, 彰使节度判官姚奭按行颍州, 因代岵领州事, 且曰:"岵不受代, 即杀之。"岵知之, 因激怒将士, 使杀奭, 与奭同死者百馀人。岵走依河南节度使田神功于汴州。冬, 十月, 乙巳, 彰表言其状, 岵亦上表自理。上命给事中贺若察往按之。

丁卯, 郭子仪自奉天入朝。

十一月, 丁亥, 以幽州留后朱希彩为节度使。

郭子仪还河中。元载以吐蕃连岁入寇, 马璘以四镇兵屯邠宁, 力不能拒, 而郭子仪以朔方重兵镇河中, 深居腹中无事之地, 乃与子仪及诸将议, 徙璘镇泾州, 而使子仪以朔方兵镇邠州, 曰:"若以边土荒残, 军事不给, 则以内地租税及运金帛以助之。"诸将皆以为然。十二月, 己酉, 徙马璘为泾原节度使, 以邠、宁、庆三州隶朔方。璘先往城泾州, 以都虞候段秀实知邠州留后。

【译文】颍州刺史李岵由于事情得罪滑亳节度使令狐彰, 令狐彰派节度判官姚奭巡视颍州, 顺便取代李岵兼任州务, 而且告诉姚奭说:"李岵假如不接受代替, 就让他死。"李岵听闻, 就激怒将士, 使他们杀死姚奭, 和姚奭一起被杀死的还有一百多人。李岵逃亡到汴州去投奔河南节度使田神功。冬季, 十月, 乙巳日（初五）, 令狐彰说明具体形势, 李岵也上表说明原因。唐代宗命令给事中贺若察去侦查这件事。

丁卯日（二十七日）, 郭子仪从奉天进入朝廷拜见天子。

十一月, 丁亥日（十七日）, 任命幽州留后朱希彩担任节度使。

郭子仪返回河中。元载认为吐蕃连年侵犯，马璘用四镇的兵力驻军在邠宁，力量不能抵抗，而郭子仪用朔方的大军据守河中，深居在内陆安定的地方，就和郭子仪、各将军商量，迁徙马璘镇守泾州，而让郭子仪用朔方的士卒据守邠州，说道："假如由于边疆土地荒芜残破，军费不够，就用内地的税租和运送金银财帛来补助。"各将军都认为十分有道理。十二月，己酉日（初九），调马璘担任泾原节度使，邠、宁、庆三州划归朔方道。马璘先到泾州筑城，用都虞候段秀实暂代邠州留后的职位。

初，四镇、北庭兵远赴中原之难，久羁旅，数迁徙，四镇历汴、虢、凤翔，北庭历怀、绛、鄜然后至邠，颇积劳弊。及徙泾州，众皆怨诽。刀斧兵马使王童之谋作乱，期以辛酉旦警严而发。前夕，有告之者；秀实阳召掌漏者，怒之，以其失节，令每更来白，辄延之数刻，遂四更而曙，童之不果发。秀实欲讨之而乱迹未露，恐军中疑其冤。告者又云，"今夕欲焚马坊草，因救火谋作乱。中夕，火果发起，秀实命军中行者皆止，坐者勿起，各整部伍，严守要害。童之白请救火，不许。及旦，捕童之及其党八人，皆斩之。下令曰："后徙者族，流言者刑！"遂徙于泾。

【译文】之初，四镇、北庭的士卒远到中原去救援，停留在外地很久，又历经多次的迁徙，四镇经历了汴州、虢州和凤翔，北庭经历了怀州、绛州和鄜州，之后才到达邠州，很长时间都受劳累困敝。等到调派到泾州，大家都怨恨诋毁。刀斧兵马使王童之试图谋乱，商定在辛酉日（二十一日）天刚亮敲鼓警众之时发动。前天一夜晚，有人告密揭发。段秀实假装把负责报时刻的人叫来，对他发脾气，认为他报时失度，教他每一更都要来回报，次次都拖延他几刻时间，因而四更的时候天就亮了，因此王童之来不及发动。段秀实想把他治罪；但是他作乱的痕迹不明显，恐怕军中疑惑使他含冤。告密的人又汇报说："今晚要焚烧马坊里的草，趁大家救火之时计划谋乱。"半夜里，果然烧起火。段秀实命令军营中走动的人都停止，坐着的人还坐着，各自整饬部曲行伍，严密防守要地。王童之来报告恳求去扑火，段秀实不答应。直至天亮，捕获王童之和他的同党八个人，把他们都斩首。下命令说："迁移落后的人要诛灭九族，散布谣言的人治罪！"于是就移至泾州。

癸亥，西川破吐蕃万馀众。

平卢行军司马许杲将卒三千人驻濠州不去，有窥淮南意，淮南节度使崔圆令副使元城张万福摄濠州刺史；杲闻，即提卒去，止当涂。是岁，上召万福，以为和州刺史、行营防御使，讨杲。万福至州，杲惧，移军上元，又北至楚州大掠，淮南节度使韦元甫命万福追讨之；未至淮阴，杲为其将康自劝所逐。自劝拥兵继掠，循淮而东，万福倍道追而杀之，免者什二三。元甫将厚赏将士，万福曰："官健常虚费衣粮，无所事。今方立小功，不足过赏，请用三分之一。"

【译文】癸亥日（二十三日），西川军击败吐蕃一万多人。

平卢行军司马许杲带领士卒三千人驻扎在濠州不离去，有窥伺淮南的企图。淮南节度使崔圆命令节度副使元城人张万福同时担任濠州刺史；许杲听闻之后，马上带领士卒离开，在当涂停留。此年，唐代宗召唤张万福，任命他为和州刺史、行营防御使，来征讨许杲。张万福抵达和州，许杲恐惧，又移兵至上元，又北到楚州大肆掠夺。淮南节度使韦元甫命张万福追讨他；张万福还未抵达淮阴，许杲被他的部将康自劝所驱赶。康自劝据

77

大兵仍然掠夺,沿着淮河向东抢。张万福兼程追击,把他杀死,能够不被杀的只有十分之二三。韦元甫将要厚赐将士,张万福说:"公家训练的健儿平日白白耗费衣服和粮食,无事可做。如今刚立了小功,不用过分地赏赐,请用三分之一的财物赏给他们就足够了。"

大历四年(己酉,公元七六九年)春,正月,丙子,郭子仪入朝,鱼朝恩邀之游章敬寺。元载恐其相结,密使子仪军吏告子仪曰:"朝恩谋不利于公。"子仪不听。吏亦告诸将,将士请衷甲以从者三百人。子仪曰:"我,国之大臣,彼无天子之命,安敢害我!若受命而来,汝曹欲何为!"乃从家僮数人而往。朝恩迎之,惊其从者之约。子仪以所闻告,且曰:"恐烦公经营耳。"朝恩抚膺捧手流涕曰:"非公长者,能无疑乎!"

壬午,流李岵于夷州。

乙酉,郭子仪还河中。

辛卯,赐李岵死。

【译文】大历四年(己酉,公元769年)春季,正月,丙子日(初七),郭子仪进朝,鱼朝恩邀他游章敬寺。元载害怕他们两人相结交,秘密地教郭子仪的军官通知郭子仪说:"鱼朝恩试图对郭令公不利。"郭子仪不听。军官又告诉其他的将官,请求内穿铠甲随从的将士有三百人。郭子仪说:"我是国家的大臣,他没有天子的命令还不敢害我!假使奉天子的命令来杀我,你们又想做什么?"就带着几个家童随从。鱼朝恩在门口欢迎,看到随从人员很少很奇怪。郭子仪把听闻到的事情告诉他,而且说:"恐怕要麻烦你准备饮食呀!"鱼朝恩拍着胸拉着郭子仪的手流着眼泪说道:"如果不是公德行高深,怎么能够不怀疑呢?"

壬午日（十三日），把李峘驱逐到夷州。

乙酉日（十六日），郭子仪返回河中。

辛卯日（二十二日），赐李峘自杀。

二月，壬寅，以京兆之好畤、凤翔之麟游、普润隶神策军，从鱼朝恩之请也。

杨子琳既败还泸州，招聚亡命，得数千人，沿江东下，声言入朝；涪州守捉使王守仙伏兵黄草峡，子琳悉擒之，击守仙于忠州，守仙仅以身免。子琳遂杀夔州别驾张忠，据其城。荆南节度使卫伯玉欲结以为援，以夔州许之，为之请于朝。阳曲人刘昌裔说子琳遣使诣阙请罪，子琳从之。乙巳，以子琳为峡州团练使。

【译文】 二月，壬寅日（初三），把京兆的好畤县、凤翔的麟游县和普润县划归神策军，此为听从鱼朝恩的恳求。

杨子琳被打败之后回到泸州，聚集亡命之徒好几千人，沿着长江向东下行，扬言要带兵入朝。涪州守捉使王守仙在黄草峡埋伏有大军。杨子琳把他们全都俘虏，在忠州攻击王守仙。仅王守仙一人逃脱免死。杨子琳因此杀死夔州别驾张忠，占领了夔州城。荆南节度使卫伯玉欲结盟他以为救援，就把夔州许给他，代他向朝廷请求。阳曲人刘昌裔劝杨子琳派出使者到朝廷请罪，杨子琳服从。乙巳日（初六），任杨子琳为峡州团练使。

初，仆固怀恩死，上怜其有功，置其女宫中，养以为女。回纥请以为可敦，夏，五月，辛卯，册为崇徽公主，嫁回纥可汗。壬辰，遣兵部侍郎李涵送之，涵奏祠部郎中虞乡董晋为判官。六月，丁酉，公主辞行，至回纥牙帐。回纥来言曰："唐约我为市，马既入，而归我贿不足，我于使人乎取之。"涵惧，不敢对，视晋，晋曰："吾非无马而与尔为市，为尔赐不既多乎！尔之马岁至，吾数皮而归资。边吏请致诘也，天子念尔有劳，故下诏禁侵犯。诸戎畏我大国之尔与也，莫敢校焉。尔之父子宁而畜马蕃者，非我谁使之！"于是，其众皆环晋拜。既又相帅南面序拜，皆举两手曰："不敢有意大国。"

戊申，王缙表让副元帅、都统、行营使，许之。

辛酉，郭子仪自河中迁于邠州，其精兵皆自随，馀兵使裨将将之，分守河中、灵州。军士久家河中，颇不乐徙，往往自邠逃归；行军司马严郢领留府，悉捕得，诛其渠帅，众心乃定。

【译文】之初，仆固怀恩去世，唐代宗爱惜他有功绩，留他的女儿在宫里，当成自己的女儿来养。回纥恳请把她嫁给可汗做可敦。夏季，五月，辛卯日（二十四日），册命她为崇徽公主，嫁给回纥可汗。壬辰日（二十五日），派兵部侍郎李涵护送她，李涵奏请祠部郎中虞乡县人董晋为判官。六月，丁酉日（初一），公主辞别，抵达回纥可汗的军营。回纥可汗使人来说："唐朝商定买我们的马，马送去之后，付给我们的钱财不够，我们要向使者索要。"李涵恐慌，不敢回答，给董晋使眼神。董晋说："我们唐朝并不是由于没有马才向你们买马，我们所给予你们的不是已经够多了吗！你们的马每年一送到，我们就不顾一切都按旧价付钱。因而守边的将吏请求责怪你们。天子顾虑你们有功劳，因此下诏禁止进犯你们。各戎狄害怕我们大国与你们关系很好，没有敢和你们相对抗的。使你们父子生活安定所养马匹繁衍众多的，正是我们啊！"回纥的人便都围绕在董晋的四周礼拜，之后又相互带领依序而拜，都举起双手说："我们对大国不敢有怀疑。"

戊申日（十二日），王缙上奏辞让副元帅、都统和行营节度使，唐代宗允许。

辛酉日（二十五日），郭子仪从河中迁移到邠州，把精锐的将士都随身带去，剩余的士兵使副将率领，分别驻扎在河中和灵州。军士在河中长时间居住，十分不愿意迁徙，经常从邠州逃回来。行军司马严郢摄理河中府留府，把逃回的士兵全都捕获，杀死他们的主帅，士卒的心意才安定下来。

【乾隆御批】怀恩反叛，即引回纥入寇为助。因怜其功，乃养逆女为公主，仍嫁回纥。代宗之措施如此，安望其能恢复？而唐室不日以陵夷驯，至于亡哉。

【译文】仆固怀恩反叛，引入回纥军队相助进犯朝廷。唐代宗因怜惜他的战功，于是收养他的女儿并册封为公主，将她许配给回纥。唐代宗这样施政，怎么能指望他恢复唐室呢？唐朝不久就被异族侵扰，最后走向灭亡。

秋，九月，吐蕃寇灵州；丁丑，朔方留后常谦光击破之。

河东兵马使王无纵、张奉璋等恃功骄蹇，以王缙书生，易之，多违约束。缙受诏发兵诣盐州防秋，遣无纵、奉璋将步骑三千赴之。奉璋逗留不进，无纵托他事擅入太原城；缙悉擒斩之，并其党七人，诸将悍戾者殆尽，军府始安。

【译文】秋季，九月，吐蕃进犯灵州；丁丑日（十二日），朔方留后常谦光战败他。

河东兵马使王无纵、张奉璋等人依仗功绩，桀骜不驯，认为王缙是个读书人，轻视他，大都违反约束。王缙奉诏要派兵到盐州去抵御吐蕃秋季侵犯边区，就派王无纵、张奉璋带领三千人去防守。张奉璋拖延不向前进，王无纵假借有事就擅自主张率兵进入太原城；王缙把他们都捕获来杀死，还有他们的同党七人，跟一些强悍乖戾的将军几乎全部都杀死，军府才得以安定。

冬，十月，常谦光奏吐蕃寇鸣沙，首尾四十里。郭子仪遣兵马使浑瑊将锐兵五千救灵州，子仪自将进至庆州，闻吐蕃退，乃还。

黄门侍郎、同平章事杜鸿渐以疾辞位，壬申，许之；乙亥，薨。鸿渐病甚，令僧削发，遗令为塔以葬。

丙子，以左仆射裴冕同平章事。初，元载为新平尉，冕尝荐之，故载举以为相，亦利其老病易制。受命之际，蹈舞仆地，载趋而扶之，代为谢词。十二月，戊戌，冕薨。

【译文】冬季，十月，常谦光奏报吐蕃侵犯鸣沙县，军队首尾长四十里。郭子仪派兵马使浑瑊带领精兵五千人前往救灵州，郭子仪亲自带领部队出发到庆州，听说吐蕃退回去了，便返回了。

黄门侍郎、同平章事杜鸿渐由于生病请辞相位，壬申日（十一月初八），唐代宗应允；乙亥日（十一月十一日），辞世。杜鸿渐病重之时，叫和尚替他削去头发，遗命构造宝塔以安葬他。

丙子日（十一月十二日），任命左仆射裴冕为同平章事。之初，元载为新平县尉，裴冕曾经推举他，因此目前元载推荐他为相，也是他年老多病容易控制较为有利的原因。裴冕接奉任官令之时，高兴得手舞足蹈，摔倒在地。元载赶紧跑上前扶起他，替他表达谢意。十二月，戊戌日（初四），裴冕就死了。

大历五年（庚戌，公元七七〇年）春，正月，己巳，羌酋白对蓬等各帅部落内属。

观军容宣慰处置使、左监门卫大将军兼神策军使、内侍监鱼朝恩，专典禁兵，宠任无比，上常与议军国事，势倾朝野。朝恩好于广座恣谈时政，陵侮宰相，元载虽强辩，亦拱默不敢应。

神策都虞候刘希暹，都知兵马使王驾鹤，皆有宠于朝恩；希暹说朝恩于北军置狱，使坊市恶少年罗告富室，诬以罪恶，捕系地牢，讯掠取服，籍没其家资入军，并分赏告捕者；地在禁密，人莫敢言。朝恩每奏事，以必允为期；朝廷政事有不豫者，辄怒曰："天下事有不由我者邪！"上闻之，由是不怿。

【译文】大历五年（庚戌，公元770年）春季，正月，己巳日（初五），羌族酋长白对蓬等人各自率领本部落归顺中国。

观军容宣慰处置使、左监门卫大将军兼神策军使、内侍监鱼朝恩，专门管理禁军，享有无人能比的宠幸信任。唐代宗经常和他商量军中和国家大事，他的权倾朝野。鱼朝恩喜爱在众人的座前肆意讨论时政，侮辱宰相。元载虽然擅长辩论，也只有拱手静默不敢和他争论。

神策军都虞候刘希暹，都知兵马使王驾鹤，都受鱼朝恩的恩宠。刘希暹说服鱼朝恩在北军建设监狱，让街坊市肆间的不良少年罗致富家的罪行而告发他们，诬告他们有罪，把他们捕获监禁在地牢里，为了让他们服罪，便审问捶打，把他们的家产转归神策军所有，而且分一部分赐给告发逮捕的人；由于北军地牢在禁中玄武门内十分隐蔽，因此别人都因害怕而不说。每当鱼朝恩向唐代宗启奏请求事情，预先期望必得应允。朝廷的行政中有他不参与的，时常发脾气说说："天下的事情有不由我来决定的吗？"唐代宗听闻就不喜欢他了。

朝恩养子令徽尚幼，为内给使，衣绿，与同列忿争，归告朝恩。朝恩明日见上曰："臣子官卑，为侪辈所陵，乞赐之紫衣。"上未应，有司已执紫衣于前，令徽服之，拜谢。上强笑曰："儿服紫，大宜称。"心愈不平。

元载测知上指，乘间奏朝恩专恣不轨，请除之；上亦知天下共怨怒，遂令载为方略。朝恩每入殿，常使射生将周皓将百人自卫，又使其党陕州节度使皇甫温握兵于外以为援；载皆以重赂结之，故朝恩阴谋密语，上一一闻之，而朝恩不之觉也。

辛卯，载为上谋，徙李抱玉为山南西道节度使，以温为凤翔节度使，外重其权，实内温以自助也。载又请割鄜、虢、宝鸡、鄠、盩厔隶抱玉，兴平、武功、天兴、扶风隶神策军，朝恩喜于得地，殊不以载为虞，骄横如故。

【译文】 鱼朝恩的养子鱼令徽年龄尚小，做内给使。由于没有官爵品秩，因此穿着绿色的衣服。一次他和同事争吵，回家告知鱼朝恩。第二天鱼朝恩进见唐代宗说："臣的儿子官职太低，被同事们欺辱，请求把紫色的朝服赐给他。"唐代宗还没有答应，紫色的朝服已经被主管官员拿到面前。鱼令徽穿上后，向唐代宗拜谢。唐代宗勉强地笑着说："儿子已经穿上紫色的朝服，应该十分满足了。"心中更加不平。

元载猜测到唐代宗的心思，把握住这个机会奏论鱼朝恩专权纵恣不守法度，恳请把他除掉。唐代宗也知道天下的人都埋怨、愤恨他，因此就教元载设法杀他。鱼朝恩每逢进入宫殿，常教射生将军周皓带领一百人守卫他，又教他的同党陕州节度使皇甫温在外面掌管大军来帮助；元载都用优渥的财贿和他们结交。因此，鱼朝恩的阴谋诡计和隐秘的语言，唐代宗都了解得很清楚。但鱼朝恩并没有觉察。

辛卯日（二十七日），元载替唐代宗谋略，迁徙李抱玉为山南西道节度使，以皇甫温担任凤翔节度使，表面上看来是增大他的权力，事实上是把皇甫温调进京畿来协助自己。元载又上奏请求划分鄜、虢、宝鸡、鄠、盩厔等县归属于李抱玉，兴平、武功、天兴、扶风等县隶属神策军。鱼朝恩获得土地异常高兴，一点也不把元载放在心上，骄傲蛮横同往常一般。

壬辰，加河南尹张延赏为东京留守；罢河南等道副元帅，以其兵属留守。延赏，嘉贞之子也。

二月，戊戌，李抱玉徙镇盩厔，军士愤怒，大掠凤翔坊市，数日乃定。

刘希暹颇觉上意异，以告鱼朝恩，朝恩始疑惧。然上每见之，恩礼益隆，朝恩亦以此自安。皇甫温至京师，元载留之未遣，因与温及周皓密谋诛朝恩。既定计，载白上。上曰："善图之，勿反受祸！"

三月，癸酉，寒食，上置酒宴贵近于禁中，载守中书省。宴罢，朝恩将还营，上留之议事，因责其异图。朝恩自辩，语颇悖慢，皓与左右擒而缢杀之，外无知者。上下诏，罢朝恩观军容等使，内侍监如故。诈云"朝恩受诏乃自缢"，以尸还其家，赐钱六百万以葬。

【译文】壬辰日（二十八日），升河南尹张延赏为东京留守；罢免河南等道的副元帅，把他的军队归属于东京留守。张延赏，是张嘉贞的儿子。

二月，戊戌日（初五），李抱玉迁移到盩厔镇守，军士们都很愤怒，大肆掠夺凤翔街坊市肆的财产，好几天之后才安定下来。

刘希暹察觉到唐代宗的心意十分不同，就告知鱼朝恩，鱼朝恩才感到猜疑和恐慌。但是唐代宗每逢接见他，恩意礼遇更加隆重，于是鱼朝恩也就安心了。皇甫温抵达京师，元载不让他回去让他留下，因此就和皇甫温、周皓暗中谋划杀鱼朝恩。决定计策之后，元载向唐代宗汇报。唐代宗说："尽力做，不要反而受祸！"

三月，癸酉日（初十），正值寒食，唐代宗在宫中准备酒席宴请显贵和近臣，元载守候中书省。宴会过后，鱼朝恩将要返回神策军营，唐代宗留下他来商量时事，责怪他有异谋。鱼朝恩自我辩解，语言很傲慢不逊。周皓和左右的人把他捕获吊死。外面没有人知晓。唐代宗下诏书，罢免鱼朝恩观军容等使的职位，内侍监的官职依旧保留。假托说："鱼朝恩接受诏令之后，就自缢身亡。"把尸首送还他的家人，赐予六百万钱作为埋葬的费用。

资治通鉴

【乾隆御批】鱼朝恩一家奴耳，代宗与元载密令方略，俨如敌国，不大可笑乎！乃至还尸赐钱，不敢肆诸市朝，使宪典肃而炯戒昭，盖所谓庸懦无能之至矣。

【译文】鱼朝恩不过是皇室的家奴罢了，唐代宗与元载密定计策，好像对待敌国，不是太可笑了吗？甚至杀了他后把尸体给送回家，还赐钱安葬，而不敢在朝野陈尸示众，使国家法律肃然，明显的警戒昭显，真是懦弱无能到了极点。

丁丑，加刘希暹、王驾鹤御史中丞，以慰安北军之心。丙戌，赦京畿系囚，命尽释朝恩党与，且曰："北军将士，皆联爪牙，并宜仍旧。朕今亲御禁旅，勿有忧惧。"

己丑，罢度支使及关内等道转运、常平、盐铁使，其度支事委宰相领之。

敕皇甫温还镇于陕。

元载既诛鱼朝恩，上宠任益厚，载遂志气骄溢；每众中大言，自谓有文武才略，古今莫及，弄权舞智，政以贿成，僭侈无度。吏部侍郎杨绾，典选平允，性介直，不附载；岭南节度使徐浩，贪而佞，倾南方珍货以赂载。辛卯，载以绾为国子祭酒，引浩代之。浩，越州人也。载有丈人自宣州来，从载求官，载度其人不足任事，但赠河北一书而遣之。丈人不悦，行至幽州，私发书视之，书无一言，惟署名而已。丈人大怒，不得已试谒院僚，判官闻有载书，大惊，立白节度使，遣大校以箱受书，馆之上舍，留宴数日，辞去，赠绢千匹。其威权动人如此。

【译文】丁丑日（十四日），加刘希暹、王驾鹤御史中丞的官职来安抚北军的军心。丙戌日（二十三日），宽赦京畿所囚禁的罪犯，下令把鱼朝恩的同党都舍置，不再治罪。而且说："北军的将士，都是朕的心腹，一律官复原职。朕如今要亲自带领禁军，就消除疑虑和恐惧的心理吧。"

己丑日（二十六日），罢除度支使和关内各道的转运、常平、盐铁使，有关度支的事务委托宰相管理。

命令皇甫温返回陕州镇守。

鱼朝恩被元载杀了以后，唐代宗对元载的恩宠和任用更加优渥。元载因为这样意气骄傲纵恣，经常在大庭广众面前大言不惭，自以为有雄才大略，自古至今没有人能比得上；便卖弄权势和才智，政事全由贿赂来决定，越礼犯公骄泰奢侈，丝毫没有节制。吏部侍郎杨绾，主要管理选举的事情，公平允当，个性耿介正直，不依附元载；岭南节度使徐浩，贪婪邪佞，竭尽南方的珠宝财务来贿赂元载。元载任命杨绾为国子祭酒，引用徐浩来取代他。徐浩，是越州人。元载有位父执辈从宣州来到京师，向元载请求做官。元载认为他不能够担任职位，只给他写了一封给河北的介绍信而准备打发他走。长辈十分不开心，抵达幽州，私自拆开书信来看，信上没有一句话，有的只是签名。长辈大怒，迫不得已暂时到节度使办公处去拜见同僚。节度判官听闻有元载的书信，十分惊恐，马上回禀节度使，派出高级将校拿箱子来盛放书信，在贵宾室招待他住下，留着吃了好几天的宴席，才辞别离去，节度使赠送给他一千匹绢。他的权势竟然能惊动人到如此地步。

资治通鉴

夏，四月，庚子，湖南兵马使臧玠杀观察使崔瓘；澧州刺史杨子琳起兵讨之，取赂而还。

泾原节度使马璘屡诉本镇荒残，无以赡军，上讽李抱玉以郑、颍二州让之；乙巳，以璘兼郑颍节度使。

庚申，王缙自太原入朝。

癸未，以左羽林大将军辛京杲为湖南观察使。

荆南节度使卫伯玉遭母丧，六月，戊戌，以殿中监王昂代之。伯玉讽大将杨镒等拒昂留己；甲寅，诏起复伯玉镇荆南如故。

秋，七月，京畿饥，米斗千钱。

刘希暹内常自疑，有不逊语，王驾鹤以闻。九月，辛未，赐希暹死。

【译文】夏季，四月，庚子日(初八)，湖南兵马使臧玠把观察使崔瓘杀死；澧州刺史杨子琳派兵讨伐他，接受他的贿赂而归来。

泾原节度使马璘多次申诉本镇的土地荒芜残破，不能供给军中所用。唐代宗迂回劝说李抱玉把郑、颍二州让给他。乙巳日

（五月初七日），让马璘同时担任郑颍节度使。

庚申日（五月初八日），王缙从太原进朝。

癸未日（五月二十一日），任命左羽林大将军辛京杲为湖南观察使。

荆南节度使卫伯玉遇到母亲的丧事，六月，戊戌日（初七日），用殿中监王昂取代他。卫伯玉讽劝大将杨鉓等人回绝王昂请留自己；甲寅日（二十三日），下诏征卫伯玉出来照旧复原他荆南节度使的职位。

秋季，七月，京城周围各县发生饥荒，一斗米竟然值一千钱。

刘希暹内心时常疑虑不安，有不恭敬的话。王驾鹤上报唐代宗。九月，辛未日（十二日），命令刘希暹自杀。

吐蕃寇永寿。

冬，十一月，郭子仪入朝。

上悉知元载所为，以其任政日久，欲全始终，因独见，深戒之；载犹不悛，上由是稍恶之。

载以李泌有宠于上，忌之，言："泌常与亲故宴于北军，与鱼朝恩亲善，宜知其谋。"上曰："北军，泌之故吏也，故朕使之就见亲故。朝恩之诛，泌亦预谋，卿勿以为疑。"载与其党攻之不已；会江西观察使魏少游求参佐，上谓泌曰："元载不容卿，朕今匿卿于魏少游所，俟朕决意除载，当有信报卿，可束装来。"乃以泌为江西判官，且属少游使善待之。

【译文】吐蕃进犯永寿。

冬季，十一月，郭子仪从邠州进朝。

唐代宗对于元载的所作所为都知道，由于他担任宰相的职位很久，想要善始善终，因此借着独自见面的机会，深切地劝诫他。元载还是不知悔过，唐代宗由于这渐渐厌恶他。

元载由于李泌受唐代宗的宠幸，嫉妒他，说："李泌常和亲戚朋友在北军聚会，和鱼朝恩亲密友好，应该了解他的阴谋。"唐代宗说："北军的官吏是李泌原来的下属，因此朕叫他去与亲戚朋友会面。鱼朝恩的被杀，李泌也一同谋划，卿不必猜疑他。"元载和他的同党继续攻击李泌。正值江西观察使魏少游向朝廷要求参谋辅佐的人员，唐代宗对李泌说："元载不能容留您，朕现在把您藏在魏少游的地方。直到朕决心除掉元载，将有信向您汇报，可以束装来朝觐见。"于是用李泌任江西观察判官，而且叮嘱魏少游好好地对待他。

【乾隆御批】 代宗欲罢载相，泌即应直行黜陟。论史者乃疑载柄权日久，一时难于措置。如是，则载之权是谁所假也哉？盖彼时纪纲陵替，非一朝一夕之故矣。

【译文】 唐代宗想要罢免宰相元载，李泌就立即决定直接黜免。论史的人于是怀疑元载掌权日久，一时难于处理。如此说来，元载的权柄是谁授予的呢？当时纲纪废弛，不是一朝一夕的缘故啊！

【申涵煜评】 泌不肯为宰相，乃为判官，避元载之谗，而匿于魏少游所，君臣俱失。何不暂归衡山以返？初服后又为别驾，为刺史，久乃得相。岂代宗欲使为俗人，遂果为俗人也耶？

【译文】 李泌不肯做宰相，于是任判官，为了躲避元载的谗言，而隐藏在魏少游的住所，君臣之间都失去了道义。为什么不暂时归隐衡山以待返回？初服后又任别驾，为刺史，过了很久才又做了宰相。难道唐代宗想让他为世俗之人，他就果然是一般人吗？

大历六年（辛亥，公元七七一年）春，二月，壬寅，河西、陇右、山南西道副元帅兼泽潞、山南西道节度使李抱玉上言："凡所掌之兵，当自训练。今自河、陇达于扶、文，绵亘二千馀里，抚御至难。若吐蕃两道俱下，臣保固汧、陇则不救梁岷，进兵扶、文则寇逼关辅，首尾不赡，进退无从。愿更择能臣，委以山南，使臣得专备陇坻。"诏许之。

郭子仪还邠州。

【译文】大历六年（辛亥，公元771年）春季，二月，壬寅日（十五日），河西、陇右、山南西道副元帅同时担任泽潞、山南西道节度使李抱玉上表说："凡是所统率的将士，应该亲自训练。如今从河西、陇右直到扶州、文州，绵延二千多里，巡抚治理十分艰难。假使吐蕃从岷州、陇州两路一起进军，臣假如要确保汧阳、陇州的安全，就不能救梁州和岷州，如果进攻去援救扶州、文州，那么贼寇就要进逼京畿，来不及照顾首尾，进退无所适从。期望另外选择有才能的大臣，委任他去统领山南，使臣能够一心防备陇右地方。"唐代宗颁发诏书应允他的请求。

郭子仪回到邠州。

岭南蛮酋梁崇牵自称平南十道大都统，据容州，与西原蛮张侯、夏永等连兵攻陷城邑，前容管经略使元结等皆寄治藤梧。经略使王翃至藤州，以私财募兵，不数月，斩贼帅欧阳珪，驰诣广州，见节度使李勉，请兵以复容州，勉以为难，翃曰："大夫如未暇出兵，但乞移牒诸州，扬言出千兵为援，冀藉声势，亦可成功。"勉从之。翃乃与义州刺史陈仁璀、藤州刺史李晓庭等结盟讨贼。翃募得三千馀人，破贼数万众；攻容州，拔之，擒梁崇牵，前后大小百馀战，尽复容州故地。分命诸将袭西原蛮，复郁林等诸州。

先是，番禺贼帅冯崇道，桂州叛将朱济时，皆据险为乱，陷十馀州，官军讨之，连年不克；李勉遣其将李观与翃并力攻讨，悉斩之，三月，五岭皆平。

【译文】岭南蛮族的酋长梁崇牵自称是平南十道的大都统，占领容州，和西原蛮族的张侯、夏永等人一同用兵攻克城市和乡邑，上任容管经略使元结等人都把治所寄设在苍梧。经略使王翃抵达藤州，用个人的财产招募将士，仅仅几个月，杀害蛮贼的大帅欧阳珪骑马飞驰到广州，会见节度使李勉，恳请发兵恢复容州。李勉认为十分艰难。王翃说："大夫假如无暇派兵，只求下公文到达各州，声言各出一千名士兵来救援，期望借着这个声势，也可以成功。"李勉采纳他的意见。王翃就与义州刺史陈仁璀、藤州刺史李晓庭等结为盟约征讨贼寇。王翃招募到三千多人，击败贼寇好几万人；进而攻击容州，把容州攻克，梁崇牵被活捉了。前前后后打了一百多次的仗，把容州原有的土地全部都收回。再分别命令各将军攻击西原蛮，收回郁林等各州。

在这之前，番禺蛮贼的统帅冯崇道、桂州的叛贼朱济时，都占领险要的地方谋乱，攻陷十多个州。官军征讨他们，接连几年都战败。李勉派出他的将军李观和王翃合力攻击征讨，把他们都杀了。三月，五岭地方都被平定了。

河北旱，米斗千钱。
夏，四月，己未，澧州刺史杨子琳入朝，上优接之，赐名猷。
庚申，以典内董秀为内常侍。
吐蕃请和；庚辰，遣兼御史大夫吴损使于吐蕃。

成都司录李少良上书言元载奸赃阴事，上置少良于客省。少良以上语告友人韦颂，殿中侍御史陆珽以告载，载奏之。上怒，下少良、颂、珽御史台狱。御史奏少良、颂、珽凶险比周，离间君臣，五月，戊申，敕付京兆，皆杖死。

秋，七月，丙午，元载奏，凡别敕除文、武六品以下官，乞令吏部、兵部无得检勘，从之。时载所奏拟多不遵法度，恐为有司所驳故也。

【译文】河北出现旱灾，一斗米竟然值一千钱。

夏季，四月，己未日（初三），澧州刺史杨子琳入朝，唐代宗用优渥的礼仪招待他，赐名为猷。

庚申日（初四），任命典内董秀为内常侍。

吐蕃恳请讲和；庚辰日（二十四日），派出兼任御史大夫吴损出使吐蕃。

成都司录李少良上表论元载奸邪贪赃等鲜为人知的事情；唐代宗把李少良安放在客省。李少良把唐代宗的话告知朋友韦颂，殿中侍御史陆珽又告诉元载这件事，元载启奏了唐代宗。唐代宗十分愤怒，把李少良、韦颂、陆珽交给御史台监狱审问。御史启奏李少良、韦颂、陆珽凶邪险恶、朋比为奸，使君臣离间。五月，戊申日（二十三日），唐代宗下令交付京兆狱，全部用木杖打死。

秋季，七月，丙午日（二十二日），元载上奏折，只要是别敕升任文、武六品以下的官员，恳请下令吏部、兵部不能查验勘验。唐代宗接纳他的建议。那时元载所上的奏折和拟注大部分违背法规，恐怕是被各部主管官员反驳的原因。

八月，丁卯，淮西节度使李忠臣将兵二千屯奉天防秋。

上益厌元载所为，思得士大夫之不阿附者为腹心，渐收载权。丙子，内出制书，以浙西观察使李栖筠为御史大夫，宰相不知，载由是稍绌。

九月，吐蕃下青石岭，军于那城；郭子仪使人谕之，明日，引退。

是岁，以尚书右丞韩滉为户部侍郎、判度支。自兵兴以来，所在赋敛无度，仓库出入无法，国用虚耗。滉为人廉勤，精于簿领，作赋敛出入之法，御下严急，吏不敢欺；亦值连岁丰穰，边境无寇，自是仓库蓄积始充。滉，休之子也。

【译文】八月，丁卯日（十四日），淮西节度使李忠臣带领两千士兵驻扎在奉天，防止吐蕃秋高马肥时来侵袭。

唐代宗越来越讨厌元载的行为，想得到不阿私附从他的人作为亲近，好逐渐获取元载的势力。丙子日（二十三日），从宫内颁诏制书，启用浙西观察使李栖筠担任御史大夫，宰相并不知晓。元载从此权势逐渐被削弱。

九月，吐蕃攻克青石岭，军队驻军在那城；郭子仪使人试探并使他明白利害，第二天，带兵退回去。

这一年，任用尚书右丞韩滉为户部侍郎、判度支。自战乱发生之后，处处毫无节制地征讨赋税，仓库里物品的进出也没有法则，国家的财产快损耗尽了。韩滉做人廉洁勤勉，专注于治理账簿，制作赋税出入的法则；对待部下十分严格，手下的官员不敢隐瞒他；而且又遇到连年丰收，边区没有贼寇侵犯，从此仓库里的积蓄才充裕。韩滉，是韩休的儿子。

大历七年（壬子，公元七七二年）春，正月，甲辰，回纥使者擅出鸿胪寺，掠人子女；所司禁之，殴击所司，以三百骑犯金光、

资治通鉴

94

朱雀门。是日，宫门皆闭，上遣中使刘清潭谕之，乃止。

三月，郭子仪入朝；丙午，还邠州。

夏，四月，吐蕃五千骑至灵州，寻退。

五月，乙未，赦天下。

【译文】 大历七年（壬子，公元772年）春季，正月，甲辰日（二十二日），回纥的使者擅自走出鸿胪寺，掠夺百姓的子女。主管人员加以阻止，他就击打主管人员，用三百骑兵侵犯金光门和朱雀门。那天，宫门都已经关上，唐代宗派宫中使者刘清潭通知他，才暂停。

三月，郭子仪进朝；丙午日（二十五日），返往邠州。

夏季，四月，吐蕃五千骑兵到达灵州，很快又撤退。

五月，乙未日（十五日），大赦天下。

【乾隆御批】 唐时与回纥和市，以多缣易羸马，糜帑几数十倍，且缣帛或取诸民，江淮织输人以为累，白居易所以有《阴山道·乐府》之刺也。今与哈萨克易马，所司得差其良驽而均衡之，计市直不及内地三之一，而丝缣，则令各织造平售官，织事不烦扰，而公私利便，使居易见此，当复云何？尝反其意次韵以纪之。阅《通鉴》至此，复为示其梗概，俾读史者知，柔远大经在挈其纲而善用之耳。

【译文】 唐朝与回纥进行贸易，大多用缣帛交换回纥的瘦弱马匹，浪费的国库财物几乎达到数十倍，而且缣帛大多取自百姓，江淮一带织缣的和运输缣帛的人负担都很重，所以白居易写《阴山道·乐府》来对这种现象进行讽刺。现今我朝与哈萨克交易马匹，主管部门在交换马匹时得到的好马与次马数量均衡，购价还不及内地的三分之一，而丝缣，则让各地百姓一齐出售给官府，丝缣的事都不会受到干扰，于公于私都有便利，如果白居易见到这种情况，还有什么可说的呢？朕曾经反白居易《阴山道·乐府》的意境，和其韵作诗记载此事。阅读《通鉴》到此，朕又将其梗概告诉人们，使读史的人知道，安抚远方的大法在于抓住纲要并善于运用。

秋，七月，癸巳，回纥又擅出鸿胪寺，逐长安令邵说至含光门街，夺其马；说乘它马而去，弗敢争。

卢龙节度使朱希彩既得位，悖慢朝廷，残虐将卒；孔目官李怀瑗因众怒，伺间杀之。众未知所从；经略副使朱泚营于城北，其弟滔将牙内兵，潜使百馀人于众中大言曰："节度使非朱副使不可；"众皆从之。泚遂权知留后，遣使言状。冬，十月，辛未，以泚为检校左常侍、幽州、卢龙节度使。

十二月，辛未，置永平军于滑州。

【译文】秋季，七月，癸巳日（十四日），回纥的使者又擅自走出鸿胪寺，追击长安令邵说到含光门街，抢走他的马；邵说骑别的马离开，不敢和他争。

卢龙节度使朱希彩得到官位之后，对朝廷悖慢无礼，对待将士残酷暴虐。孔目官李怀瑗趁着大家愤怒之时，觅得一个机会把他杀死。大家不知如何是好；经略副使朱泚驻扎在城北，他的弟弟朱滔带领牙营里的士兵，秘密叫一百多人在大众中间大声呼喊说："节度使非得朱副使来担当不可。"大家都听从他们的建议。朱泚于是就暂时代替留后的职务，派使者向朝廷汇报具体情况。冬季，十月，辛未日（二十四日），任用朱泚同时担任左常侍、幽州卢龙节度使。

十二月，辛未日（二十五日），于滑州设置永平军。

大历八年（癸丑，公元七七三年）春，正月，昭义节度使、相州刺史薛嵩薨。子平，年十二，将士胁以为帅，平伪许之；既而让其叔父崿，夜奉父丧，逃归乡里。壬午，制以崿知留后。

二月，壬申，永平节度使令狐彰薨。彰承滑、亳离乱之后，治军劝农，府廪充实。时藩镇率皆跋扈，独彰贡赋未尝阙；岁遣兵三千诣京西防秋，自赍粮食，道路供馈皆不受，所过秋毫不犯。疾亟，召掌书记高阳齐映，与谋后事，映劝彰请代人，遣子归私第；彰从之，遗表称："昔鱼朝恩破史朝义，欲掠滑州，臣不听，由是有隙。及朝恩诛，值臣寝疾，以是未得入朝，生死愧负。臣今必不起，仓库畜牧，先已封籍，军中将士，州县官吏，按堵待命。伏见吏部尚书刘晏、工部尚书李勉可委大事，愿速以代臣。臣男建等，今勒归东都私第。"彰薨，将士欲立建，建誓死不从，举家西归。三月，丙子，以李勉为永平节度使。

资治通鉴卷第二百二十四　唐纪四十

【译文】大历八年（癸丑，公元773年）春季，正月，昭义节度使、相州刺史薛嵩辞世。儿子薛平，年十二岁，将士们逼迫他做主帅，薛平装作应允他们；接着把位置让出给他的叔父薛崿，那夜奉送父亲的灵柩，逃亡回到家乡。壬午日（初六），唐代宗下制书委任薛崿代理留后的职位。

二月，壬申日（二十七日），永平节度使令狐彰辞世。令狐彰在滑州、亳州流离战乱之后，培训军队，鼓励百姓耕耘，因而府库和仓廪都十分充裕。那时的藩镇大多数很蛮横傲慢无礼，只有令狐彰向朝廷贡赋一直都十分充裕；每年派出三千人到京城西边防备吐蕃在秋高马肥的时候侵入，军队都是自己携带食物，沿路地方上供应和赠送东西也不接受。所经过的地方秋毫无所侵犯。在他病重之时，把掌书记高阳人齐映叫到面前和他商议后事，齐映劝令狐彰向朝廷请人来代替他，把儿子遣送回家。令狐彰顺从，写下遗书说："之前鱼朝恩打败史朝义之时，想抢夺滑州，臣不服从，因而产生隔阂。直至鱼朝恩被杀，适逢臣卧病在床，因而不能入朝拜见陛下，生前死后都感到羞愧内疚。臣现在病一定治愈不了，仓库都已经关闭，畜牧的牛羊马匹也已经在簿子上登记了；军中的将军和士兵、各州县的官员，都安安静静地等待朝廷的号令。私下了解可以委任大事于吏部尚书刘晏、工部尚书李勉，期望赶快派他们来代替臣的职位。臣的儿子令狐建等，已经勒令回东都私宅。"令狐彰死去之后，将士们想立令狐建担任节度使，令狐建发誓宁可死也不愿遵守，一家人返回西方的宅第。三月，丙子日（初一），委任李勉为永平节度使。

吏部侍郎徐浩、薛邕，皆元载、王缙之党；浩妾弟侯莫陈怤为美原尉，浩属京兆尹杜济虚以知驿奏优，又属邕拟长安尉。怤参台，御史大夫李栖筠劾奏其状，敕礼部侍郎万年于邵等按之。邵奏邕罪在敕前，应原除，上怒。夏，五月，乙酉，贬浩明州别驾，邕歙州刺史；丙戌，贬济杭州刺史，邵桂州长史，朝廷稍肃。

辛卯，郑王邀薨，赠昭靖太子。

回纥自乾元以来，岁求和市，每一马易四十缣，动至数万匹，马皆驽瘠无用；朝廷苦之，所市多不能尽其数，回纥待遣、继至者常不绝于鸿胪。至是，上欲悦其意，命尽市之。秋，七月，辛丑，回纥辞归，载赐遣及马价，共用车千馀乘。

【译文】吏部侍郎徐浩、薛邕，都是元载、王缙的党羽。徐浩小妾的弟弟侯莫陈怤担任美原县尉，徐浩委托京兆尹杜济伪奏侯莫陈怤在主管驿传时供应车辆马匹、薪柴草料、粮食用品等都很充足，比其他各县都好；又拜托薛邕注拟任命他为长安县尉。侯莫陈怘会见御史台，御史大夫李栖筠弹劾他而且把详情告知唐代宗。唐代宗下敕书令礼部侍郎万年人于邵等审问这件案子。于邵上奏折说薛邕的过错可以赦免，应该谅解恕罪。唐代宗十分愤怒。夏季，五月，乙酉日（十一日），贬黜徐浩为明州别驾，薛邕为歙州刺史；丙戌日（十二日），贬杜济担任杭州刺史，于邵为桂州长史，朝廷的纲纪逐渐严格。

辛卯日（十七日），郑王李邈辞世，追封为昭靖太子。

回纥自从乾元之后，年年都要求双方协议交易，每一匹马要求换四十匹缣，时常一次交易就是几万匹马，并且马都是驽劣衰弱的，用处不大；朝廷感到十分烦恼。并且时常不能把马匹全部都拿过来；回纥等着取缣回去，接着来的人在鸿胪寺里络绎不绝。如今，唐代宗想要令他们满足，命令把全部的马都交易过来。秋季，七月，辛丑日（二十八日），回纥辞去离开，载运赠送和马匹交换的缣帛，一共用了一千多辆车子。

八月，己未，吐蕃六万骑寇灵武，践秋稼而去。

辛未，幽州节度使朱泚遣弟滔将五千精骑诣泾州防秋。自安禄山反，幽州兵未尝为用，滔至，上大喜，劳赐甚厚。

壬申，回纥复遣使者赤心以马万匹来求互市。

九月，壬午，循州刺史哥舒晃杀岭南节度史吕崇贲，据岭南反。

癸未，晋州男子郇模，以麻辫发，持竹筐苇席，哭于东市。人问其故，对曰："愿献三十字，一字为一事；若言无所取，请以席裹尸，贮筐中，弃于野。"京兆以闻。上召见，赐新衣，馆于客省。其言"团"者，请罢诸州团练使也；"监"者，请罢诸道监军使也。

【译文】八月，己未日（十六日），吐蕃六万骑兵侵犯灵武，践踏秋季的庄稼后回去。

辛未日(二十八日),幽州节度使朱泚委派他的弟弟朱滔带领五千精良的骑兵到泾州防备吐蕃秋天的侵犯。自安禄山叛乱之后,幽州的士兵没有受朝廷任用过。因此朱滔来了,唐代宗十分欢喜,慰劳赏赐非常优渥。

壬申日(二十九日),回纥又派出使者赤心赶着一万匹马来要求相互交换。

九月,壬午日(初十),循州刺史哥舒晃杀死岭南节度使吕崇贲,占领岭南造反。

癸未日(十一日),晋州男子郇模,用麻编辫子,带着竹筐和芦苇编的席子,于长安东市痛哭。有人问他原因,他答复说:"愿意提供三十个字,一个字是一件事情;假如所说的没有可取之处,请用席子裹着我的尸体,放在竹筐里,去丢到野外。"京兆府把这件事汇报给唐代宗。唐代宗召见他,赏赐他一套新衣裳,让他在客省里居住。他所说的"团"字,就是请求罢黜各州的团练使;所说的"监"字,就是请求罢黜各道的监军使。

【乾隆御批】 彼时所谓团练监军,孰不知其弊。郇模佯狂,行市其迹,近于惑世诬民。代宗率尔召见,不察其心之邪正,言之是非,辄复授衣设馆,昧于政体矣。

【译文】 那时所谓的团练监军,谁不知它的弊端?郇模装疯卖傻、招摇过市,这种行为近似蛊惑世人。唐代宗轻率予以召见,不考虑他用心的邪正,语言的是非,就赐与新衣,安置客省,唐代宗对为政的要领实在是愚昧无知。

魏博节度使田承嗣为安、史父子立祠堂,谓之四圣,且求为相；上令内侍孙知古因奉使讽令毁之。冬，十月，甲辰，加承嗣同平章事以褒之。

灵州破吐蕃万馀众。吐蕃众十万寇泾、邠，郭子仪遣朔方兵马使浑瑊将步骑五千拒之。庚申，战于宜禄。瑊登黄苣原望虏，命据险布拒马以备其驰突。宿将史抗、温儒雅等意轻瑊，不用其命；瑊召使击虏，则已醉矣；见拒马，曰："野战，乌用此为！"命撤之。叱骑兵冲虏阵，不能入而返；虏蹑而乘之，官军大败，士卒死者什七八，居民为吐蕃所掠千馀人。

【译文】 魏博节度使田承嗣替安禄山、史思明父子立祠堂，把他们称为四圣，并且恳请为相；唐代宗命令宦官孙知古打着奉派出使的旗号劝他毁掉祠堂。冬季，十月，甲辰日（初二），把同平章事的官衔加给他以示褒奖。

灵州击败吐蕃一万多人。吐蕃十万兵马侵犯泾州、邠州，郭子仪派出朔方兵马使浑瑊带领步兵和骑兵五千人来抵御他。庚申日（十八日），在宜禄开战。浑瑊登上黄苣原，远望叛贼，下令占据险要的地区，布下拒马，以防备敌人马队的奔驰和冲突。老将史抗、温儒雅等人心里蔑视浑瑊，对他的命令不听从。浑瑊召请他们叫他们去攻击胡虏，原来他们都已经喝醉了酒；看到拒马，就说："野外交战，根本用不着这个！"下令撤退。命令骑兵攻击胡虏的营阵，攻不进去就返了回来。胡虏紧追其后乘机追击，官军战败，士兵被杀死的有十分之七八，老百姓被吐蕃掠夺一千多人。

甲子，马璘与吐蕃战于盐仓，又败。璘为虏所隔，逮暮未还，泾原兵马使焦令谌等与败卒争门而入。或劝行军司马段秀实乘城拒守，秀实曰："大帅未知所在，当前击虏，岂得苟自全乎！"召令谌等让之曰："军法，失大将，麾下皆死。诸君忘其死邪！"令谌等惶惧拜请命。秀实乃发城中兵未战者悉出，陈于东原，且收散兵，为将力战状。吐蕃畏之，稍却。既夜，璘乃得还。

郭子仪召诸将谋曰："败军之罪在我，不在诸将。然朔方兵精闻天下，今为虏败，何策可以雪耻？"莫对。浑瑊曰："败军之将，不当复预议。然愿一言今日之事，惟理瑊罪，不则再见任。"子仪赦其罪，使将兵趣朝那。虏既破官军，欲掠汧、陇。盐州刺史李国臣曰："虏乘胜必犯郊畿，我掎其后，虏必返顾。"乃引兵趣秦原，鸣鼓而西。虏闻之，至百城，返，浑瑊邀之于隘，尽复得其所掠；马璘亦出精兵袭虏辎重于潘原，杀数千人，虏遂遁去。

己丑，以江西观察使路嗣恭兼岭南节度使，讨哥舒晃。

【译文】甲子日（二十二日），马璘与吐蕃在盐仓开战，又战败。马璘被吐蕃阻断，直到傍晚还未返回。泾原兵马使焦令谌等人与败退的士兵争着进入城门。有人劝说行军司马段秀实登城墙防御。段秀实说："不知道大帅在哪里，应当奋勇向前攻打敌人，不能只保全自己！"把焦令谌等人叫过来责怪他们说："依照军法，失去大将，部下都应该死去。诸君忘了自己的死罪了吗？"焦令谌等人惊恐害怕，拜谢段秀实而且愿意唯命是从。段秀实于是就把城中未曾参战的士兵全部派出城去，在城东的高原上摆列阵势；同时聚集失散的士卒，做将要竭尽全力作战的样子。吐蕃很害怕他，逐渐退去。天黑之后，马璘才得以回去。

郭子仪聚集各将军商量说："军队战败的过错在我自己，不在各位将军。但是朔方士兵的精锐天下闻名，如今被敌人打败，有什么谋略可以报仇？"无人应答。浑瑊说："战败的将军，不应该再参加商议。但是我愿意谈一下今天的事情，只求治我浑瑊的罪状，否则，就再派我去。"郭子仪宽恕了他的罪，叫他带兵疾趋朝那。胡虏击败官军之后，想掠夺泾州和陇州。盐州刺史李国臣说："胡虏趁着胜利的气势，必定侵犯京城附近的区域。我们扯住他的后腿，胡虏一定会返回照理后方。"于是就带兵前往秦原，敲着鼓向西进逼。胡虏听到后，抵达百城，马上返回。浑瑊在狭窄的山隘口阻截他们，把他们所抢掠的全部获得，马璘也派出精兵在潘原偷袭胡虏的辎重，杀死几千人，胡虏因此逃亡。

乙丑日（二十三日），派江西观察使路嗣恭征讨哥舒晃。

初，元载尝为西州刺史，知河西、陇右山川形势。是时，吐蕃数为寇，载言于上曰："四镇、北庭既至泾州，无险要可守。陇山高峻，南连泰岭，北抵大河。今国家西境尽潘原，而吐蕃戍摧沙堡，原州居其中间，当陇山之口，其西皆监牧故地，草肥水美，平凉在其东，独耕一县，可给军食，故垒尚存，吐蕃弃而不居。每岁盛夏，吐蕃畜牧青海，去塞甚远，若乘间筑之，二旬可毕。移京西军戍原州，移郭子仪军戍泾州，为之根本，分兵守石门、木峡，渐开陇右，进达安西，据吐蕃腹心，则朝廷可高枕矣。"并图地形献之，密遣人出陇山商度功用。会汴宋节度使田神功入朝，上问之，对曰："行军料敌，宿将所难，陛下奈何用一书生语，欲举国从之乎！"载寻得罪，事遂寝。

有司以回纥赤心马多，请市千匹。郭子仪以为如此，逆其意太甚，自请输一岁俸为国市之。上不许。十一月，戊子，命市六千匹。

【译文】当初，元载曾做过西州刺史，了解河西、陇右的山川地势。此时，吐蕃多次侵犯，元载对唐代宗说："四镇、北庭节度使的治所设置在泾州后面，没有险要的地方可以占据。陇山十分高耸，南边和秦岭相连，北边直到黄河。如今国家西方的国境仅仅到潘原，但吐蕃戍守着摧沙堡，原州居于中间，在陇山的山口。从这里以西都是以前设监牧马的地域，草肥水美。平凉在东方，独耕一个县就足够供应军粮。原先的营垒还没消失，吐蕃弃置而不居住在此。每逢盛夏，吐蕃到青海放牧，离开边塞十分遥远。假如利用这段时间来筑城，二十天就可以收工。调京西的兵士据守原州，调郭子仪的军队戍泾州，作为根本的谋略。再分兵防备石门、木峡，渐渐开辟陇右，进而直至安西，占领吐蕃的腹心，那么朝廷就可以高枕无忧了。"而且画了地形图贡献给唐代宗，暗中派人西出陇山到原州去估算工程和费用。恰逢汴宋节度使田神功入朝晋见天子，唐代宗用这件事问他，田神功答复说："带兵征战，料度敌情，是老将都感到困难的事，陛下为什么听信一介书生的谋划，要倾全国的人力物力去追随他呢！"元载不久就被判罪，事情因此而停止。

主管互市的官员以为回纥赤心的马太多，请求仅仅交易一千匹。郭子仪认为如此太过违抗他们的心意，自己请求捐赠一年的俸禄替国家买马。唐代宗没有赞同。十一月，戊子日（十七日），下诏市易六千匹。

资治通鉴卷第二百二十五　唐纪四十一

起阏逢摄提格，尽屠维协洽七月，凡五年有奇。

【译文】起甲寅（公元774年），止己未（公元779年）七月，共五年七个月。

【题解】本卷记录了公元774年至779年七月的史事，共五年又七个月，正当唐代宗大历九年到十四年七月。此时期，代宗征调九节度使征讨魏博节度使田承嗣，平定汴宋留后李灵曜的叛乱，裁撤各州团练使，额定各州守兵，统一京师以及地方各级官吏的俸禄，并且诛杀了权臣元载，有了一些作为，但藩镇割据之势已不可逆转。唐代宗驾崩，德宗李适即位，致力革兴，整治刑狱，提倡节俭，还整顿京师秩序，拆毁违反规定的豪宅，约束回纥商人，取消天下榷酒收利，政治上有了一些新气象。

唐代宗睿文孝武皇帝中之下

大历九年（甲寅，公元七七四年）春，正月，壬寅，田神功薨于京师。

澧朗镇遏使杨猷自澧州沿江而下，擅出境至鄂州，诏听入朝。猷遂溯汉江而上，复州、郢州皆闭城自守，山南东道节度使梁崇义发兵备之。

二月，辛未，徐州军乱，刺史梁乘逾城走。

谏议大夫吴损使吐蕃，留之累年，竟病死虏中。

庚辰，汴宋兵防秋者千五百人，盗库财溃归，田神功薨故也。己丑，以神功弟神玉知汴宋留后。

癸巳，郭子仪入朝，上言："朔方，国之北门，中间战士耗散，什才有一。今吐蕃兼河、陇之地，杂羌、浑之众，势强十倍。愿更于诸道各发精卒，成四、五万人，则制胜之道必矣。"

【译文】 大历九年（甲寅，公元774年）春季，正月，壬寅日（初三），田神功于京师去世。

澧朗镇遏使杨猷自澧州顺江而下，擅自离开抵达鄂州，唐代宗下令容许他入朝。杨猷便又溯汉水、长江逆流而上，位滨汉水的复州、郢州都关闭城门自守，山南东道节度使梁崇义并委派军队加强二州的防备。

二月，辛未日（初二），徐州军队谋乱，刺史梁乘翻城逃亡。

谏议大夫吴损出使至吐蕃，被拘留了有两年多，最后在蕃邦病死。

庚辰日（十一日），汴宋调防西北戍守边防的士兵一千五百人，掠取仓库的财产溃散逃归，这是由于田神功辞世才发生这事的。己丑日（二十日），派出田神功的弟弟田神玉主理汴宋留后的职位。

癸巳日（二十四日），郭子仪上朝，上表说："朔方，是国家北方的门户，在这之间战士死耗逃散，仅余十分之一。如今吐蕃兼有河、陇区域，杂聚羌、浑兵众，势力与以前相比强大十倍。请于诸道召雇徭戍，各自派出精卒，聚合四五万人的兵力戍守边防，这才是必定可以制胜敌人的最好策略。"

三月，戊申，以皇女永乐公主许妻魏博节度使田承嗣之子华。上意欲固结其心，而承嗣益骄慢。

以澧朗镇遏使杨猷为洮州刺史、陇右节度兵马使。

夏，四月，甲申，郭子仪辞还邠州，复为上言边事，至涕泗交流。

壬辰，赦天下。

五月，丙午，杨猷自澧州入朝。

泾原节度使马璘入朝，讽将士为己表求平章事。丙寅，以璘为左仆射。

六月，卢龙节度使朱泚遣弟滔奉表请入朝，且请自将步骑五千防秋；上许之，仍为之先筑大第于京师以待之。

癸未，兴善寺胡僧不空卒，赠开府仪同三司、司空，赐爵肃国公，谥曰大辩正广智不空三藏和尚。

【译文】 三月，戊申日（初九），唐代宗将女儿永乐公主下嫁给魏博节度使田承嗣的儿子田华为妻。唐代宗这样做是想借以稳定田承嗣的心思，但田承嗣却因此更加骄纵傲慢。

派澧朗镇遏使杨猷担任洮州刺史、陇右节度兵马使。

夏季，四月，甲申日（十六日），郭子仪辞别唐代宗返往邠州，再次向唐代宗提及戍边的事，以至于涕泪横流。

壬辰日（二十四日），使天下大赦。

五月，丙午日（初八），杨猷自澧州出发去往京师。

泾原节度使马璘入朝，引诱致使将士为他上奏请求委任他为平章事。丙寅日（二十八日），派出马璘作为左仆射。

六月，卢龙节度使朱泚派他弟弟朱滔进京呈表请准入朝，并恳求由他带领步骑五千人到西北戍守边疆，来防敌人入寇；唐代宗应允了他，并且因此先为他在京师建造一幢高大的府第

资治通鉴卷第二百二十五　唐纪四十一

等待他的到来。

癸未日（十五日），兴善寺胡人法僧不空辞世，赠开府仪同三司、司空，赏赐爵肃国公，谥号称大辩正广智不空三藏和尚。

京师旱，京兆尹黎幹作土龙祈雨，自与巫觋更舞。弥月不雨，又祷于文宣王。上闻之，命撤土龙，减膳节用。秋，七月，戊午，雨。

朱泚入朝，至蔚州，有疾，诸将请还，俟间而行。泚曰："死则舆尸而前！"诸将不敢复言。九月，庚子，至京师，士民观者如堵。辛丑，宴泚及将士于延英殿，犒赏之盛，近时未有。

壬寅，回纥擅出鸿胪寺，白昼杀人，有司擒之；上释不问。

甲辰，命郭子仪、李抱玉、马璘、朱泚分统诸道防秋之兵。

冬，十月，壬申，信王瑝薨。乙亥，梁王璿薨。

魏博节度使田承嗣诱昭义将吏使作乱。

【译文】京师旱灾，京兆尹黎干聚土作龙来祈求下雨，他自己和巫觋更番舞蹈，个月的时间之后，还看不见落雨，又向文宣王祈祷。唐代宗听闻这件事，下令撤销土龙，削少膳食，节省用度。秋季，七月，戊午日（二十一日），雨自天降。

朱泚入朝，路途中经过蔚州时，生了病，下属们劝请他先返回，等病好了再出发去京。朱泚说："假如我病死了，就用车子载着我的尸体行进吧！"因此属将们都不敢再说什么。九月，庚子日（初四），抵达京师，士民重重夹道迎接，好像两道墙壁似的。辛丑日（初八），唐代宗在延英殿赐宴朱泚和他下属的一些大将，有丰厚的犒赏，那是多年来不曾有过的。

壬寅日（初六），回纥擅自走出鸿胪寺，杀人于光天化日之下被主管官员捕获，唐代宗竟然把他们释放而没有追究。

108

甲辰日（初八），命令郭子仪、李抱玉、马璘、朱泚分别统率诸道防秋部队。

冬季，十月，壬申日（初六），信王李瑝去世。乙亥日（初九），梁王李璿辞世。

魏博节度使田承嗣召引诱昭义军队里的将士要他们谋乱。

【乾隆御批】 为民请命止于诚祷感格而已。土龙之法虽创自仲舒《繁露》，即偶尔幸中，亦特会适然，非其术之果可通神也。顾以京兆命官，同巫觋猥鄙若此人，且非而笑之，尚能邀上苍鉴佑乎！

【译文】 为民请命在于诚心祷告感动上天。土龙求雨之法虽创自董仲舒《春秋繁露》，即使侥幸求中，也只是世运偶然，并非法术真能通神。京兆尹身为朝廷命官，同男女巫师一起做出如此卑劣的举动，世人非议耻笑他，还能求得上苍的保佑吗？

大历十年（乙卯，公元七七五年）春，正月，丁酉，昭义兵马使裴志清逐留后薛萼，帅其众归承嗣。承嗣声言救援，引兵袭相州，取之。萼奔洺州，上表请入朝，许之。

辛丑，郭子仪入朝。

壬寅，寿王瑁薨。

乙巳，朱泚表请留阙下，以弟滔知幽州、卢龙留后，许之。

昭义裨将薛择为相州刺史，薛雄为卫州刺史，薛坚为洺州刺史，皆薛嵩之族也。戊申，上命内侍孙知古如魏州谕田承嗣，使各守封疆；承嗣不奉诏，癸丑，遣大将卢子期取洺州，杨光朝攻卫州。

乙卯，西川节度使崔宁奏破吐蕃数万于西山，斩首万级，捕虏数千人。

【译文】大历十年（乙卯，公元775年）春季，正月，丁酉日（初三），昭义兵马使裴志清驱走了留后薛崿，统领他的军队归顺于田承嗣。承嗣声称援助，领兵攻击相州，而占据了该地。薛崿逃亡到洺州，上表恳请入朝，而得到了唐代宗的应允。

辛丑日（初七），郭子仪入朝。

壬寅日（初八），寿王李瑁辞世。

乙巳日（十一日），朱泚上书请求留在京师，并请求派出他弟弟朱滔主理幽州、卢龙留后的职位，获得准许。

昭义军队里的副将薛择担任了相州刺史，薛雄担任卫州刺史，薛坚做了洺州刺史，这几个人都是薛嵩的亲人。戊申日（十四日），唐代宗命内侍魏知古到魏州去下诏通知田承嗣，令各自守护边疆；田承嗣不接受诏令，癸丑日（十九日），派出大将卢子期攻占洺州，杨光朝进攻卫州。

乙卯日（二十一日），西川节度使崔宁上表说在西山击破吐蕃数万人，斩杀上万敌人首级，捕获俘虏数千。

丙辰，诏："诸道兵有逃亡者，非承制敕，无得辄召募。"

二月，乙丑，田承嗣诱卫州刺史薛雄，雄不从，使盗杀之，屠其家，尽据相、卫四州之地，自置长史，掠其精兵良马，悉归魏州；逼孙知古与共巡磁、相二州，使其将士割耳劓面，请承嗣为帅。

辛未，立皇子述为睦王，逾为郴王，连为恩王，遘为鄜王，迅为随王，造为忻王，暹为韶王，运为嘉王，遇为端王，遹为循王，通为恭王，达为原王，逸为雅王。

丙子，以华州刺史李承昭知昭义留后。

河阳三城使常休明，苛刻少恩。其军士防秋者归，休明出城劳之，防秋兵与城内兵合谋攻之，休明奔东都；军士奉兵马使王惟恭为帅，大掠，数日乃定。上命监军冉庭兰慰抚之。

【译文】丙辰日（二十二日），颁发诏令："诸道士兵有逃跑的，除了接受诏令，不能随意妄自另加招募。"

二月，乙丑日（初一），田承嗣引诱卫州刺史薛雄，薛雄没有服从，承嗣就派了个刺客把薛雄杀了，而且杀了他全家，占领了相、卫等四州所有的区域，私自委任刺史、县令，掠夺精兵良马，全都隶属于魏州；逼着魏知古与他一块儿去巡查磁、相二州，而且让将士们割下耳朵、用刀把面皮划破，以表明要求田承嗣做他们的统领。

辛未日（初七），拥立皇子述为睦王，逾为郴王，连为恩王，遘为郿王，迅为随王，造为忻王，遏为韶王，运为嘉王，遇为端王，遹为循王，通为恭王，达为原王，逸为雅王。

丙子日（十二日），派出华州刺史李承昭主要管理昭义留后的职位。

河阳三城使常休明，苛刻薄情。他部队中派往西北戍守边疆的防秋士兵调回时，休明出城去犒劳他们，防秋士兵和城内士兵联合起来予以夹击，常休明逃亡到东都；军兵们便拥护兵马使王惟恭做统领，大肆掠夺，连续多日而后止。唐代宗派监军冉庭兰加以安抚。

三月，甲午朔，陕州军乱，逐兵马使赵令珍。观察使李国清不能禁，卑辞，遍拜将士，乃得脱去。军士大掠库物。会淮西节度使李忠臣入朝，过陕，上命忠臣按之。"将士畏忠臣兵威，不敢动。忠臣设棘围，令军士匿名投库物，一日，获万缗，尽以给其从兵为赏。

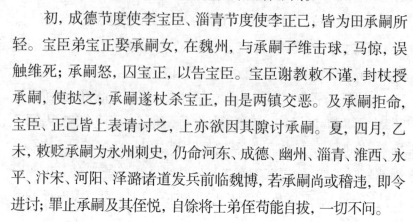

乙巳，薛萼、常休明皆诣阙请罪，上释不问。

初，成德节度使李宝臣、淄青节度使李正己，皆为田承嗣所轻。宝臣弟宝正娶承嗣女，在魏州，与承嗣子维击球，马惊，误触维死；承嗣怒，囚宝正，以告宝臣。宝臣谢教敕不谨，封杖授承嗣，使挞之；承嗣遂杖杀宝正，由是两镇交恶。及承嗣拒命，宝臣、正己皆上表请讨之，上亦欲因其隙讨承嗣。夏，四月，乙未，敕贬承嗣为永州刺史，仍命河东、成德、幽州、淄青、淮西、永平、汴宋、河阳、泽潞诸道发兵前临魏博，若承嗣尚或稽违，即令进讨；罪止承嗣及其侄悦，自馀将士弟侄苟能自拔，一切不问。

【译文】三月，甲午日（初一），陕州军队谋乱，赶跑了兵马使赵令珍。观察使李国清没办法阻止，躬卑辞逊地向全部的将士下跪，才得以逃脱。士兵大肆掠夺仓库中的储蓄。正值遇到淮西节度使李忠臣入朝，途经陕州，唐代宗因命忠臣镇压叛军；叛军害怕忠臣兵力的势力，不敢轻举妄动。李忠臣用棘草围成个大圈，令军士用不计名的方式，将掠夺仓库的财物投入其中，一天之间，获得价值万贯的财物，都分给随从他的士兵作为犒劳。

乙巳日（十二日），薛崿、常休明分别上京请罪，唐代宗宽赦了他们的罪行而不加追究。

之初，成德节度使李宝臣、淄青节度使李正己、田承嗣都没放在眼里。李宝臣的弟弟宝正迎娶了田承嗣的女儿，曾经在魏州，和承嗣的儿子田维击球为戏，宝正所乘的马匹受惊了，不料却把田维撞死；田承嗣十分愤怒，而将李宝正监禁了起来，并且把这件事告诉了李宝臣。宝臣以教令不严表达歉意，而且封了根木棍在布囊中交给田承嗣，请求他责怪打骂宝正；田承嗣于是活活地把宝正给打死了，因而两镇结下仇恨。直到承嗣抵抗诏令，宝臣、正己都上奏请求征讨他，唐代宗也希望趁这个机会讨伐承嗣。夏季，四月，乙未日（四月无此日），下诏贬黜承嗣为永州刺史，并命河东、成德、幽州、淄青、淮西、永平、汴宋、河阳、泽潞诸道派兵到往魏博，假使承嗣还有拖延违命之类的行为的话，就下令发兵征讨他；而叛逆的罪名仅止于承嗣和他的侄儿田悦，剩下的将士和诸弟诸侄倘能自拔于罪，一律不予以追究。

时朱滔方恭顺，与宝臣及河东节度使薛兼训攻其北，正己与淮西节度使李忠臣等攻其南。五月，乙未，承嗣将霍荣国以磁州降。丁未，李正己攻德州，拔之。李忠臣统永平、河阳、怀、泽步骑四万进攻卫州。六月，辛未，田承嗣遣其将裴志清等攻冀州，志清以其众降李宝臣。甲戌，承嗣自将围冀州，宝臣使高阳军使张孝忠将精骑四千御之，宝臣大军继至；承嗣烧辎重而遁。孝忠，本奚也。

田承嗣以诸道兵四合，部将多叛而惧，秋，八月，遣使奉表，请束身归朝。

辛巳，郭子仪还邠州。子仪尝奏除州县官一人，不报，僚佐相谓曰："以令公勋德，奏一属吏而不从，何宰相之不知体！"子仪闻之，谓僚佐曰："自兵兴以来，方镇武臣多跋扈，凡有所求，朝廷常委曲从之；此无他，乃疑之也。今子仪所奏事，人主以其不可行而置之，是不以武臣相待而亲厚之也；诸君可贺矣，又何怪焉！"闻者皆服。

【译文】那时朱滔正是恭敬朝廷之时，与李宝臣和河东节度使薛兼训由北面攻击，李正己和淮西节度使李忠臣等由南面攻击。五月，乙未日（初三），承嗣手下的一员将领霍荣国在磁州举城屈服。丁未日（十五日），李正己攻击德州。李忠臣带领永平、河阳、怀、泽各地步骑四万大军攻击卫州。六月，辛未日（初九），田承嗣派出他手下的将领裴志清等攻击冀州，而志清竟然带领着他的师旅向李宝臣投降了。甲戌日（十二日），承嗣自率士兵围堵冀州，宝臣派高阳军使张孝忠率领精骑四千来抵抗，宝臣的大军接踵而至；承嗣打不过，烧毁辎重遁逃而去。张孝忠，本来是奚人。

田承嗣因为诸道兵马四方聚集，部属将领很多人叛乱而心生恐惧，秋季，八月，让人进京呈献奏表，自愿缚身返朝谢罪。

辛巳日（二十日），郭子仪返回邠州任所。郭子仪以前上奏请求任命州县官一人，没有得到朝廷允许，同僚们互相议论着说："凭借令公的功绩声望，奏请委任一员属吏都不许，作为宰相怎么这样不识大体啊！"子仪听闻后，于是对同僚们说："自从战争发生以来，镇守四海的武臣大都凶暴蛮横，凡是要求的，朝廷常委曲求全地满足他们的需要；这没有别的原因，而仅仅是疑虑他们的忠诚而已。如今对我所奏请的事，唐代宗认为不可行而耽搁下来，这正表明不将我同其他武臣一般看待，而对我十分亲厚啊；诸位应该向我祝贺才对，不必心怀怨恨啊！"听了郭子仪这番话，大家都十分信服。

己丑，田承嗣遣其将卢子期寇磁州。

九月，戊申，回纥白昼刺市人肠出，有司执之，系万年狱；其酋长赤心驰入县狱，斫伤狱吏，劫囚而去。上亦不问。

壬子，吐蕃寇临泾，癸丑，寇陇州及普润，大掠人畜而去；百官往往遣家属出城窜匿。丙辰，凤翔节度使李抱玉奏破吐蕃于义宁。

李宝臣、李正己会于枣强，进围贝州，田承嗣出兵救之。两军各犒士卒，成德赏厚，平卢赏薄；既罢，平卢士卒有怨言，正己恐其为变，引兵退，宝臣亦退。李忠臣闻之，释卫州，南度河，屯阳武。宝臣与朱滔攻沧州，承嗣从父弟庭玠守之；宝臣不能克。

吐蕃寇泾州，泾原节度使马璘破之于百里城。戊午，命卢龙节度使朱泚出镇奉天行营。

【译文】己丑日（二十八日），田承嗣派他手下的将士卢子期攻击侵占磁州。

九月，戊申日（十七日），回纥使者在大白天里把一个街市上的人刺杀，肚破肠出，主管官员捕获了他，拘禁在万年县的监牢里；回纥的酋长赤心奔往入县，冲进监牢，把狱吏杀伤，劫走囚犯，之后逃亡。朝廷也没有予以追究。

壬子日（二十一日），吐蕃入寇临泾，癸丑日（二十二日），又入寇陇州和普润，抢掠大批人口、牲畜之后离开；官吏们常常把家人送出城去逃窜藏匿。丙辰日（二十五日），凤翔节度使李抱玉上奏报告收复义宁，击溃了吐蕃。

李宝臣、李正己于枣强会师，派兵围剿贝州，田承嗣派兵援救。两军各自慰劳士卒，成德军的赏赐优渥，而平卢军比较不好；事后，平卢军队的兵士因此不可避免有怨言，正己恐生变乱，率兵退出，宝臣随后也带兵退去。李忠臣听到两军撤兵离开，也跟着放弃围剿卫州，而带兵渡河南行，于阳武县驻军。李宝臣与朱滔一同攻打沧州，当时是田承嗣的堂弟田庭玠在守城，宝臣他们并没能攻克城池。

吐蕃侵入泾州，在百里城被泾原节度使马璘打败。戊午日（二十七日），命卢龙节度使朱泚出京去据守奉天行营。

冬，十月，辛酉朔，日有食之。

卢子期攻磁州，城几陷；李宝臣与昭义留后李承昭共救之，大破子期于清水，擒子期至京师；斩之。河南诸将又大破田悦于陈留；田承嗣惧。

初，李正己遣使至魏州，承嗣囚之，至是，礼而遣之，遣使尽籍境内户口、甲兵、谷帛之数以与之，曰："承嗣今年八十有六，溘死无日，诸子不肖，悦亦孱弱，凡今日所有，为公守耳，岂足以辱公之师旅乎！"立使者于廷，南向，拜而授书；又图正己之像，焚香事之。正己悦，遂按兵不进。于是，河南诸道兵皆不敢进。承嗣既无南顾之虞，得专意北方。

【译文】冬季，十月，辛酉朔日（初一），日食。

卢子期攻占磁州，城池将要被攻克；李宝臣和昭义留后李承昭一同援救，大败卢子期于清水，使卢子期被活捉了，押送到京师之后，被斩杀。河南诸将又于陈留县大败田悦；田承嗣十分惶恐。

之初，李正己派到魏州的使者，被田承嗣拘禁，而如今却礼貌有加地要把他送回去，便派遣使臣送上登记着全部境内户口、甲兵、谷帛数目的册子给他，并写了封信给李正己说："我田承嗣如今已八十六岁了，说实话也活不了多长时间了，说没就没了，我的几个儿子没一个有本事的，侄儿田悦又生性顽劣、懦弱无能，我如今的全部，不过是为你守着的而已，不值得屈辱你出兵攻占啊！"而且令派去的使臣要站在庭上，面向南方，下跪之后授予书疏，来表达恭敬；又画了幅李正己的画像，上千香供奉。正己十分开心，便按兵不动。因此，河南诸道的军队也都不敢进兵。田承嗣没有了南顾之忧之后，便得以集中力量应对北方。

上嘉李宝臣之功，遣中使马承倩赍诏劳之；将还，宝臣诣其馆，遗之百缣，承倩诟詈，掷出道中，宝臣惭其左右。兵马使王武俊说宝臣曰："今公在军中新立功，竖子尚尔，况寇平之后，以一幅诏书召归阙下，一匹夫耳，不如释承嗣，以为己资。"宝臣遂有玩寇之志。

承嗣知范阳宝臣乡里，心常欲之，因刻石作谶云："二帝同功势万全，将田为侣入幽燕。"密令瘗宝臣境内，使望气者言彼有王气，宝臣掘而得之。又令客说之曰："公与朱滔共取沧州，得之，则地归国，非公所有。公能舍承嗣之罪，请以沧州归公，仍愿从公取范阳以自效。公以精骑前驱，承嗣以步卒继之，蔑不克矣。"宝臣喜，谓事合符谶，遂与承嗣通谋，密图范阳，承嗣亦陈兵境上。

【译文】唐代宗为奖励李宝臣的功绩，而派了一个宫中贵幸的宦官马承倩担任使者，持诏前去宣劳；在承倩将要返朝时，宝臣到他所居住的馆舍去拜见他，奉上百匹细绢，承倩把他大骂了一顿，并且把绢帛扔了出去，落在路上，宝臣面对大家，十分羞愧尴尬。兵马使王武俊因劝说宝臣说："你今天才在军中立了大功，这小子只是个宦官小臣，而且如此对你，况且当敌人被平定之后，用不着你之时，岂不是仅仅是一道诏书，就把你召回京城，消除兵权了，到那时，你不过好像一个匹夫而已，还不如趁现在放过田承嗣一次，把他作为自己以后的资藉。"宝臣便有了玩寇为己的想法。

田承嗣了解到范阳是李宝臣的故乡，常想占据这个地方，因而在石碑上刻了如此的两句谶语："二帝（指李宝臣、李正己）并力建业的情势最为万全，能和姓田的人合作就能入幽燕。"秘密叫人将这块石碑暗中地埋藏在宝臣的区域，而且叫一个风水先生说范阳那里有王气，宝臣挖到了这块石碑之后，承嗣又派人去说服宝臣说："李公你与朱滔合力攻克沧州，即使攻得了，这地方也是隶属于国家，而不是李公你的。假如李公你能宽恕田承嗣的罪状，他愿把沧州奉上归你拥有，还愿追随着李公你，为你效力共同攻取范阳。你以精锐的骑兵打前锋，承嗣带领步兵跟在后面救援，会攻克下的。"宝臣很开心，认为这事合于符谶，便与承嗣合谋阴图攻克范阳，承嗣因此将军队陈列在沧州边境上。

宝臣谓滔使者曰："闻朱公仪貌如神，愿得画像观之。"滔与之。宝臣置于射堂，与诸将共观之，曰："真神人也！"滔军于瓦桥，宝臣选精骑二千，通夜驰三百里袭之，戒曰："取貌如射堂者。"时两军方睦，滔不虞有变，狼狈出战而败，会衣他服得免。宝臣欲乘胜取范阳，滔使雄武军使昌平刘怦守留府。宝臣知有备，不敢进。

承嗣闻幽、恒兵交，即引军南还，使谓宝臣曰："河内有警，不暇从公，石上谶文，吾戏为之耳！"宝臣惭怒而退。宝臣既与朱滔有隙，以张孝忠为易州刺史，使将精骑七千以备之。

丙寅，贵妃独孤氏薨，丁卯，追谥贞懿皇后。

【译文】李宝臣对朱滔的使臣说："听闻朱公相貌如神，期望能有幅他的画像看看。"朱滔就送了一幅给他。宝臣把画像挂在习射堂里，和手下的将领一同观看，赞赏着说："真如神仙一般啊！"朱滔在瓦桥屯驻，宝臣选派二千名精骑，连夜奔往到三百里外去袭击他，训诫将士们说："捉拿射堂画像上的人。"那时两军正是并肩作战之时，朱滔没想到会有这样的变化，仓皇迎战仓促逃亡，却正因不及披挂整齐、穿着便服上阵而幸免一死。宝臣想要乘胜追击直取范阳，朱滔派雄武军使昌平人刘怦守留府,宝臣知有预防,而未敢轻易进攻。

田承嗣听说幽、恒开战,便马上带兵南返,派人对宝臣说:"河内有紧急变故,因此不能追随你了,石碑上的谶文,是我与你开玩笑,有意假造的而已!"宝臣万分恼怒,引兵退去。宝臣既与朱滔有了仇恨,因派张孝忠担任易州刺史,带领精骑七千更加防备。

丙寅日(初六),贵妃独狐氏逝世,丁卯日(初七),追赐谥号称贞懿皇后。

十一月,丁酉,田承嗣将吴希光以瀛州降。

岭南节度使路嗣恭擢流人孟瑶、敬冕为将,讨哥舒晃。瑶以大军当其冲,冕自间道轻入,丁未,克广州,斩哥舒晃及其党万馀人。

嗣恭之讨晃也,容管经略使王翃遣将将兵助之;西原贼帅覃问乘虚袭容州,翃伏兵击擒之。

十二月,回纥千骑寇夏州,州将梁荣宗破之于乌水。郭子仪遣兵三千救夏州,回纥遁去。

元载、王缙奏魏州盐贵,请禁盐入其境以困之。上不许,曰:"承嗣负朕,百姓何罪!"

田承嗣请入朝,李正己屡为之上表,乞许其自新。

【译文】十一月,丁酉日(初七),田承嗣手下的一名大将吴希光在瀛州屈服。

岭南节度使路嗣恭提拔因为犯罪而放逐流徙的孟瑶和敬冕二人为将领,去讨伐哥舒晃。孟瑶领大军当敌要冲,敬冕率领轻骑从小路偷袭,丁未日(十七日),攻克了广州,杀了哥舒晃和他的同党一万多人。

路嗣恭讨伐哥舒晃时，容管经略使王翃曾经派出大将率兵援助；西原贼帅覃问便乘虚发兵袭击容州，却被王翃的伏兵狙击捕获。

十二月，回纥骑兵千人进犯夏州，被镇守夏州的将领梁荣宗在乌水击败。此时郭子仪也派出了三千士兵救助夏州，回纥逃亡离去。

元载、王缙上表说魏州的盐价太高，请朝廷下令严禁运盐入魏州境加以阻止。唐代宗不允许，却说："田承嗣背叛了朕，百姓又有什么过错呢？"

田承嗣恳请入京，李正己多次为他上表，祈求给他一个改正自我的机会。

【乾隆御批】 四圣立祠直逆乱之尤，代宗若以此正言诘责承嗣，岂能抗拒！乃讽以毁祠，复加使相，甚至以女妻其子。朝常岂复可问？昔东周陵夷而问鼎请隧，犹能折以空言，此更况而愈下矣。

【译文】 立四圣祠简直是最严重的叛乱，唐代宗如果能以此用正直的语言责问田承嗣，他哪能抗拒？唐代宗却规劝他拆毁四圣祠，并加封他为宰相，甚至还将女儿许配给田承嗣的儿子。朝廷纲常哪里还用问？昔日东周衰微时有人问鼎请隧图谋天下，周王尚能用空言斥责他们，如今却每况愈下了。

大历十一年（丙辰，公元七七六年）春，正月，壬辰，遣谏议大夫杜亚使魏州宣慰。

辛亥，西川节度使崔宁奏破吐蕃四节度及突厥、吐谷浑、氐、羌群蛮众二十馀万，斩首万馀级。

二月，庚辰，田承嗣复遣使上表，请入朝。上乃下诏，赦承嗣罪，复其官爵，听与家属入朝，其所部拒朝命者，一切不问。

辛巳，增朔方五城戍兵，以备回纥。

三月，戊子，河阳军乱，逐监军冉庭兰出城，大掠三日。庭兰成备而入，诛乱者数十人，乃定。

五月，汴宋留后田神玉卒。都虞候李灵曜杀兵马使、濮州刺史孟鉴，北结田承嗣为援。癸巳，以永平节度使李勉兼汴、宋等八州留后。乙未，以灵曜为濮州刺史，灵曜不受诏。六月，戊午，以灵曜为汴宋留后，遣使宣慰。

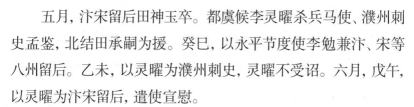

【译文】大历十一年（丙辰，公元776年）春季，正月，壬辰日（初三），派出谏议大夫杜亚担任使臣，到魏州去安抚军民。

辛亥日（二十二日），西川节度使崔宁上表报告好消息：攻克了吐蕃四节度使和突厥、吐谷浑、氐、羌等群蛮师众二十多万人，斩下敌人首级共有万余。

二月，庚辰日（二十二日），田承嗣再次委派使臣上奏请求入京。唐代宗才下诏宽赦了他的罪状，恢复他的官位，准许他与家属入朝，他的属下曾抵抗朝令的，也全不予追究。

辛巳日（二十三日），增多朔方统属的丰安、定远、新昌、丰宁、保宁五城的戍守军队，以预备回纥。

三月，戊子日（初一），河阳军谋乱，将监军冉庭兰驱逐出境，大肆掠夺，连续三天。庭兰重整军备之后入城，几十个乱党被杀了，才安定了下来。

五月，汴宋留后田神玉辞世。都虞候李灵曜杀了兵马使、濮州刺史孟鉴，联合北边的田承嗣以为支援。癸巳日（初七），委任永平节度使李勉同时管理汴、宋等八州的留后任务。乙未日（初九），派李灵曜担任濮州刺史，灵曜没接受诏令。六月，戊午日（初二），又改派灵曜担任汴宋留后，并派使臣前去宣旨安抚。

秋，七月，田承嗣遣兵寇滑州，败李勉。

吐蕃寇石门，入长泽川。

八月，丙寅，加卢龙节度使朱泚同平章事。

李灵曜既为留后，益骄慢，悉以其党为管内八州刺史、县令，欲效河北诸镇。甲申，诏淮西节度使李忠臣、永平节度使李勉、河阳三城使马燧讨之。淮南节度使陈少游、淄青节度使李正己皆进兵击灵曜。

汴宋兵马使、摄节度副使李僧惠，灵曜之谋主也。宋州牙门将刘昌遣曾神表潜说僧惠；僧惠召问计，昌为之泣陈逆顺。僧惠乃与汴宋牙将高凭、石隐金遣神表奉表诣京师，请讨灵曜。九月，壬戌，以僧惠为宋州刺史，凭为曹州刺史，隐金为郓州刺史。

【译文】秋季，九（按：九系七之讹）月，田承嗣派兵侵入滑州，击败了李勉。

吐蕃入寇石门，攻克了长泽川。

八月，丙寅日（十一日），晋升卢龙节度使朱泚担任同平章事。

李灵曜被任命为留后之后，越发骄纵傲慢，辖区内八州的刺史、县令都委任他的同党担任，想要仿效河北诸镇的行为。甲申日（二十九日），唐代宗命令淮西节度使李忠臣、永平节度使李勉、河阳三城使马燧率兵去征讨他。淮南节度使陈少游、淄青节度使李正己此时也都发兵进攻李灵曜。

汴宋兵马使、兼节度副使李僧惠，原先是李灵曜叛乱的主使人。宋州牙门将刘昌派了个和尚神表偷偷去说服僧惠；僧惠因此召见刘昌而且问计于他，刘昌流着泪向他诉说顺服与叛逆的结果。僧惠这才醒悟，而与汴宋牙将高凭、石隐金联络之后，派神表奏表去京师，请朝廷征讨李灵曜。九月，壬戌日（初八），朝廷派李僧惠担任宋州刺史，高凭担任曹州刺史，石隐金为郓州刺史。

乙丑，李忠臣、马燧军于郑州，灵曜引兵逆战；两军不意其至，退军荥泽，淮西军士溃去者什五六。郑州士民皆惊，走入东都。忠臣将归淮西，燧固执不可，曰："以顺讨逆，何忧不克，奈何自弃功名！"坚壁不动。忠臣闻之，稍收散卒，数日皆集，军势复振。

戊辰，李正己奏克郓、濮二州。壬申，李僧惠败灵曜兵于雍丘。冬，十月，李忠臣、马燧进击灵曜，忠臣行汴南，燧行汴北，屡破灵曜兵；壬寅，与陈少游前军合，与灵曜大战于汴州城西，灵曜败，入城固守。癸卯，忠臣等围之。

【译文】乙丑日（十一日），李忠臣、马燧引兵于郑州屯兵，李灵曜进攻迎战；李忠臣和马燧两军没有想到李灵曜会发兵前往，毫无防备，仓皇撤兵，抵达荥泽，淮西军士四散逃亡的有十分之五六。郑州士民都因此十分惊恐，而逃向东都。李忠臣预备要回到淮西去，马燧坚定地认为不可以这样，他说："以顺服王朝的正规军队征讨逆贼，还怕不能克敌制胜吗？为什么你自己不抓住这建功立业的大好机会呢？"他固执坚定地不肯迁移军队。李忠臣听了他这些话，便征收集合散亡的士兵，数日之内全都集合回营，复振军威。

戊辰日（十四日），李正己启奏攻克了郓、濮二州。壬申日（十八日），李僧惠在雍丘击败了李灵曜。冬季，十月，李忠臣、马燧进兵攻打李灵曜，李忠臣经过汴州城南，马燧经由汴州城北，多次打破李灵曜的军队；壬寅日（十八日），与陈少游的前锋部队集合，又和李灵曜于汴州城西大战，李灵曜败绩，进入城中闭关坚守。癸卯日（十九日），李忠臣等派兵围剿汴州城。

田承嗣遣田悦将兵救灵曜，败永平、淄青兵于匡城，乘胜进军汴州，乙巳，营于城北数里。丙午，忠臣遣裨将李重倩将轻骑数百夜入其营，纵横贯穿，斩数十人而还，营中大骇；忠臣、燧因以大军乘之，鼓噪而入，悦众不战而溃，悦脱身北走，将士死者相枕藉，不可胜数。灵曜闻之，开门夜遁，汴州平。重倩，本奚也。丁未，灵曜至韦城，永平将杜如江擒之。

燧知忠臣暴戾，以己功让之，不入汴城，引军西屯板桥。忠臣入城，果专其功；宋州刺史李僧惠与之争功，忠臣因会击杀之；又欲杀刘昌，昌遁逃得免。

甲寅，李勉械送李灵曜至京师；斩之。

【译文】田承嗣派田悦带领士兵前去救援李灵曜，在匡城击败了永平、淄青的军队，乘胜追击，进军汴州，驻扎在城北数里的地方。丙午日（二十二日），李忠臣派出副将李重倩率领轻骑数百，深夜潜入敌营袭击，任意而为，杀掉了敌兵数十人而后撤出，敌营中十分惊讶；李忠臣、马燧因此以大兵压营，鸣鼓呐喊进入，田悦的军队不战而败。田悦脱身向北逃亡，将士们的尸体纵横堆积着不计其数。李灵曜听闻这件事，打开城门趁夜逃亡，就这样平定了汴州。李重倩，本是奚人。丁未日（二十三日），李灵曜逃至韦城，被永平军队里的一员将领杜如江捉住。

马燧内心深知李忠臣生性暴戾，由此将自己的功劳让与他，不进汴城，领兵向西在板桥驻屯。李忠臣进城，果真把全部的功劳都归到自己身上；而宋州刺史李僧惠却在跟他争夺功劳，忠臣由此借着宴会之机将他扑杀；还想要将刘昌杀掉，刘昌逃走，才免去一死。

甲寅日(三十日),李勉把李灵曜解押到京师,斩首正法。

十二月,丁亥,李正己、李宝臣并加同平章事。

泾原节度使马璘疾亟,以行军司马段秀实知节度事,付以后事。秀实严兵以备非常,丙申,璘薨,军中奔哭者数千人。喧咽门屏,秀实悉不听入。命押牙马顿治丧事于内,李汉惠接宾客于外,妻妾子孙位于堂,宗族位于庭,将佐位于前,牙士卒哭于营伍,百姓各守其家。有离立偶语于衢路,辄执而囚之;非护丧从行者无得远送。致祭拜哭,皆有仪节,送丧近远,皆有定处,违者以军法从事。都虞候史廷幹、兵马使崔珍、十将张景华谋因丧作乱,秀实知之,奏廷幹入宿卫,徙珍屯灵台,补景华外职,不戮一人,军府晏然。

【译文】十二月,丁亥日(初四),李正己、李宝臣一同被晋封为同平章事。

泾原节度使马璘病情加重,委任行军司马段秀实主持打理节度事务,并把后事托付给他。段秀实让军队严加防备以防意外,丙申日(十三日),马璘过世,军中奔丧痛哭的有数千人,门屏之外喧杂着号哭之声,段秀实一概不允许他们进入。而命令押牙马顿在里面主办丧事,李汉惠在外面接待宾客,在灵堂里的是妻妾和子孙,在庭院中的都是宗亲族人,将领佐吏等人站在门前,牙士们留在军营里哭丧,百姓们则各自留于家中。有两个人站在一块偶尔说几句话的,就常常会遭到囚禁;那些并非护丧人员而主动跟随葬仪行列后面来送丧的人,也不许他们远送。祭祀拜哭,都有一定的仪式礼节,送丧的远近,也都有所规定的距离,违反规定的一概按照军法处置。都虞候史廷幹、兵马使崔珍、十将张景华阴谋在办丧事期间趁机作乱,段秀实获悉此事，奏请朝廷令史廷幹进京宿卫，调遣崔珍在灵台驻屯，把张景华外放补缺，没有杀死一个人，然而军府之中安然无事。

璘家富有无算，治第京师，甲于勋贵，中堂费二十万缗，他室所减无几，其子孙无行，家资寻尽。

戊戌，昭义节度使李承昭表称疾笃，以泽潞行军司马李抱真兼知磁、邢两州留后。

庚戌，加淮西节度使李忠臣同平章事，仍领汴州刺史，徙治汴州。

【译文】马璘家的财富多得不计其数，他在京师建筑的宅第，在勋贵当中排得上第一，宅子里的一间厅堂就花费了二十万缗，其他的房间也少不了多少，可是他的子孙不肖，没过多长时间就把家产全部败光了。

戊戌日（十四日），昭义节度使李承昭上表奏称自己病情加重；于是派遣泽潞行军司马李抱真兼任管理磁、邢二州留后的职务。

庚戌日（二十六日），晋封淮西节度使李忠臣担任同平章事，依旧兼领汴州刺史的职务，治所移至汴州。

大历十二年（丁巳，公元七七七年）春，三月，乙卯，兵部尚书、同平章事、凤翔、怀泽潞、秦陇节度使李抱玉薨，弟抱真仍领怀泽潞留后。

癸亥，以河东行军司马鲍防为河东节度使。防，襄州人也。

田承嗣竟不入朝，又助李灵曜，上复命讨之。承嗣乃复上表谢罪。上亦无如之何，庚午，悉复承嗣官爵，仍令不必入朝。

中书侍郎、同平章事元载专横，黄门侍郎、同平章事王缙附之，二人俱贪。载妻王氏及子伯和、仲武，缙弟、妹及尼出入者，争纳贿赂。又以政事委群吏，士之求进者，不结其子弟及主书卓英倩等，无由自达。上含容累年，载、缙不悛。

【译文】大历十二年（丁巳，公元777年）春季，三月，乙卯日（初三），兵部尚书、同平章事，凤翔、怀泽潞、秦陇节度使李抱玉去世，仍旧由他弟弟李抱真兼任管理怀泽潞留后职务。

癸亥日（十一日），派遣河东行军司马鲍防担任河东节度使。鲍防，是襄州人。

田承嗣最终没有入朝，又帮助李灵曜作乱，唐代宗再次下令讨伐他。田承嗣又再次上表请罪。唐代宗拿他没有办法，庚午日（十八日），又把田承嗣所有的官爵恢复，还是叫他不必入朝。

中书侍郎、同平章事元载专横无道，而黄门侍郎、同平章事王缙依附于他，这两个人都是贪而无厌的奸邪小人。元载的妻子王氏及儿子伯和、仲武，王缙的弟、妹及一些出入他家的女尼，争着收取贿赂。载、缙二人又不处理朝廷政务，全部委任于下官属吏，那些要求进身官场的士人，如果没有交结他们的子弟和主书卓英倩等人，便无法自进而如愿以偿。唐代宗已经包容了许多年，可是载、缙竟不知悔改。

上欲诛之，恐左右漏泄，无可与言者，独与左金吾大将军吴凑谋之。凑，上之舅也。会有告载、缙夜醮图为不轨者，庚辰，上御延英殿，命凑收载、缙于政事堂，又收仲武及卓英倩等系狱。命吏部尚书刘晏与御史大夫李涵等同鞫之，问端皆出禁中，仍遣中使诘以阴事，载、缙皆伏罪。是日，先杖杀左卫将军、知内侍省事董秀于禁中，乃赐载自尽于万年县。载请主者："愿得快死！"主者曰："相公须受少污辱，勿怪！"乃脱秽袜塞其口而杀之。王缙初亦赐自尽，刘晏谓李涵等曰："故事，重刑覆奏，况大臣乎！且法有首从，宜更禀进止。"涵等从之。上乃贬缙括州刺史。载妻王氏，忠嗣之女也，及子伯和、仲武、季能皆伏诛。有司籍载家财，胡椒至八百石，它物称是。

【译文】由此，唐代宗想要将这两个人杀掉，恐怕左右侍从人员泄露了机密，可是又没有什么人可以商议，唯有同左金吾大将军吴凑谋划此事。吴凑，是唐代宗的舅父。正碰上有人报告说元载、王缙请了僧道，在深夜设坛祈祷，意图不轨。庚辰日（二十八日），唐代宗在延英殿处理朝廷政务，下令命吴凑将载、缙二人拘禁于政事堂，再把元仲武及卓英倩等人收押囚禁到狱中。命令吏部尚书刘晏和御史大夫李涵等一起审讯他们，讯问的要点全部出自宫中的指示，因又从宫里派遣出两个宦官担任使臣，诘问他们阴谋反叛之事，元载、王缙两人都俯首认罪。当天，先在宫中将左卫将军、知内侍省事董秀用荆杖打死，而赐令元载在万年县狱中自我了断。元载请求主持行刑的官员说："但愿能让我早些死去！"主刑说："相公，你多多少少得受点污辱，这可别怪我啊！"于是，把脏袜子脱下来塞在他嘴里，然后才杀掉了他。王缙起初也是赐令他自尽的，刘晏对李涵等人说："依照先前的案例，但凡重刑犯全部都要复奏给圣上，更何况是对待朝廷大臣呢！再说，按照法律来裁夺刑罚，也有首从轻重之分，对于王缙，我们理应再上个奏折，禀报请求处置的旨意。"李涵等人就按照他的话做了。唐代宗于是把王缙贬为括州刺史。元载的妻子王氏，是王忠嗣的女儿，同儿子伯和、仲武、季能也全部被处斩了。官吏查封元载的财产，其中登录在簿籍上的就有八百多石胡椒，其他物品的数目也都和这相差无几。

夏，四月，壬午，以太常卿杨绾为中书侍郎，礼部侍郎常衮为门下侍郎，并同平章事。绾性清简俭素，制下之日，朝野相贺。郭子仪方宴客，闻之，减坐中声乐五分之四。京兆尹黎幹，骑从甚盛，即日省之，止存十骑。十丞崔宽，第舍宏侈，亟毁撤之。

癸未，贬吏部侍郎杨炎、谏议大夫韩洄、包佶、起居舍人韩会等十馀人，皆载党也。炎，凤翔人。载常引有文学才望者一人亲厚之，异日欲以代己，故炎及于贬。洄，滉之弟。会，南阳人也。上初欲尽诛炎等，吴凑谏救百端，始贬官。

丁酉，吐蕃寇黎、雅州；西川节度使崔宁击破之。

元载以仕进者多乐京师，恶其逼己，乃制俸禄，厚外官而薄京官，京官不能自给，常从外官乞贷。杨绾、常衮奏京官俸太薄；己酉，诏加京官俸，岁约十五万六千馀缗。

【译文】夏季，四月，壬午日（初一），派遣太常卿杨绾担任中书侍郎，礼部侍郎常衮担任门下侍郎，而且都晋封为同平章事。杨绾生性清正廉洁、简单朴素，任官制书颁下的那天，朝野都前来致贺。当时，郭子仪正在宴请宾客，听说了这件事，马上减少了歌舞助兴的乐妓人数的五分之四。京兆尹黎干，他的扈从人马原本很多，当天就大加裁减，而只留下了十骑。中丞崔宽，他的府第高大宏伟，装潢得富贵华丽，也很快地予以拆毁撤除。

癸未日（初二），吏部侍郎杨炎、谏议大夫韩洄、包佶、起居舍人韩会等人，都给予贬黜的处分，这些人皆是元载的同党。杨炎，是凤翔人。他是元载常常推崇担任富有文学才望的一个人，对他非常亲信、优厚，而寄望将来让他接替自己的位置，由此使得杨炎也受到了牵连而被贬官。韩洄，是韩滉的弟弟。韩会，是南阳人。唐代宗最初想将杨炎这伙人全部杀掉，经吴凑百般劝谏，才以贬官惩治他们。

丁酉日（十六日），吐蕃侵犯黎州、雅州；被西川节度使崔宁击退。

元载曾因做官的人，大多数偏爱在京师任职，唯恐会威胁到他自己的地位，因此制定薪俸，给京外任职的官员以优厚的待遇，而在京内任职的却很菲薄，以至于京官的薪金不足以维持日常的开销，而常常向外官请求借贷。于是，杨绾、常衮便将京官俸禄太少的实情禀告给唐代宗；己酉日（二十八日），下达诏令提高京官的俸额，每年大约一共增加了十五万六千余缗的支出。

五月，辛亥，诏自都团练使外，悉罢诸州团练守捉使。又令诸使非军事要急，无得擅召刺史及停其职务，差人权摄。又定诸州兵，皆有常数，其召募给家粮、春冬衣者，谓之"官健"；差点土人，春夏归农、秋冬追集、给身粮酱菜者，谓之"团结"。自兵兴以来，州县官俸给不一，重以元载、王缙随情徇私，刺史月给或至千缗、或数十缗，至是，始定节度使以下至主簿、尉俸禄，掊多益寡，上下有叙，法制粗立。

庚午，上遣中使发元载祖父墓，斫棺弃尸，毁其家庙，焚其木主。戊寅，卓英倩等皆杖死。英倩之用事也，弟英璘横于乡里。及英倩下狱，英璘遂据险作乱；上发禁兵讨之，乙巳，金州刺史孙道平击擒之。

【译文】五月，辛亥日（初一），下达诏令自都团练使以下，各州团练守捉使一概予以撤销。同时明令各团练使除非有军事急要事务，否则不得擅自召见刺史，也不得随意撤免判决其职务，另外，派遣人兼代。又规定各州的士兵，都有一定的人数，那些招募的民兵，由官府给他家人粮食及秋冬季节衣服的，称担任"官健"；凡是各地的壮丁，被差遣点召的，也就是春夏季节返乡耕田，秋冬季节召集服役，由官府发给个人口粮和酱菜的，称为"团结"。自打兴兵以来，各州县官俸给不同，再加上因为元载、王缙一切按照一己的喜好，营私舞弊，以至于刺史的月俸有的高达千缗，有的仅有数十缗，直到今天，才制定上自节度使，下至主簿、尉级官员的俸额，原本超额或者不足的，多减少补，上下有序，法制才大致订立。

庚午日（二十日），唐代宗从宫内派遣出一个宦官担任使臣，命令他负责去掘元载祖先的坟墓，把棺材破开并将尸体丢弃，还把他的家庙拆毁掉，并将他祖先的神牌位也烧焚了，戊寅日（二十八日），卓英倩等人都死于杖刑之下。在英倩得势之时，他的弟弟英璘在乡里横行霸道，等到英倩被收押入狱，英璘铤而走险，造反作乱；唐代宗派遣出禁军前去讨伐他，乙巳日（六月二十五日），英璘被金州刺史孙道平击败逮捕。

上方倚杨绾，使厘革弊政，会绾有疾，秋，七月，己巳，薨。上痛悼之甚，谓群臣曰："天不欲朕致太平，何夺朕杨绾之速！"

八月，癸未，赐东川节度使鲜于叔明姓李氏。

元载、王缙之为相也，上日赐以内厨御馔，可食十人，遂为故事。癸卯，常衮与朱泚上言："餐钱已多，乞停赐馔。"许之。衮又欲辞堂封，同列不可而止。时人讽衮，以为"朝廷厚禄，所以养贤，不能，当辞位，不当辞禄。"

◆臣光曰："君子耻食浮于人；衮之辞禄，廉耻存焉，与夫固位贪禄者，不犹愈乎！诗云：'彼君子兮，不素餐兮！'如衮者，亦未可以深讥也。◆

杨绾、常衮荐湖州刺史颜真卿，上即日召还；甲辰，以为刑部尚书。绾、衮又荐淮南判官汲人关播，擢为都官员外郎。

【译文】唐代宗正想要倚重杨绾，让他厘定政令，革除弊病，不幸这时杨绾身染疾病，秋季，七月，己巳日（二十日），不治身亡。唐代宗悲痛万分，对群臣说："难道上天不让朕平治天下，达到太平盛世吗？为何这样快地就把杨绾的生命夺去呢？"

八月，癸未日（初四），赐东川节度使鲜于叔明姓李氏。

元载、王缙担任宰相之时，唐代宗每天都赐给他们大内御厨调制的饮食，可供十人吃的分量，于是就逐渐变成了定规。癸卯日（二十四日），常衮和朱泚上表奏章说："宰相的膳食费已经够多的了，恳请废止赐食的成规。"唐代宗采纳了这一建言。常衮又想要辞谢堂封（唐制：堂封，岁三千六百缗，兴元后才千一百，德宗寻复旧），其余跟他地位平等的人觉得这样做不可以，常衮才没有这样做。当时的人由此讥笑常衮，认为："朝廷的俸禄优厚是用来礼遇贤才的，没有才能，就该辞职，而不是辞薪。"

◆臣司马光说：所得的俸禄多过所承担的事务，这是君子引以为耻的；常衮将俸钱推却，可见他还心存廉耻的观念，和那些只知道保有官位、那些贪图俸禄的人比起来，不是要强很多吗？《诗经·伐檀》篇上说："一个君子啊，是不会白白吃饭而不做事情的啊！"像常衮这样的人，是不应对他大加讥讽的啊。◆

杨绾、常衮举荐湖州刺史颜真卿，唐代宗即日便将他召进京城；甲辰日（二十五日），任命他担任刑部尚书。绾、衮又举荐淮南判官汲县人关播，由此将他提拔为都官员外郎。

【乾隆御批】 时人讥衮云云, 盖出于佐饔者之口。然衮犹稍知节操, 较之持禄固位者流, 犹为彼善, 于此若但徇大烹养贤之文, 而不知制禄代耕之义, 岂伊、皋作相, 必当日食万钱耶? 司马光廉耻存焉之论, 庶乎不失平允。

【译文】 当时有人讥笑常衮, 他们的说法大都出自茶前酒后人们的闲谈。然而常衮还略知气节操守, 跟那些贪图俸禄巩固地位的流人相比, 难道不更好些吗? 至于只知道丰厚的俸禄是为了供养贤人, 而不知道制定官吏俸禄代替耕种的意义, 难道伊尹、皋陶任宰相, 一定要在每日的饮食上花费万钱吗? 司马光的常衮还知道廉耻的论述, 基本上不失公允。

九月, 辛酉, 以四镇、北庭行营兼泾原、郑颍节度副使段秀实为节度使。秀实军令简约, 有威惠, 奉身清俭, 室无姬妾, 非公会, 未尝饮酒听乐。

吐蕃八万众军于原州北长泽监, 己巳, 破方渠, 入拔谷; 郭子仪使裨将李怀光救之, 吐蕃退。庚午, 吐蕃寇坊州。

冬, 十月, 乙酉, 西川节度使崔宁奏大破吐蕃于望汉城。

先是, 秋霖, 河中府池盐多败。户部侍郎判度支韩滉恐盐户减税, 丁亥, 奏雨虽多, 不害盐, 仍有瑞盐生。上疑其不然, 遣谏议大夫义兴蒋镇往视之。

吐蕃寇盐、夏州, 又寇长武; 郭子仪遣将拒却之。

以永平军押牙匡城刘洽为宋州刺史。仍以宋、泗二州隶永平军。

【译文】 九月, 辛酉日(十三日), 提拔四镇、北庭行营兼泾原、郑颍节度副使段秀实担任节度使。秀实治军律令从不烦琐,很有威望，而且对待将士也非常有恩惠，生活作风俭朴，未曾纳过小妾，如果不是正式宴会，秀实从不饮酒作乐或听音。

吐蕃八万大兵屯于原州以北的长泽监，己巳日（二十一日），攻占方渠县，侵入拔谷；郭子仪派遣副将李怀光前往援救，吐蕃退走。庚午日（二十二日），吐蕃又侵犯坊州。

冬季，十月，乙酉日（初七），西川节度使崔宁上表奏章在望汉城大败吐蕃。

起初，秋季时，大雨连下多日，河中府池盐大多遭到损坏。户部侍郎判度支韩滉唯恐朝廷会将盐户的税捐减低，丁亥日（初九），上表奏章称雨量虽多，但并没有对盐田造成损害，反倒还有些漫生盐、孔盐等产生的祥瑞现象。唐代宗对此深怀疑虑而不相信确有其事，因而派遣谏议大夫义兴县人蒋镇前往视察。

吐蕃侵犯盐州、夏州，又进犯长武城；郭子仪派遣大将率兵前去抵抗，击退了吐蕃。

任命永平军的押牙匡城人刘洽担任宋州刺史。宋、泗二州仍隶属于永平军。

京兆尹黎幹奏秋霖损稼，韩滉奏幹不实；上命御史按视，丁未，还奏，"所损凡三万馀顷。"渭南令刘澡阿附度支，称县境苗独不损；御史赵计奏与澡同。上曰"霖雨溥溥，岂得渭南独无！"更命御史朱敖视之，损三千馀顷。上叹息久之，曰："县令，字人之官，不损犹应言损，乃不仁如是乎！"贬澡南浦尉，计澧州司户，而不问滉。

十一月，壬子，山南西道节度使张献恭奏破吐蕃万馀众于岷州。

内辰，蒋镇还，奏"瑞盐实如韩滉所言"，仍上表贺，请宣付史臣，并置神祠，锡以嘉名。上从之，赐号宝应灵庆池。时人丑之。

【译文】 京兆尹黎干上表奏章秋季大雨连绵，庄稼受到了严重的损害，韩滉上奏报告黎干所言不实；唐代宗因而派遣御史考察实情，丁未日（十七日），回报说："总共有三万余顷田地受到损害。"渭南县令刘澡曲附度支韩滉，报称他县境内的禾稼就没有遭受损害；御史赵计所奏和刘澡的说法一致。唐代宗说："大雨连降数日普遍泼洒，怎么可能独有渭南无雨呢？"又下令让御史朱敖前去视察，回报有三千多顷田地受到损害。唐代宗叹息良久，说："身为县令，理应养民育民，禾稼无损还要说是遭遇损害，居然不仁到这种地步啊！"于是，贬刘澡担任南浦县尉，贬赵计担任澧州司户，可是对韩滉却未加追究。

十一月，壬子日（初四），山南西道节度使张献恭上奏报告在岷州击败吐蕃万余师众。

丙辰日（初八），蒋镇返回朝廷，上奏报告"的确有瑞盐出现，跟韩滉说的一样"。因此上表恭贺唐代宗，并请宣付史臣，赐予嘉名。唐代宗采纳了这个建议，赐名称为宝应灵庆池。当时被人认为是件丑事。

【乾隆御批】 池盐遇雨，必败，滉奏矫伪，岂待展转遣验。且既知其不实，而犹曲从置祠之请，是不惟昧于烛理，抑亦侈于饰非，柔暗至此，何以驭下。

【译文】 盐池遇雨，必定毁坏，韩滉作伪，何须反复验证？况且明知不是事实，却还要屈从建祠的请求，这不单是对显而易见的道理愚昧无知，简直就是文过饰非，唐代宗昏庸无能到如此地步，如何驾驭臣民？

十二月，丙戌，朱泚自泾州还京师。

丁亥，崔宁奏破吐蕃十馀万众，斩首八千馀级。

庚子，以朱泚兼陇右节度使，知河西、泽潞行营。

平卢节度使李正己先有淄、青、齐、海、登、莱、沂、密、德、棣十州之地，及李灵曜之乱，诸道合兵攻之，所得之地，各为己有，正己又得曹、濮、徐、兖、郓五州，因自青州徙治郓州，使其子前淄州刺史纳守青州。癸卯，以纳为青州刺史。正己用刑严峻，所在不敢偶语；然法令齐一，赋均而轻，拥兵十万，雄据东方，邻藩皆畏之。是时田承嗣据魏、博、相、卫、洺、贝、澶七州，李宝臣据恒、易、赵、定、深、冀、沧七州，各拥众五万；梁崇义据襄、邓、均、房、复、郢六州，有众二万；相与根据蟠结，虽奉事朝廷而不用其法令，官爵、甲兵、租赋、刑杀皆自专之，上宽仁，一听其所为。朝廷或完一城，增一兵，辄有怨言，以为猜贰，常为之罢役；而自于境内筑垒、缮兵无虚日。以是虽在中国名蕃臣，而实如蛮貊异域焉。

【译文】十二月，丙戌日（初八），朱泚从泾州返回京师。

丁亥日（初九），崔宁上奏报告将吐蕃十多万大军攻破，斩杀了八千多名敌人。

庚子日（二十二日），派遣朱泚兼任陇右节度使，主管河西、泽潞行营职务。

平卢节度使李正己早先已拥有淄、青、齐、海、登、莱、沂、密、德、棣十州的地区，等到李灵曜反叛，各道联合兵力前去讨伐，攻得的土地各自占为己有，李正己又占据了曹、濮、徐、兖、郓五州地区，因而将治所从青州迁到郓州，下令让他的儿子前淄州刺史李纳在青州驻守。正己严刑峻法，在他的辖区之中，无人敢和他对立交谈；然而法令齐一，赋税均平而且税率甚低，拥有大兵十万，雄踞东方，毗邻的藩镇无人不对他心怀畏惧。当时，田承嗣占据魏、博、相、卫、洺、贝、澶七州，李宝臣占据恒、易、赵、定、深、冀、沧七州，各自拥兵五万；梁崇义占据襄、邓、均、房、复、郢六州地区，拥兵二万；彼此盘踞一方，牢不可拔，尽管替朝廷做事，却不对朝廷遵从法令，凡是官爵、军事、租赋、刑杀等措施，都出于自定，唐代宗宽厚仁德，一概听任他们的所作所为。朝廷或是建造一城，或是增添一兵，每每便生怨言，以为是朝廷对他们有所猜疑，而不是坦诚相待，常常因此而用不听从役使来要挟，却在自己境内大造营垒，修治兵械，几乎无一天不是这样。因此，虽然名义上是中国的藩镇大臣，但其实却跟异域的蛮貊并无二致。

大历十三年（戊午，公元七七八年）春，正月，辛酉，敕毁白渠支流碾硙以溉田。升平公主有二硙，入见于上，请存之。上曰："吾欲以利苍（主）〔生〕，汝识吾意，当为众先。"公主即日毁之。

戊辰，回纥寇太原，河东押牙泗水李自良曰："回纥精锐远来求斗，难与争锋；不如筑二垒于归路，以兵戍之。虏至，坚壁勿与战，彼师老自归，乃出军乘之。二垒抗其前，大军蹑其后，无不捷矣。"留后鲍防不从，遣大将焦伯瑜等逆战；癸酉，遇虏于阳曲，大败而还，死者万馀人。回纥纵兵大掠。二月，代州都督张光晟击破之于羊武谷，乃引去。上亦不问回纥入寇之故，待之如初。

己亥，吐蕃遣其将马重英帅众四万寇灵州，塞填汉、御史、尚书三渠水口以弊屯田。

三月，甲戌，回纥使还，过河中，朔方军士掠其辎重，因大掠坊市。

【译文】大历十三年（戊午，公元778年）春季，正月，辛酉日（十四日），敕令将白渠支流挡水的碾硙拆毁掉，让渠水自然流下以利于灌溉田地。升平公主的碾硙有两座，入宫觐见唐代宗，请求保留。唐代宗对她说："我是在替人民谋利，你如果能了解我的用意，应当率先将碾硙拆毁才是。"公主即日便拆毁了碾硙。

戊辰日（二十一日），回纥侵犯太原，河东押牙泗水人李自良说："回纥精锐的军队远道而来挑战，跟他交锋，不容易取得胜利，不妨在他们的归路上筑起两座堡垒，派遣兵把守。等敌人到来，我们只是坚守城池而不出战，等敌兵疲惫困顿而自动归去之时，我们再趁机发兵，两座堡垒里的守兵在前方抵抗，城中大兵在后面追击，不会不打胜仗的。"留后鲍防没有听从，派遣大将焦伯瑜等人出兵迎战；癸酉日（二十六日），在阳曲遭遇敌军，大败而归，死了一万多人。回纥放纵士兵打肆劫掠。二月，代州都督张光晟在羊武谷击败回纥，回纥这才撤军而还。唐代宗也不追究回纥入寇之事，而对鲍防一如既往。

己亥日（二十二日），吐蕃派遣大将马重英带领四万大军侵犯灵州，夺取了填汉、御史、尚书三条渠道水口，屯田受到了很大损害。

三月，甲戌日（二十八日），回纥撤退的军队经过河中，朔方留屯在该地的军士掠夺了他们的辎重，回纥因又大掠民宅商肆。

夏，四月，甲辰，吐蕃寇灵州，朔方留后常谦光击破之。

六月，戊戌，陇右节度使朱泚献猫鼠同乳不相害者以为瑞；

138

常衮帅百官称贺。中书舍人崔祐甫独不贺，曰："物反常为妖。猫捕鼠，乃其职也，今同乳，妖也。何乃贺为！宜戒法吏之不察奸、边吏之不御寇者，以承天意。"上嘉之。祐甫，沔之子也。秋，七月，壬子，以祐甫知吏部选事。祐甫数以公事与常衮争，由是恶之。

戊午，郭子仪奏以回纥犹在塞上，边人恐惧，请遣邠州刺史浑瑊将兵镇振武军，从之。回纥始去。

辛未，吐蕃将马重英二万众寇盐、庆二州，郭子仪遣河东朔方都虞候李怀光击却之。

【译文】夏季，四月，甲辰日（二十八日），吐蕃侵犯灵州，被朔方留后常谦光击溃。

六月，戊戌日（二十四日），陇右节度使朱泚贡献一块饮乳却不相互残害的猫和老鼠，说这是祥瑞之兆；常衮带领文武百官向唐代宗致贺。只有中书舍人崔祐甫不去庆贺，他说："万物反常是为妖孽。猫捕老鼠是它的本职，而现在竟和鼠共同饮乳，这明明是妖孽凶兆，为什么还要庆贺呢？实在应该给那些未能明察奸邪的官员、未能抵挡敌寇的边吏予以惩戒，以上承天意的昭示。"唐代宗对他大为赞许。崔祐甫，是开元名臣崔沔的儿子。秋季，七月，派遣祐甫主理吏部铨选黜陟等职务。祐甫多次因公事而同常衮发生争执，常衮由此十分憎恶于他。

戊午日（十四日），郭子仪上奏报告因回纥依旧在边塞盘桓，边塞的百姓心中恐惧，请求派遣邠州刺史浑瑊领兵坐镇振武军，唐代宗依从了他的奏请。回纥这才离开。

辛未日（二十七日），吐蕃大将马重英率领两万大军入侵盐、庆二州，被郭子仪派遣的朔方都虞候李怀光打退。

八月，乙亥，成德节度使李宝臣请复姓张，许之。

吐蕃二万众寇银、麟州、略党项杂畜, 郭子仪遣李怀光等击破之。

上悼念贞懿皇后不已, 殡于内殿, 累年不忍葬; 丁酉, 始葬于庄陵。

九月, 庚午, 吐蕃万骑下青石岭, 逼泾州; 诏郭子仪、朱泚与段秀实共却之。

冬, 十二月, 丙戌, 以吏部尚书、转运、盐铁等使刘晏为左仆射, 知三铨及使职如故。

郭子仪入朝, 命判官京兆杜黄裳主留务。李怀光阴谋代子仪, 矫为诏书, 欲诛大将温儒雅等。黄裳察其诈, 以诘怀光; 怀光流汗伏罪。于是, 诸将之难制者, 黄裳矫子仪之命, 皆出之于外, 军府乃安。

【译文】八月, 乙亥日(初二), 成德节度使李宝臣请求恢复他的本姓张, 获得批准。

吐蕃二万师众侵犯银、麟二州, 劫掠党项境内的各种牲畜, 后来被郭子仪派遣出李怀光打败他们。

唐代宗悼念贞懿皇后, 情不自禁, 停柩于内殿, 至今已有三年, 不忍把她下葬; 丁酉日(二十四日), 才在庄陵安葬。

九月, 庚午日(二十八日), 吐蕃上万骑兵直下青石岭, 进逼泾州; 唐代宗下达诏令郭子仪、朱泚和段秀实联合抵抗, 而打退了蕃贼。

冬季, 十二月, 丙戌日(十四日), 派遣吏部尚书、转运、盐铁等使刘晏担任左仆射, 仍旧主理三铨(凡选有文武: 文选, 吏部主其事; 武选, 兵部主其事, 皆担任三铨, 尚书掌其一, 侍郎分掌其二)及使职跟原来一样。

郭子仪入朝, 命令判官京兆人杜黄裳主持留后之职。李怀光密谋夺取郭子仪的权位, 伪造诏书, 想要把大将温儒雅等人杀死。杜黄裳识破了他的诡计, 而严厉地责问他; 李怀光吓得汗流浃背, 俯首认罪。于是, 对一些不好控制的将领, 杜黄裳则假借郭子仪之命令, 把他们全部调出营地, 军府中这才安然无事。

以给事中杜亚为江西观察使。

上召江西判官李泌入见, 语以元载事, 曰:"与卿别八年, 乃能除此贼。赖太子发其阴谋, 不然, 几不见卿。"对曰:"臣昔日固尝言之。陛下知群臣有不善, 则去之; 含容太过, 故至于此。"上曰:"事亦应十全, 不可轻发。"上因言:"朕面属卿于路嗣恭, 而嗣恭取载意, 奏卿为虔州别驾。嗣恭初平岭南, 献琉璃盘, 径九寸, 朕以为至宝。及破载家, 得嗣恭所遗载琉璃盘, 径尺。俟其至, 当与卿议之。"泌曰:"嗣恭为人, 小心, 善事人, 畏权势, 精勤吏事而不知大体。昔为县令, 有能名; 陛下未暇知之, 而为载所用, 故为之尽力。陛下诚知而用之, 彼亦为陛下尽力矣。虔州别驾, 臣自欲之, 非其罪也。且嗣恭新立大功, 陛下岂得以一琉璃盘罪之邪!"上意乃解, 以嗣恭为兵部尚书。

【译文】派遣给事中杜亚担任江西观察使。

唐代宗召江西判官李泌进京觐见, 对他讲到元载的事说: "同你一别八年, 才将这个叛贼除去。还全靠太子揭发他的阴谋, 否则, 我几乎无法见到你了。"李泌回答说: "臣以前本来就向陛下禀奏过, 陛下如果察知群臣中有谁心存不轨的, 就应当将他斥退摒除, 都是因为太过于包容, 才会发展到今天这种境地的。"唐代宗说: "凡事也应该周全地计议, 而不能轻举妄动。"唐代宗由此又说: "我曾当面将你嘱托于路嗣恭, 而嗣恭听取元载的意见, 奏请下令让你去做虔州别驾。嗣恭刚平定岭

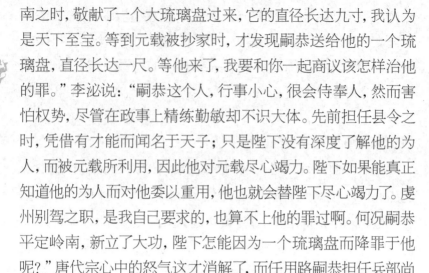

南之时，敬献了一个大琉璃盘过来，它的直径长达九寸，我认为是天下至宝。等到元载被抄家时，才发现嗣恭送给他的一个琉璃盘，直径长达一尺。等他来了，我要和你一起商议该怎样治他的罪。"李泌说："嗣恭这个人，行事小心，很会侍奉人，然而害怕权势，尽管在政事上精练勤敏却不识大体。先前担任县令之时，凭借有才能而闻名于天子；只是陛下没有深度了解他的为人，而被元载所利用，因此他对元载尽心竭力。陛下如果能真正知道他的为人而对他委以重用，他也就会替陛下尽心竭力了。虔州别驾之职，是我自己要求的，也算不上他的罪过啊。何况嗣恭平定岭南，新立了大功，陛下怎能因为一个琉璃盘而降罪于他呢？"唐代宗心中的怒气这才消解了，而任用路嗣恭担任兵部尚书。

郭子仪以朔方节度副使张昙性刚率，谓其以武人轻己，衔之；孔目官吴曜为子仪所任，因而构之。子仪怒，诬奏昙扇动军众，诛之。掌书记高郢力争之，子仪不听，奏贬郢猗氏丞。既而僚佐多以病求去，子仪悔之，悉荐之于朝，曰："吴曜误我。"遂逐之。

常衮言于上曰："陛下久欲用李泌，昔汉宣帝欲用人为公卿，必先试理人，请且以为刺史，使周知人间利病，俟报政而用之。"

【译文】郭子仪因为朔方节度副使张昙本性刚直，而以为他借着武艺轻看自己，因此对他怀恨在心；孔目官吴曜为郭子仪所信赖，由此从中捏造事实，进尽谗言陷害他。郭子仪十分震怒，诬奏张昙煽动军士，而杀死了他。掌书记高郢极力替张昙争辩，郭子仪没有听从，而上了一封奏折，贬高郢为猗氏县丞。事后，僚司佐吏多称病恳请辞职，郭子仪深感后悔，而向朝廷推举他们，叹息着说："吴曜把我害苦了。"由此将他革职斥逐。

常衮对唐代宗禀报说："陛下早就想重用李泌，先前汉宣帝想用人担任公卿大臣，必然先试试他能否治理人，请暂且派遣他当个刺史，让他详细地了解民间的利弊，等他在政绩上有了表现，再好重用于他啊。"

大历十四年(己未，公元七七九年)春，正月，壬戌，以李泌为澧州刺史。

二月，癸未，魏博节度使田承嗣薨。有子十一人，以其侄中军兵马使悦为才，使知军事，而诸子佐之。甲申，以悦为魏博留后。

淮西节度使李忠臣，贪残好色，将吏妻女美者，多逼淫之，悉以军政委妹婿节度副使张惠光。惠光挟势暴横，军州苦之。忠臣复以惠光子为牙将，暴横甚于其父。左厢都虞候李希烈，忠臣之族子也，为众所服。希烈因众心怨怒，三月，丁未，与大将丁暠等杀惠光父子而逐忠臣。忠臣单骑奔京师，上以其有功，使以检校司空、同平章事留京师；以希烈为蔡州刺史、淮西留后。以永平节度使李勉兼汴州刺史，增领汴、颍二州，徙镇汴州。

【译文】大历十四年(己未，公元779年)春季，正月，壬戌日(二十一日)，派遣李泌担任澧州刺史。

二月，癸未日(十二日)，魏博节度使田承嗣去世。他有十一个儿子，但其中他侄儿中军兵马使田悦最具才干，因而派遣他主持军事，而命令承嗣的一些儿子辅助田悦。甲申日(十三日)，委任田悦担任魏博留后。

淮西节度使李忠臣，生性贪婪残暴而且喜好女色，将士的妻女中有容貌好的，多被他胁迫淫污，而将军政要务全权托付给他妹夫节度副使张惠光。惠光仗着他的权势暴虐专横，军府中的将士、州中的官民都深受其苦。李忠臣又派遣惠光的儿子担任牙将，他比他父亲还要暴虐。左厢都虞候李希烈，是李忠臣的族侄，颇孚众望。李希烈因为人民心怀怨恨，三月，丁未日（初六），同大将丁嵩等人，把张惠光父子杀死而且把李忠臣赶走了。忠臣单骑径直奔赴京师，唐代宗因为忠臣曾经有功，派遣他担任检校司空、同平章事，留在京师；而派遣李希烈担任蔡州刺史、淮西留后，并派遣永平节度使李勉兼任汴州刺史，兼管汴、颍二州，徙守汴州。

【乾隆御批】 新进无所建竖，克知灼见为难固，非历试不可。若李泌，在肃宗朝参预密勿，委任已深。代宗自广平就对之时即倾心倚信，且赖其调停久矣，奚待授以方州，俾知人间利弊耶？常衮一言而以新间旧，不惟惑之，甚直是昏之极矣。

【译文】 新进无所建树，要对一个人有正确而深刻的认识固然很难，非多次考核不可。像李泌，在肃宗时参与朝政机要，渐渐被委以重任。唐代宗从任广平王时就对他仰慕信任，并依赖他调停他们父子之间的事很久，为什么还要授予他州郡长官，让他去体察民间利弊呢？常衮一句话就达到以新间旧的目的，唐代宗不但困惑，简直是昏庸到了极点。

辛酉，以容管经略使王翃为河中少尹、知府事。河东副元帅留后部将凌正暴横，翃抑之。正与其徒乘夜作乱，翃知之，故缩漏水数刻以差其期，贼惊，溃走，擒正，诛之，军府乃安。

成德节度使张宝臣既请复姓，又不自安，更请赐姓；夏，四月，癸未，复赐姓李。

五月，癸卯，上始有疾，辛酉，制皇太子监国。是夕，上崩于紫宸之内殿，遗诏以郭子仪摄冢宰。癸亥，德宗即位，在谅阴中，动遵礼法；尝召韩王迥食，食马齿羹，不设盐、酪。

【译文】辛酉日（二十日），派遣容管经略使王翃担任河中少尹、主理府内事务。河东副元帅留后部将凌正残暴蛮横，王翃便对他加以抑制。凌正竟然和他的部属密谋在深夜造反，王翃获悉此事，便缩减了刻漏中水的数刻，让他们在时间上出现差错，叛贼大惊，溃散而逃，凌正被捕，斩首正法，军府之中这才安然无事。

成德节度使张宝臣上奏请求恢复本姓之后，自己心中又深感不安，因而又再次上奏请求唐代宗赐姓；夏季，四月，癸未日（十三日），又赐他姓李。

五月，癸卯日（初三），唐代宗才染上疾病，而在辛酉日（二十一日），按照典制下令太子监国的当天晚上，唐代宗就在紫宸殿的内殿驾崩。留下遗命让郭子仪兼任冢宰。癸亥日（二十三日），太子李适即位（唐德宗），在守丧的谅阴（庐墓）中，一举一动都遵照礼法行事；曾经把韩王李迥召过来一同进餐，吃的是马齿苋煮的羹汤，甚至没有加盐，更无乳酪等美味的食物了。

常衮性刚急，为政苛细，不合众心。时群臣朝夕临，衮哭委顿，从吏或扶之。中书舍人崔祐甫指以示众曰："臣哭君前，有扶礼乎！"衮闻，益恨之。会议群臣丧服，衮以为："礼，臣为君斩衰三年。汉文帝权制，犹三十六日。高宗以来，皆遵汉制。及玄宗、肃宗之丧，始服二十七日。今遗诏云：'天下吏人，三日释服。'古者卿大夫从君而服，皇帝二十七日而除，在朝群臣亦当如之。"祐甫以为："遗诏，无朝臣、庶人之别。朝野中外，莫非天下，凡百执事，孰非吏人！皆应三日释服。"相与力争，声色陵厉。衮不能堪。乃奏祐甫率情变礼，请贬潮州刺史；上以为太重，闰月，壬申，贬祐甫为河南少尹。

【译文】 常衮性情刚强急躁，为政严厉苛刻而且琐细，与众人的心意不和。那时群臣早晚丧哭，常衮哭倒在地，有个随从人员过去搀扶他。中书舍人崔祐甫用手指着对大家说："臣子在君主的灵前哭丧，有可以搀扶的礼制吗？"

常衮听了，对他愈加忌恨。等到议定群臣的丧服时，常衮认为："依照礼制，臣下得替君服重孝三年。汉文帝时权衡制宜，尚且还得服三十六天的丧。高宗之后，都依照汉制服丧。等到玄宗、肃宗去世，才服二十七天丧的。而今遗诏上说：'天下吏民，三天除丧。'古时候卿大夫服丧是跟君王一样的，皇帝是二十七天除丧的，在朝廷群臣也应当一样。"崔祐甫却觉得："遗诏，对朝臣、庶民都没有什么分别。朝野内外，莫非天下，一切任职管事之人，有谁不是朝廷的官吏，应当一同除丧才是。"彼此之间竭力争论，声色俱厉。常衮忍无可忍，于是上表奏章说崔祐甫对更改礼制非常随意，请求贬他为潮州刺史；唐德宗觉得这个处罚太重，闰五月，壬申日（初三），将祐甫贬为河南少尹。

初，肃宗之世，天下务殷，宰相常有数人，更直决事，或休沐各归私第，诏直事者代署其名而奏之，自是踵为故事。时郭子仪、朱泚虽以军功为宰相，皆不预朝政，衮独居政事堂，代二人署名奏祐甫。祐甫既贬，二人表言其非罪，上问："卿向言可贬，今云非罪，何也？"二人对，初不知。上初即位，以衮为欺罔，大骇。甲戌，百官衰绖，序立于月华门，有制，贬衮为潮州刺史，以祐甫为门下侍郎、同平章事，闻者震悚。祐甫至昭应而还。既而群臣丧服竟用衮议。

上时居谅阴，庶政皆委于祐甫，所言无不允。初，至德以后，天下用兵，诸将竞论功赏，故官爵不能无滥。及永泰以来，天下稍平，而元载、王缙秉政，四方以贿求官者相属于门，大者出于载、缙，小者出于卓英倩等，皆如所欲而去。及常衮为相，思革其弊，杜绝侥幸，四方奏请，一切不与；而无所甄别，贤愚同滞。崔祐甫代之，欲收时望，推荐引拔，常无虚日；作相未二百日，除官八百人，前后相矫，终不得其适。上尝谓佑甫曰："人或谤卿，所用多涉亲故，何也？"对曰："臣为陛下选择百官，不敢不详慎，苟平生未之识，何以谙其才行而用之。"上以为然。

【译文】起初，在肃宗年代，天下事务繁多，设置了数名宰相，轮流处理朝廷政务，有回家休息沐浴的，下达诏令规定由轮值的宰相代他署名上奏报告，从此便成了定规。当时郭子仪、朱泚虽然凭借战功而拜相，但都没有参预朝政，唯有常衮一人在政事堂理事，而代他们二人署名上表奏章告发崔祐甫。祐甫遭到贬谪之后，郭子仪、朱泚两人都上表认为祐甫无罪，唐德宗问道："你们之前说他应该贬黜，今天又说他无罪，这是怎么回事？"两人回答说起初并不知晓这事。唐德宗刚刚登基不久，认为常衮竟敢欺蒙诬罔，由此感到非常惊骇。甲辰日（闰五月无此日），百官身穿丧服，依次站在月华门，一道诏令颁下，把常衮贬做潮州刺史，而让崔祐甫担任门下侍郎、同平章事，众人莫不因此震惊悚栗。祐甫才抵昭应立即奉命而还。后来群臣竟依常衮所议服丧二十七日。

唐德宗当时在庐墓居丧，将政务全部委托给崔祐甫，所奏之事没有不准的。起初，至德以后，天下用兵，诸将邀功争赏，因此官爵的封赐自然难免紊乱。等到永泰以后，天下逐渐趋于平定,但由元载、王缙主政,四方贿赂求官的人接踵上门,络绎不绝,大官出自元载、王缙,而小官则出自卓英倩等人,各人都能如愿而去。等到常衮为相,想要把这种弊病革除掉,使得那些侥幸得官和晋升的现象得以杜绝,因此对四方举荐的奏请一概不准;而不加甄别,使得无论贤愚同样受到阻滞而无法晋级。崔祐甫取代相位之后,想要收揽人心,建立声望,各方不断举荐拔擢,时常天天如此;崔祐甫在相位还没到两百天,竟然有八百多名官吏得到升迁,前后两位宰相都矫枉过正,结果同样失当。唐德宗曾经对崔祐甫说:"有人毁谤你,说是你所任用的人,多半都是你的亲故,这是怎么回事啊?"祐甫回答说:"臣替陛下选任百官,不敢不周密谨慎。如果平时对他毫不了解,又怎么能知晓他的才干而加以任用呢?"唐德宗颇以为然。

◆臣光曰:臣闻用人者,无亲疏、新故之殊,惟贤、不肖之为察。其人未必贤也,以亲故而取之,固非公也;苟贤矣,以亲故而舍之,亦非公也。夫天下之贤,固非一人所能尽也,若必待素识熟其才行而用之,所遗亦多矣。古之为相者则不然,举之以众,取之以公。众曰贤矣,己虽不知其详,姑用之,待其无功,然后退之,有功则进之;所举得其人则赏之,非其人则罚之。进退赏罚,皆众人所共然也,己不置豪发之私于其间。苟推是心以行之,又何遗贤旷官之足病哉!◆

诏罢省四方贡献之不急者,又罢梨园使及乐工三百馀人,所留者悉隶太常。

【译文】◆臣司马光说:我听闻任用人才,本不应当区别亲近疏远、新知旧交,而应只看他是贤还是不贤。那个人不是贤才,由于是自己的亲故就委以任用,固然有失公正;而他真的是

资治通鉴

个贤才,却由于是自己的亲故,就避嫌不用也是不公正的啊。谈到天下的贤才,不是一人所能识尽的,假如一定要是平时熟知他的才德的人,才对他加以选用,那么遭到遗弃的贤才也就太多了。古时担任宰相的人,就不是这样的做法,而是让众人举荐贤才,以公正的态度量才适用。众人觉得是贤才而推举的人,自己尽管并不知晓他究竟如何,也姑且试用,待他的确并无功绩上的表现,然后再黜退他,若是的确有表现,便委以重用;如果被举荐的人确实是贤才,就奖赏推举之人,否则,便对推举人加以惩处。进用、黜退、奖赏、惩罚,大家都公认为是,宰相本人毫无私心介于其中。倘若真能用这种态度来用人,又怎会有贤才被遗弃,或官员无法胜任职务,而足以造成弊病之事的发生呢!◆

唐德宗下诏把各地那些非急需物品的敬献减除,又将三百多名梨园使及乐工撤销,余留的全部归属于太常。

郭子仪以司徒、中书令领河中尹、灵州大都督、单于、镇北大都护、关内、河东副元帅、朔方节度、关内支度、盐池、六城水运大使、押蕃部并营田及河阳道观察等使,权任既重,功名复大,性宽大,政令颇不肃,代宗欲分其权而难之,久不决。甲申,诏尊子仪为尚父,加太尉兼中书令,增实封满二千户,月给千五百人粮、二百马食,子弟、诸婿迁官者十馀人,所领副元帅诸使悉罢之;以其裨将河东、朔方都虞候李怀光为河中尹、邠、宁、庆、晋、绛、慈、隰节度使,以朔方留后兼灵州长史常谦光为灵州大都督、西受降城、定远、天德、盐、夏、丰等军州节度使,振武军使浑瑊为单于大都护、东、中二受降城、振武、镇北、绥、银、麟、胜等军州节度使,分领其任。

【译文】郭子仪以司徒、中书令的身份兼任河中尹、灵州大都督、单于镇北大都护、关内河东副元帅、朔方节度、关内支度、盐池、六城水运大使、押蕃部及营田和河阳道观察等使的职务，权势既大，责任又重，功业名望也随之增加，他宅心仁厚，政令颇宽，唐代宗就想要分散他的权势却感到困难，久久苦无决策。甲申日（十五日），德宗下达诏令让尊郭子仪担任尚父，晋加太尉兼任中书令之职，增实封计二千户之数，每个月俸给一千五百人的食粮、二百匹马的食料，子弟、女婿有十几个人得到升迁，所兼任的副元帅及各种使职全部罢除；而派遣他的副将河东、朔方都虞候李怀光担任河中尹，邠、宁、庆、晋、绛、慈、隰节度使，并派遣朔方留后兼灵州长史常谦光担任灵州大都督，西受降城、定远、天德、盐、夏、丰等军州节度使；振武军使浑瑊担任单于大都护，东中二受降城、振武、镇北、绥银、麟胜等军州节度使，来分担他的职务。

丙戌，诏曰："泽州刺史李鷃上《庆云图》。朕以时和年丰为嘉祥，以进贤显忠为良瑞，如卿云、灵芝、珍禽、奇兽、怪草、异木，何益于人！布告天下，自今有此，无得上献。"内庄宅使上言诸州有官租万四千馀斛，上令分给所在充军储。先是，诸国屡献驯象，凡四十有二，上曰："象费刍养而违物性，将安用之！"命纵于荆山之阳，及豹、貀、斗鸡、猎犬之类，悉纵之；又出宫女数百人。于是，中外皆悦，淄青军士，至投兵相顾曰"明主出矣，吾属犹反乎！"

戊子，以淮西留后李希烈为节度使。

【译文】丙戌日（十七日），唐德宗下诏诰命天下说："泽州刺史李鷃进献《庆云图》，朕认为时局太平、年成丰收才是吉祥的征兆，而以进荐贤士、表现忠贞才是祥和的好现象，诸如卿云、灵芝、珍禽、奇兽、怪草、异木等，对人有什么益处呢？由此布告天下，自此之后，凡是有这些东西，一概不必进献。"内庄宅使上表奏章各州所收的官租，一共一万四千余斛，唐德宗下达命令分给各州当地官府，充当军队储粮。在此之前，各国多次进献的驯象，一共四十二头，唐德宗说："把大象关在牢里豢养，不仅白白损耗费用，而且有违动物本性，养来做什么用呢？"由此下令将象放到荆山南边，另外，所有的豹、貀、斗鸡、猎犬之类的禽兽，也全部放归山林；同时还把数百名宫女放出宫去。于是，朝野甚是欢跃，淄青军队里的士兵，甚至把兵器扔到地上彼此相对着说："圣明的君主出现了，我们还要造反吗？"

戊子日（十九日），派遣淮西留后李希烈担任节度使。

辛卯，以河阳镇遏使马燧为河东节度使。河东承百井之败，骑士单弱，燧悉召牧马厮役，得数千人，教之数月，皆为精骑。造甲必为长短三等，称其所衣，以便进趋。又造战车，行则载兵甲，止则为营陈，或塞险以遏奔冲；器械无不精利。居一年，得选兵三万。辟兖州人张建封为判官，署李自良代州刺史，委任之。

兵部侍郎黎干，狡险谀佞，与宦官特进刘忠翼相亲善。忠翼本名清潭，恃宠贪纵。二人皆为众所恶。时人或言干、忠翼尝劝代宗立独孤贵妃为皇后，妃子韩王迥为太子。上即位，干密乘舋诣忠翼谋事；事觉，丙申、干、忠翼并除名长流，至蓝田，赐死。

【译文】辛卯日（二十二日），派遣河阳镇遏使马燧担任河东节度使。河东自在百井之战遭遇败绩之后，骑兵部队势单力薄，士卒赢弱，马燧招募所有养马的劳役，聚集了数千人，训练了几个月之后，个个都成了精良的骑士。缝制甲胄，一定区分长短三种尺寸，让士兵们穿着合身，以利于跨马奔驰。又制造了些战车，行军时用以承载甲兵武器，停放时便列为营阵，或用以防御边险,阻挡敌骑的奔腾突击;器材军械没有不是精良锐利的。一年以后,一共挑选出三万多名精兵。辟召兖州人张建封为判官,任命李自良担任代州刺史,并以刺史的名义委任张建封。

兵部侍郎黎幹,阴险狡诈,善于阿谀奉承,又善于辞令,和宦官特进刘忠翼十分亲近友好。忠翼本名清潭,凭借宠幸,贪枉放恣。众人都很厌恶这二人。当时有人说他们曾经劝过唐代宗将独孤贵妃立成皇后,而把贵妃的儿子韩王迴立成太子。德宗即位,黎幹暗中乘车前去拜望刘忠翼密谋起事而被发觉,丙申日(二十七日),二人的名籍一同被除去,永久流放,押解到蓝田时,赐令自杀。

以户部侍郎判度支韩滉为太常卿,以吏部尚书刘晏判度支。先是晏、滉分掌天下财赋,晏掌河南、山南、江淮、岭南,滉掌关内、河东、剑南,至是,晏始兼之。上素闻滉掊克过甚,故罢其利权,寻出为晋州刺史。

至德初,第五琦始榷盐以佐军用,及刘晏代之,法益精密,初岁入钱六十万缗,末年所入逾十倍,而人不厌苦。大历末,计一岁征赋所入总一千二百万缗,而盐利居其太半。以盐为漕佣,自江、淮至渭桥,率万斛佣七千缗,自淮以北,列置巡院,择能吏主之,不烦州县而集事。

【译文】派遣户部侍郎判度支韩滉担任太常卿,而派遣吏部尚书刘晏担任判度支。在此之前,是由晏、滉两人分掌天下财赋,刘晏负责河南、山南、江淮、岭南一带地区,而韩滉负责关内、河东、剑南一带地区,直到今天,才全部由刘晏一人兼管。唐德宗平日里听说韩滉征收赋税太过苛刻,因此将他的权势罢除掉,不久又把他调遣出京去担任晋州刺史。

至德初年，第五琦开始将食盐收归官府专利，借以辅助军需费用；等到刘晏接管此事，制定的办法愈加精密周全，第一年就得了六十万缗利钱，而末年的收入几乎高出十倍以上，可是百姓并不以此为苦而生出什么怨言。大历末期，朝廷岁入一共一千二百万缗，其中食盐利润就占据了大半，雇工水运食盐的工资，自江、淮运至渭桥，大致是一万斛的数量，付给工资七千缗，自淮水以北，沿岸设立了很多巡视监督漕运的衙院，选派得力官员主管运盐事务，没有对州县增加一点麻烦，而事情办得却非常成功。

六月，己亥朔，赦天下。

西川节度使崔宁、永平节度使李勉并同平章事。

诏："天下冤滞，州府不为理，听诣三司使，以中丞、舍人、给事中各一人，日于朝堂受词。推决尚未尽者，听挝登闻鼓。自今无得复奏置寺观及请度僧尼。"于是，挝登闻鼓者甚众。右金吾将军裴谞上疏，以为："讼者所争皆细故，若天子一一亲之，则安用吏理乎！"上乃悉归之有司。

制："应山陵制度，务从优厚，当竭帑藏以供其费。"刑部员外郎令狐峘上疏谏，其略曰："臣伏读遗诏，务从俭约，若制度优厚，岂顾命之意邪！"上答诏，略曰："非唯中朕之病，抑亦成朕之美，敢不闻义而徙！"峘，德棻之玄孙也。

【译文】六月，己亥朔日（初一），大赦天下。

西川节度使崔宁、永平节度使李勉一起被晋封为同平章事。

唐德宗下诏："天下有含冤申诉，州府不予理会的，可以直接给三司使上诉，而由御史中丞、中书舍人、门下省给事中各自派遣一人，每天到朝堂审理讼案。凡是感觉州府推断跟实情不符的，都能够前来击鼓鸣冤。自今之后不准再奏请设立寺观及给平民剃度做僧尼。"于是前来击登闻鼓申冤之人太多太多。右金吾将军裴谞上疏觉得："诉讼的人所争执的，都是为了些鸡毛蒜皮的小事，如果天子都一一亲自处理，那又何必设置狱吏去审理呢？"唐德宗这才将这些讼案全部交还给狱吏去处理。

唐德宗下令："所有皇陵的修护祭典等制度，要竭力从优，应当竭尽公库内的财物来供应所需。"刑部员外郎令狐峘上疏劝谏，大致是说："臣恭读太宗遗诏，遗命说丧葬竭力从简，如果所有园陵制度力求优厚，这哪里是遗命的用意所在呢？"唐德宗回复，大意是说："这番诤谏，不仅正中我的过失，而且还会由此成全我的美名，听到了合理的诤言，我又怎敢不依从呢？"令狐峘，是令狐德棻的第五世孙。

庚子，立皇子诵为宣王，谟为舒王，谌为通王，谅为虔王，详为肃王。乙巳，立皇弟乃为益王，傀为蜀王。

丙午，举先天事故，六品以上清望官，虽非供奉、侍卫之官，日令二人更直待制，以备顾问。

庚戌，以朱泚为凤翔尹。

代宗优宠宦官，奉使四方者，不禁其求取。尝遣中使赐妃族，还，问所得颇少，代宗不悦，以为轻我命；妃惧，遽以私物偿之。由是中使公求赂遗，无所忌惮。宰相尝贮钱于阁中，每赐一物，宣一旨，无徒还者；出使所历州县，移文取货，与赋税同，皆重载而归。上素知其弊。遣中使邵光超赐李希烈旌节；希烈赠之仆、马及缣七百匹，黄茗二百斤。上闻之，怒，杖光超六十而流之。于是，中使之未归者，皆潜弃所得于山谷，虽与之，莫敢受。

【译文】庚子日（初二），立皇子李诵做宣王，李谟做舒王，李谌做通王，李谅做虔王，李详做肃王。乙巳日（初七），立皇弟李遁做益王，李傀做蜀王。

丙午日（初八），依照先天年间的前例，凡是位居六品以上清高而有德望的官员，尽管不是供奉、侍卫官员，每天派遣两人交替值日，以备皇上有事询问。

庚戌日（十二日），派遣朱泚担任凤翔县尹。

唐代宗对待宦官非常优厚宠幸，奉命出使四方的，从来不禁止他们向地方随意索求财货。曾经派遣宫中宦官担任使臣，去赏赐某妃家族，返回朝廷之后，唐代宗问知对方送给中使的酬谢很少，为此很不高兴，而认为是妃家轻视他的赐命，因而这个妃子非常害怕，马上把私房钱拿出来当作补偿。因此，凡是由宫中派遣出去的使臣，公然索取贿赠却没有什么顾虑。宰相也都曾在省阁中存钱，每当是上命宦官来赏赐一物，或是宣读一道圣旨，都没有空手而归的；而出使经过州县时，常常是靠一纸通牒索取财物，就像是征收赋税一般，没有不满载而归的。唐德宗平日早就知晓这种漏弊，派遣宦官邵光超为使去为李希烈赏赐旌节；希烈给他送仆奴、马匹及七百匹细绢、二百斤黄茗。唐德宗得知，勃然大怒，廷杖邵光超六十大板还流放了他。因此，宫中派遣的使臣尚未返回朝廷的，都将所得的贿赂偷偷地丢弃到山谷中，即便是有人赂赠，也再不敢接受了。

甲子，以神策都知兵马使、右领军大将军王驾鹤为东都园苑使，以司农卿白琇珪代之，更名志贞。驾鹤典禁兵十馀年，权行中外，诏下，上恐其生变；崔祐甫召驾鹤与语，留连久之，琇珪已视事矣。

李正己畏上威名，表献钱三十万缗；上欲受之，恐见欺，却之则无辞。崔祐甫请遣使慰劳淄青将士，因以正己所献钱赐之，使将士人人戴上恩；又诸道闻之，知朝廷不重货财。上悦，从之。正己大惭服。天下以为太平之治，庶几可望焉。

【译文】 甲子日（二十六日），派遣神策都知兵马使、右领军大将军王驾鹤担任东都园苑使，而派遣司农卿白琇珪替代他原有之职，更名志贞。驾鹤十多年统领禁军，权势通达朝野，唐德宗害怕他萌生反意，让崔祐甫召见驾鹤同他聊天，假装不忍让他离开而拖延了很长的一段时间，白琇珪那边已经接管妥当了。

李正己畏惧唐德宗的威望，上表敬献三十万缗钱财，唐德宗想要接受又担心将来受到他的欺压，不接受又不能找出合适的借口退回。崔祐甫劝请唐德宗派出使臣前去宣慰淄青将士，借以将李正己所献的银钱赏赐给他们而让将士人人都对唐德宗感恩戴德；同时还可让各道听到此事，而都知悉朝廷是不重视财物的。唐德宗大悦，就按照他的说法做了。李正己万分惭愧和钦服。天下人都觉得太平治世，几乎就近在眼前了。

【申涵煜评】 淄青献钱，即以赐淄青将士，一以壮朝廷之体，一以博将士之劝，一以折强藩之胆，佑甫真有妙用才相也。

【译文】 淄青节度使李正己献钱，崔佑甫就建议唐德宗把钱赐给淄青的将士，这样一方面可以强壮朝廷之体，一方面又鼓励了将士，一方面又折了强藩的胆量，崔佑甫真是有妙用才能的宰相啊！

秋，七月，戊辰朔，日有食之。

礼仪使、吏部尚书颜真卿上言："上元中，政在宫壸，始增祖宗之谥；玄宗末，奸臣窃命，累圣之谥，有加至十一字者。按周之文、武，言文不称武，言武不称文，岂盛德所不优乎？盖群臣称其至者故也。故谥多不为褒，少不为贬。今累圣谥号太广，有逾古制，请自中宗以上皆从初谥，睿宗曰圣真皇帝，玄宗曰孝明皇帝，肃宗曰宣皇帝，以省文尚质，正名敦本。"上命百官集议，儒学之士，皆从真卿议；独兵部侍郎袁傪，官以兵进，奏言："陵庙玉册、木主皆已刊勒，不可轻改，"事遂寝。不知陵中玉册所刻，乃初谥也。

【译文】秋季，七月，戊辰朔日（初一），日食。

礼仪使、吏部尚书颜真卿上表奏章说："上元年中，武后当政，令出宫闱，始追增祖宗谥号；而在玄宗末年，奸臣窃权，历代圣君的谥号，有的多达十一个字。依周代的文王、武王来看，称文便不称武，谥武便不加文，难道是他们的美德没有达到吗？只不过是群臣以他们极致的大德尊加谥号的缘故而已。因此谥号用字加多，并非代表褒扬大德，用字少也不代表贬低大德。而今历代圣主的谥号文字太过繁多，违背古制，请自中宗以上，全部按照初谥，睿宗称圣真皇帝，称玄宗为孝明皇帝，称肃宗为宣皇帝，以示省除文饰，崇尚实质，亟正名分，重视根本的用意。"唐德宗把百官召集一块儿商议此事，鸿儒学士都附和颜真卿的说法；独有兵部侍郎袁傪，他是靠着战功而晋爵加官的，奏言："皇陵宗庙里的玉册，神位牌都已镌刻上了，不能轻易更改。"这事便搁置不议了。不知陵庙中玉册上所刻的，本来就是初谥啊。

初，代宗之世，事多留滞，四夷使者及四方奏计，或连岁不遣，乃于右银台门置客省以处之；及上书言事孟浪者、失职未叙者，亦置其中，动经十岁。常有数百人，并部曲、畜产动以千计，度支廪给，其费甚广。上悉命疏理，拘者出之，事竟者遣之，当叙者任之，岁省谷万九千二百斛。

壬申，毁元载、马璘、刘忠翼之第。初，天宝中，贵戚第舍虽极奢丽，而坦屋高下，犹存制度，然李靖家庙已为杨氏马厩矣。及安、史乱后，法度堕弛，大臣、将帅、宦官竞治第舍，各穷其力而后止，时人谓之木妖。上素疾之，故毁其尤者，仍命马氏献其园，隶官司，谓之奉成园。

【译文】起初，在唐代宗时期，搁置拖延了许多事下来，四夷的使臣及各地进呈的会计表册，有的一搁几年都没有遣还，由此在右银台门设置客省以供居留；其他如上书议事出言不逊，失职而没有加以叙用的，也居留在客省中，往往有的一待十年之久，而且时常多达数百人，加上奴仆及饲养牲畜的卒隶，动辄就多达千余人，户部度支供给粮料，费用很多。唐德宗下达命令全部予以妥善处理，被拘留的放回，事情办妥了的遣返，应当改叙的派任官职，由此每年节省了谷粮一万九千二百斛。

壬申日（初五），把元载、马璘、刘忠翼的住宅拆毁了。起初，在天宝年间，皇族的府第尽管极其奢侈华丽，而围墙屋舍的高矮，还与规定相符合，可是李靖的家祠已改用作杨氏的马厩了。等到安史之乱过后，法令制度全部遭到破坏、废弛，大臣将帅，争先恐后修筑居第，各自穷尽财力而后已，当时的人把他们称作“木妖”。唐德宗向来讨厌他们的这种作风，因此将其中特别奢华的拆毁掉，由此又令马氏将园圃献出，归属官司掌管，称作奉成园。

癸（丑）〔酉〕，减常贡宫中服用锦千匹、服玩数千事。

庚辰，诏回纥诸胡在京师者，各服其服，无得效华人。先是回纥留京师者常千人，商胡伪服而杂居者又倍之，县官日给饩饩，殖资产，开第舍，市肆美利皆归之，日纵暴横，吏不敢问。或衣华服，诱取妻妾，故禁之。

辛卯，罢天下榷酒收利。

上之在东宫也，国子博士河中张涉为侍读，即位之夕，召涉入禁中，事无大小皆咨之；明日，置于翰林为学士，亲重无比。乙未，以涉为右散骑常侍，仍为学士。

【译文】癸丑日（七月无此日），减少时常贡奉宫中衣服用的织锦一千匹、佩戴的玩物数千件。

庚辰日（十三日），下达诏令给在京师中所有的回纥胡人，穿着他们本国的服饰，衣着不能模仿汉人。起初，回纥时常有千人左右留居京师，经商的胡人穿着华服于各处杂居的又多加一倍，朝廷每天要供给这些人的粮食耗费，而胡商大肆置办产业，广泛修筑居宅，在市场上大做他们的买卖，厚利全被他们赚去了，一日较一日纵情贪婪横暴，官吏没有人敢去过问。还有的穿着华服，骗娶妻妾，因此要禁止他们穿华服。

辛卯日（二十四日），废止天下征取酒税收利。

唐德宗当年做太子之时，国子博士河中人张涉担任侍读。登基的当晚，便把张涉召进皇宫，无论事情大小都要向他请教；第二天，将他安置在翰林院担任学士，唐代宗对他的亲敬重视，无人可以相比。乙未日（二十八日），委任张涉担任右散骑常侍，仍任学士。

【康熙御批】酒之糜谷甚多，若能禁止，谷必有馀。第在地方官相机裁抑，使民自然乐从，斯为有益，如必自朝廷禁之，则恐奉行不善，反滋弊端矣。

【译文】酿酒浪费的谷米很多，如果能禁止，谷必定有富余。这件事情在于地方官员能够根据情况压制，让老百姓乐意跟随，这样做最有好处，如果一定要朝廷下令禁止，只怕执行得不好，反而滋生弊端了。

资治通鉴卷第二百二十六 唐纪四十二

起屠维协洽八月，尽重光作噩五月，凡一年有奇。

【译文】起己未（公元779年）八月，止辛酉（公元781年）五月，共一年十个月。

【题解】 本卷记录了公元779年八月至781年五月的史事，共一年又十个月，正当唐代宗大历十四年八月到唐德宗建中二年五月。这是唐德宗刚即位，想有一番大作为的时期。安史之乱平定后，经过十几年的休养生息，唐朝恢复了一定的国力。唐德宗重整朝纲，革除积弊，采纳杨炎的建议，在建中元年实行两税法，又将宦官所掌管的天下财赋转归户部左藏管理，惩治贪污枉法，节制方镇，和好吐蕃，确实有了一些新气象。但杨炎独揽朝政，冤杀刘晏。不久，卢杞担任宰相，奸诈误国，唐德宗朝政治很快走了下坡路。

唐代宗睿文孝武皇帝下

大历十四年(己未，公元七七九年)八月，甲辰，以道州司马杨炎为门下侍郎，怀州刺史乔琳为御史大夫，并同平章事。上方励精求治，不次用人，卜相于崔祐甫，祐甫荐炎器业，上亦素闻其名，故自迁谪中用之。琳，太原人，性粗率，喜诙谐，无他长，与张涉善，涉称其才可大用，上信涉言而用之；闻者无不骇愕。

代宗之世，吐蕃数遣使求和，而寇盗不息，代宗悉留其使者，前后八辈，有至老死不得归者；俘获其人，皆配江、岭。上欲以德怀之，乙巳，以随州司马韦伦为太常少卿，使于吐蕃，悉集其俘五百人，各赐袭衣而遣之。

【译文】大历十四年（己未，公元779年）八月，甲辰日（初七），派遣道州司马杨炎担任门下侍郎，怀州刺史乔琳担任御史大夫，一并晋封同平章事。唐德宗正将励精图治，破格拔用人才，为选任宰相而问及崔祐甫，崔祐甫举荐杨炎的器识和才干，唐德宗对杨炎也是早已闻名，因此自迁谪中破格擢用他为相。乔琳，是太原人，生性粗率，爱好同人开玩笑，并无特长，跟张涉是好朋友，张涉说他是个可以委以重任的大才，唐德宗便相信了张涉的话而用他为相；大家听说了这些措置，无不感到震惊和诧异。

唐代宗时期，吐蕃多次派遣使臣前来求和，却又不断地侵犯劫掠，每次派遣来的使臣，唐代宗一概拘留了他们，前前后后一共有八伙人，有的直到老死都没能回去；而和吐蕃作战擒获的俘虏，都流放发配到大江之南，或五岭之外。唐德宗想要用恩德来怀柔他们，乙巳日（初八），便派遣随州司马韦伦担任太常少卿，出使吐蕃，集合全部的五百名俘虏，每人赏赐他们一套衣服，将他们遣回。

协律郎沈既济上选举议，以为："选用之法，三科而已：曰德也、才也、劳也。今选曹皆不及焉；考校之法，皆在书判、簿历、言词、俯仰而已。夫安行徐言，非德也；丽藻芳翰，非才也；累资积考，非劳也。执此以求天下之士，固未尽矣。今人未土著，不可本于乡间；鉴不独明，不可专于吏部。臣谨详酌古今，谓五品以上及群司长官，宜令宰臣进叙，吏部、兵部得参议焉。其六品以下或僚佐之属，许州、府辟用，其牧守、将帅或选用非公，则吏部、兵部得察而举之，罪其私冒。不慎举者，小加谴黜，大正刑典。责成授任，谁敢不勉！夫如是，则贤者不奖而自进，不肖者不抑而自退，众才咸得而官无不治矣。今选法皆择才于吏部，试职于州郡。若才职不称，紊乱无任，责于刺史，则曰命官出于吏曹，不敢废也；责于侍郎，则曰量书判、资考而授之，不保其往也；责于令史，则曰按由历、出入而行之，不知其他也。黎庶徒弊，谁任其咎！若牧守自用，则罪将焉逃！必州郡之滥，独换一刺史则革矣。如吏部之滥，虽更其侍郎无益也。盖人物浩浩，不可得而知，法使之然，非主司之过。今诸道节度、都团练、观察、租庸等使，自判官、副将以下，皆使自择，纵其间或有情故，大举其例，十犹七全。则辟吏之法，已试于今，但未及于州县耳。利害之理，较然可观。向令诸使僚佐尽受于选曹，则安能镇方隅之重，理财赋之殷乎！"既济，吴人也。

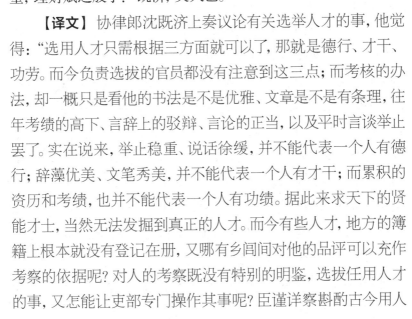

【译文】协律郎沈既济上奏议论有关选举人才的事，他觉得："选用人才只需根据三方面就可以了，那就是德行、才干、功劳。而今负责选拔的官员都没有注意到这三点；而考核的办法，却一概只是看他的书法是不是优雅、文章是不是有条理，往年考绩的高下、言辞上的驳辩、言论的正当，以及平时言谈举止罢了。实在说来，举止稳重、说话徐缓，并不能代表一个人有德行；辞藻优美、文笔秀美，并不能代表一个人有才干；而累积的资历和考绩，也并不能代表一个人有功绩。据此来求天下的贤能才士，当然无法发掘到真正的人才。而今有些人才，地方的簿籍上根本就没有登记在册，又哪有乡间间对他的品评可以充作考察的依据呢？对人的考察既没有特别的明鉴，选拔任用人才的事，又怎能让吏部专门操作其事呢？臣谨详察斟酌古今用人的方式，而觉得五品以上及诸司的长官，理应责令宰相荐举叙用，吏部跟兵部可以参与决议。那些六品以下或幕僚辅佐之类的人员，当准由州、府自征召聘用，假如哪个州牧、郡守，或是将帅有选用不公平的情况，那么吏部、兵部都可以根据事实来告发他。惩罚那些徇私滥用在推举上弄虚作假的人，小的则谴谪黜免，大的则依法正刑。授予官职，要求成效，还有哪一个人敢不勉力从事？如果能够这样，那么贤能才士无须奖励而自求进身，不贤的小人也无须抑制而自制退却，这样便可以得到各种人才，政务自然也就没有什么办不好的了。而现在所用的铨选方式，人才的选取全靠吏部，由州郡授职试用，如果才职不相称，滥加委用一些无法胜任的人担任官职，责备刺史，刺史就辩说他所任命的官员是吏部选官选拔派遣的，不敢不用；责备侍郎，侍郎就会辩说是通过考核他的书法文章、资历考绩而授予官职的，但不能保证他日后会如何如何啊；责备令史，他们又会辩称是根据公文调遣行事，其他的一无所知啊。黎民白白遭受其害，那么谁该来为这些过失承担责任呢？如果是州牧、郡守由自行任用，那么又如何推卸责任而逃避罪责呢？如果证实是州牧、郡守徇私滥用，那么只需调换一个刺史便可以将这弊害革除掉了。如果是吏部滥加选拔派遣，即便是更换侍郎也无济于事啊。事实上人才济济，朝廷都无法做到量才适用，全是由于法令致使这样的，而并非主事官员的过失啊。如果现在各道节度、都团练、观察、租庸等使，从判官、副将往下，都让他们自行选用，纵然其间或许会有徇私之事，然而大体说来，十个人中间，至少能有七个人可将选才任用的事情办得很好。征辟官吏的方式，现今已经试行，只不过还没有在州县普及开来而已。孰利孰害，其中的道理，显而易见。先前的诸使以及僚属辅佐人员，假如都是身受派遣于吏部选官的话，那么又怎么会肩负起镇守一方的重任，处理征收财赋的繁杂工作呢？"沈既济，是吴县人。

初，衡州刺史曹王皋有治行，湖南观察使辛京杲疾之，陷以法，贬潮州刺史。时杨炎在道州，知其直，及入相，复擢为衡州刺史。始，皋之遭诬在治，念太妃老，将惊而戚，出则囚服就辨，入则拥笏垂鱼，即贬于潮，以迁入贺；及是，然后跪谢告实。皋，明之玄孙也。

朔方、邠宁节度使李怀光既代郭子仪，邠府宿将史抗、温儒雅、庞仙鹤、张献明、李光逸功名素出怀光右，皆怏怏不服。怀光发兵防秋，屯长武城，军期进退，不时应令。监军翟文秀劝怀光奏令宿卫，怀光遣之，既离营，使人追捕，诬以它罪，且曰："黄贲之败，职尔之由！"尽杀之。

【译文】起初，衡州刺史曹王李皋在治绩上颇有表现，湖南观察使辛京杲十分忌恨他，做了个圈套陷害他做出了违法之事，而被贬为潮州刺史。当时杨炎在道州，知道皋做人正直，等到杨炎入朝为相，又升迁他担任衡州刺史。刚开始，皋受诬陷被狱吏审案调查之时，念及母亲太妃郑氏年老，一旦获悉此事，必定会受惊而为他忧虑伤心，因此出庭之时穿着囚服申辩，回家时就把囚服换掉，手持笏板，身佩金鱼袋，与平时一样。即使被贬为潮州刺史，回到家中还向他母亲报喜说自己被升迁了；直到现在，再次官复原职之后，才跪在母亲面前把实情说出，向母亲道歉。李皋，是太宗的儿子曹王李明的玄孙。

朔方、邠宁节度使李怀光接任了郭子仪的职权之后，邠军中的老将史抗、温儒雅、庞仙鹤、张献明、李光逸等人，功业名望向来在怀光之上，都怏怏于心而不服气。怀光派遣士兵戍边防秋,在长武城驻屯,调集军队,行军进退,这批老将常没有依令行事。监军翟文秀劝怀光上奏请求下诏将他们调为宿卫,等他们奉诏离开营地之后,怀光便遣人追上去将他们逮捕起来,捏造了个罪名,而且说:"黄贲战败,主要就由于有你们这批家伙的存在。"而全都杀死了他们。

九月,甲戌,改淮西为淮宁。

西川节度使、同平章事崔宁,在蜀十馀年,恃地险兵强,恣为淫侈,朝廷患之而不能易。至是,入朝,加司空,兼山陵使。

南诏王阁罗凤卒,子凤迦异前死,孙异牟寻立。冬,十月,丁酉朔,吐蕃与南诏合兵十万,三道入寇,一出茂州,一出扶、文,一出黎、雅,曰:"吾欲取蜀以为东府。"崔宁在京师,所留诸将不能御,虏连陷州、县,刺史弃城走,士民窜匿山谷。上忧之,趣宁归镇。宁已辞,杨炎言于上曰:"蜀地富饶,宁据有之,朝廷失其外府,十四年矣。宁虽入朝,全师尚守其后,贡赋不入,与无蜀同。且宁本与诸将等夷,因乱得位,威令不行。今虽遣之,必恐无功;若其有功,则义不可夺。是蜀地败固失之,胜亦不得也。愿陛下熟察。"上曰:"然则奈何?"对曰:"请留宁,发朱泚所领范阳戍兵数千人,杂禁兵往击之,何忧不克!因而得内亲兵于其腹中,蜀将必不敢动,然后更授他帅,使千里沃壤复为国有,是因小害而收大利也。"上曰:"善。"遂留宁。

【译文】九月,甲戌日(初七),改称淮西为淮宁。

西川节度使、同平章事崔宁,十多年在蜀地,凭借着蜀方地势险要、兵力强大、骄奢淫逸、为所欲为,朝廷虽然觉得他是个祸患,却无法更换他的职位;直到如今,崔宁才入朝,而晋封他担任司空,兼任山陵使。

资治通鉴

南诏王阁罗凤去世，他的儿子凤迦异已经先他过世，因此由他的孙子异牟寻即位。冬季，十月，丁酉朔日（初一），吐蕃和南诏联合十万大军，分兵三路侵犯，一路出侵茂州，一路出侵扶州、文州，一路出侵黎州、雅州，声言："我们要取得蜀地以当作东方的府藏。"崔宁当时在京师，留守的将领抵抗不了，虏骑接连攻克州、县，敌兵所到之处，刺史齐城仓皇而逃，士民逃窜藏匿到山谷中去。唐德宗忧心忡忡，催着崔宁回蜀镇守，崔宁已经向唐德宗辞行过了，杨炎却上禀唐德宗说："蜀地富饶，崔宁据有该地，朝廷失去这所京外的府库，已经长达十四年。崔宁而今尽管是入朝了，然而他所有的师旅依然在替他把守着那地方，不把贡赋上缴给朝廷，有蜀与无蜀几乎没什么两样。况且崔宁的地位本和其他将领等齐，因为叛乱而得到高位，不接受朝廷的使令。而今即便遣回了他，恐怕他也无力退敌立功；倘若他能将敌军击退而树立功勋，那么按理也不能把他那个地方夺取。因此蜀方战败，我们固然会失去了那块地方，即使取胜，我们也不可能得那块土地。希望陛下对此深察明鉴。"唐德宗说："既然如此那该如何呢？"杨炎回答道："请留下崔宁，而派遣朱泚所指挥的数千名范阳军，连同禁兵前去击敌，还怕无法取胜吗？同时还可借以把亲信的禁兵放置于蜀方的腹地内，蜀方将领一定不敢轻举妄动，然后改派一员将师镇守蜀地，而使得千里广阔的肥沃地区重归国有，岂不是因小祸而获大利吗？"唐德宗听完说了声："好！"于是将崔宁留了下来。

初，马璘忌泾原都知兵马使李晟功名，遣入宿卫，为右神策都将。上发禁兵四千人，使晟将之，发邠、陇、范阳兵五千，使金吾大将军安邑曲环将之，以救蜀。东川出军，自江油趣白坝，与山南兵合击吐蕃、南诏，破之。范阳兵追及于七盘，又破之，遂克维、茂二州。李晟追击于大度河外，又破之。吐蕃、南诏饥寒陨于崖谷死者八九万人。吐蕃悔怒，杀诱导使之来者。异牟寻惧，筑苴咩城，延袤十五里，徙居之。吐蕃封之为日东王。

上用法严，百官震悚。以山陵近，禁人屠宰；郭子仪之隶人潜杀羊，载以入城，右金吾将军裴谞奏之。或谓谞曰："郭公有社稷大功，君独不为之地乎？"谞曰："此乃吾所以为之地也。郭公勋高望重，上新即位，以为群臣附之者众，吾故发其小过，以明郭公威权不足畏也。如此，上尊天子，下安大臣，不亦可乎！"

【译文】起初，因为马璘忌恨泾原都知兵马使李晟的功高望重，而派遣他入宫宿卫，担任右神策都将。唐德宗派遣四千名禁兵，令李晟带领，并另外派遣邠、陇、范阳各军士兵五千人，命令金吾大将军安邑人曲环带领，前往解救蜀方。同时命令东川发兵，从江油向白坝挺进，和山南军队联合攻击吐蕃、南诏，而击退了敌人。范阳军追击到七盘，又再一次将敌人击败，于是把维、茂二州收复了。李晟则率领军队追击到大渡河外，也又一次打了胜仗。吐蕃、南诏军士饱受饥寒交迫之苦，有八九万人坠入崖谷死亡。吐蕃很懊悔，一怒之下杀死了引诱他们来此的向导。异牟寻大为恐惧，退到苴咩城，加强防御工事，城垣周长十五里，而迁居来此。吐蕃封他做日东王。

唐德宗严刑峻法，百官深感震惧。由于皇陵距离京师很近，因此禁止屠宰；郭子仪的童仆偷偷杀了一只羊，载入京城，右金吾将军裴谞将此事上表奏报给唐德宗。就有人对裴谞说："郭公对朝廷有安邦大功，难道你就不给他留点余地吗？"裴谞回答说："我这样做，正是借以替他留下余地啊。郭公功高望重，唐德宗即位的时间也不长，而以为群臣中有许多是附从他的，因此我故意揭发他细小的过错，以证明郭公的权势并不足够令人震慑啊。如此一来，对上既能表示了大家对天子的尊敬，也可打消了皇上内心对臣下的猜忌，而让大臣的权位安稳下来，不也是应该这样做的吗？"

己酉，葬睿文孝武皇帝于元陵；庙号代宗。将发引，上送之，见辒辌车不当驰道，稍指丁未之间，问其故，有司对曰："陛下本命在午，不敢冲也。"上哭曰："安有枉灵驾而谋身利乎！"命改辕直午而行。肃宗、代宗皆喜阴阳鬼神，事无大小，必谋之卜祝，故王屿、黎干以左道得进。上雅不之信，山陵但取七月之期，事集而发，不复择日。

【译文】己酉日（十三日），在元陵埋葬睿文孝武皇帝；庙号代宗。将要发引之时，唐德宗送丧，远远地看见丧车不是正对驰道当中，而是稍稍偏向西边，便问这是什么缘故。主事的官员回答说："陛下本命在午，不敢冲犯啊。"唐德宗哭着说："哪有让灵驾枉道而只顾自身利益的呢？"由此下令将丧车对直子午方位，在驰道正中行驶。唐肃宗、唐代宗都相信阴阳鬼神，无论事大事小，都一定要先行求神问卜，因此王屿、黎干都借助这一旁门左道而谋得官职。唐德宗很不相信这套，只是按照礼制规定，在七月中出殡，诸事齐备妥当了就发引，而不再另行挑选所谓的吉日。

十一月，丁丑，以晋州刺史韩滉为苏州刺史、浙江东、西观察使。

乔琳衰老耳聩，上或时访问，应对失次，所谋议复疏阔。壬午，以琳为工部尚书，罢政事。上由是疏张涉。

杨炎既留崔宁,二人由是交恶。炎托以北边须大臣镇抚,癸巳,以京畿观察使崔宁为单于、镇北大都护、朔方节度使,镇坊州。以荆南节度使张延赏为西川节度使。又以灵盐节度都虞候醴泉杜希全知灵、盐州留后;代州刺史张光晟知单于、振武等城、绥、银、麟、胜州留后;延州刺史李建徽知鄜、坊、丹州留后。时宁既出镇,不当更置留后,炎欲夺宁权,且窥其所为,令三人皆得自奏事,仍讽之使伺宁过失。

【译文】十一月,丁丑日(十一日),派遣晋州刺史韩滉担任苏州刺史、浙江东西观察使。

乔琳年已经年纪老迈,体衰耳聋,有时候唐德宗有事垂询,应对之时,语无伦次,谋议又多疏阔而不切实际。壬午日(十六日),调遣乔琳担任工部尚书,罢除他处理朝廷政务的大权。唐德宗因此而疏远张涉。

杨炎既把崔宁留在京师,由此两人产生仇隙。杨炎以北边必须派遣大臣镇守安抚为由,癸巳日(二十七日),因而派遣京畿观察使崔宁担任单于镇北大都护、朔方节度使,坐镇于坊州。而派遣荆南节度使张延赏担任西川节度使。又派遣灵盐节度使都虞候醴泉人杜希全主理灵州、盐州留后职务;代州刺史张光晟主理单于、振武等城及绥、银、麟、胜州留后职务;延州刺史李建徽主理鄜、坊、丹州留后职务。当时崔宁已经出京到达他守卫的任所,原本不应当再设置留后,杨炎此举是想要将崔宁的权势剥夺,而且监视他的一举一动,同时还给这三个人授权让他们都可以自行直接给朝廷奏事,并且暗示他们窥伺崔宁言行的过失。

十二月,乙卯,立宣王诵为皇太子。

旧制，天下金帛皆贮于左藏，太府四时上其数，比部覆其出入。及第五琦为度支、盐铁使，时京师多豪将，求取无节，琦不能制，乃奏尽贮于大盈内库，使宦官掌之，天子亦以取给为便，故久不出。由是以天下公赋为人君私藏，有司不复得窥其多少，校其赢缩，殆二十年。宦官领其事者三百馀员，皆蚕食其中，蟠结根据，牢不可动。杨炎顿首于上前曰："财赋者，国之大本，生民之命，重轻安危，靡不由之，是以前世皆使重臣掌其事，犹或耗乱不集。今独使中人出入盈虚，大臣皆不得知，政之蠹敝，莫甚于此。请出之以归有司。度宫中岁用几何，量数奉入，不敢有乏。如此，然后可以为政。"上即日下诏："凡财赋皆归左藏，一用旧式，岁于数中择精好者三、五千匹，进入大盈。"炎以片言移人主意，议者称之。

【译文】 十二月，乙卯日（十九日），把宣王李诵立为皇太子。

先前的法制规定，天下的财赋都在皇家左藏中贮存，由太府四时上报贮存数量，而由比部复核其支出及收入。等到第五琦担任了度支、盐铁使之后，由于当时京师中有许多有权势的大将毫无节制地索取钱财，第五琦无法制止，于是上奏请求全部贮藏在大盈内库，令由宦官掌管全部相关事宜，天子也因取用供应比较方便，因此长久都没由内库移出。由此如同将天下的公赋视为人君的私藏，主管大臣都无法窥知库帑财物的多少，考校公款是盈余还是不足，前前后后几乎长达二十年。而主管此事的宦官有三百多人，都不停地从中贪污取利，相互勾结，彼此之间祖护地把持着，根深蒂固，牢不可拔。杨炎叩首向唐德宗禀告说："财赋，是立国的根本，黎民百姓靠着他过活。社稷的轻重安危全看财赋的多寡而定，因此前代都是将此事交给国家大臣来掌管，尚且免不了有所损耗以及账目不清的情况。唯独现在却让宦官主管收支，核计赢缩，朝中大臣却反倒毫不知情，政治的弊害，再没有比这更严重的了。因此请移交财赋大权出来，仍旧归大臣主管。计算一下宫中每年所需开销的多少，让他们如数奉上纳入内库，我想他们绝对不敢让宫中花销用度出现不足的。如此一来，然后才能推行政务。"唐德宗当天下诏："全部的财富重新归于左藏，一切按照旧法行事，每年从中选出上好的帛三五千匹，送入大盈内库。"杨炎简短的几句话就能使人君的主意改变；说到此事，无人不对他大加称赞。

资治通鉴

丙寅晦，日有食之。

湖南贼帅王国良阻山为盗，上遣都官员外郎关播招抚之。辞行，上问以为政之要，对曰："为政之本，必求有道贤人与之为理。"上曰："朕比以下诏求贤，又遣使臣广加搜访，庶几可以为理乎！"对曰："下诏所求及使者所荐，惟得文词干进之士耳，安有有道贤人肯随牒举选乎！"上悦。

崔祐甫有疾，上令肩舆入中书，或休假在第，大事令中使咨决。

【译文】丙寅晦日（三十日），日食。

湖南贼将王国良凭借险要的山势，公然做起盗贼，唐德宗派遣都官员外郎关播去招降安抚。辞行之时，唐德宗问他觉得为政的要务是什么，他回答说："为政的根本要务，必定得要有道贤才辅佐天下。"唐德宗说："朕最近已经降下诏书征求贤士，又派遣使臣到各地去广泛寻访察问，如此做法，或许能够使得天下治平了吧！"关播说："下诏所征求的和使臣所举荐的，恐怕只能提到一些借文词谋求官职的人而已，哪有有道贤士肯只凭着一道州县文书，就接受推举的呢？"唐德宗听了，觉得他十分有见解，很是高兴。

崔祐甫生病之时，唐德宗有时都会派遣一台二人便轿将他抬进中书省来议事，或是当他在家休养时，遇有大事，就派遣一名宦官使臣去问他的意见，问他认为应该如何解决。

【乾隆御批】 得贤佐理，自是为政之要，文词干进，诚无足取。然必如何而足当有道之目？播初无所指陈，且播固非有特立独行之概者，因卢杞荐而得相，杞一语斥责，即不敢复言，其人品可知。则其所称道亦不过托之空言而已。

【译文】 国君得到贤人辅佐，自然是施政的根本，凭着文词追求仕禄的人，实在不可取。然而必须怎样做才能成为有道明君？关播当初没有指出来，而且关播本来就不是一个独立独行的人，他由卢杞推荐而得相位，当他受到卢杞斥责时，便不敢再说，关播的人品可想而知。那么他所称道的也不过是一些空话罢了。

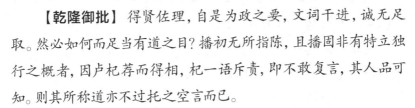

唐德宗神武孝文皇帝一

建中元年（庚申，公元七八〇年）春，正月，丁卯朔，改元。群臣上尊号曰圣神文武皇帝；赦天下。始用杨炎议，命黜陟使与观察使、刺史"约百姓丁产，定等级，作两税法。比来新旧征科色目，一切罢之；二税外辄率一钱者，以枉法论。"

唐初，赋敛之法曰租、庸、调，有田则有租，有身则有庸，有户则有调。玄宗之末，版籍浸坏，多非其实。及至德兵起，所在赋敛，迫趣取办，无复常准。赋敛之司增数而莫相统摄，各随意增科，自立色目，新故相仍，不知纪极。民富者丁多，率为官、为僧以免课役，而贫者丁多，无所伏匿，故上户优而下户劳。吏因缘蚕食，民旬输月送，不胜困弊，率皆逃徙为浮户，其土著百无四五。至是，炎建议作两税法，先计州县每岁所应费用及上供之数而赋于人，量出以制入，户无主、客，以见居为簿；人无丁、中，以贫富为差；为行商者，在所州县税三十之一，使与居者均，无侥利。居人之税，秋、夏两征之。其租、庸、调杂徭悉省，皆总统于度支。上用其言，因赦令行之。

【译文】建中元年（庚申，公元780年）春季，正月，丁卯朔日（初一），改年号为建中。群臣上尊称为圣神文武皇帝；大赦天下。采纳杨炎的建议："命令黜陟使和观察使、刺史统计百姓人口田产，制定等级，改行两税法。近些年新旧各类名目的税收，一概取消；二税以外如果再征敛一文钱，全都按照枉法论罪。"

唐代初年，赋敛的方式分租、庸、调三种，有田产就要缴纳租税，有一个人就要缴纳一个人的庸税，有一户就要缴纳一户的调税。玄宗末年，户口簿籍逐渐遭到损坏，记载也多和实际不相符合了。等到战事在至德年间兴起，各地的赋税，压迫着立即催收，而不再像先前有一定的标准了。负责征收赋税的官员一再增加，但是朝廷却不能统辖管理，以至于各自随意增加赋税的种类，巧设名目，苛捐杂税连续不断地订出，几乎没有个终了之时似的。百姓富裕的人家人口多的，大多数不是当了官，就是做了和尚，来躲避缴税服役，而贫苦人家人口多的话，就无处藏身了，以致富家生活优逸而贫户饱受劳困。税吏则趁机贪赃剥削，租赋十天半月就要缴纳一次，百姓不能承受这样的困苦，大抵都逃亡而成为流动户口，在本乡本土定居的，还没有百分之四五。直到如今，杨炎建议制定两税法：先计算州县每年所需费用及供应天子所需的数目，而后向人民征收赋税，度量所需的支出以制定赋税收入的标准，户口不管是定居本土的还是流动的，按照现居人数登簿入籍，人口无论是大口、中口，只根据贫富来区分；行商各地的，在所在的州县内缴纳三十分之一的盈利税，使定居和流动在外的人都没有侥幸漏税的利益可图；居户的赋税，分秋季、夏季两次征收。其他租、庸、调、杂役等全部免除，全权责成度支总领其事。唐德宗接受了杨炎的这项建议，由此将百姓先前还没缴清的诸税予以赦免，下令实施两税法。

初，左仆射刘晏为吏部尚书，杨炎为侍郎，不相悦。元载之死，晏有力焉。及上即位，晏久典利权，众颇疾之，多上言转运使可罢；又有风言晏尝密表劝代宗立独孤妃为皇后者。杨炎为宰相，欲为元载报仇，因为上流涕言：“晏与黎幹、刘忠翼同谋，臣为宰相不能讨，罪当万死！”崔祐甫言：“兹事暧昧，陛下已旷然大赦，不当复究寻虚语。”炎乃建言：“尚书省，国政之本，比置诸使，分夺其权，今宜复旧。”上从之。甲子，诏天下钱谷皆归金部、仓部，罢晏转运、租庸、青苗、盐铁等使。

二月，丙申朔，命黜陟使十一人分巡天下。先是，魏博节度使田悦事朝廷犹恭顺，河北黜陟使洪经纶，不晓时务，闻悦军七万人，符下，罢其四万，令还农。悦阳顺命，如符罢之。既而集应罢者，激怒之曰：“汝曹久在军中，有父母妻子，今一旦为黜陟使所罢，将何资以自衣食乎！”众大哭。悦乃出家财以赐之，使各还部伍。于是，军士皆德悦而怨朝廷。

【译文】起初，左仆射刘晏担任吏部尚书，杨炎担任侍郎时，二人相处不融洽。元载被处死，刘晏曾经为此事出过力。等到唐德宗即位，刘晏长期掌管财务，大家对他心怀忌恨，许多人都曾经给唐德宗上表奏章，认为应当撤销转运使的编制；还有谣言说刘晏曾经暗中上表奏章劝唐代宗将独孤妃册立做皇后。杨炎担任了宰相之后，想要为元载报仇，因此流着眼泪对唐德宗说："刘晏和黎幹、刘忠翼一起谋划造反，臣身为宰相却不能讨伐他们，真是罪该万死。"崔祐甫说："这事究竟如何，真相不明，陛下既早就宽大为怀予以赦免，便不能再因流言而不停追究。"杨炎于是又建议说："尚书省是政令推行的最高机构，最近设立诸使，而将尚书省的权柄分夺，所有大权实在应该重新归于尚书省才是。"唐德宗接受了他的建言。甲子日（正月无此日），下达诏令让天下所有钱财粮食全部归于金部、仓部掌管，撤免刘晏转运、租庸、青苗、盐铁等使之职。

二月，丙申朔日（初一），派遣黜陟使十一人分别巡视天下。在此之前，魏博节度使田悦侍奉朝廷还算是很恭顺，河北黜陟使洪经纶，不通晓时务，听闻田悦有七万多名士卒，由此下了一道符命，裁减四万，让他们返回老家去耕种。田悦表面上顺从，是依令遵从命令裁减了。然而后来又把所有被裁减的士卒集合起来了，挑衅击怒他们说："你们长期置身于军旅之中，上有父母，下有妻儿，如今一旦被黜陟使裁汰，以后靠什么过活呢？"众人号啕大哭。田悦于是将自家的钱财拿出来赐给他们，让他们各自归队。由此军士们都对田悦感恩戴德而对朝廷怨恨在心。

崔祐甫以疾，多不视事。杨炎独任大政，专以复恩仇为事，奏用元载遗策城原州，又欲发两京、关内丁夫浚丰州陵阳渠，以兴屯田。上遣中使诣泾原节度使段秀实，访以利害，秀实以为："今边备尚虚，未宜兴事以召寇。"炎怒，以为沮己，征秀实为司农卿。丁未，邠宁节度使李怀光兼四镇、北庭行营、泾原节度使，使移军原州，以四镇、北庭留后刘文喜为别驾。京兆尹严郢奏："案朔方五城，旧屯沃饶之地，自丧乱以来，人功不及，因致荒废，十不耕一。若力可垦辟，不俟浚渠。今发两京、关辅人于丰州浚渠营田，计所得不补所费，而关辅之人不免流散，是虚畿甸而无益军储也。"疏奏，不报。既而陵阳渠竟不成，弃之。

上用杨炎之言，托以奏事不实，己酉，贬刘晏为忠州刺史。

【译文】 崔祐甫疾病缠身，多半不大管事；由此杨炎大权独揽，专做些为个人报恩复仇之事，奏请采用元载之前的策划，把原州城修复，又想要发派两京、关内的壮丁把丰州的陵阳渠疏通，以便兴办屯田事务。唐德宗派遣一个宦官担任使臣去见泾原节度使段秀实，询问这样的做法是有利，还是不利。段秀实觉得："而今边防兵力空虚，此时此刻，实在是不宜兴办屯田之事，调用士兵去开垦耕作，而招来敌人侵犯。"杨炎勃然大怒，以为这是有意在败坏他，由此将段秀实调职担任司农卿。丁未日（十二日），委令邠宁节度使李怀光兼任四镇、北庭行营、泾原节度使，并命令他将部队调往原州，而改任四镇、北庭留后刘文喜担任别驾。京兆尹严郢上表奏疏说："事实上，朔方五城所屯垦的原本是一片肥沃土地，自打丧乱之后，人力不足，以至于荒废，耕种的田地还没有十分之一，假如有足够的人力加以开垦，根本不需要等到疏通渠道，引水灌溉。

今日如果发派两京、关辅的人工去丰州通渠耕田，合计下来，实在得不偿失，而关辅的百姓难免会四散逃亡。这种做法，不但使得关辅畿内田地荒废歉收，而且对军队的粮储也没有益处啊。"这篇奏疏，被杨炎压置下来而没有向上禀报。后来疏通陵阳渠的工程，直到最后都未能完成，就这样半途而废了。

唐德宗听信了杨炎的话，借着奏事不符合实际的罪名，己酉日（十四日），贬刘晏做忠州刺史。

癸丑，以泽潞留后李抱真为节度使。

杨炎欲城原州以复秦、原，命李怀光居前督作，朱泚、崔宁各将万人翼其后。诏下泾州为城具，泾之将士怒曰："吾属为国家西门之屏，十馀年矣。始居邠州，甫营耕桑，有地著之安。徙屯泾州，披荆榛，立军府；坐席未暖，又投之塞外。吾属何罪而至此乎！"李怀光始为邠宁帅，即诛温儒雅等，军令严峻。及兼泾原，诸将皆惧，曰："彼五将何罪而为戮？今又来此，吾属能无忧乎！"刘文喜因众心不安，据泾州，不受诏，上疏复求段秀实为帅，不则朱泚。癸亥，以朱泚兼四镇、北庭行军、泾原节度使，代怀光。

【译文】癸丑日（十八日），派遣泽潞留后李抱真担任节度使。

杨炎想要修筑原州城来恢复原来的秦州、原州，而派遣李怀光在前面督导工程的进行，朱泚、崔宁各率士卒万人辅翼在后。唐德宗下达诏令泾州负责供应筑城器材，泾州将士愤怒地说："我们充当国家西方门户的屏障，已经有十几个年头了。最初在邠州驻守，刚刚从事耕桑之时，颇有可以在一地久居的感觉。之后又调防泾州，披荆斩棘，扎下了军营，凳子还未坐热，又将我们投置于塞外而不顾。我们到底是犯了什么罪，该承受这些困苦劳顿？"李怀光刚刚接任邠宁元帅职务之时，就杀掉了温儒雅等老将，军令严厉；等到他兼管泾原之时，所有的将领都十分畏惧，相互说道："那五位老将到底是犯下什么样的大罪竟然杀死他们，现在又来到了我们这里，我们能不忧虑吗？"刘文喜趁着这人心惶惶不安之机，仗着据有泾州，而没有接受下达的诏令，上疏要求再次派遣段秀实回来担任统帅，不然就派遣朱泚前来出任。癸亥日（二十八日），朝廷只得改派朱泚兼任四镇、北庭行营、泾原节度使，代替李怀光。

三月，翰林学士、左散骑常侍张涉受前湖南观察使辛京杲金，事觉；上怒，欲置于法。时李忠臣以检校司空、同平章事、奉朝请，言于上曰："陛下贵为天子，而先生以乏财犯法，以臣愚观之，非先生之过也。"上意解，辛未，放涉归田里。辛京杲以私忿杖杀部曲，有司奏京杲罪当死，上将从之。李忠臣曰："京杲当死久矣！"上问其故。忠臣曰："京杲诸父兄弟皆战死，独京杲至今尚存，臣故以为当死久矣。"上悯然，左迁京杲诸王傅。忠臣乘机救人，多此类。

杨炎罢度支、转运使，命金部、仓部代之。既而省职久废，耳目不相接，莫能振举，天下钱谷无所总领。癸巳，复以谏议大夫韩洄为户部侍郎、判度支，以金部郎中万年杜佑权江、淮水陆转运使，皆如旧制。

【译文】 三月，翰林学士、左散骑常侍张涉收受了前湖南观察使辛京杲的贿赂，事发之后，唐德宗震怒，想要依法惩治。李忠臣以检校司空、同平章事、奉朝请的身份，对唐德宗说："陛下贵为天子，而先生却由于家境困窘，缺乏日用触犯法令，依臣之愚见，觉得这并非先生的过错啊。"唐德宗这才打消了怒意，辛未日（初六），把张涉放回乡里，只给他撤职的处分而已。辛京杲由于个人一时的愤怒而把一个家仆打死，主事官吏上奏报告依照律法辛京杲应该被判处死刑，唐德宗正等着按律下诏，李忠臣说："辛京杲早就该死了！"唐德宗问他为什么，李忠臣回答说："辛京杲的叔伯、兄弟全部都战死了，唯有他还活到今天,因此微臣觉得他早就该死了的。"唐德宗不禁悲由衷生,由此只贬辛京杲做诸王傅就算了。李忠臣趁机救人,大多都是用这种类似的方式。

杨炎既已将度支、转运使之职编制给撤销了,全部事务下令让令金部、仓部代理。后来又由于尚书省中的官吏很久都没有过问此事,因此业务生疏,彼此不能衔接得上,简直无法办事,以至于天下的银粮竟然像是没有一个总管机构似的。癸巳日(二十日),又再派遣谏议大夫韩洄担任户部侍郎、判度支,派遣金部郎中万年人杜佑兼江、淮水陆转运使,将原来的制度全部恢复。

刘文喜又不受诏,欲自邀旌节;夏,四月,乙未朔,据泾州叛,遣其子质于吐蕃以求援。上命朱泚、李怀光讨之,又命神策军使张巨济将禁兵二千助之。

吐蕃始闻韦伦归其俘,不之信,及俘入境,各还部落,称:"新天子出宫人,放禽兽,英威圣德,洽于中国。"吐蕃大悦,除道迎伦。赞普即发使随伦入贡,且致赗赠。癸卯,至京师,上礼接之。既而蜀将上言:"吐蕃豺狼,所获俘不可归。"上曰:"戎狄犯塞则击之,服则归之。击以示威,归以示信。威信不立,何以怀远!"悉命归之。

代宗之世,每元日、冬至、端午、生日,州府于常赋之外竞为贡献,贡献多者则悦之。武将、奸吏,缘此侵渔下民。癸丑,上生日,四方贡献皆不受。李正己、田悦各献缣三万匹,上悉归之度支以代租赋。

【译文】刘文喜又一次违抗诏令,想要自请旌节充当统帅;夏季,四月,乙未朔日(初一),以泾州作为据点造反叛变,而送他的儿子到吐蕃去做人质，以借求救助。唐德宗命令朱泚、李怀光前去讨伐他，又命令神策军兵马使张巨济带领二千名禁兵前去援助。

吐蕃刚一开始听到韦伦要将俘虏送回来的事，还不相信，等到俘虏入境，各自回到部落之后，声言："新天子将宫婢放回家园，把禽兽纵归山林，在他圣明威德的感召下，中国呈现出一片祥和之境。"吐蕃大喜，清除道路，恭迎韦伦，赞普随即派遣使臣跟从韦伦前来献贡，而且送上一份致唐代宗的赙仪。癸卯日（初九），到达京师；唐德宗接见来使给予礼遇。之后蜀方大将上言说："吐蕃是豺狼本性，不能把俘虏放回去。"唐德宗说："戎狄进犯边境就打击他，服顺了就该放他们回去。加以讨伐攻击是向他们示威，而放他们回去则是表示诚信。无法建立威信的话，又如何能怀柔远人呢？"同时还下令把囚禁在剑南的俘虏全部放回去。

在唐代宗时期，每逢初一、冬至、端午，或是皇帝的生日，各州府在缴纳固定的赋税之外，都争先恐后地上贡。谁进贡得多，就对谁的印象好。武将、奸吏，无人不拿四节进奉当作借口，趁机掠夺民财，鱼肉百姓。癸丑日（十九日），是唐德宗的生日，四方各地的贡献，全部没有接受。李正己、田悦每人进献细缣三万匹，唐德宗把它们全都交给了度支，用来抵免租赋的征收。

五月，戊辰，以韦伦为太常卿。乙酉，复遣伦使吐蕃。伦请上自为载书，与吐蕃盟。杨炎以为非敌，请与郭子仪辈为载书以闻，令上画可而已，从之。

朱泚等围刘文喜于泾州，杜其出入，而闭壁不与战，久之不拔。天方旱，征发馈运，内外骚然，朝臣上书请赦文喜以苏疲人者，不可胜纪。上皆不听，曰："微孽不除，何以令天下！"文喜使其将刘海宾入奏，海宾言于上曰："臣乃陛下藩邸部曲，岂肯附叛人，必为陛下枭其首以献。但文喜今所求者节而已，愿陛下姑与之，文喜必怠，则臣计得施矣。上曰："名器不可假人，尔能立效固善，我节不可得也。"使海宾归以告文喜，而攻之如初。减御膳以给军士，城中将士当受春服者，赐予如故。于是，众知上意不可移。时吐蕃方睦于唐，不为发兵，城中势穷。庚寅，海宾与诸将共杀文喜，传首，而原州竟不果城。

自上即位，李正己内不自安，遣参佐入奏事；会泾州捷奏至，上使观文喜之首而归。正己益惧。

【译文】 五月，戊辰日（初五），派遣韦伦做太常卿；乙酉日（二十二日），再次派遣他出使吐蕃。韦伦请求唐德宗亲自写下一篇盟书来和吐蕃结盟；杨炎觉得地位悬殊太大，不宜这样行事，而请由郭子仪之类的人，拟定写好之后，呈报上来，再由唐德宗认可就行了，唐德宗采纳了他的建议。

朱泚等人围困刘文喜于泾州城中，断绝他们的进出，可是文喜紧闭城门不出城应战，导致长时间都无法将城池攻克。正好遇上旱灾，还要征调徭役，输送粮饷，以给朱泚的将士发放，由此引发了内外的骚乱，朝廷大臣上书请求将刘文喜赦免，借以减少不计其数的疲困的军民，唐德宗一概不予理会，说："一个小小的孽臣都消灭不了，还拿什么号令天下！"刘文喜派遣他手下的大将刘海宾进京上表奏章，海宾对唐德宗说："臣本是陛下往日藩镇行营馆邸中的部属，又怎会愿意依附于叛逆罪臣，我一定替陛下把他的头颅砍下来敬献给您。然而刘文喜现在所要求的，只不过是个旌节罢了，希望陛下暂且就给了他，刘文喜必然会因此松懈下来，那么我的计策就能够得逞了。"唐德宗说：

"官爵名位、车服旌节,是不可以随随便便给人的,你能立功固然很好,可是刘文喜想要我赐给旌节,那是万万不可能的事。"唐德宗要刘海宾回去告知刘文喜,一面仍旧对刘文喜动兵讨伐。唐德宗缩减膳食费用来给将士发放津贴,城中应该发给春装的将士,也按照过去的惯例一样地赐予。于是,大家了解到唐德宗的心意是不可能改变的了。当时吐蕃刚刚开始和唐室建立友好关系,不愿派遣军队前去援助刘文喜,泾州城内势单力薄。庚寅日(二十七日),刘海宾与其他诸将联合起来将刘文喜杀了,将他的首级传送到京城去。由此重筑原州城的事,一直没有达成。

自唐德宗登基之后,李正己就忧心忡忡,派遣了一个随从僚佐人员进京奏事;正巧遇到泾州捷报传到,唐德宗给他看了刘文喜的人头,回去之后,李正己愈加恐惧。

六月,甲午朔,门下侍郎、同平章事崔祐甫薨。

术士桑道茂上言:"陛下不出数年,暂有离宫之厄。臣望奉天有天子气,宜高大其城以备非常。"辛丑,命京兆发丁夫数千,杂六军之士,筑奉天城。

初,回纥风俗朴厚,君臣之等不甚异,故众志专一,劲健无敌。及有功于唐,唐赐遗甚厚,登里可汗始自尊大,筑宫殿以居,妇人有粉黛文绣之饰。中国为之虚耗,而虏俗亦坏。及代宗崩,上遣中使梁文秀往告哀,登里骄不为礼。九姓胡附回纥者,说登里以中国富饶,今乘丧伐之,可有大利。登里从之,欲举国入寇。其相顿莫贺达干,登里之从父兄也,谏曰:"唐,大国也,无负于我,吾前年侵太原,获羊马数万,可谓大捷,而道远粮乏,比归,士卒多徒行者。今举国深入,万一不捷,将安归乎!"登里不听。顿莫贺乘人心之不欲南寇也，举兵击杀之，并九姓胡二千人，自立为合骨咄禄毗伽可汗，遣其臣聿达干与梁文秀俱入见，愿为藩臣，垂发不翦，以待册命。乙卯，命京兆少尹临漳源休册顿莫贺为武义成功可汗。

【译文】六月，甲午朔日（初一），门下侍郎、同平章事崔祐甫去世。

有个方技之士桑道茂对唐德宗说："陛下在最近数年里，有必须暂时离开皇宫的厄运。依臣观望，奉天有天子的气象，应当事先把奉天的城墙加高，以防备有什么意外的变故。"辛丑日（初八），命令京兆派遣出数千名壮丁役夫，连同六军兵士，增建奉天城。

起初，回纥风俗淳朴，君臣之间没有太过悬殊的等级差别，因而上下一心，力量强大，士卒勇健，所向无敌。直到安史之乱，有帮助唐室的功勋，唐室对他们的赏赐和馈赠，非常优厚，因此登里可汗便开始妄自尊大，筑造宫殿，用来供给妃妾居住，从此以后人人注重装饰打扮，讲究衣着的华丽；国中因此虚耗的财物不知有多少，而回纥的习俗也由此败坏。等到唐代宗驾崩以后，唐德宗派遣宦官使臣梁文秀前去报丧，登里姿态高傲，竟没做出任何礼貌上致哀的表示。九姓胡归附回纥的，便游说登里说唐朝物产丰富，趁现在正值国丧期间，发兵攻打，一定能够取得莫大的利益，登里听信了这话，便想动员全国大举入侵。回纥宰相顿莫贺达干，是登里的堂兄，劝说他道："唐，是个强盛的国家，并无任何对不起我们之处。我们前年侵袭太原，曾经缴获数万头羊马，能够说是打了一场大胜仗，但是由于路途遥远、粮食困乏，等到军队调回之时，士卒多半是徒步走回来的。今日动员全国，深入进攻，如果没能取胜，又将能退到哪里去呢？"

资治通鉴

登里没有听从他的劝告。顿莫贺便趁着人心不愿南侵之机，发动军队，击杀了登里以及九姓胡二千人，自立为合骨咄禄毗伽可汗，派遣他的臣子聿达干和梁文秀一同入京晋见天子，表示愿意归顺而担任藩臣，垂发不剪，听令于唐德宗的诏令。乙卯日（二十二日），命令京兆少尹临漳人源休册封顿莫贺为武义成功可汗。

【乾隆御批】 德宗因术士之说，筑城以备非常，其去梁武跣足下殿何异？是时唐室未至陵夷，诚控驭得宜，何至有播迁之患？道茂妄言祸福，明主所必诛。尹起莘乃以"盍若劝其亲贤"诸大事责之，岂非迂儒之见耶。

【译文】 唐德宗听信道术之士的说教，修筑奉天城防备非常事件发生，这跟梁武帝光着脚下殿有什么区别？当时唐王朝还未衰败，如果控制得当，何至于有迁徙流离的祸患？桑道茂妄言祸福，贤明的君主必定诛杀他。尹起莘才以"何不劝谏唐德宗亲近贤人"等大事去责备桑道茂，难道不是迂儒的见解吗？

秋，七月，丙寅，邵州贼帅王国良降。国良本湖南牙将，观察使辛京杲使戍武冈，以扞西原蛮。京杲贪暴，国良家富，京杲以死罪加之。国良惧，据县叛，与西原蛮合，聚众千人，侵掠州县，濒湖千里，咸被其害。诏荆、黔、洪、桂诸道合兵讨之，连年不能克。及曹王皋为湖南观察使，曰："驱疲甿之，诛反仄，非策之得者也。"乃遗国良书，言："将军非敢为逆，欲救死耳。我与将军俱为辛京杲所构，我已蒙圣朝湔洗，何心复加兵刃于将军乎！将军遇我，不速降，后悔无及！"国良且喜且惧，遣使乞降，犹疑未决。皋乃假为使者，从一骑，越五百里，抵国良壁，鞭其门，大呼曰："我曹王也，来受降！"举军大惊。国良趋出，迎拜请罪。皋执其手，约为兄弟，尽焚攻守之具，散其众，使还农。诏赦国良罪，赐名惟新。

【译文】秋季，七月，丙寅日（初四），邵州贼帅王国良投降。国良本是湖南军队里的一员副将，观察使辛京杲派遣他去守卫武冈县，以防御西原蛮。京杲贪婪横暴，国良家境富裕，京杲加了他个死罪；国良恐惧，由此据城叛变，和西原蛮联合，召集了上千人，侵夺州县，沿湖千里地方，都受到了危害。唐德宗下达诏令荆、黔、洪、桂诸道联合兵力去讨伐他，过了好几年都没能克服他。等到曹王李皋担任湖南观察使之时，他说："驱逐疲惫困窘的田民，诛杀意图不轨的人士，这并非良策上计啊！"于是给王国良去封信说："将军你并非敢于大胆地叛逆，而只不过是为了挽救自己的生命罢了。我和将军你都是被辛京杲所构陷，我已蒙圣恩洗脱了冤屈，怎忍心再用武力来对付你呢？将军遇上了我来到此地，如果不速速归降，一定会后悔不及。"国良接到信件，喜惧参半，想要派遣使者前去求降，还在举棋不定之时，曹王李皋伪装成使臣，只身匹马，途经五百里路程，到了国良营栅外，用马鞭敲击着营门，大声叫喊着说："我是曹王啊，前来接受投降的！"全营大惊。国良急忙跑了出来，迎拜告罪。曹王李皋拉着他的手，结成兄弟，把全部用作攻防的兵器烧掉了，还把所有的兵士遣散，让他们返回乡里务农。唐德宗颁布诏令将王国良的罪过赦免了，而且赐名惟新。

辛巳，遥尊上母沈氏为皇太后。

荆南节度使庾准希杨炎指，奏忠州刺史刘晏与朱泚书求营救，辞多怨望，又奏召补州兵，欲拒朝命，炎证成之。上密遣中使就忠州缢杀之，己丑，乃下诏赐死。天下冤之。

初，安、史之乱，数年间，天下户口什亡八九，州县多为藩镇所据，贡赋不入，朝廷府库耗竭，中国多故，戎狄每岁犯边，所在宿重兵，仰给县官，所费不赀，皆倚办于晏。晏初为转运使，独领陕东诸道，陕西皆度支领之，末年兼领，未几而罢。

【译文】辛巳日（十九日），遥尊皇母沈氏做皇太后。

荆南节度使庾准仰承杨炎的指示，上表奏章诬告忠州刺史刘晏致函朱泚请求营救，讲到了很多怨愤不平的话；又说他征募补充州兵，想要违抗朝廷命令。杨炎在旁边证明所奏的全都是事实。唐德宗便派遣出一个宦官担任使臣去到忠州用绳子勒死了他，己丑日（二十七日），又由此下诏赐死。天下人都为刘晏死得冤屈而叹息。

起初，安史之乱时，几年之内，天下户口近乎有十分之八九的人不是死亡，就是流徙他乡了的。州县多半被藩镇所割占，贡品、赋税都不向朝廷缴纳，国家府库中的财物也消耗殆尽，灾祸事故层出不穷，戎狄每年侵扰边疆的土地，戍守在边疆的大量军队，粮饷全都仰仗朝廷供给，所耗费的财物简直就计算不清，全都靠刘晏来筹办。刘晏刚刚担任转运使时，只管理陕东诸道，陕西一带则全部隶属于度支管辖，最后几年之中才交由刘晏兼管，然而没有多长时间就予以罢除和取消了。

晏有精力，多机智，变通有无，曲尽其妙。常以厚直募善走者，置递相望，觇报四方物价，虽远方，不数日皆达使司，食货轻重之权，悉制在掌握，国家获利而天下无甚贵甚贱之忧。常以为："办集众务，在于得人，故必择通敏、精悍、廉勤之士而用之；至于句检簿书、出纳钱谷，事虽至细，必委之士类；吏惟书符牒，不得轻出一言。"常言:"士陷赃贿,则沦弃于时,名重于利,故士多清修;吏虽洁廉,终无显荣,利重于名,故吏多贪污。"然惟晏能行之,它人效者终莫能逮。其属官虽居数千里外,奉教令如在目前,起居语言,无敢欺绐。当时权贵,或以亲故属之者,晏亦应之,使俸给多少,迁次缓速,皆如其志,然无得亲职事。其场院要剧之官,必尽一时之选。故晏没之后,掌财赋有声者,多晏之故吏也。

【译文】刘晏精力过人,又足智多谋,变通财货的有无,每每能够想到很多办法,做得恰到好处。他时常高薪招募一些健步如飞善于行走之人,广泛地放置于各地的消息传递站,前后相望,绵亘不绝,让他们负责侦察各地的物价,随时报告。即使是再遥远的距离,也用不了几天,就能把消息传送给运使司。食粮货物价格涨跌的大权,一切都在掌控之中。国家收获了很多利益,而天下也没有太过富有或贫穷的忧患。刘晏时常觉得:"想要做成任何一件事,都必须要求得合适的人才,因此一定要选用明晓事理、动作敏捷、精明强干、廉洁勤勉之人;至于簿册账目的核对稽查、银钱谷物的收支,那就必须委托士人办理;胥吏只能掌管文书的缮写,而不能随随便便加入任何意见。"也时常说:"士人一旦陷于收取赃物贿赂的恶名,也就把他的仕宦前图给断送了,对于他们来说,爵禄比眼前的小利更为重要,因而士人大多能够清廉自持;胥吏即便是清廉,也终究没有升迁的机会,在他们心中,必然是财利比爵禄要重要,因此胥吏多半难免会贪污腐化。"然而也唯有刘晏可以做得很好,别人模仿他的做法,却始终无法赶得上他。刘晏属下的官员,尽管在千里以外遥远地居住着,遵照他的教令行事,也好比是在眼前一样,日常生活、言谈举止,从来没有一个人敢于蒙骗他的。当时一些享有权势的达官贵人，或者有亲戚故旧托付刘晏安插职位的，刘晏也都答应，而且可以让俸给的多寡、升迁时间的快慢，一概如人所愿，可就是不让这些人亲自掌管职务。那些转运使属下的各要职，一定要选择当时最合适的人担任。因此刘晏死后，那些掌管财赋而享有声誉的，多半都是刘晏的旧部下。

晏又以为户口滋多，则赋税自广，故其理财常以养民为先。诸道各置知院官，每旬月，具州县雨雪丰歉之状白使司，丰则贵籴，歉则贱粜，或以谷易杂货供官用，及于丰处卖之。知院官始见不稔之端，先申，至某月须如干蠲免，某月须如干救助，及期，晏不俟州县申请，即奏行之，应民之急，未尝失时，不待其困弊、流亡、饿殍，然后赈之也。由是民得安其居业，户口蕃息。晏始为转运使，时天下见户不过二百万，其季年乃三百余万；在晏所统则增，非晏所统则不增也。其初财赋岁入不过四百万缗，季年乃千余万缗。

【译文】刘晏又觉得人口越多，那么赋税的收入自然也就会越多，因此他掌管财务，以爱民为先。在诸道中分别设置知院官，每隔十天一个月，便要将各州县下雨降雪、丰收或是歉收的情况详细地给转运使司报告。粮食丰收，就以高价买进，年岁不好，再低价卖出。或者是用粮食同民间交换各类物品，供应官府的需用，多余的物品就运到丰收地区出售。知院官刚刚看出禾谷难望成熟的征兆，就要事先给转运使司申报，说明某个月需要把一些租税免除掉，某个月则需要一些补助。到时候，刘晏不等州县申请，就上奏请求朝廷核准执行，解救民间的危急，从来没有错过适当之机，而不是等到人民困顿疲乏、四处流离、逃亡在外、饥饿而死，然后再去救济。所以人民能够安居乐业，人口繁衍增多。刘晏开始担任转运使时，当时天下的户籍记录尚未超过二百万户，最后的几年里竟达到了三百多万户；在刘晏统辖的境内，人口就增加，如果不是刘晏所统辖的地区，人口就不见增加。刚开始每年的财赋收入不超过四百万缗，末年居然达到了千余万缗。

晏专用榷盐法充军国之用。时自许、汝、郑、邓之西，皆食河东池盐，度支主之；汴、滑、唐、蔡之东，皆食海盐，晏主之。晏以为官多则民扰，故但于出盐之乡置盐官，收盐户所煮之盐转鬻于商人，任其所之，自馀州县不复置官。其江岭间去盐乡远者，转官盐于彼贮之。或商绝盐贵，则减价鬻之，谓之常平盐，官获其利而民不乏盐。其始江、淮盐利不过四十万缗，季年乃六百馀万缗，由是国用充足而民不困弊。其河东盐利，不过八十万缗，而价复贵于海盐。

【译文】刘晏采用食盐由官府专卖的办法，充分供应军队官府的费用。那时自许、汝、郑、邓州往西，吃的都是河东的池盐，由度支主管其事；自汴、滑、唐、蔡州往东，吃的都是海盐，由刘晏主管其事。刘晏觉得官员越多，人民受到的烦扰也就越多，因此只在产盐的区域设立盐官，收购盐户所煮成的晶盐转卖给盐商，任由他们再运到哪儿去出卖；其他不产盐的州县里，就不再设置官员。江岭一带与产盐区域相距遥远之地，就将官盐转运到那里去贮存起来。有时商贩把市场垄断，蓄意把盐价抬高，官盐就减低价格卖出，称作常平盐，官府同样可以获得利润而民间也不会食盐匮乏。刚开始，江、淮的盐利收入不过四十万缗，末年竟达到六百余万缗，因而国家有充足的财政用度而人民也不至于饱受贫穷苦难。然而河东盐利的收入才不过八十万缗而已，池盐售价反倒比海盐还要高。

先是，运关东谷入长安者，以河流湍悍，率一斛得八斗至者，则为成劳，受优赏。晏以为江、汴、河、渭，水力不同，各随便宜，造运船，教漕卒，江船达扬州，汴船达河阴，河船达渭口，渭船达太仓，其间缘水置仓，转相受给。自是每岁运谷或至百馀万斛，无斗升沉覆者。船十艘为一纲，使军将领之，十运无失，授优劳，官其人。数运之后，无不斑白者。晏于扬子置十场造船，每艘给钱千缗。或言"所用实不及半，虚费太多。"晏曰："不然，论大计者固不可惜小费，凡事必为永久之虑。今始置船场，执事者至多，当先使之私用无窘，则官物坚牢矣。若遽与之屑屑校计锱铢，安能久行乎！异日必有患吾所给多而减之者；减半以下犹可也，过此则不能运矣。"其后五十年，有司果减其半。及咸通中，有司计费而给之，无复羡馀，船益脆薄易坏，漕运遂废矣。

晏为人勤力，事无闲剧，必于一日中决之，不使留宿，后来言财利者皆莫能及之。

【译文】起初，主管把关东的米谷运输到长安，由于河流湍急，一般来说，要是一斛稻禾能运到八斗，就算是有成效，有功劳，便可以由此受到优厚的奖赏了。刘晏觉得江、汴、河、渭，水流缓急的程度各异，各自根据需要和方便，营造运船，教导水运工人，长江的运输船只通到扬州，汴水的运输船只通到河阴，黄河的运输船只通到渭口，渭口的运输船只通到太仓，并在沿途水岸设下粮仓，辗转收存和发放，从此每年运输米谷的数量，有时会高达一百多万斛，却没有一斗一升沉覆的。将每十艘运输船只编为一组，派遣军中将领负责领导，运输十次却不出任何差错，才算是绩优有功，给予提拔奖励。历经几次押运以后没有不因劳累，头发都花白了的。刘晏设置十所造船场于扬子县,付给每艘造价千缗。就有人说:"一艘船只的造价,实际上还用不到这个价钱的一半,付给加倍,浪费得太多了。"刘晏说:"其实不是这样,要说到远大的计划,本不应该吝啬一点点小钱,凡事都要从长计议。如今造船场才刚刚设置,有特别多的办事人员,应当先让他们私人的费用不感到困乏,那样所造出的官船才会坚实耐用。假如从一开始就在一些小钱上跟他们斤斤计较,又怎能寄望造出的官船可以使用的时间长呢?将来一定会有人嫌我付给造价太高而降低的;如果将价格降低一半以下,那还可以,如果价格降低一半以上的话,那么所造出的船只就经不起使用了。"在其后的五十年中,主管官员果然把一半的造价给降低了。直到咸通年中,主管官员竟然按照计算只付给造船的实际成本,让那些造船人员没有一丁点赚头,因此造出的船只,不但脆薄而且易坏,水运米谷的事务,由此就废弛不兴了。

刘晏做人勤勉努力,无论事缓事急,都一定要当天解决,而绝不会拖延到第二天。之后经理财政的人员无一人能比得过他。

【申涵煜评】 聚敛之臣,古今所恶。而理财重任,又实难其人。晏浼当军兴之际,长于供办,公私不扰,皆大有功于国,然晏为杨炎谗害赐死,浼因李泌保护,人相岂非所遇有幸有不幸哉。

【译文】 聚敛之臣,古今都为人所厌恶。而理财重任,又实在难得到合适的人。刘晏、韩浼在战事兴起的时候,善于处理供办事宜,公私不扰乱,两人都有大功于国家,但是刘晏为杨炎谗言害死,韩浼因为李泌保护得以保全,为人相难道不是遭遇有幸运和不幸运吗?

八月,甲午,振武留后张光晟杀回纥使者突董等九百馀人。

突董者，武义可汗之叔父也。代宗之世，九姓胡常冒回纥之名，杂居京师，殖货纵暴，与回纥共为公私之患。上即位，命突董尽帅其徒归国，辎重甚盛。至振武，留数月，厚求资给，日食肉千斤，他物称是，纵樵牧者暴践果稼，振武人苦之。光晟欲杀回纥，取其辎重，而畏其众强，未敢发。九姓胡闻其种族为新可汗所诛，多道亡，突董防之甚急。九姓胡不得亡，又不敢归，乃密献策于光晟，请杀回纥。光晟喜其党类自离，许之。上以陕州之辱，心恨回纥。光晟知上旨，乃奏称："回纥本种非多，所辅以强者，群胡耳。今闻其自相鱼肉，顿莫贺新立，移地健有孽子，及国相、梅录各拥兵数千人相攻，国未定。彼无财则不能使其众，陛下不乘此际除之，乃归其人，与之财，正所谓借寇兵赍盗粮者也。请杀之。"三奏，上不许。光晟乃使副将过其馆门，故不为礼；突董怒，执而鞭之数十。光晟勒兵掩击，并群胡尽杀之，聚为京观。独留二胡，使归国为证，曰："回纥鞭辱大将，且谋袭据振武，故先事诛之。"上征光晟为右金吾将军，遣中使王嘉祥征致信币。回纥请得专杀者以复仇，上为之贬光晟为睦王傅以慰其意。

【译文】八月，甲午日（初三），振武留后张光晟将回纥的使臣突董等九百多人杀掉了。突董，是武义可汗的叔父。在唐代宗时期，九姓胡常冒称是回纥，在京师杂居着，购置产业，肆意横行，而变成了唐室和回纥官家百姓共同的祸害；唐德宗即位后，命令突董带领这批人回国，他们拥有非常多的各式军中武器用品，到了振武，在那停留了好几个月，索要大量的粮食供给，每天要吃掉上千斤的肉类，其他物品的消费数量也和这相差无几，并且还放纵砍柴畜牧的手下，随意暴虐地践踏果蔬和庄稼，振武的百姓深以为苦。张光晟想要把回纥除掉，把他们的辎重夺走，可是又对他们人多势众心怀余悸，而没敢草率行动。九姓胡听说新可汗顿莫贺灭掉了他们的种族，大多都想在半路逃亡，然而突董防备得异常严密，胡人既无可逃之机，又不敢回去，于是便悄悄地给张光晟献上计策，请他除掉回纥。张光晟暗对这一伙人的自相离叛很是高兴，便答应了他们。唐德宗因为当日在陕州时所受到的屈辱，一直痛恨回纥；张光晟晓得唐德宗的心意，由此上表奏章说："回纥本种的人数并不多，协助他们而使他们强大的，不过是那群胡人罢了。听说他们现在正在自相残杀，顿莫贺刚刚继位不久，登里可汗移地健留有的一个孽子，以及回纥国相、梅录将军各自拥有数千人的军队而且相互之间攻伐不断，国内局势还没有稳定。他们没有钱财，群众便不会为他们所驱遣，陛下不趁着此时把他们消灭，而居然放回了他们的人，赏赐财物，如此行事，正是所谓的借兵器给盗贼啊。请让臣前去全部杀死他们。"三次上表奏章，唐德宗都没有应允。于是张光晟派遣一员副将，叫他经过客馆门前时，故意做出无礼的态度；突董果然中了计谋而火冒三丈，抓住这员副将，打了他好几十鞭。张光晟便拿这当作借口，趁他们没有防备之时率兵击杀，把他们连同所有的胡人都杀得干干净净，积尸成丘。只留下了一个胡人，叫他回国作证，说："回纥鞭辱唐室大将，而且阴谋偷袭占据振武，因而在事发之前被诛杀了。"唐德宗征用张光晟做了右金吾将军，从宫里派遣宦官王嘉祥担任使臣，前去给他赐赠符信以及财物。回纥请了一个专门暗杀的人来复仇，唐德宗因而贬张光晟为睦王傅，来安抚回纥心中的怨愤。

【乾隆御批】 董突奉朝命率众还部，使朝廷果善抚而禁驭

资治通鉴

之，岂能滋扰？光晟以九姓之谮，遂欲加诛。请而不从，复诱其犯法，掩杀殆尽。是宜明正其罪，而德宗不问。及回纥请复仇，方为之贬光晟。柔远之经，御下之法，德宗盖两失之。

【译文】 突董奉朝廷之命率领部属返回部落，假如朝廷真能安抚他们，并用法律禁止约束他们，他们哪能滋扰生事呢？张光晟仅凭九姓胡人的诬陷，就打算消灭他们。他的请求遭到拒绝，又引诱他们违反法律，导致最终被消灭殆尽。朝廷应该明确将张光晟治罪，但是唐德宗却不闻不问。等到回纥请求报仇，朝廷这才将张光晟贬黜。安抚远邦的经略，管理臣下的方法，唐德宗两方面都失去了。

丁未，加卢龙、陇右、泾原节度使朱泚兼中书令，卢龙、陇右节度如故。以舒王谟为四镇、北庭行军、泾原节度大使，以泾州牙前兵马使河中姚令言为留后。谟，邈之子也，早孤，上子之。

癸丑，诏赠太后父、祖、兄、弟官，及自馀宗族男女拜官封邑者告第告身，凡百二十有七通；中使以马负而赐之。

九月，壬午，将作奏宣政殿廊坏，十月魁冈，未可修。上曰："但不妨公害人，则吉矣。安问时日！"即命修之。

大历以前，赋敛出纳俸给皆无法，长吏得专之；重以元、王秉政，货赂公行，天下不按赃吏者殆二十年。惟江西观察使路嗣恭案虔州刺史源敷翰，流之。上以宣歙观察使薛邕，文雅旧臣，征为左丞。邕去宣州，盗隐官物以巨万计，殿中侍御史员寓发之。

【译文】 丁未日（十六日），晋加卢龙、陇右、泾原节度使朱泚兼任中书令，而仍旧担任卢龙、陇右节度使职务跟以前一样。派遣舒王谟担任四镇、北庭行军、泾原节度大使，又派遣泾州军队中牙前兵马使河中人姚令言担任留后。舒王李谟，是代王李邈的儿子，早年失怙，皇子就把他当成自己的儿子一样看待。

癸丑日（二十二日），下达诏令赠封太后的父、祖、兄、弟的官爵，以及其余宗族男女任官封邑的，都颁给策命和委任状，共计一百二十七件；由宫里派遣的使臣用马匹驮着这些符册过去分别赐赠。

九月，壬午日（二十一日），负责土木修建工程的将作，禀奏宣政殿的廊庑腐坏了，而十月又正当天冈、河魁月，不宜大兴土木。唐德宗说："只要于公事没有妨碍，也不于百姓有损，就是大吉大利了，又何必管它是什么时辰，什么日子！"于是，下达命令即日修建。

大历以前，赋敛的收支、官吏的薪俸，都无定规，主管其事的长官、胥吏得以独断专行；再加上由于元载、王缙执政，公然接受贿赂，天下不依照实情惩治贪官污吏，几乎长达二十年。唯有江西观察使路嗣恭依照实情惩办了虔州刺史源敷翰，而且将他流放发配到边疆。此外，唐德宗因为宣歙观察使薛邕温文尔雅，又是元老旧臣，征派他担任左丞；薛邕离开宣州之时，偷盗藏匿官府的财物，其数目之大可以用万万来计算，此事被殿中侍御史员寓揭发。

冬，十月，己亥，贬连山尉。于是，州县始畏朝典，不敢放纵。

上初即位，疏斥宦官，亲任朝士，而张涉以儒学入侍，薛邕以文雅登朝，继以赃败。宦官武将得以借口，曰："南牙文臣赃动至巨万，而谓我曹浊乱天下，岂非罔邪！"于是，上心始疑，不知所倚杖矣。

中书舍人高参请分遣诸沈访求太后，庚寅，以睦王述为奉迎使，工部尚书乔琳副之，又命诸沈四人为判官，与中使分行诸道求之。

十一月，初令待制官外，更引朝集使二人，访以时政得失，远人疾苦。

【译文】冬季，十月，己亥日（初九），便贬薛邕做了连山县尉。由此州县才开始对朝廷的典章法条心怀畏惧，而不敢恣意妄为。

唐德宗即位没有多长时间，就将宦官疏远并且屏退，而对朝廷百官加以亲信和倚重，由此张涉以儒学入侍宫廷，薛邕以文雅登用朝堂，其后都因为贪赃枉法而身败名裂。宦官武将因得借口说："尚书、中书、门下各省中的文官贪赃，数目动不动高达万万，居然还说是我们这些人让天下混乱了，这难道不是欺骗了天下，污蔑了我们吗？"于是唐德宗内心也开始生出疑虑，而不知道究竟该信赖依靠哪些人了。

中书舍人高参请求派遣沈姓家族的人，分别去到各处寻访太后，庚寅日（十月无此日），派遣睦王李述担任奉迎使，工部尚书乔琳担任副使，又令四位姓沈的族人担任判官，会同由宫中派遣的使臣，分别行经各道，去寻访太后的下落。

十一月，初次下达诏令除待制官之外，另增加派遣朝集使两人，去巡视各地的时政得失以及远方人民的疾苦。

先是，公主下嫁者，舅姑拜之，妇不答。上命礼官定公主拜见舅、姑及婿之诸父、兄、姊之仪，舅、姑坐受于中堂，诸父、兄、姊立受于东序，如家人礼。有县主将嫁，择用丁丑。是日，上之从父妹卒，命罢之。有司奏："供张已备，且殇服不足废事。"上曰："尔爱其费，我爱其礼。"卒罢之。至德以来，国家多事，公主、郡、县主多不以时嫁。有华发者，虽居禁中，或十年不见天子。上始引见诸宗女，尊者致敬，卑者存慰，悉命嫁之。所赍小大之物，必经心目。己卯、庚辰二日，嫁岳阳等凡十一县主。

吐蕃见韦伦再至，益喜。十二月，辛卯朔，伦还，吐蕃遣其相论饮明思等入贡。

是岁，册太子母王氏为淑妃。

天下税户三百八万五千七十六，籍后七十六万八千馀人，税钱一千八十九万八千馀缗，谷二百一十五万七千馀斛。

【译文】起初，公主下嫁，翁姑下拜，媳妇无须回拜。唐德宗命令礼官制定公主拜见翁姑及夫婿的叔伯、兄、姐的礼仪，翁姑坐在中堂受礼，兄姐站在堂东受礼，公主行家人的礼节。有一次，有位县主将要出嫁，选定了丁丑吉日（十七日），不凑巧唐德宗叔父的女儿过世，由此命令取消婚期。主管官上表奏章说："一切都已准备完毕，况且五服之外未成年的亲戚死亡，也对办喜事没有影响。"唐德宗说："你是对置办喜事的费用心存吝惜，而我却对礼法的规定更为重视。"结果还是把当天的婚礼给取消了。至德以后，国家有很多事，一多半的公主、郡主、县主都没有在适当的年龄出嫁，有的甚至头发都白了，尽管是在宫禁中居住，有的人超过十年都不曾见到天子一次；唐德宗刚一开始接见所有宗室女眷，对那些辈高年长的，便致以敬意，对那些辈低年幼的，便加以抚慰，全部都给她们找了合适的对象，嫁了出去。带往夫家大大小小的物件，唐德宗都郑重其事地亲自过目。己卯日（十九日）、庚辰日（二十日）两天，就将岳阳等一共九十一位县主嫁了出去。

吐蕃见到韦伦再次抵临，愈加高兴。十二月，辛卯朔日（初一），韦伦启程回国，吐蕃派遣它的国相论钦明思等同行入朝献贡。

这年，册封太子生母王氏做淑妃。

在这一年中，全天下缴纳赋税的户口有三百零八万五千零七十六户，著录在籍的兵士有七十六万八千余人，税收共计银钱一千零八十九万八千余缗，米谷二百一十五万七千多斛。

【乾隆御批】 唐户口莫盛于天宝，自安、史肇乱，继以河北构兵，壮者危于锋刃，老弱死于输将，数十年间，户口减耗不及盛时三分之二。富庶不可常恃如此，读史者可为深鉴。

【译文】 唐朝户口在天宝年间最多，自安禄山、史思明作乱，到河北交战，壮年受到兵刃战火的危害，年老体弱的人死于缴纳赋税，数十年间，户口减耗到不足天宝时期的三分之二。富庶时不可如此长期依赖，读史的人要深以为鉴。

建中二年（辛酉，公元七八一年）春，正月，戊辰，成德节度使李宝臣薨。宝臣欲以军府传其子行军司马惟岳，以其年少暗弱，豫诛诸将之难制者深州刺史张献诚等，至有十馀人同日死者。宝臣召易州刺史张孝忠，孝忠不往，使其弟孝节召之。孝忠使孝节谓宝臣曰："诸将何罪，连颈受戮！孝忠惧死，不敢往，亦不敢叛，正如公不入朝之意耳。"孝节泣曰："如此，孝节必死。"孝忠曰："往则并命，我在此，必不敢杀汝。"遂归，宝臣亦不之罪也。兵马使王武俊，位卑而有勇，故宝臣特亲爱之，以女妻其子士真，士真复厚结其左右。故孝忠、武俊独得全。

【译文】 建中二年（辛酉，公元781年）春季，正月，戊辰日（初九），成德节度使李宝臣去世。宝臣原本想要把军府权位传给他的儿子行军司马李惟岳，但是由于惟岳年少昏弱，便先行诛杀了难以控制的诸将中如深州刺史张献诚等人，甚至有十几个人在同一天遭到杀害。李宝臣召易州刺史张孝忠，孝忠不应，又派遣他弟弟张孝节去召他。张孝忠叫孝节对宝臣说："那些将领们犯了什么罪，一个个惨遭杀害！我张孝忠怕死，因此不敢前去，然而也不敢反叛，就好比李公不入朝的心态一样而已。"孝节流着泪说："如此一来，那我就是必死无疑了。"孝忠说："一旦我去了的话，我们两个一块儿送死，如果有我在这里，他必然不敢加害于你。"于是孝节便回去了，李宝臣也没怪罪他。兵马使王武俊，尽管地位低下，然而勇力可嘉，因此李宝臣非常喜爱他，而且把女儿嫁给了他的儿子王士真，士真和宝臣身边的一些随从亲信关系又处得好；因此唯有张孝忠和王武俊两人免遭杀害。

及薨，孔目官胡震，家僮王它奴劝惟岳匿丧二十馀日，诈为宝臣表，求令惟岳继袭，上不许。遣给事中汲人班宏往问宝臣疾，且谕之。惟岳厚赂宏，宏不受，还报。惟岳乃发丧，自为留后，使将佐共奏求旌节，上又不许。

初，宝臣与李正己、田承嗣、梁崇义相结，期以土地传之子孙。故承嗣之死，宝臣力为之请于朝，使以节授田悦；代宗从之。悦初袭位，事朝廷礼甚恭，河东节度使马燧表其必反，请先为备。至是悦屡为惟岳请继袭，上欲革前弊，不许。或谏曰："惟岳已据父业，不因而命之，必为乱。"上曰："贼本无资以为乱，皆藉我土地，假我位号，以聚其众耳。向日因其所欲而命之多矣，而乱益滋。是爵命不足以已乱而适足以长乱也。然则惟岳必为乱，命与不命等耳。"竟不许。悦乃与李正己各遣使诣惟岳，潜谋勒兵拒命。

【译文】李宝臣死后，孔目官胡震、家仆王他奴劝告李惟岳将此事暂时隐瞒下来，由此过了二十多天都没有发丧，而且冒用宝臣的名义上表奏章，要求让惟岳继承权位。唐德宗没有应允。而派遣给事中汲县人班宏前往探望患病的李宝臣，并加以晓谕。惟岳给班宏贿赂了厚礼，班宏没有接受，返回京城对唐德宗据实上报。李惟岳这才发丧，自任留后，教将佐们联名上表奏章要求唐德宗赐给旌节，唐德宗还是没有应允。

起初，李宝臣和李正己、田承嗣、梁崇义互相约定，都希望将土地传给子孙后世，因此承嗣过世之后，宝臣极力替他向朝廷请求，将旌节授予田悦；唐代宗接受了。田悦刚刚即位之时，侍奉朝廷恭敬礼貌，河东节度使马燧就上表奏章说他将来一定会造反，请求唐德宗事先多加防备。到此时，田悦数次替惟岳请求承袭，唐德宗想要将以前的弊病予以革除，还是没有准许。有人劝谏说："惟岳在实际上已经将他父亲的基业据为己有了，如果不顺势任命他，一定会起来造反的。"唐德宗说："叛贼原本并无作乱的凭借，都是仗着朕的土地，借着朕赐给的官位名号来聚集他的党羽而已，当初为了满足他们的欲望而任命的已经太多了，然而祸乱却一日较一日多。由此可见，官爵的赐予并不能以阻止祸乱的发生啊。既然李惟岳必然造反，任命他与否都没什么两样。"因此直到最后都没有答应。田悦于是和李正己各自派遣使臣去进见惟岳，阴谋领兵违抗朝令。

魏博节度副使田庭玠谓悦曰："尔藉伯父遗业，但谨事朝廷，坐享富贵，不亦善乎！奈何无故与恒、郓共为叛臣！尔观兵兴以来，逆乱者谁能保其家乎？必欲行尔之志，可先杀我，无使我见田氏之族灭也。"因称病卧家。悦自往谢之，庭玠闭门不内，竟以忧卒。

成德判官邵真闻李惟岳之谋，泣谏曰："先相公受国厚恩，大夫衰绖之中，遽欲负国，此甚不可。"劝惟岳执李正己使者送京师，且请讨之，曰："如此，朝廷嘉大夫之忠，则旄节庶几可得。"惟岳然之，使真草奏。长史毕华曰："先公与二道结好二十馀年，奈何一旦弃之！且虽执其使，朝廷未必见信。正己忽来袭我，孤军无援，何以待之！"惟岳又从之。

【译文】魏博节度副使田庭玠对田悦说："你借着伯父遗留下来的基业，只需要对朝廷恭敬顺从，就能荣华富贵享用不尽，这不是很好吗？干什么要无缘无故地跟恒州、郓州他们一块儿去做叛臣贼子！你自己看看，自从发生战事以来，叛乱造反的有谁可以保全自家性命的？如果你一定要一意孤行的话，就先将我杀了，别让我见到田氏惨遭灭族的下场。"由此称病闭门不出。田悦亲自前去谢罪，田庭玠把他拒于门外。最后居然忧愤而死。

成德判官邵真得知了李惟岳的阴谋，便流着眼泪劝谏他说："先相公（指李宝臣）深受国家大恩，而大夫你现如今还在守丧期间，就突然要做出有负国家的事情来，这实在是太不应该了。"还进一步地劝他把李正己派遣来的使者扣押，将他押解到京师去，而且自请带兵前去讨伐李正己，说："如此一来，朝廷为嘉奖大夫你的忠贞不二，说不定会授予旄节。"李惟岳觉得他说得非常有道理，就叫邵真草拟奏章。长史毕华说："先公和二道交结友好关系，长达二十多年，怎么可以突然间就背弃他们？况且即便是扣下了他派遣的使臣，也未必就能取得朝廷的信任。如果李正己突然发动大兵前来攻击我们，我军孤立无援，又将如何来应对呢？"李惟岳又听从了他的话。

【乾隆御批】德宗不许惟岳之请，数语深中藩镇事情，尚见断制。厥后虽三镇连兵拒命，未几而惟岳诛夷，积玩之风藉以稍振，但河北稍定，措置非宜，遂致构乱不止，其失固在彼不在此也。论史者安得转以为病。

【译文】 唐德宗李适不许李惟岳的请求，寥寥数语切中当时镇藩的实际，可见唐德宗还有自己的判断。其后虽然三镇连兵抗拒朝命，但不久李惟岳便被诛杀，积久的轻慢朝廷风气得到抑制，然而河北稍稍安定，由于处置不当，又导致作乱不止，其中的失误，自然在于处理河北方面的事，而不在于拒绝李惟岳的请求。论史的人怎么能借河北之事处理不当来责备唐德宗不允许李惟岳之请呢？

前定州刺史谷从政，惟岳之舅也，有胆略，颇读书，王武俊等皆敬惮之，为宝臣所忌，从政乃称病杜门。憔岳亦忌之，不与图事，日夜独与胡震、王他奴等计议，多散金帛以悦将士。从政往见憔岳曰："今海内无事，自上国来者，皆言天子聪明英武，志欲致太平，深不欲诸侯子孙专地。尔今首违诏命，天子必遣诸道致讨。将士受赏之际，皆言为大夫尽死。苟一战不胜，各惜其生，谁不离心！大将有权者，乘危伺便，咸思取尔以自为功矣。且先相公所杀高班大将，殆以百数，挠败之际，其子弟欲复仇者，庸可数乎！又，相公与幽州有隙，朱滔兄弟常切齿于我，今天子必以为将。滔与吾击柝相闻，计其闻命疾驱，若虎狼之得兽也，何以当之！昔田承嗣从安、史父子同反，身经百战，凶悍闻于天下，违诏举兵，自谓无敌。及卢子期就擒，吴希光归国，承嗣指天垂泣，身无所措。赖先相公按兵不进，且为之祈请，先帝宽仁，赦而不诛，不然，田氏岂有种乎！况尔生长富贵，齿发尚少，不更艰危，乃信左右之言，欲效承嗣所为乎！为尔之计，不若辞谢将佐，使惟诚摄领军府，身自入朝，乞留宿卫，因言惟诚且令摄事。恩命决于圣志，上必悦尔忠义，纵无大位，不失荣禄，永无忧矣。不然，大祸将至，悔之何及。吾亦知尔素疏忌我，顾以舅甥之情，事急，不得不言耳！"惟岳及左右见其言切，益恶之。从政乃复归，杜门称病。惟诚者，惟岳之庶兄也，谦厚好书，得众心，其母妹为李正己子妇。是日，惟岳送惟诚于正己，正己使复姓张，遂仕淄青。惟岳遣王它奴诣从政家，察其起居，从政饮药而卒；且死，曰："吾不惮死，哀张氏今族灭矣！"

【译文】 前任定州刺史谷从政，是李惟岳的舅父，此人胆量很大而且擅长谋略，读过的书又多，王武俊等人都对他心怀敬畏，由此李宝臣十分妒忌他，谷从政便称病闭门不出，不同人往来。李惟岳也十分忌讳他，因此有事绝不找他商量，一天到晚只同胡震、王他奴等人策划商量，只晓得大量分发金钱和布帛来讨好将士们。从政去见惟岳，对他说："现如今天下无事，从京师来的人，都赞叹当今天子英明勇武，一心想要使得天下太平，非常不愿诸侯的子孙割地自专。如今你首先违抗诏命，天子一定会派遣诸道前来声讨。今天，将士们受你重赏之时，都说一定替你拼死效命；假如一战没胜，各人都是爱惜自己的身家性命的，有哪个人不会变心的呢？到那个时候，手握兵权的大将一定会趁危谋利，都想要把你的首级砍下来立功。况且先相公所杀的高级将领几乎数以百计，在你遭遇挫折失败之时，他们的子弟想要报仇雪恨的人数之多，数都数不尽啊！再说，先相公和幽州曾经有过过节，朱滔兄弟时时刻刻对我们咬牙切齿地痛恨，而今天子肯定会派遣他担任将帅领兵前来；朱滔的所在又跟我们紧紧相邻，一旦他接到任命，必将快马加鞭、全力以赴，就像是饿虎馋狼捕杀禽兽一样，这是想象得到的，到那时，我们又如何抵挡得住! 先前, 田承嗣跟着安、史父子一起反叛, 身经百战, 孔武凶悍, 天下闻名, 违抗下达的诏令, 起兵造反, 自称天下无敌; 等到卢子期被擒获, 吴希光回国, 田承嗣唯有仰天流泪, 而无容身之处。当时幸亏仰赖先相公按兵不进, 而且为他求情, 先帝心地宽厚仁慈, 将他的罪行赦免而没有杀死他, 否则, 今天哪还有什么田家的后代啊, 更何况你打小在富贵的条件里生长, 年龄又还小, 从未经历过艰难危困, 居然相信身边小人的话, 而想要效仿田承嗣的做法吗? 替你着想, 不如辞谢将佐, 让李惟诚代管军府中上上下下的事务, 你自己进京, 请求留做宿卫, 而且为了你自己的利益, 而要对皇上说现在是让李惟诚暂时留在军府代理职务, 至于命令谁来接管, 全凭皇上决断; 皇上必定会因为你的忠贞义行而龙颜大悦, 那么即便你没有得到高官, 也不会失掉显荣厚禄, 一生无忧。不然的话, 按照你的想法去做, 那么必将大祸临头。我也晓得你平日里疏远我、忌讳我, 可是看在舅甥的情分上, 情势危急, 我才不得不对你说出这番话啊! " 李惟岳却嫌他的话说得太过恳切直率, 而愈加讨厌他。谷从政于是再次返回家中, 闭门谢客, 称病不出。李惟诚, 是李惟岳的异母兄长, 为人谦虚, 心地淳厚, 而且好读书, 很得人心, 他的同母妹妹是李正己的儿媳妇。当天, 李惟岳将李惟诚送往李正己那儿去, 正己让他重新改回本姓张, 于是便留在淄青任官。李惟岳又派遣王他奴到谷从政家去, 侍候他的生活起居。谷从政由此服毒自杀; 快要断气之时, 说: "我并不是怕死之徒, 只是为了他们张氏(李宝臣本名张忠志, 因此称张氏)如今即将遭到灭族的命运而悲哀啊! "

刘文喜之死也, 李正己、田悦等皆不自安; 刘晏死, 正己等

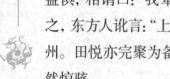

益惧，相谓曰："我辈罪恶，岂得与刘晏比乎！"会汴州城隘，广之，东方人讹言："上欲东封，故城汴州。"正己惧，发兵万人屯曹州。田悦亦完聚为备，与梁崇义、李惟岳遥相应助，河南士民骚然惊骇。

永平军旧领汴、宋、滑、亳、陈、颍、泗七州，丙子，分宋、亳、颍别为节度使，以宋州刺史刘洽为之；以泗州隶淮南；又以东都留守路嗣恭为怀、郑、汝、陕四州、河阳三城节度使。旬日，又以永平节度使李勉都统洽、嗣恭二道，仍割郑州隶之，选尝为将者为诸州刺史，以备正己等。

【译文】刘文喜一死，李正己、田悦等人心中就都已深感不安了；刘晏再一死，李正己等人愈加恐慌，彼此之间传言说："我们这些人作恶多端，如何可以跟刘晏相提并论呢？"正好因为汴州城太狭隘，而计划扩广城垣，东方人就造谣说："皇上要扩展东边的封疆，因此扩建汴州城池。"李正己内心十分恐惧，派遣士兵万人在曹州驻屯；田悦也因而修整城郭，聚集人马，以防万一，同时又和梁崇义、李惟岳遥相接应，相互援助，河南军民骚乱不安，大为惊恐。

永平军原本领巡汴、宋、滑、亳、陈、颍、泗七州地区，丙子日（十七日），将宋、亳、颍分划出来另行设立节度使负责管辖，派遣宋州刺史刘洽出任；将泗州改隶属于淮南军；又派遣东都留守路嗣恭担任怀、郑、汝、陕四州及河阳三城节度使。过了十天，又派遣永平节度使李勉总领洽、嗣恭二道，因割郑州隶属于永平军，派遣曾经担任过将领的人出任各州刺史，借以防备李正己等人。

初，高力士有养女鏊居东京，颇能言宫中事，女官李真一意其为沈太后，诣使者具言其状。上闻之，惊喜。时沈氏故老已尽，无识太后者，上遣宦官、宫人征验视之，年状颇同，宦官、宫人不审识太后，皆言是。高氏辞称实非太后，验视者益疑之，强迎入居上阳宫。上发宫女百馀人，赍乘舆御物就上阳宫供奉。左右诱谕百方，高氏心动，乃自言是。验视者走马入奏，上大喜。二月，辛卯，上以偶日御殿，群臣皆入贺。诏有司草仪奉迎。高氏弟承悦在长安，恐不言，久获罪，遽自言本末。上命力士养孙樊景超往覆视，景超见高氏居内殿，以太后自处，左右侍卫甚严。景超谓高氏曰："姑何自置身于姐上！"左右叱景超使下，景超抗声曰："有诏，太后诈伪，左右可下。"左右皆下殿。高氏乃曰："吾为人所强，非己出也。"以牛车载还其家。上恐后人不复敢言太后，皆不之罪，曰："吾宁受百欺，遮几得之。"自是四方称得太后者数四，皆非是，而真太后竟不知所之。

【译文】起初，高力士有个养女在东京寡居，时常可以说出一些宫禁之中的事。女官李真一怀疑她就是沈太后，由此到使臣那儿去详细地说出种种情况。唐德宗听说这消息，又惊又喜。当时沈家的老人、长辈都已不在世上了，由此没有一个人认识太后的。唐德宗派遣了一些宦官、宫人前去验证审察，只是由于年龄、容貌都十分相仿，而这些宦官、宫人又对太后认识不确切，居然都说她就是太后。高氏辞谢着声称她实在不是太后，而那些过去验证审察的人愈加疑惑而不肯相信她的话，就这样强迫着迎她进了上阳宫。唐德宗派遣了一百多个宫女，送上乘舆衣服和诸多天子所有的物品到上阳宫供奉于她。左右侍从千方百计地引诱晓谕要她把实话说出来，承认是太后，高氏心动，居然说出自己就是太后。负责验视的人快马加鞭进宫禀报，唐德宗龙心大喜。二月，辛卯日（初二），唐德宗特别打破常规而在双日登殿，群臣都入殿前来贺喜。唐德宗下达诏令让主事官员草拟制定礼仪，奉迎太后。高氏的弟弟承悦在长安，深恐没有将真相道出，时间一长，一旦被识破，免不了获罪，于是自己说出了这前前后后的事实。唐德宗命令高力士的养孙樊景超过去复视，景超看到高氏居身内殿，以太后自居，左右侍卫守卫森严。景超便对高氏说："姑妈你为何要把自己放在俎案上呢？"左右侍卫大声呵斥景超教他走开。景超高声说："皇上有诏，太后是冒充的，左右全部退下。"由此左右侍卫都从殿上退了下去。高氏于是说："我是遭人强迫的，并非我自己想要冒充的啊。"于是便用牛车载她回家去了。唐德宗担心以后无人再敢辨识太后，因此一概不加追究，而且说："我就是一百次受骗也愿意，也许就有一次真的能寻见太后。"自此以后，四方声称找到太后的不计其数，但都不是，而真太后一直都不知身在何处。

御史中丞卢杞，弈之子也，貌丑，色如蓝，有口辩。上悦之，丁未，擢为大夫，领京畿观察使。郭子仪每见宾客，姬妾不离侧。杞尝往问疾，子仪悉屏侍妾，独隐几待之。或问其故，子仪曰："杞貌陋而心险，妇人辈见之必笑，他日杞得志，吾族无类矣！"

杨炎既杀刘晏，朝野侧目，李正己累表请晏罪，讥斥朝廷。炎惧，遣腹心分诣诸道，以宣慰为名，实使之密谕节度使云："晏昔附奸邪，请立独孤后，上自恶而杀之。"上闻而恶之，由是有诛炎之志，隐而未发。乙巳，迁炎中书侍郎；擢卢杞为门下侍郎，并同平章事，不专任炎矣。杞蓑陋，无文学，炎轻之，多托疾不与会食；杞亦恨之。杞阴狡，欲起势立威，小不附者必欲置之死地，引太常博士裴延龄为集贤殿直学士，亲任之。

丙午，更汴宋军名曰宣武。

【译文】御史中丞卢杞，是卢弈的儿子，相貌奇丑、面色深青，然而口才很好，唐德宗很喜欢他，丁未日（十八日），升他做了御史大夫，统领京畿观察使。郭子仪每次接见宾客，姬妾不离身旁，卢杞曾经去郭子仪处探病，子仪把所有的侍妾屏退，独自靠着案几接待他。有人就问他其中的缘故，郭子仪回答说："卢杞容貌丑陋心地又狠，妇道人家看见，一定会笑他，如若他有朝一日得了志，我郭家便无人难逃一死了！"

杨炎将刘晏杀掉之后，朝野内外都愤恨不已，李正己数次上表为刘晏洗罪，讥刺斥责朝廷处事不当，杨炎心生畏惧，由此派遣心腹亲近分别前去诸道，假借宣慰的名义，实则是要他们秘密地对各节度使说："刘晏从前依附奸邪，朋比为党，请立独孤贵妃做皇后，是皇上自己厌恶他而杀掉了他。"唐德宗得知此事，十分厌恶杨炎，由此产生了诛杀杨炎的念头，只是藏在心中而没发作。乙巳日（十六日），把杨炎调为中书侍郎，将卢杞升为门下侍郎，并且同平章事，而不再专用杨炎了。卢杞身材短小、容貌丑陋，又没学问，杨炎瞧不上他，经常假借有病而不愿意和他在政事堂一块儿吃饭，卢杞也在心里记恨着。卢杞心地阴险，本性狡诈，想要建立势力，树立威望，只要是对他有一点不从的人，就必定要将他置于死地才罢休，引用太常博士裴延龄为集贤殿直学士，而对他十分亲密信任。

丙午日（十七日），把汴宋军改称为宣武军（按：《旧唐书·德宗纪》作："以宋亳节度为宣武军。"汴宋充当宋亳。由于当时李勉作为永平军节度使镇守汴州，宣武军不可能领有汴州）。

振武节度使彭令芳苛虐，监军刘惠光贪婪。乙卯，军士共杀之。

发京西防秋兵万二千人戍关东。上御望春楼宴劳将士，神策将士独不饮，上使诘之，其将杨惠元对曰："臣等发奉天，军帅张巨济戒之曰：'此行大建功名，凯旋之日，相与为欢。苟未捷，勿饮酒。'故不敢奉诏。"及行，有司缘道设酒食，独惠元所部瓶罍不发。上深叹美，赐书劳之。惠元，平州人也。

三月，置潋州于郾城。

辛巳，以汾州刺史王翃为振武军使、镇北、绥、银等州留后。

【译文】 振武节度使彭令芳苛刻残暴，监军刘惠光十分贪婪；乙卯日（二十六日），军士们一起将他们两个人都杀了。

派遣京西防秋部队一万二千人戍守关东。唐德宗驾临望春楼设宴慰劳将士，只有神策军的将士不喝酒，唐德宗就派遣人问是什么原因，他们的大将杨惠元回答说："臣等从奉天出发时，军帅张巨济告诫我们说：'这次出发假如能建立大功，凯旋回来之时，我们大家再相互举杯欢饮。假如没有取胜，不许喝酒。'因此不敢奉诏喝酒。"等到出发，各地主管官员沿路摆设酒菜，只有杨惠元带领的军士不开瓶倒酒喝。唐德宗大为赞赏，赐书宣慰。杨惠元，是平州人氏。

三月，置潋州于郾城。

辛巳日（二十二日），派遣汾州刺史王翃担任振武军使，镇北、绥银等州留后。

遣殿中少监崔汉衡使于吐蕃。

梁崇义虽与李正己等连结，兵势寡弱，礼数最恭。或劝其入朝，崇义曰："来公有大功于国，上元中为阉宦所谗，迁延稽命，及代宗嗣位，不俟驾入朝，犹不免族诛。吾岁久衅积，何可往也!"淮宁节度使李希烈屡请讨之，崇义惧，益修武备。流人郭昔告崇义为变，崇义闻之，请罪，上为之杖昔，远流之；使金部员外郎李舟诣襄州谕旨以安之。舟尝奉使诣刘文喜，为陈祸福，文喜囚之，会帐下杀文喜以降，诸道跋扈者闻之，谓舟能覆城杀将。至襄州，崇义恶之。舟又劝崇义入朝，言颇切直，崇义益不悦。及遣使宣慰诸道，舟复指襄州，崇义拒境不内，上言"军中疑惧，请易以它使。"时两河诸镇方猜阻，上欲示恩信以安之，夏，四月，庚寅，加崇义同平章事，妻子悉加封赏，赐以铁券；遣御史张著赍手诏征之，仍以其裨将蔺杲为邓州刺史。

【译文】派遣殿中少监崔汉衡出使到吐蕃去。

梁崇义虽然和李正己等人联合，由于兵力薄弱，对朝廷算是最讲礼数而恭顺的了。有人劝说他入京朝觐，梁崇义说："来公曾经为了国家立有大功，上元年间被阉宦谗言陷害，说他拖延诏令，而不立刻奉命行事；等到唐代宗继位之时，还来不及等到车驾入朝，就立刻下诏被治罪了，像他那样的功臣尚且没有免去灭门抄家的结果，朝廷对我怀有积怨这么多年，我怎么能进京入朝啊？"淮宁节度使李希烈多次请求发兵去讨伐他，梁崇义非常害怕，愈加勤奋修炼武器装备。流人郭昔告发梁崇义意图谋反，梁崇义得知后，亲自去请求降罪，所以唐德宗用廷杖惩治了郭昔，而把他流放到边远地区；并且派遣金部员外郎李舟到襄州去宣旨抚慰梁崇义。李舟曾经奉使命去见刘文喜，对他说明祸福利害，文喜将他逮捕囚禁了起来，恰好碰到文喜的部下杀了文喜而投降臣服于朝廷，诸道中一些强横而自傲的人听闻此事，就说李舟可以倾城杀将。因此，当他到达襄州以后，梁崇义特别憎恶他；李舟又劝说梁崇义入朝，话说得太过恳切直率，崇义愈加不高兴。等到派遣使臣宣慰诸道时，李舟又被派遣到襄州，梁崇义把他拒于边境之外而不接纳他，同时上奏说："军中对李舟产生了疑心，请另外换个使臣过来。"当时恰逢两河诸镇相互猜忌、相互隔阂期间，唐德宗想要展示皇恩申信来安抚人心，夏季，四月，庚寅日（初二），进一步升迁梁崇义做同平章事，他的妻儿也都加给封赏，并且赐给铁券；派遣御史张著奉持唐德宗亲笔的诏书前去征召他，并且又派遣他的副将蔺杲担任邓州刺史。

五月，丙寅，以军兴，增商税为什一。

田悦卒与李正己、李惟岳定计，连兵拒命，遣兵马使孟祐将步骑五千北助惟岳。薛嵩之死也，田承嗣盗据洺、相二州，朝廷独得邢、磁二州及临洺县。悦欲阻山为境，曰："邢、磁如两眼，在吾腹中，不可不取。"乃遣兵马使康愔将八千人围邢州，别将杨朝光将五千人栅于邯郸西北，以断昭义救兵，悦自将兵数万围临洺。邢州刺史李共、临洺将张伾坚壁拒守。

贝州刺史邢曹俊，田承嗣旧将也，老而有谋，悦宠信牙官扈崿而疏之。及攻临洺，召曹俊问计。曹俊曰："兵法十围五攻；尚书以逆犯顺，势更不侔。今顿兵坚城之下，粮竭卒尽，自亡之道也。不若置万兵于嶂口以遏西师，则河北二十四州皆为尚书有矣。"诸将恶其异己，共毁之，悦不用其策。

【译文】五月，丙寅日（初八），兴兵的缘故，而将商税税率提高为十分之一。

田悦终于和李正己、李惟岳商议制定好了计策，联结各镇兵力抗拒王命，派遣兵马使孟祐带领步骑五千到北方去帮助李惟岳。薛嵩死去之后，田承嗣窃据了洺、相二州，朝廷只控制了邢、磁二州与临洺县。田悦想借关山的险阻充当边境，说："邢、磁二州就像两只眼睛似的，实在是我的心腹大患，不能不攻取下来。"于是派遣兵马使康愔带领八千兵士围攻邢州，别将杨朝光率领五千士兵在邯郸西北驻扎营地，以阻断昭义军派遣来的援兵，田悦亲自带领数万大军围攻临洺；邢州刺史李共、临洺县城里的将军张伾，坚守营壁，奋力作战。

贝州刺史邢曹俊，原先是田承嗣手下的旧将，年老而有谋略，田悦宠信牙官扈崿而疏远了他，等到进攻临洺之时，田悦才召邢曹俊过来问他计策，邢曹俊说："《孙子兵法》上有所谓十围五攻；用少数来敌对多数，兵力已经不能相提并论，而尚书又以逆犯顺，情势更加不相等。而现在将兵士停顿在坚固的城池之下，一直等到粮食竭尽、兵力衰耗，和自取灭亡没什么两样。不如在嶂口设下一万大军，用来阻止从西山下来的军队，那么河北二十四州之地，肯定都是为尚书你所有的了。"所有的将领都憎恶邢曹俊跟他们的看法不同，而共同谗言诽谤他，所以田悦没有采用他的计策。

资治通鉴卷第二百二十七　唐纪四十三

起重光作噩六月，尽玄黓阉茂，凡一年有奇。

【译文】起辛酉（公元781年）六月，止壬戌（公元782年），共七个月。

【题解】本卷记录了公元781年六月至782年的史事，共七个月，正当唐德宗建中二年六月到三年。此期间德宗讨伐河北叛军，战火蔓延河南、淮西，这是中唐继安史之乱以后又一次朝廷与地方割据的大冲突。河北魏博田承嗣去世，唐代宗姑息田承嗣之子田悦继位，成德李宝臣去世，唐德宗不准许李宝臣之子李惟岳继位。田悦、李正己、山东淄青李惟岳联合对抗朝廷，襄州梁崇义遥相呼应。起初德宗一心讨伐，不惜开辟两线战场，让淮西李希烈等讨伐梁崇义。李希烈讨平梁崇义后，居功狂悖，野心勃发。最后官军打败田悦，成德归顺，淄青李纳战败请降，官军两条战线均取得胜利。唐德宗处置失当，田悦未灭，立即又爆发了朱滔、王武俊的背叛，李纳也重整旗鼓。叛军声势更大，叛臣相约称王。朱滔自称冀王，田悦称魏王，王武俊称赵王，李纳称齐王，朱滔为盟主。四人称王，表示不再是唐朝的叛臣，此举标志唐藩镇割据形成。

唐德宗神武圣文皇帝二

建中二年（辛酉，公元七八一年）六月，庚寅，以浙江东、西观察使、苏州刺史韩滉为润州刺史、浙江东、西节度使，名其军曰镇海。

张著至襄阳，梁崇义益惧，陈兵而见之。蔺杲得诏不敢发，驰见崇义，请命。崇义对著号泣，竟不受诏。著复命。

癸巳，进李希烈爵南平郡王，加汉南、汉北兵马招讨使，督诸道兵讨之。杨炎谏曰："希烈为董秦养子，亲任无比，卒逐秦而夺其位。为人狠戾无亲，无功犹倔强不法，使平崇义，何以制之！"上不听。炎固争之，上益不平。

荆南牙门将吴少诚以取梁崇义之策干李希烈，希烈以少诚为前锋。少诚，幽州潞人也。

【译文】建中二年（辛酉，公元781年）六月，庚寅日（初三），派遣浙江东西观察使、苏州刺史韩滉担任润州刺史、浙江东西节度使，把他所指挥的军队叫作镇海军。

张著迟迟才到达襄阳，梁崇义更加恐惧，陈列了兵士然后接见他。蔺杲接到诏令而不敢动身到邓州去就任，骑马飞奔过来拜见梁崇义，请求免去死罪。梁崇义对着张著放声痛哭，始终不肯奉诏入朝，张著于是回京复命。

癸巳日（初六），晋封李希烈为南平郡王的爵位，汉南、汉北兵马招讨使的官职，负责督导诸道军队讨伐梁崇义。杨炎谏诤说："李希烈是董秦（后赐姓名为李忠臣）的养子，董秦对他尤其亲信，没人能够和他相提并论，结果他竟然驱逐了董秦，夺取权位。他这个人凶狠残暴，没有建功尚且还倔强而不遵守法令，假如他要是讨平了梁崇义，将来怎么能控制得住他？"唐德宗没有听从。杨炎极力争辩，唐德宗对他愈加不满。

荆南牙门将吴少诚用灭取梁崇义的计策求见李希烈，希烈便任命少诚担任前锋。吴少诚是幽州潞县人。

时内自关中，西暨蜀、汉，南尽江、淮、闽、越，北至太原，所在出兵，而李正己遣兵扼徐州甬桥、涡口，梁崇义阻兵襄阳，运路皆绝，人心震恐。江、淮进奉船千馀艘，泊涡口不敢进。上以和州刺史张万福为濠州刺史。万福驰至涡口，立马岸上，发进奉船，淄青将士停岸睥睨不敢动。

辛丑，汾阳忠武王郭子仪薨。子仪为上将，拥强兵，程元振、鱼朝恩谗谤百端；诏书一纸征之，无不即日就道，由是谗谤不行。尝遣使至田承嗣所，承嗣西望拜之曰："此膝不屈于人若干年矣！"李灵曜据汴州作乱，公私物过汴者皆留之，惟子仪物不敢近，遣兵卫送出境。校中书令考凡二十四，月入俸钱二万缗，私产不在焉；府库珍货山积。家人三千人，八子、七婿皆为朝廷显官；诸孙数十人，每问安，不能尽辩，颔之而已。仆固怀恩、李怀光、浑瑊辈皆出麾下，虽贵为王公，常颐指役使，趋走于前，家人亦以仆隶视之。天下以其身为安危者殆三十年，功盖天下而主不疑，位极人臣而众不疾，穷奢极欲而人不非之，年八十五而终。其将佐至大官、为名臣者甚众。

【译文】当时内自关中，西至蜀、汉，南达江、淮、闽、越，北到太原，各地都派遣军队，而李正己派遣兵力控制着徐州甬桥、涡口，梁崇义占据襄阳，运输的道路全部被阻断了，众人惶恐不安。江、淮一带上贡的一千多艘船只在涡口停泊着不敢向前行驶。唐德宗派遣和州刺史张万福担任濠州刺史。万福策马来到涡口，骑在马上，站在岸边，命令上贡船启程前进，淄青将士停在岸旁，斜着眼睛看着而不敢动。

辛丑日（十四日），汾阳忠武王郭子仪去世。郭子仪官职到大将军，握有强大的兵力。尽管程元振、鱼朝恩使尽各种方法来谗言诽谤他，然而无论在什么时候，只要一纸诏书征召他，没有不是当天就上路的，所以再也无人谗言诽谤他了。郭子仪曾经派遣使臣到田承嗣那儿去，承嗣远远地看着西方向他跪拜说："我这双膝盖已经有许多年不向人下跪了！"李灵曜占据汴外作乱之时，不管是公家或是私人的财物，只要经过汴州的，一概被扣留下来，唯独郭子仪的财物过境之时，他连靠近都不敢靠近，而且还派遣士兵护送出境。领校中书令据考凡二十四月，俸禄的收入就高达二万缗，私有财产还不包括在内；府库里的珍宝奇货堆积得和山一样高。三千家人，八个儿子、七个女婿都在朝中有着很大很显要的官职；有好几十孙儿辈的，每次前来向他问安，他连认都认不清，只是对着他们点头致意而已。仆固怀恩、李怀光、浑瑊都出自他的手下，这些人尽管都已贵为王公，往往还是受他的颐指使唤，在他面前毕恭毕敬，即便是子仪的家人，也都拿他们作为奴仆一样看待。天下安危都在于他一人身上，前前后后差不多长达三十年时间，功名冠盖天下，而人主对他没有一点疑虑；权位极于一时，而众人对他竟然没有一点妒恨；特别奢侈，纵欲享受，也无人认为他是错的，享年八十五岁而过世。他手下的副将僚佐担任大官、成为名臣的数不胜数。

壬子，以怀、郑、河阳节度副使李芃为河阳、怀州节度使，割东畿五县隶焉。

北庭、安西自吐蕃陷河、陇，隔绝不通，伊西、北庭节度使李元忠、四镇留后郭昕帅将士闭境拒守，数遣使奉表，皆不达，声问绝者十馀年。至是，遣使间道历诸胡自回纥中来，上嘉之。秋，七月，戊午朔，加元忠北庭大都护，赐爵宁塞郡王；以昕为安西大都护、四镇节度使，赐爵武威郡王；将士皆迁七资。元忠姓名，朝廷所赐也，本姓曹，名令忠；昕，子仪弟之子也。

李希烈以久雨未进军，上怪之，卢杞密言于上曰："希烈迁延，以杨炎故也。陛下何爱炎一日之名而堕大功；不若暂免炎相以悦之。事平复用，无伤也。"上以为然。庚申，以炎为左仆射，罢政事。以前永平节度使张镒为中书侍郎、同平章事。镒，齐丘之子也。以朔方节度使崔宁为右仆射。

【译文】 壬子日（二十五日），派遣怀、郑、河阳节度副使李芃为河阳、怀州节度使，割东畿五县隶属于他。

北庭、安西自从河、陇落入吐蕃手中以后，便隔绝不通了。伊西、北庭节度使李元忠、四镇留后郭昕带领着将士紧闭边境坚拒苦守，几次派遣使臣奉表入朝，都没有传达到，十多年音信隔绝；直到现在，派遣人从小路经过诸胡地区，取道回纥才到达京师，唐德宗对他们特别赞赏。秋季，七月，戊午朔日（初一），进封李元忠做北庭大都护，赐爵宁塞郡王；升任郭昕做安西大都护、四镇节度使，赐爵武威郡王；其他所有的将士都连着升了七阶。李元忠的姓名，是朝廷所赐的，他本姓曾，名令忠；而郭昕，是郭子仪弟弟的儿子。

李希烈因为长时间下雨而没有向前进军，唐德宗对他十分责怪。卢杞暗中向唐德宗说："李希烈之所以徘徊不前，是出于杨炎的缘故啊。陛下为什么要因为顾虑到杨炎一时的名位，而使得当前建功的大业遭到损害呢？不如暂时将杨炎的相位罢免从而换得李希烈的高兴，等讨平梁崇义以后，再次用他为相，也并无妨害啊。"唐德宗觉得他说的也对。庚申日（初三），便调遣杨炎担任左仆射，罢除了他主理政事的职权，而任用前永平节度使张镒担任中书侍郎、同平章事。张镒，是张齐丘的儿子。又下令朔方节度使崔宁担任右仆射。

丙子，赠故伊州刺史袁光庭工部尚书。光庭天宝末为伊州刺史，吐蕃陷河、陇，光庭坚守累年，吐蕃百方诱之，不下。粮竭兵尽，城且陷，光庭先杀妻子，然后自焚。郭昕使至，朝廷始知之，故赠官。

辛巳，以邠宁节度使李怀光兼朔方节度使。

癸未，河东节度使马燧，昭义节度使李抱真，神策先锋都知兵马使李晟，大破田悦于临洺。

时悦攻临洺，累月不拔，城中食且尽，府库竭，士卒多死伤。张伾饰其爱女，使出拜将士曰："诸群守战甚苦，伾家无它物，请鬻此女为将士一日之费。"众皆哭，曰："愿尽死力，不敢言赏！"李抱真告急于朝，诏马燧将步骑二万与抱真讨悦，又遣李晟将神策兵与之俱；又诏幽州留后朱滔讨惟岳。

【译文】丙子日（十九日），追赠故伊州刺史袁光庭做工部尚书。袁光庭是在天宝末年出任伊州刺史的，吐蕃攻陷河、陇以后，光庭坚持守卫城池长达数年，吐蕃使尽各种办法引诱他投降，他就是不愿意屈服。一直等到粮食枯竭兵力耗尽，城池将被攻陷之时，光庭先杀了他妻子然后自焚而死。郭昕派遣的使臣到达京师以后，朝廷才知悉此事，因此追赠官衔。

辛巳日（二十四日），派遣邠宁节度使李怀光兼任朔方节度使。

癸未日（二十六日），河东节度使马燧、昭义节度使李抱真、神策军先锋都知兵马使李晟，在临洺大败田悦。

当时田悦进攻临洺，一连数月都没攻下来，临洺城中粮食将要用尽，府库里的粮食已经用完，兵士大多数死亡受伤。张伾把他的爱女装扮一番，带她出来给将士们下拜说："各位抗敌守城，作战太辛苦了，我张伾家里没有什么其他的财物，请让我把这个女儿卖了，以供给各位将士们一天所需要的费用。"大家都流下泪来，说："我们愿意倾尽全部力量，至死不惜，而不敢要求任何奖赏。"李抱真向朝廷告急，唐德宗立刻下诏命令马燧率领两万步骑和李抱真一起讨伐田悦，又派遣李晟带领神策军和他们配合，同时又下达诏令让幽州留后朱滔发兵去讨伐李惟岳。

燧等军未出险，先遣使持书谕悦，为好语。悦谓燧畏之，不设备，又与抱真合兵八万，东下壶关，军于邯郸，击悦支军，破之。悦方急攻临洺，分李惟岳兵五千助杨朝光。明日，燧等进攻朝光栅，悦将万馀人救之，燧命大将李自良等御之于双冈，令之曰："悦得过，必斩尔!"自良等力战，悦军却。燧推火车焚朝光栅，斩朝光，获首虏五千馀级。居五日，燧等进军至临洺，悦悉众力战，凡百馀合，悦兵大败，斩首万馀级。悦引兵夜遁，邢州围亦解。

时平卢节度使李正己已薨，子纳秘之，擅领军务。悦求救于纳及李惟岳，纳遣大将卫俊将兵万人，惟岳遣兵三千人救之。悦收合散卒，得二万馀人，军于洹水；淄青军其东，成德军其西，首尾相应。马燧帅诸军进屯邺，奏求河阳兵自助；诏河阳节度使李芃将兵会之。

【译文】马燧等人的军队还没有出来壶关险要地区之前，就先派遣了个使臣带了封信去劝导田悦，向他说了一些好话，田悦以为马燧害怕他了，所以没有对此做出防备。马燧和李抱真聚合了八万大军，自壶关东下，驻军于邯郸，攻击田悦的一支部队，而打垮了他们。当时，田悦正急于进攻临洺，由李惟岳部队中分派出五千人去救援杨朝光。第二天，马燧等便率领士兵攻打杨朝光的军营，田悦亲自率领一万多人前去援救杨朝光，马燧命令大将李自良等在双冈加以抵御。下令说："假如让田悦通过，就杀了你！"李自良等拼死作战，田悦的部队最终被击退。马燧在一些车上点燃了柴薪推向杨朝光的营栅，将杨朝光杀掉，并斩下了敌人的首级有五千多。五天以后，马燧等又向临洺进军，田悦出动了全部军队，倾尽全力应对战争，一共战了一百多回合，田悦的军队大败，一万多人被斩杀。田悦带领着残兵败将趁夜逃跑，邢州的围困也随之解决了。

当时平卢节度使李正己早已不在人世，他的儿子李纳一直隐瞒不报，而私自统率军中事务。田悦求救于李纳和李惟岳，于是李纳派出大将卫俊带领万名士兵，李惟岳派遣三千士兵前去救助。田悦聚合散兵，一共有两万多人，在洹水驻扎军队；淄青部队在他的东边驻扎，而成德部队在他的西边驻扎，前后相互接应。马燧带领诸军进屯邺县，上奏请求河阳发兵相助，唐德宗于是下诏命令河阳节度使李芃带兵和他会合。

八月，李纳始发丧，奏请袭父位，上不许。

梁崇义发兵至江陵，至四望，大败而归，乃收兵襄、邓。李希烈引军循汉而上，与诸道兵会；崇义遣其将翟晖、杜少诚逆战于蛮水，希烈大破之；追至疏口，又破之。二将请降，希烈使将其众先入襄阳慰谕军民。崇义闭城拒守，守者开门争出，不可禁。崇义与妻赴井死，传首京师。

范阳节度使朱滔将讨李惟岳，军于莫州。张孝忠将精兵八千守易州，滔遣判官蔡雄说孝忠曰："惟岳乳臭儿，敢拒朝命；今昭义、河东军已破田悦，淮宁李仆射克襄阳，计河南诸军，朝夕北向，恒、魏之亡，可伫立而须也。使君诚能首举易州以归朝廷，则破惟岳之功自使君始，此转祸为福之策也。"孝忠然之，遣牙官程华诣滔，遣录事参军董稹奉表诣阙，滔又上表荐之。上悦。九月，辛酉，以孝忠为成德节度使。命惟岳护丧归朝，惟岳不从。孝忠德滔，为子茂和娶滔女，深相结。

【译文】 八月，李纳才给他父亲发丧，上奏请求继承他父亲的职位，唐德宗没有应允。

梁崇义发兵攻打江陵，到四望山时，大败而还，于是集合兵士，在襄、邓屯守。李希烈带兵沿着汉水向上和诸道军队会合；梁崇义派遣他的大将翟晖、杜少诚在蛮水迎接战斗，被李希烈打得大败然后逃亡，追到疏口，再次被打败。二员大将请求投降，希烈命他们率领着剩下的一群人先进入襄阳宣扬政令、安抚军队和百姓。梁崇义闭城抗拒，固守城池。守城的士兵打开城门，争先恐后地出城，根本没有办法阻止。梁崇义和他的妻子于是投井自尽，后来被捞了起来，将他的首级斩下，送往京师。

范阳节度使朱滔将要发兵讨伐李惟岳，在莫州驻军；张孝忠带领八千精兵守卫易州，朱滔派遣判官蔡雄去游说张孝忠说："李惟岳那个乳臭未干的小儿，竟然敢违抗朝廷命令；而今昭义、河东军已经将田悦击破了，李仆射希烈的淮宁军又攻下了襄阳，数数看河南的各路军队，都还昼夜不停地向北推进，恒、魏灭亡是指日可待的事情了。假如使君你能领头让易州归顺朝廷，那么破败李惟岳的功劳，便是由你领先的，这才是变灾祸为福气的上策啊！"张孝忠很是认同，于是一方面派遣牙官程华去进见朱滔，另一方面派遣录事参军董稹奉表入京，朱滔又上表推荐他，唐德宗心中特别喜悦。九月，辛酉日（初六），任命张孝忠为成德节度使。又命李惟岳护丧返朝，惟岳没有遵从。张孝忠十分感激朱滔的恩德，替他儿子茂和娶了朱滔的女儿，用来加深相互的交情。

壬戌，加李希烈同平章事。

初，李希烈请讨梁崇义，上对朝士亟称其忠。黜陟使李承自淮西还，言于上曰："希烈必立微功；但恐有功之后，偃蹇不臣，更烦朝廷用兵耳。"上不以为然。

希烈既得襄阳，遂据之为己有，上乃思承言。时承为河中尹，甲子，以承为山南东道节度使。上欲以禁兵送上，承请单骑赴镇。至襄阳，希烈置之外馆，迫胁万方，承誓死不屈，希烈乃大掠阖境所有而去。承治之期年，军府稍完。希烈留牙将于襄州，守其所掠财，由是数有使者往来。承亦遣其腹心臧叔雅往来许、蔡，厚结希烈腹心周曾等，与之阴图希烈。

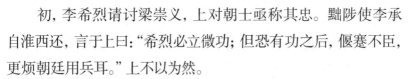

【译文】壬戌日（初七），进封李希烈为同平章事。

先前，李希烈请求讨伐梁崇义之时，唐德宗多次对满朝文武赞扬他的忠心耿耿。黜陟使李承由淮西回到朝廷，对唐德宗说："李希烈肯定可以建立战功，恐怕他立功以后，自恃功高而不肯臣服，那就更要烦劳朝廷出兵讨伐了！"唐德宗却不这样觉得。

李希烈攻占到襄阳以后，便将其据为己有了，唐德宗这才想起李承说过的话。当时李承是河中尹，甲子日（初九），任命李承担任山南东道节度使。唐德宗要派遣禁兵送他赴任，李承却请求让他单骑赴任；到达襄阳之时，李希烈将他安置在驿馆中，千方百计对他威胁强迫，李承宁愿死去也不屈服。李希烈于是在整个襄阳境内大掠而去。李承治理一年以后，军府才稍稍完备一些。李希烈在襄州留有牙将，守护他抢来的财物，因而经常有使臣前来。李承也派遣他的心腹臧叔雅前去许州、蔡州，深结李希烈的心腹周曾等人，和他们暗自谋划对付李希烈。

初，萧嵩家庙临曲江，玄宗以娱游之地，非神灵所宅，命徙之。杨炎为相，恶京兆尹严郢，左迁大理卿。卢杞欲陷炎，引郢为御史大夫。先是，炎将营家庙，有宅在东都，凭河南尹赵惠伯卖之，惠伯买以为官廨，郢按之，以为有羡利。杞召大理正田晋议法，晋以为："律，监临官市买有羡利，以乞取论，当夺官。"杞怒，贬晋衡州司马。更召它吏议法，以为："监主自盗，罪当绞。"炎庙正直萧嵩庙地，杞因谮炎，云"兹地有王气，故玄宗令嵩徙之。炎有异志，故于其地建庙。"冬，十月，乙未，炎自左仆射贬崖州司马。遣中使护送，未至崖州百里，缢杀之。惠伯自河中尹贬费州多田尉。寻亦杀之。

【译文】 起先，萧嵩的家庙距离曲江很近，玄宗觉得那里是游乐之地，不是适宜神灵居住之地，而命他将家庙迁走。杨炎担任宰相之时，十分憎恶京兆尹严郢，而调迁他做大理卿；卢杞有心陷害杨炎，便把严郢引进作为御史大夫。在此之前，杨炎准备营建家庙，在东都有一栋宅院，就拜托河南尹赵惠伯帮他卖掉，惠伯便买下作为官舍，严郢便检举他，说他从中贪污谋取暴利。卢杞于是召大理正田晋依法议处。田晋觉得："根据律令，监临官购买物产而从中谋利，依照勒索贿赂论罪，应该撤销职位。"卢杞勃然大怒，而贬田晋做了衡州司马。又再令其他大理正重新议处，而觉得："负责监守的人，从自己所管理的财物中谋取利益，按罪应当受到绞刑。"杨炎的家庙，正对着萧嵩原来的家庙，所以卢杞讲他的坏话说："那地方有天子瑞气，因此玄宗才令萧嵩迁走家庙；杨炎怀有异心，因此在那里修建家庙。"冬季，十月，乙未日（初十），杨炎从左仆射被贬为崖州司马;到崖州大约还差一百里路的时候,就被绞死了。赵惠伯从河中尹被贬为费州多田县尉,没有多长时间也将他杀掉了。

辛丑,册太子妃萧氏。

癸卯,祫太庙。先是,太祖既正东向之位,献、懿二祖皆藏西夹室,不祫。至是,复奉献祖东向而祫之。

徐州刺史李洧,正己之从父兄也。李纳寇宋州,彭城令太原白季庚说洧举州归国。洧从之,遣摄巡官崔程奉表诣阙,且使口奏,并白宰相,以"徐州不能独抗纳,乞领徐、海、沂三州观察使,况海、沂二州,今皆为纳有。洧与刺史王涉、马万通素有约,苟得朝廷诏书,必能成功。"程自外来,以为宰相一也,先白张镒,镒以告卢杞。杞怒其不先白己,不从其请。戊申,加洧御史大夫,充招谕使。

【译文】辛巳日(十月无此日),册立太子妃萧氏。

癸卯日(十八日),在太庙中举行祫祭。在这之前,太祖灵位已经在东向的位置供奉上了,因此太祖的祖父献祖宣皇帝李熙、太祖的父亲懿祖光皇帝李天赐的灵位便都在西夹室里奉藏着,而不在四时祭祀;而现在,又再将献祖的灵位供奉到向东的位置,而岁时祭祀。

徐州刺史李洧,是李正己的堂兄。李纳侵犯宋州之时,彭城县令太原人白季庚游说李洧将所管治的徐州向朝廷归顺;李洧听了他的话,便派遣摄巡官崔程奉表入京,并且要他口头上奏,同时也向宰相禀告,就说:"单单依靠徐州薄弱的力量,无法抵抗李纳,所以想要求任命统率徐、海、沂三州观察使,何况海、沂二州,现今都已被李纳占有。我和二州刺史王涉及马万通向来有交情,假如能得到朝廷的诏书,抗拒李纳,肯定能够胜利。"崔程从外地来京，错误地认为宰相的地位和职权当然都是一样的，便把这番话先行禀告给了张镒，张镒就去告诉卢杞。卢杞生气崔程不先向自己禀告，因此没有答应他的请求。而于戊申日（二十三日），晋封李洧为御史大夫，充任招谕使。

十一月，戊午，以永乐公主适检校比部郎中田华，上不欲违先志故也。

蜀王傀，更名遂。

辛酉，宣武节度使刘洽，神策都知兵马使曲环，滑州刺史襄平李澄，朔方大将唐朝臣，大破淄青、魏博之兵于徐州。

先是，李纳遣其将王温会魏博将信都崇庆共攻徐州，李洧遣牙官温人王智兴诣阙告急。智兴善走，不五日而至。上为之发朔方兵五千人，以朝臣将之，与洽、环、澄共救之。时朔方军资装不至，旗服弊恶。宣武人嗤之曰："乞子能破贼乎！"朝臣以其言激怒士卒，且曰："都统有令，先破贼营者，营中物悉与之。"士皆愤怒争奋。

【译文】十一月，戊午日（初四），将永乐公主嫁给了代理比部郎中田华，只是由于唐德宗不愿悖逆先帝的心意。

蜀王李傀改名为李遂。

辛酉日（初七），宣武节度使刘洽、神策都知兵马使曲环、滑州刺史襄平人李澄、朔方大将唐朝臣，在徐州大败淄青、魏博的军队。

在此之前，李纳派遣他的部将王温会同魏博军队里的大将信都人崇庆共攻徐州，李洧派遣牙官温县人王智兴向朝廷告急。智兴健步善走，五天不到就到达京师。唐德宗为他派遣了朔方部队的五千名士兵，下令唐朝臣带领着，和刘洽、曲环、李澄一起前往救援。当时朔方军的粮食装备来不及运到,旗帜衣服都是破烂不堪,宣武军的士兵都嘲笑着说:"乞丐也可以灭贼吗?"唐朝臣就拿这句话来激怒士兵,并且说:"都统有令,先将贼人营地攻破的部队,营中全部财物都归他们所有。"兵士全部非常愤怒而奋勇争先地杀敌。

　　崇庆、温攻彭城,二旬不能下,请益兵于纳。纳遣其将石隐金将万人助之,与刘洽等相拒于七里沟。日向暮,洽引军稍却,朔方马军使杨朝晟言于唐朝臣曰:"公以步兵负山而陈,以待两军,我以骑兵伏于山曲,贼见悬军势孤,必搏之。我以伏兵绝其腰,必败之。"朝臣从之。崇庆等果将骑二千逾桥而西,追击官军,伏兵发,横击之。崇庆等兵中断,狼狈而返,阻桥以拒官军。其兵有争桥不得,涉水而度者。朝晟指之曰:"彼可涉,吾何为不涉!"遂涉水击,据桥者皆走,崇庆等兵大溃。洽等乘之,斩首八千级,溺死过半。朔方军士尽得其辎重,旗服鲜华,乃谓宣武人曰:"乞子之功,孰与宋多?"宣武人皆惭。官军乘胜逐北,至徐州城下,魏博、淄青军解围走,江、淮漕运始通。

　　【译文】崇庆、王温攻彭城,前前后后二十天都没能攻下,请李纳加派兵力;李纳便派遣他的部将石隐金带着万人士兵赶赴增援,和刘洽等人在七里沟交战,天色接近黄昏之时,刘洽不敌,领兵稍微退后,朔方马军使杨朝晟对唐朝臣说:"请你把步兵背对着山排列兵阵,这样等待淄青、魏博两军,我将骑兵埋伏在山凹里,贼人看到孤军势力单薄,肯定向你进攻;我便让伏兵拦腰截击他们,一定可以打败他们。"朝臣听从了他的计谋。崇庆等人果然带领了两千铁骑过桥向西,追赶攻击朝廷官兵,伏兵突然出现,拦腰予以痛击;崇庆等的部队被阻截中断,被迫狼狈撤退，占据桥头，抗拒官兵。崇庆军队中的败兵，有争不到桥道退逃的，就涉水渡河，杨朝晟便指着他们说："他们可以涉水而过，为什么我们不可以？"于是便涉水追击，据守桥头的那些贼兵都四散逃跑，崇庆等部队被打得溃不成军；刘洽趁机攻击，斩下敌人八千首级，而贼兵有一半以上都被淹死。朔方军队把敌军全部的辎重装备都缴获了，旗帜服装全部焕然一新，鲜明华丽，于是对宣武军的士兵说："乞丐的功劳，和你们宣武军比起来，究竟谁多谁少？"宣武士兵都倍感羞愧。官军乘胜追杀那些逃亡败北的贼兵，一直到徐州城下，魏博、淄青两军才突围退走，江、淮水运，到这个时候才畅通无阻。

己巳，诏削李惟岳官爵；募所部降者，赦而赏之。

甲申，淮南节度使陈少游遣兵击海州，其刺史王涉以州降。

十二月，李纳密州刺史马万通乞降；丁酉，以为密州刺史。

崔汉衡至吐蕃，赞普以敕书称贡献及赐，全以臣礼见处。又，云州之西，当以贺兰山为境，邀汉衡更请之。丁未，汉衡遣判官与吐蕃使者入奏。上为之改敕书、境土，皆如其请。

加马燧魏博招讨使。

【译文】己巳日（十五日），下诏将李惟岳的官职爵位予以撤除；招募他部队中那些投降的将士，不但一律赦免其罪过，并且另加奖赏。

甲申日（三十日），淮南节度使陈少游派遣士兵攻打海州，刺史王涉以全州投降。

十二月，李纳所属的密州刺史马万通求降；丁酉日（十三日），朝廷仍旧派遣他担任密州刺史。

崔汉衡赴吐蕃出使，赞普因唐德宗的敕书中用的是"贡献"及"赐"等字眼，全以对待臣属的礼制相待；另外，又认为云州西边应该把贺兰山当作界线，所以请汉衡再替他向唐德宗请求加以更改。丁未日(二十三日)，崔汉衡派遣判官陪同吐蕃使臣入朝奏请。唐德宗由此更改敕书，如：将"贡献"改作"进"，而将"赐"改成"寄"等，边境界限，也都依照他的请求而重新订立。

诏加马燧兼任魏博招讨使。

建中三年(壬戌，公元七八二年)春，正月，河阳节度使李芃引兵逼卫州，田悦守将任履虚诈降，既而复叛。

马燧等诸军屯于漳滨。田悦遣其将王光进筑月城以守长桥，诸军不得渡。燧以铁锁连车数百乘，实以土囊，塞其下流，水浅，诸军涉渡。时军中乏粮，悦等深壁不战。燧命诸军持十日粮，进屯仓口，与悦夹洹水而军。李抱真、李芃问曰："粮少而深入，何也？"燧曰："粮少则利速战，今三镇连兵不战，欲以老我师。我若分军击其左右，悦必救之，则我腹背受敌，战必不利。故进军逼悦，所谓攻其所必救也。彼苟出战，必为诸君破之。"乃为三桥逾洹水，日往挑战，悦不出。燧令诸军夜半起食，潜师循洹水直趋魏州，令曰："贼至，则止为陈。"留百骑击鼓鸣角于营中，仍抱薪持火，俟诸军毕，则止鼓角匿其旁。伺悦军毕渡，焚其桥。军行十里所，悦闻之，帅淄青、成德步骑四万逾桥掩其后，乘风纵火，鼓噪而进。燧按兵不动，先除其前草莽百步为战场，结陈以待之，募勇士五千馀人为前列。悦军至，火止，气衰，燧纵兵击之，悦军大败。神策、昭义、河阳军小却，见河东军捷，还斗，又破之。追奔至，三桥已焚，悦军乱，赴水溺死不可胜纪，斩首二万馀级，捕虏三千馀人，尸相枕藉三十馀里。

【译文】 建中三年（壬戌，公元782年）春季，正月，河阳节度使李芃带领士兵进逼卫州，田悦部下的守城大将任履虚诈降，后来又窥探时机反叛。

马燧等统领军队在漳水岸边屯兵。田悦派遣他的部将王光进两头抱河，筑形如半月的城垣防守长桥，所以马燧等部队不能渡水作战。马燧便用铁链连接数百辆车子，在车厢中装上土袋，填塞在长桥下流，使得水面低浅，各路军队因而得以涉水渡过。当时军中粮食短缺，田悦将营垒外的壕沟挖深，坚守营地而不出城作战。马燧便命各部队带上十天的食粮，进兵在仓口屯驻，而和田悦部队在洹水两岸对峙。李抱真、李芃问他说："军粮数量很少，而又深入敌人的营防，这是什么原因呢？"马燧说："因为粮少所以必须快点战斗才对你我有利，而今敌方三镇联兵而不出城作战，想要使我们的兵士疲惫困乏；假如我们分兵从他们的左右进攻，田悦必定派遣兵士支援，如此我们可就陷入腹背受敌的险境了，这样的话，战事一定不利于我方。因此进兵胁迫田悦，这就是兵法所说的要攻击对方必须派遣士兵援救的地区啊。三镇的军队一旦出战，必然会被诸位所击破。"所以搭建了三座桥梁，越过洹水，每日不断地去挑战，田悦就是不领兵出战，马燧于是下令让各军士兵在半夜里起来，吃饱肚子，在黑暗中行军，顺着洹水，直奔魏州，下令说："贼兵来到，就停止行军，立刻布阵迎战。"只留下骑兵一百在营内击鼓吹号，和以前一样，抱持着火把，等到全部的军队都出发以后，才停止击鼓和吹号，在一旁隐藏；而等田悦的兵士全都渡过了河水，再叫他们烧掉桥梁。军队出发大约走了十里路，田悦获悉，就带领淄青、成德两支部队的步骑四万过桥来在后面追赶，趁着风势放火烧野，敲着鼓叫嚣着前进。马燧按兵不动，先把军阵前百步范围以内的草莽清理掉预备作为战场，排兵布阵以待，而且招募五千多名勇士充当前锋。田悦兵士一到跟前，火势已熄，士气也已衰竭，马燧这才出兵攻击，大败田悦。神策、昭义、河阳诸军小受挫败而撤退，然而当他们看到河东部队大捷，便掉转过来再战，再次击败了田悦。此时朝廷官兵已追奔来到，三座桥梁被焚毁，田悦军队大乱，跳到水里被淹死的，简直不计其数，有两万多人被斩首，有三千多人被俘虏，尸体纵横堆积，遍布三十多里地。

　　悦收馀兵千馀人走魏州。马燧与李抱真不协，顿兵平邑浮图，迁延不进。悦夜至南郭，大将李长春闭关不内，以俟官军，久之，天且明，长春乃开门纳之。悦杀长春，婴城拒守。城中士卒不满数千，死者亲戚，号哭满街。悦忧惧，乃持佩刀，乘马立府门外，悉集军民，流涕言曰："悦不肖，蒙淄青、成德二丈人保荐，嗣守伯文业，令二丈人即世，其子不得承袭，悦不敢忘二丈人大恩，不量其力，辄拒朝命，丧败至此，使士大夫肝脑涂地，皆悦之罪也。悦有老母，不能自杀，愿诸公以此刀断悦首，提出城降马仆射，自取富贵，无为与悦俱死也！"因从马上自投地。将士争前抱持悦曰："尚书举兵徇义，非私己也。一胜一负，兵家之常。某辈累世受恩，何忍闻此！愿奉尚书一战，不胜则以死继之。"悦曰："诸公不以悦丧败而弃之，悦虽死，敢忘厚意于地下！"乃与诸将各断发，约为兄弟，誓同生死。悉出府库所有及敛富民之财，得百馀万，以赏士卒，众心始定。复召贝州刺史邢曹俊，使之整部伍，缮守备，军势复振。

　　【译文】 田悦召集了一千多名残兵败将逃往魏州。马燧和李抱真不和，在平邑佛寺停兵。田悦剩下的众人在夜里抵达魏州南门外，大将李长春紧闭城关不让他进去，想等官军到来，过了很久，天都快亮了，长春还没看到官军到来，才将门打开让田悦进城。田悦于是杀了李长春，据城拒守。城中兵士不到几千人，死亡兵士的家人们号啕大哭，满街都是。田悦担忧恐惧，所以手握佩刀，骑在马上在军府门外站立，召集全城所有的军民，泪流满面地对他们说："这全都是我的过错，当时承蒙淄青李正己、成德李宝臣两位长辈保举推荐，我才得以继承伯父的权位，而今这两位长辈都已过世，他们的儿子却都没有承袭权位，我不敢将两位尊长的大恩大德给忘记，所以自不量力地就抗拒起朝廷的命令来，才导致了今日的败亡，而使得将士们惨遭横祸，这全是我的罪过啊。我上有老母，不可以自杀，然而愿诸位用我手上的这把刀将我的头砍下来，拿出城去献给马仆射，求得自己的荣华富贵，而不必和我一块儿在这里被困死啊！"于是翻身滚下马来而跌倒在地。将士们争相上前抱住他说："尚书你起兵行义，并非是为你自己啊。一胜一败，原本是兵家常事。我们世世代代受你的恩惠，怎么会忍心听你这样说？我们甘心在你的带领下再决一死战，如果无法取胜就以死相报。"田悦说："诸位不因我败亡而抛下我不管，我田悦死去之后，在九泉之下也不敢把诸位的此番盛意给忘记啊！"于是同诸位将领各自把头发剪断，结成兄弟，发誓同生共死；而且拿出了府库里全部的财物，还向当地的富户征收钱财，数目共计百余万，赏给了士兵们，这才使军心安定了下来。又再度召用贝州刺史邢曹俊，要他整顿部队，充实武备，军队的声势才又振兴起来。

李纳军于濮阳，为河南军所逼，奔还濮州，征援兵于魏州。

田悦遣军使符璘将三百骑送之，璘父令奇谓璘曰："吾老矣，历观安、史辈叛乱者，今皆安在！田氏能久乎！汝因此弃逆从顺，是汝扬父名于后世也。"啮臂而别。璘遂与其副李瑶帅众降于马燧。悦收族其家，令奇慢骂而死。瑶父再春以博州降，悦从兄昂以洺州降，王光进以长桥降。悦入城旬馀日，马燧等诸军始至城下，攻之，不克。

【译文】李纳在濮阳驻军，被河南军逼攻，又逃回了濮州，而请求魏州增援。田悦派遣军使符璘带领三百骑兵护送，符璘的父亲符令奇对符璘说："我老了，当年我亲眼看见过安禄山、史思明那些犯上作乱的人，如今他们都到哪去了？田氏又能维持多久呢？假如你能趁此机会弃暗投明，那就等于是你能将你的父名显扬于后世，而尽了大孝了。"说完咬破手臂把儿子送走。符璘因而跟他的副将李瑶带领众人投降了马燧。田悦将他全族杀害，并且还把他们的家产没收，符令奇破口大骂而死。李瑶的父亲李再春在博州举城投降，田悦的堂兄田昂在洺州举城投降，王光进在长桥也率众投降了。田悦进到魏州城十几天后，马燧等各部队才来到城下，开始攻城，然而没有攻克。

丙寅，李惟岳遣兵与孟祐守束鹿，朱滔、张孝忠攻拔之，进围深州。惟岳忧惧，掌书记邵真复说惟岳，密为表，先遣弟惟简入朝；然后诛诸将之不从命者，身自入朝，使妻父冀州刺史郑诜权知节度事，以待朝命。惟简既行，孟祐知其谋，密遣告田悦。悦大怒，使衙官扈岌往见惟岳，让之曰："尚书举兵，正为大夫求旌节耳，非为己也。今大夫乃信邵真之言，遣弟奉表，悉以反逆之罪归尚书，自求雪身，尚书何负于大夫而至此邪！若相为斩邵真，则相待如初；不然，当与大夫绝矣。"判官毕华言于惟岳曰：

"田尚书以大夫之故陷身重围，大夫一旦负之，不义甚矣。且魏博、淄青兵强食富，足抗天下，事未可知，奈何遽为二三之计乎!"惟岳素怯，不能守前计，乃引邵真，对扈岌斩之。发成德兵万人，与孟祐俱围束鹿。丙寅，朱滔、张孝忠与战于束鹿城下，惟岳大败，烧营而遁。

【译文】 丙寅日（十二日），李惟岳派遣士兵支援孟祐守束鹿，最后还是被朱滔、张孝忠攻拔了，然后朱滔等又乘胜出兵围困深州。李惟岳感到非常恐惧，掌书记邵真又劝说惟岳，建议他秘密上表，先派遣他弟弟惟简入朝；然后将没有听从朝令的将领，一概予以诛杀，再亲自入朝，而请岳父冀州刺史郑诜暂时代理节度使的职务，听候朝廷命令派遣人来接管。李惟简启程以后，孟祐知晓了他们的计划，便派遣一个密使去报告田悦。田悦非常震怒，就派遣衙官扈岌去见李惟岳，责备他说："田尚书起兵，全都是为大夫你求旌旄符节而已，并不是为了他自己。而今大夫你竟然听信邵真的话，派遣你弟弟奉表入朝，而把全部反叛的罪名归于尚书一个人，来给自己洗脱罪名，尚书有哪里对不住你，以至于让你做出这等事来呢？假如你可以因为这桩子事，而杀掉邵真，那么依然像当初那样待你；否则，就下决心跟大夫你绝交了。"判官毕华又对李惟岳说："田尚书因为你而身陷重围，大夫你却忽然悖逆了他，实在也太不讲义气了。何况魏博、淄青兵力强大食物充足，足可以与天下的军队对抗，可以成事也未可而知，你怎么能够反复不定而忽然盲目行动呢？"李惟岳生性素来怯懦，听他们这一说，又不能坚守原定的计划行事了，于是引来邵真，当着扈岌的面斩杀了他；又发成德部队一万名兵士，支援孟祐一起围攻束鹿。丙寅日（十二日），朱滔、张孝忠和他们在束鹿城下会战，惟岳兵大败，焚烧营寨，连夜逃窜。

兵马使王武俊为左右所构，惟岳疑之，惜其才，未忍除也。束鹿之战，使武俊为前锋，私自谋曰："我破朱滔，则惟岳军势大振，归，杀我必矣。"故战不甚力而败。

朱滔欲乘胜攻恒州，张孝忠引兵西北，军于义丰。滔大惊，孝忠将佐皆怪之，孝忠曰："恒州宿将尚多，未易可轻。迫之则并力死斗，缓之则自相图。诸君第观之，吾军义丰，坐待惟岳之殄灭耳。且朱司徒言大而识浅，可与共始，难与共终也！"于是，滔亦屯束鹿，不敢进。

惟岳将康日知以赵州归国，惟岳益疑王武俊，武俊甚惧。或谓惟岳曰："先相公委腹心于武俊，使之辅佐大夫，又有骨肉之亲。武俊勇冠三军，今危难之际，复加猜阻。若无武俊，欲使谁为大夫却敌乎！"惟岳以为然，乃使步军使卫常宁与武俊共击赵州，又使王士真将兵宿府中以自卫。

【译文】兵马使王武俊被李惟岳身边的一些人谗言陷害，所以惟岳对他起了疑心，然而由于爱惜他的才干，杀掉他于心不忍。束鹿这次战争，武俊被派遣去打前阵，他私下盘算着说："我把朱滔攻破之后，那么李惟岳的军势就因而大振，回去必然会把我给宰了。"因此作战之时不太卖力，结果大败。

朱滔想趁着胜利攻打恒州，张孝忠却带领士兵向西北挺进，在义丰驻扎。朱滔感到非常惊异，孝忠手下的大将和僚佐也都觉得很奇怪，孝忠说："恒州的老将还有很多，不可以轻视了他们。逼攻恒州，他们就会合力死拼，若是我们缓兵而不前进，那么他们只是各图自保而已。诸位只等着看吧，我们在义丰驻兵，坐着等李惟岳灭绝就可以了。更何况朱司徒只会说大话而见识浅肤，可以和他一起开始，然而难以和他一起结束啊！"于是朱滔也在束鹿驻兵，而不敢前进。

因为李惟岳手下的一员大将康日知在赵州举城归顺朝廷，惟岳由此愈加怀疑王武俊，武俊也就愈加恐惧。就有人对惟岳说："先相公（指李宝臣）对王武俊推心置腹，极其信赖，而让他辅助大夫你，何况他儿子还是你们李家的女婿，武俊又是位勇冠三军的大将，眼下危难当头，你还要对他产生猜疑，处处压制着他，除了他以外，你还寄希望于谁替你作战退敌啊！"惟岳认为他说的也对，于是便派遣步军使卫常宁和王武俊一同率领士兵攻打赵州，又派遣王武俊的儿子王士真带领士兵住在军府中保卫自己。

癸未，蜀王遂更名溯。

淮南节度使陈少游拔海、密二州，李纳复攻陷之。

王武俊既出恒州，谓卫常宁曰："武俊今幸出虎口，不复归矣！当北归张尚书。"常宁曰："大夫暗弱，信任左右，观其势终为朱滔所灭。今天子有诏，得大夫首者，以其官爵与之。中丞素为众所服，与其出亡，曷若倒戈以取大夫，转祸为福，特反掌耳。事苟不捷，归张尚书，未晚也。"武俊深以为然。会惟岳使要藉谢遵至赵州城下，武俊引遵同谋取惟岳。遵还，密告王士真。闰月，甲辰，武俊、常宁自赵州引兵还袭惟岳。遵与士真矫惟岳命，启城门纳之。黎明，武俊帅数百骑突入府门。士真应之于内，杀十馀人。武俊令曰："大夫叛逆，将士归顺，敢违拒者族！"众莫敢动。遂执惟岳，收郑诜、毕华、王它奴等，皆杀之。武俊以惟岳旧使之子，欲生送之长安。常宁曰："彼见天子，将复以叛逆之罪归咎于中丞。"乃缢杀之，传首京师。深州刺史杨荣国，惟岳姊夫也，降于朱滔，滔使复其位。

【译文】癸未日（二十九日），蜀王李遂又改名为李溯。

淮南节度使陈少游攻取下的海、密二州，没过多久又被李纳攻陷。

王武俊离开恒州以后，就对卫常宁说："我王武俊今天万幸跳出了虎口，是不会再回去了！我决定到北方去依附张尚书（指张孝忠）。"常宁说："大夫昏庸愚昧而又懦弱，信赖身旁的奸佞小人，看情势迟早会被朱滔殄灭。而今天子降下诏令，能取得他人头的，赐给官禄爵位，中丞你向来为众人所钦服，与其逃亡，哪比得上返回去杀掉他呢？这种把灾祸变为福分的事情，就像反掌一样容易，到时候事情如果没有成功，再去依附张尚书，也不算晚啊。"武俊觉得很对。正好碰到李惟岳派遣要藉官谢遵来到赵州城内，武俊便邀请谢遵一块谋取惟岳；谢遵返回，便密密地告诉了王士真。闰月的甲辰日（二十一日），王武俊、常宁自赵州领兵返回攻击李惟岳；谢遵和王士真诈称李惟岳的命令，把城门打开放他们进来。天刚刚亮，武俊率领数百骑兵突入军府大门；士真在内接应，杀掉了十几个人。武俊发布命令说："大夫叛逆，将士们理应弃邪归正，归顺朝廷，如果有谁敢抗拒的话，全族诛灭！"大家都不敢动。于是将李惟岳逮捕了，进攻郑诜、毕华、王他奴等人，而一一杀死了他们。王武俊看在李惟岳是以前节度使李宝臣的儿子的面子上，想要留他一条命而押送他到长安去。常宁说："他如果见到了天子，一定会把叛逆的罪名加到你头上。"于是就绞死了李惟岳，然后把他的头砍下来，送往京师。深州刺史杨荣国，是李惟岳的姐夫，投降了朱滔；朱滔仍让他担任以前的职位。

复榷天下酒，惟西京不榷。

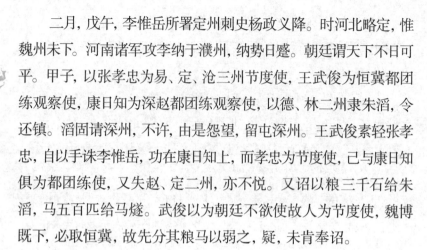

二月，戊午，李惟岳所署定州刺史杨政义降。时河北略定，惟魏州未下。河南诸军攻李纳于濮州，纳势日蹙。朝廷谓天下不日可平。甲子，以张孝忠为易、定、沧三州节度使，王武俊为恒冀都团练观察使，康日知为深赵都团练观察使，以德、林二州隶朱滔，令还镇。滔固请深州，不许，由是怨望，留屯深州。王武俊素轻张孝忠，自以手诛李惟岳，功在康日知上，而孝忠为节度使，己与康日知俱为都团练使，又失赵、定二州，亦不悦。又诏以粮三千石给朱滔，马五百匹给马燧。武俊以为朝廷不欲使故人为节度使，魏博既下，必取恒冀，故先分其粮马以弱之，疑，未肯奉诏。

【译文】 恢复天下所有的酒由官府公卖的制度，唯独西京（长安）例外。

二月，戊午日（初五），李惟岳所委派的定州刺史杨政义投降。这时河北一带大致都已平定，唯独魏州尚未被攻克。河南各军在濮州进攻李纳，李纳的情势一日日窘迫起来。朝廷觉得天下没过多久便可太平无事了；甲子日（十一日），派遣张孝忠担任易、定、沧三州节度使，王武俊担任恒冀都团练观察使，康日知担任深赵都团练观察使，而将德、棣二州隶属于朱滔，让他返回镇守。朱滔再三要求深州，唐德宗都没应允，因而有怨在心，而在深州留兵屯驻。王武俊向来看不起张孝忠，又认为是自己将李惟岳杀掉的，功劳应该在康日知之上，然而孝忠当上了节度使，自己和康日知两人却只不过当了个都团练使，同时还失去了赵、定二州，心里也十分不痛快。此外，唐德宗又下达诏令让他给朱滔三千石粮食，给马燧五百匹马，武俊因此认为朝廷不愿意让叛军旧将担任节度使，击败魏博叛军之后，一定会攻取恒冀，因此才分散他的粮马借以削弱他的实力；既然有了这样的猜疑，因此不愿奉诏。

田悦闻之，遣判官王侑、许士则间道至深州，说朱滔曰："司徒奉诏讨李惟岳，旬朔之间，拔束鹿，下深州，惟岳势蹙，故王大夫因司徒胜势，得以枭惟岳之首，此皆司徒之功也。又天子明下诏书，令司徒得惟岳城邑，皆隶本镇。今乃割深州以与日知，是自弃其信也。且今上志欲扫清河朔，不使蕃镇承袭，将悉以文臣代武臣。魏亡，则燕、赵为之次矣；若魏存，则燕、赵无患。然则司徒果有意矜魏博之危而救之，非徒得存亡继绝之义，亦子孙万世之利也。"又许以贝州赂滔。滔素有异志，闻之，大喜，即遣王侑归报魏州，使将士知有外援，各自坚。又遣判官王郅与许士则俱诣恒州，说王武俊曰："大夫出万死之计，诛逆首，拔乱根，康日知不出赵州，岂得与大夫同日论功！而朝廷褒赏略同，谁不为大夫愤邑者！今又闻有诏支粮马与邻道，朝廷之意，盖以大夫善战无敌，恐为后患，先欲贫弱军府，俟平魏之日，使马仆射北首，朱司徒南向，共相灭耳。朱司徒亦不敢自保，使郅等效愚计，欲与大夫共救田尚书而存之。大夫自留粮马以供军；朱司徒不欲以深州与康日知，愿以与大夫，请早定刺史以守之。三镇连后，若耳目手足之相救，则它日永无患矣！"武俊亦喜，许诺，即遣判官王巨源使于滔，且令知深州事，相与刻日举兵南向。滔又遣人说张孝忠，孝忠不从。

【译文】田悦获悉这种情况之后，便派遣判官王侑、许士则秘密由小径前往深州，游说朱滔说："司徒你奉诏讨伐李惟岳，旬月之间，攻拔了束鹿，攻下了深州，李惟岳的形势窘迫，王大夫武俊全依仗这一优势，才把李惟岳的头砍下，这全都是司徒你的功劳啊。而且天子明明下诏书，说假如你能将李惟岳的城邑攻下，就都归属于你！而今竟割出深州拿来分给康日知，这和背信弃义没什么两样嘛。何况当今天子有心清除河朔，不让藩镇的子孙承袭权位，而将用文臣替代武将。就好比魏国一亡，所以燕国、赵国自然就跟着灭亡了，如果魏国存在，燕、赵也就不会有任何忧患了。既然这样，那么假如司徒你真的有意因为怜悯魏博的危困而发兵救助的话，非但可以因为继绝存亡的义行而享有美誉，也是在为你的子孙万世谋福造利啊！"又许下诺言要把贝州送给朱滔。朱滔向来怀有异心，听他这样说，非常高兴，立刻让王侑返回通知魏州的将士们，让他们知晓有外援即将到来，各自坚守。又派遣判官王郅和许士则一起到恒州去游说王武俊说："大夫你冒着万死的危险计划行事，砍掉贼首，除去乱根，而康日知连赵州都不曾离开过，怎能和你的功劳相提并论？然而朝廷的褒奖封赏却都相差无几，有谁不为你愤恨不平的？而今又听说有诏令要你给邻道提供粮马，朝廷的用意，是由于你骁勇善战，而怕留下后患，因此要先削弱你的军府，等到平魏以后，再让马仆射向北，朱司徒向南，合力将你殄灭而已。朱司徒也不敢自保无虑，因此派遣我献计于你，想要和你合力去解救田尚书，而让他不致被灭亡，大夫你自己留下粮食和马匹以供将士们的需要；朱司徒不愿把深州让给康日知，而想要给你，请你早日派定刺史去守城。那么范阳、恒冀和魏博三镇联兵，就像是耳目手足彼此互相帮助一般，将来就可永无忧患了！"武俊一听，心里也十分高兴，便答应了，于是立刻派遣判官王巨源作为使臣，去见朱滔，并且就任命他管理深州刺史的事务，相互约定时日发兵往南方去援助。朱滔又派遣人去游说张孝忠，孝忠却不为所动。

宣武节度使刘洽攻李纳于濮州，克其外城。纳于城上涕泣求自新，李勉又遣人说之。癸卯，纳遣其判官房说以其母弟经及子成务入见。会中使宋凤朝称纳势穷蹙，不可舍，上乃因说等于禁中，纳遂归郓州，复与田悦等合。朝廷以纳势未衰，三月，乙未，始以徐州刺史李洧兼徐、海、沂都团练观察使，海、沂已为纳所据，洧竟无所得。

李纳之初反也，其所署德州刺史李西华备守甚严，都虞候李士真密毁西华于纳，纳召西华还府，以士真代之。士真又以诈召棣州刺史李长卿，长卿过德州，士真劫之，与同归国。夏，四月，戊午，以士真、长卿为二州刺史。士真求援于朱滔，滔已有异志，遣大将李济时将三千人声言助士真守德州，且召士真诣深州议军事，至则留之，使济时领州事。

【译文】宣武节度使刘洽在濮州进攻李纳，将濮州外城攻占。李纳在城楼上流着眼泪请求改过自新，李勉又派遣人过去劝说他。癸卯日（二月无此日），李纳派遣他的判官房说与他的胞弟李经和儿子李成务入朝觐见。正碰上中使宋凤朝返回朝中说李纳的情势已经陷于贫困窘迫的境地，不能放过他，唐德宗因此将房说等逮捕囚禁在宫中；李纳便又返回郓州，和田悦等人联合了起来。朝廷见到李纳的声势没有减弱，三月，乙未日（十三日），才派遣徐州刺史李洧兼徐、海、沂都团练观察使，当时海、沂二州已被李纳占据，李洧事实上是毫无所获。

李纳先前造反之时，他所委派的德州刺史李西华严密守备，都虞候李士真暗中在李纳面前毁谤西华，李纳于是召西华回了军府，而派遣士真去替代他的职位。士真又假传命令召棣州刺史李长卿，长卿奉召路过德州之时，被李士真劫持了下来，胁迫他一同返回京城。夏季，四月，戊午日（初六），下诏派遣李士真、李长卿担任德、棣二州刺史。士真向朱滔要增援，然而朱滔已经生了二心，便派遣大将李济时带着三千人声言是去援助李士真守卫德州，同时又召士真赴深州讨论军事，抵达以后，便扣押了他，而让李济时主持德州的政务。

庚申，吐蕃归向日所俘掠兵民八百人。

上遣中使发卢龙、恒冀、易定兵万人诣魏州讨田悦。王武俊不受诏，执使者送朱滔。滔言于众曰："将士有功者，吾奏求官勋，皆不遂。今欲与诸君敕装共趋魏州，击破马燧以取温饱，何如？"皆不应。三问，乃曰："幽州之人，自安、史之反，从而南者无一人得还，今其遗人痛入骨髓。况太尉、司徒皆受国宠荣，将士亦各蒙官勋，诚且愿保目前，不敢复有觊冀。"滔默然而罢。乃诛大将数十人，厚抚循其士卒。

康日知闻其谋，以告马燧，燧以闻。上以魏州未下，王武俊复叛，力未能制滔。壬戌，赐滔爵通义郡王，冀以安之。滔反谋益甚，分兵营于赵州以逼康日知，以深州授王巨源。武俊以其子士真为恒、冀、深三州留后，将兵围赵州。

【译文】庚申日（初八），吐蕃送回了先前所俘虏的八百名兵民。

唐德宗由宫中派遣出宦官为使臣传令发派卢龙、恒冀、易定军队万人，去到魏州讨伐田悦。王武俊不接受诏令，把使臣扣留下来送往朱滔那里，朱滔对军众们说："将士们有功的，我代为奏请官爵，都没有达成；因此现下想要和诸位整装一块儿到魏州去，击破马燧，自求一个温饱，你们觉得怎么样？"大家都没回答。问了三次，才有人说："幽州的人，自从安史作乱之后，跟着到南方去的，还无一人能回得来，直至今日，他们的后人还悲痛不已，何况太尉（指朱泚）、司徒你们都享有国恩荣禄，将士们也都蒙赐官勋，真的只求保有现状，也不敢再心存其他侥幸的希望。"朱滔当时也没有再说什么就作罢了。之后却为此把数十位大将杀掉，然后再安抚他们的兵士，重重地给以犒赏。

康日知获悉朱滔的阴谋以后，就去通知马燧，马燧便去向唐德宗禀告，唐德宗觉得魏州尚未攻下，王武俊又再次起兵作乱，实在没有力量去制服朱滔，因此在壬戌日（初十），就赐爵朱滔做了通义郡王，希望可以借此安抚他。然而朱滔的谋反活动却愈演愈烈，分派一支军队在赵州附近驻扎，以此来胁迫康日知，又把深州交给了王巨源，而王武俊派遣他儿子王士真担任恒、冀、深三州留后，亲自领兵去围攻赵州。

涿州刺史刘怦与滔同县人，其母，滔之姑也，滔使知幽州留后，闻滔欲救田悦，以书谏之曰："今昌平故里，朝廷改为太尉乡、司徒里，此亦大夫不朽之名也。但以忠顺自持，则事无不济。窃思近日务大乐战，不顾成败而家灭身屠者，安、史是也。怦忝密亲，默而无告，是负重知。惟司徒图之，无贻后悔。"滔虽不用其言，亦嘉其尽忠，卒无疑贰。

滔将起兵，恐张孝忠为后患，复遣牙官蔡雄往说之。孝忠曰："昔者司徒发幽州，遣人语孝忠曰：'李惟岳负恩为逆'，谓孝忠归国即为忠臣。孝忠性直，用司徒之教。今既为忠臣矣，不复助逆也。且孝忠与武俊皆出夷落，深知其心最喜翻覆。司徒勿忘鄙言，它日必相念矣！"雄复欲以巧辞说之，孝忠怒，欲执送京师。雄惧，逃归。滔乃使刘怦将兵屯要害以备之。孝忠完城砺兵，独居强寇之间，莫之能屈。

【译文】涿州刺史刘怦与朱滔同县人，其母亲，是朱滔的姑母，朱滔使他知幽州留后，刘怦听闻朱滔要去援救田悦，就写了封书信去劝说他道："今天，你的故乡昌平，朝廷把它改作太尉乡、司徒里，这足以显示你们兄弟将名垂不朽了。只需自己忠心颐服，便没有什么事不成功的。我私下在想，近些年来专务大举兴兵而喜欢挑起战争，不顾是成是败以至于家破人亡的，安禄山、史思明一类的人就是如此。我刘怦有幸和司徒你关系亲近密切，假如没有提醒你，那实在辜负了你对我的一片深情厚谊。然而希望司徒多加考虑，免得将来后悔莫及。"尽管朱滔没接受他的劝告，却也非常欣赏他的忠心，对他自始至终都没有任何猜忌。

朱滔即将发兵，又考虑到张孝忠是他的后顾之忧，便又派遣牙官蔡雄去游说他。孝忠说："先前司徒从幽州发兵，派遣人过来对我说：'李惟岳辜负了皇恩是叛逆之徒。'而说我归顺了朝廷是忠臣。孝忠我本性耿直，向来依照司徒的教令行事。而今既然已经当了忠臣，就无意再去帮助叛逆了。何况我和王武俊都出身于夷人部落，深切地了解夷人的心最易变。然而希望司徒不要把我今日的这番话忘记，将来有朝一日必定会想到我这番话的！"蔡雄又想用巧辞游说他，孝忠生气了，想要逮捕他送往京师。蔡雄怕孝忠对他不利，就逃了回去。朱滔便派遣刘怦带兵在要害之地屯驻，来防备孝忠。孝忠巩固城郭，磨兵砺器，独自居于强敌之间，没有谁可以让他屈服。

滔将步骑二万五千发深州，至束鹿。诘旦将行，吹角未毕，士卒忽大乱，喧噪曰："天子令司徒归幽州，奈何违敕南救田悦！"滔大惧，走入驿后堂避匿。蔡雄与兵马使宗琐等矫谓士卒曰："汝辈勿喧，听司徒传令。"众稍止。雄又曰："司徒将发范阳，恩旨令得李惟岳州县即有之，司徒以幽州少丝纩，故与汝曹竭力血战以取深州，冀得其丝纩以宽汝曹赋率，不意国家无信，复以深州与康日知。又，朝廷以汝曹有功，赐绢人十匹，至魏州西境，尽为马仆射所夺。司徒但处范阳，富贵足矣，今兹南行，乃为汝曹，非自为也。汝曹不欲南行，任自归北，何用喧悖，乖失军礼！"众闻言，不知所为，乃曰："敕使何得不为军士守护赏物！"遂入敕使院，擘裂杀之。又呼曰："虽知司徒此行为士卒，终不如且奉诏归镇。"雄曰："然则汝曹各还部伍，诘朝复往深州，休息数日，相与归镇耳。"众然后定。滔即引军还深州，密令诸将访察唱率为乱者，得二百馀人，悉斩之，馀众股栗。乃复举兵而南，众莫敢前却。进，取宁晋，留屯以待王武俊。武俊将步骑万五千取元氏，东趣宁晋。

　　【译文】 朱滔亲自率领两万五千名步骑从深州出发，到达束鹿，第二天清晨正要继续行军之时，集合号角还没有吹完，兵士们忽然大乱，喧哗叫嚷着说："天子命司徒返回幽州，怎么能够违抗诏令反而到南边去援救田悦？"朱滔非常惊骇，躲到驿站后厅去藏了起来。蔡雄和兵马使宗玘等人假意对兵士们说："你们先别吵，静候司徒传令听他怎么解释此事。"众人才渐渐安静下来。过了没多久，蔡雄又说："从前司徒在范阳发兵之前，圣旨颁令说谁能攻下李惟岳占据的州县就归谁，司徒因为幽州生产的丝绵太少，因此和你们一同竭力血战去攻取深州，希望可以获取当地的丝棉，以此来宽减你们的赋税，没料到朝廷言而无信，而把深州给了康日知。再者，朝廷由于你们在攻破李惟岳的事上有功，赐给每人十匹细绢，转运到魏州西境之时，都被马仆射夺了过去。司徒本人只需在范阳过日子，就足够安享富贵了；而今此次南行，实在是为你们着想，并非为他自己啊。假如你们不想南行，任由你们返回北方去，也用不着喧嚷悖乱、违反军纪啊。"大家听到这番话，不知该如何是好，就说："敕使怎么可以不为我们这些军士将赏赐的东西好好地保住呢？"于是众人冲进了敕使院将，活活地打死了敕使。又大声叫着说："尽管明知道司徒此行是为了我们这些兵士，到底还是不如暂且遵奉诏令返回镇所去。"蔡雄说："既然如此，那么你们先行各自归队，明天早上再返回深州，休息几天，然后返回镇所就是了。"大家这才安定下来。朱滔带兵返回深州之后，秘密下令诸将探察率先制造混乱、领头闹事的人，一共查出了二百多人，便全部斩杀了他们，剩下的人都吓得不得了；于是再次领兵南行，军士中无一人敢率先退却。一路前进，将宁晋县攻克后，便在那里屯驻下来，等着王武俊前来会合。这时，王武俊带领了一万五千名步骑，攻下了元氏县，正向东前往宁晋。

　　武俊之始诛李惟岳也，遣判官孟华入见。华性忠直，有才略，应对慷慨。上悦，以为恒冀团练副使。会武俊与朱滔有异谋，上遽遣华归谕旨。华至，武俊已出师，华谏曰："圣意于大夫甚厚，苟尽忠义，何患官爵之不崇，土地之不广，不日天子必移康中丞于它镇，深、赵终为大夫之有，何苦遽自同于逆乱乎！异日无成，悔之何及！"华向在李宝臣幕府，以直道已为同列所忌，至是为副使，同列尤疾之，言于武俊曰："华以军中阴事奏天子，请为内应，故得超迁。是将覆大夫之军，大夫宜备之。"武俊以其旧人，不忍杀，夺职，使归私第。

　　田悦恃援兵将至，遣其将康愔万馀人出城西，与马燧等战于御河上，大败而还。

　　【译文】王武俊当时杀了李惟岳之后，就派遣判官孟华入朝觐见。孟华本性忠直，非常有才能，又擅长谋略，唐德宗对他很赏识，而派遣他担任恒冀团练副使。此刻王武俊和朱滔都起了二心，阴谋造反，唐德宗立刻派遣孟华去传旨告诫。孟华抵达之时，武俊已经派遣士兵出发了，孟华劝说他道："圣上心里对你万分器重，假如你能尽忠尊君，还愁无法得到高的官爵，众多的土地吗？不久天子必然会把康日知调到他镇，深、赵二州最终一定会是为你所有的，你又何必贸然地和那些乱臣贼子为伍呢？如果将来一无所得，再后悔还怎么来得及呢？"孟华当初在李宝臣帐下，因为直道而行，已经受到同僚忌恨，而今当了团练副使，同僚们对他更加忌恨，就对王武俊说："孟华将军中的秘密上奏天子，请天子用他充当内应，因此才被破格越级升迁的；一旦听从了他的话，必定会叫我们全军覆没，大夫你应该多多防范他才是。"王武俊因为他是旧属，要杀掉他于心不忍，便把他的职位撤销，让他回家去了。

田悦仗着援兵将到，派遣他的大将康愔率领士兵万余出西城，和马燧等战于御河之上，被打得落花流水，大败而回。

时两河用兵，月费百馀万缗，府库不支数月。太常博士韦都宾、陈京建议，以为："货利所聚，皆在富商，请括富商钱，出万缗者，借其馀以供军。计天下不过借一二千商，则数年之用足矣。"上从之。甲子，诏借商人钱，令度支条上。判度支杜佑大索长安中商贾所有货，意其不实，辄加搒捶。人不胜苦有缢死者，长安嚣然如被寇盗。计所得才八十馀万缗。对无儌柜僦积钱帛粟麦者，皆借四分之一，封其柜窖。百姓为之罢市，相帅遮宰相马自诉，以千万数。卢杞始慰谕之，势不可遏，乃疾驱自他道归。计并借商所得，才二百万缗，人已竭矣。京，叔明之五世孙也。

甲戌，以昭义节度副使、磁州刺史卢玄卿为洺州刺史兼魏博招讨副使。

【译文】 当时两河的战争，每月军费消耗需一百万余缗，府库所藏，不够几个月的用度。太常博士韦都宾、陈京建议，认为："货殖的利益，全都在富商手中聚集，请求搜刮富商的钱财，只允许他们留下万贯家私，充当做买卖的资本，多余的则拿出来借给官府，用来供给军需费用。只不过需要向全天下拥有这般财力的一两千名富商借贷，几年之内的军用就都够了。"唐德宗接受了这项建议。甲子日（十二日），下达诏令向富商借款，命令度支逐条列清债权的姓名及数目等。判度支杜佑大肆调查长安城中所有商贾的财货，由于怀疑他们所报不符合实情，而常常有鞭笞拷打的行为，商民不胜其苦，竟然有人上吊自尽，整个长安城内乱成一片，像是受到敌寇强盗劫掠一样，一共才收得八十多万缗。又把当铺里的货物搜掠去，拿去变卖换钱，民间但凡有钱帛粮食蓄积的，都要强行借贷四分之一，所以将百姓的金柜地窖先封了起来，以防止他们转移藏到他处。导致百姓关门停业，相率拦在宰相的车马前诉苦的人成千上万。卢杞这才安慰告谕他们，然而也无法压抑这种情势，于是急忙另择一条路赶快回府去。前前后后从商人处借得的，一共仅有二百万缗罢了，然而民财已经穷困竭尽了。陈京，是陈宣帝的儿子宜都王叔明的第五世孙。

甲戌日（二十二日），派遣昭义节度副使、磁州刺史卢玄卿担任洺州刺史兼魏博招讨副使。

【乾隆御批】 王纲不振，专恃兵力，已难靖乱。况因军兴括钱，间架诸法箕敛无已，师未瞻而民已腹，与剜肉医疮何异？奉天

248

出走，唐之不亡幸耳。

【译文】 朝廷纲纪不振，依靠兵力，已难于平息祸乱。况且因为打仗征收钱财，而实行间架法等法律苛敛民财无止境，这样下去，军用未被解决而百姓已不堪剥削，这与剜肉医疮有什么差别？唐德宗奉天出走，唐王朝没有灭亡就算侥幸了。

初，李抱真为泽潞节度使，马燧领河阳三城。抱真欲杀怀州刺史杨钚，钚奔燧。燧纳之，且奏其无罪，抱真怒。及同讨田悦，数以事相恨望，二人怨隙遂深，不复相见。由是诸军逗桡，久无成功，上数遣中使和解之。及王武俊逼赵州，抱真分麾下二千人戍邢州，燧大怒曰："馀贼未除，宜相与戮力，乃分兵自守其地，我宁得独战邪！"欲引兵归。李晟说燧曰："李尚书以邢、赵连壤，分兵守之，诚未有害。今公遽自引去，众谓公何！"燧悦，乃单骑造抱真垒，相与释憾结欢。会洺州刺史田昂请入朝，燧奏以洺州隶抱真，请玄卿为刺史，兼充招讨之副。李晟军先隶抱真，又请兼隶燧，以示协和。上皆从之。

【译文】 起先，李抱真担任泽潞节度使之时，马燧统领河阳三城；抱真想要将怀州刺史杨钚杀掉，投奔到马燧那儿去，马燧收容了他，而且向唐德宗上奏说他无罪，抱真因而对马燧心怀愤怒。等到合力讨伐田悦之时，数次因为事情相互怨恨，两人之间的仇隙越来越深，而不相谋面。所以两军相互观望，逗留而不前进，自相阻挠，使得长时间没有功劳，唐德宗曾经多次从宫中派遣使臣去从中调解。等到王武俊进逼赵州，李抱真分出部队中两千人去戍守邢州，马燧大怒道："残贼还没有翦除，理当彼此联兵合力作战，而今竟然分派士兵去防守自己的地盘！"所以准备率领兵士回去。李晟劝说马燧："李尚书以为邢、赵二州接壤，分出兵力去戍守邢州，的确并无妨害。如今假如你突然带兵而回，大家会怎么批评你啊！"马燧听此一说，好似茅塞顿开，所以心中大喜，于是单骑直奔李抱真的营寨去拜访他，两人彼此尽释前嫌，重归于好。正碰上这时洺州刺史田昂请求允许入朝，马燧上奏请求让洺州隶属于李抱真，并且请派遣任卢玄卿担任刺史，兼任招讨副使。李晟的部队，原先是隶属于李抱真的，也请求隶属于马燧，以显示双方协调融洽。唐德宗依从了他们的请求。

卢龙节度行军司马蔡廷玉恶判官郑云逵，言于朱泚，奏贬莫州参军。云逵妻，朱滔之女也，滔复奏为掌书记。云逵深构廷玉于滔，廷玉又与检校大理少卿朱体微言于泚曰："滔在幽镇，事多专擅，其性非长者，不可以兵权付之。"滔知之，大怒，数与泚书，请杀二人者，泚不从。由是兄弟颇有隙。及滔拒命，上欲归罪于廷玉等以悦滔，甲子，贬廷玉柳州司户，体微万州南浦尉。

宣武节度使刘洽攻李纳之濮阳，降其守将高彦昭。

朱滔遣人以蜡书置髻中遗朱泚，欲与同反。马燧获之，并使者送长安，泚不之知。上驿召泚于凤翔，至，以蜡书并使者示之，泚惶恐顿首请罪。上曰："相去千里，初不同谋，非卿之罪也。"因留之长安私第，赐名园、腴田、锦彩、金银甚厚，以安其意；其幽州、卢龙节度、太尉、中书令并如故。

【译文】卢龙节度行军司马蔡廷玉厌恶判官郑云逵，上奏要求贬他做莫州参军。云逵的妻子，是朱滔的女儿，朱滔又为他上奏请求派遣云逵担任他的掌书记。所以云逵在朱滔面前大肆陷害廷玉，而廷玉在这边又和摄代大理少卿朱体微对朱泚说："朱滔在幽州，凡事独断专行，本性就算不上一个君子，万万不可将兵权交给他。"朱滔获悉，非常震怒，给朱泚去了好几封信，要他杀掉这两个人，朱泚都没有听从他；为此兄弟之间颇有芥蒂。等到朱滔抗拒朝令，唐德宗想要借归罪于蔡廷玉等人的方式来宣慰朱滔，因此在甲子日（十二日），贬蔡廷玉做了柳州司户，贬朱体微做了万州南浦县的县尉。

宣武节度使刘洽进攻被李纳占据的濮阳，把濮阳守将高彦昭制服了。

朱滔把书信装在蜡丸内，派遣人藏在发髻里，送给朱泚想要他一起起兵造反；被马燧查获到，与使者一起被送往长安，朱泚并不知晓此事。唐德宗下令用驿马飞驰到凤翔召令朱泚，朱泚到达以后，唐德宗将蜡书及使者一并展示在他面前，朱泚惶恐不安，叩头请罪。唐德宗说："你们兄弟二人相距千里，刚开始的时候就不是同谋，这并非你的罪过啊！"所以留他在长安城给他所建的宅第中，赐给名园、膏腴的田地以及很多金银来安抚他；而他的幽州卢龙节度使、太尉、中书令的职位和以前一样。

上以幽州兵在凤翔，思得重臣代之。卢杞忌张镒忠直，为上所重，欲出之于外，己得专总朝政，乃对曰："朱泚名位素崇，凤翔将校班秩已高，非宰相信臣，无以镇抚，臣请自行。"上俯首未言，卢杞又曰："陛下必以臣貌寝，不为三军所伏，固惟陛下神算。"上乃顾镒曰："才兼文武，望重内外，无以易卿。"镒知为杞所排而无辞以免，因再拜受命。戊寅，以镒兼凤翔尹、陇右节度等使。

初，卢杞与御史大夫严郢共构杨炎、赵惠伯之狱，炎死，杞复忌郢。会蔡廷玉等贬官，殿中侍御史郑詹误递文符至昭应送之，廷玉等行已至蓝田，召还而东，廷玉等以为执己送朱滔，至灵宝西，赴河死。上闻之，骇异，卢杞因奏："朱泚必疑以为诏旨，请遣三司使案詹。"又言："御史所为，必禀大夫，请并郢案之。"狱未具，壬午，杞奏杖杀詹于京兆府；贬郢费州刺史，卒于贬所。

【译文】唐德宗认为朱泚所率领的幽州部队在凤翔，想找一个得力的大臣去替代朱泚。卢杞一直对张镒的忠贞耿直而身受唐德宗的器重心怀忌恨，就想将他外放，使得自己可以专权总揽朝廷政务，因而便对唐德宗说："朱泚的名望地位向来很高，凤翔的将领校官的班次职位也都非常高，如果不是宰相地位的亲信臣子，是不能镇压安抚得了的，我替自己请命前往。"唐德宗低着头半天没有答话，卢杞又说："陛下一定是认为我相貌平平，不会让三军将士们顺服，那就只有请陛下自行裁决了。"唐德宗于是望着张镒说："身怀文武双全的才能，又享有朝野内外崇敬的声望，再无人能代替你的了。"张镒明知是受到了卢杞的挤竞，然而又没有什么好借口推辞，所以只得再拜受命。戊寅日（二十六日），下诏命令张镒兼任凤翔府尹及陇右节度使。

起先，卢杞和御史大夫严郢串通陷害杨炎、赵惠伯而酿成了冤狱，杨炎死去之后，卢杞又对严郢怀有忌恨。刚好碰上蔡廷玉等人被贬官，殿中侍御史郑詹将文书误递到昭应去找人解送，当时蔡廷玉等已经走到蓝田，又被召向东返回，廷玉等人认为将要把他们押解到朱滔那儿去，因此到了灵宝西边之时，就投河自尽了。唐德宗听说这件事情，感到十分惊讶，所以卢杞上奏说："朱泚肯定会怀疑这是诏书的旨意，请您派遣三司使去审判郑詹。"又说："御史行事，一定先要禀明大夫，故此请一并审判严郢。"还未结案，卢杞又奏准了在京兆府中施以杖刑，把郑詹打死了；而贬严郢做费州刺史，后来在费州死去。

上初即位，崔祐甫为相，务崇宽大，故当时政声蔼然，以为有贞观之风。及卢杞为相，知上性多忌，因以疑似离间群臣，始劝上以严刻御下，中外失望。

淮南节度使陈少游奏，本道税钱每千请增二百。五月，丙戌，诏增它道税钱皆如淮南；又盐每斗价皆增百钱。

朱滔、王武俊自宁晋南救魏州，辛卯，诏朔方节度使李怀光将朔方及神策步骑万五千人东讨田悦，且拒滔等。滔行至宗城，掌书记郑云逵、参谋田景仙弃滔来降。

丁酉，加河东节度使马燧同平章事。

【译文】唐德宗最初即位之时，任用崔祐甫担任宰相，极力推崇政令的宽仁，因此当时唐德宗的政治声望特别隆盛，而被认为有唐太宗贞观之治的作风；等到卢杞担任了宰相，他了解唐德宗生性多疑，所以常借唐德宗猜疑想象的事来离间群臣，又劝说唐德宗要以严厉苛刻的政令来统治臣下，使得朝野万分失望。

淮南节度使陈少游上奏，请求恩准在他所辖的本道之中，税捐每千钱增收二百。五月，丙戌日（初四），下诏命令其他各道税率都比照淮南全部提高十分之二；除此之外，盐价每斗上涨百钱。

朱滔、王武俊从宁晋南下去解救魏州，辛卯日（初九），下诏命令朔方节度使李怀光率朔方及一万五千名神策步骑向东去讨伐田悦，并且负责抵御朱滔等人的军队。朱滔到达宗城，掌书记郑云逵、参谋田景仙背弃了朱滔前来归降。

丁酉日（十五日），晋封河东节度使马燧做同平章事。

辛亥，置义武军节度于定州，以易、定、沧三州隶之。

张光晟之杀突董也，上欲遂绝回纥，召册可汗使源休还太原。久之，乃复遣休送突董及翳密施、大、小梅录等四丧还其国，可汗遣其宰相颉子思迦等迎之。颉子思迦坐大帐，立休等于帐前雪中，诘以杀突董之状，欲杀者数四，供待甚薄，留五十余日，乃得归。可汗使人谓之曰："国人皆欲杀汝以偿怨，我意则不然。汝国已杀突董等，我又杀汝，如以血洗血，污益甚耳！今吾以水洗血，不亦善乎！唐负我马直绢百八十万匹，当速归之。"遣其散支将军康赤心随休入见，休竟不得见可汗而还。六月，己卯，至长安，诏以帛十万匹、金银十万两偿其马直。休有口辩，卢杞恐其见上得幸，乘其未至，先除光禄卿。

【译文】辛亥日（二十九日），命令义武军节度调驻于定州，而把易、定、沧三州隶属于他麾下。

张光晟把突董杀死之后，唐德宗想就此断绝跟回纥往来，召令前往册立可汗的使臣源休返回太原。过了很长时间以后，才又派遣源休送突董及翳密施、大小梅录四人尸体回国，可汗派遣他的宰相颉子思迦等迎接。颉子思迦坐在大帐里面，而让源休等在帐前的雪地中站着，盘问突董被杀的情形，再三想除掉源休，对他日常的供给和待遇特别差；扣押了五十多天，才把他放回去。可汗派遣人去对源休说："国人都想杀掉你来发泄仇恨，我的想法却不一样。你们已经把突董等人杀死，我又杀死你的话，就像是用血洗血，越洗越不干净！而今我用水来洗血，不是很好吗？你们唐朝欠我一百八十万匹马价值的金钱，应当立即送来。"于是派遣他的散支将军康赤心跟随源休入朝觐见，源休竟然没有见到可汗一面就返回了。己卯日（六月二十八日），抵达长安,下诏用十万匹丝帛、十万两金银,折抵马匹的价值。源休有口才,卢杞只恐他见到唐德宗而受到宠幸,趁他尚未返回京师之时,就先任命他为光禄卿。

朱滔、王武俊军至魏州,田悦具牛酒出迎,魏人欢呼动地。滔营于惬山,是日,李怀光军亦至,马燧等盛军容迎之。滔以为袭己,遽出陈。怀光勇而无谋,欲乘其营垒未就击之。燧请且休将士,观衅而动,怀光曰:"彼营垒既立,将为后患,此时不可失也。"遂击滔于惬山之西,杀步卒千馀人,滔军崩沮。怀光按辔观之,有喜色。士卒争入滔营取宝货,王武俊引二千骑横冲怀光军,军分为二。滔引后继之,官军大败,蹙入永济渠溺死者不可胜数,人相蹈藉,其积如山,水为之不流,马燧等各收军保垒。是夕,滔等堰永济渠入王莽故河,绝官军粮道及归路。明日,水深三尺馀。马燧惧,遣使卑辞谢滔,求与诸节度归本道,奏天子,请以河北事委五郎处之。滔欲许之,王武俊以为不可。滔不从。秋七月,燧与诸军涉水而西,退保魏县以拒滔,滔乃谢武俊,武俊由是恨滔。后数日,滔等亦引兵营魏县东南,与官军隔水相拒。

【译文】朱滔、王武俊的部队到达魏州,田悦置备牛、酒出城迎接他们,魏州人欢呼之声,震动天地。朱滔在扎下营寨于惬山。当天,李怀光的军队也到达了,马燧等人用盛大的军容迎接怀光。朱滔认为是要来袭击他,立刻发兵布阵;李怀光为人有勇无谋,便想趁朱滔营地壁垒尚未布置好的时候进攻。马燧请他暂且让将士们休息休息,静观时机再动干戈,怀光说:"等到他们的营垒完善以后,将会是我们无穷的后患,这正是天赐良机而不应该错失啊。"于是在惬山西边开始进攻朱滔,杀了朱滔的一千多名步兵,朱滔的军队被击败,兵士沮丧;怀光骑在马上，按辔徐行，左右观望，颇有喜色。士兵们争着冲进滔军营地去抢掠珠宝财物，王武俊率领两千骑兵向李怀光的部队横冲过来，兵分两路；朱滔率领士兵继后，大败官军，被逼跳进永济渠淹死的不计其数，相互踏踏积压，尸体堆积如山，渠水也为之断流，马燧等人各自收兵返回营地防守。当晚，朱滔等筑堰阻水，而引永济渠流入王莽故河，把官军的粮道和退路阻断，第二天，水深已经高达三尺。马燧大为惶恐，派遣人去向朱滔说好话赔罪，请求让他和各节度使都各自返回本道，然后再为他们向天子上奏，请将河北政事委托给朱五郎，任凭处理。朱滔心里想要答应，王武俊觉得不行；朱滔没有听从他。秋季，七月，马燧和各军部队涉水向西，退守于魏县来抵抗朱滔，朱滔于是辞谢了王武俊，武俊自此对朱滔怀恨在心。过了几天以后，朱滔等人也带兵离去，而扎营于魏县东南，和官军隔水相拒。

【乾隆御批】 朱滔欲叛，三问而人不对，胁以威而后强从之。可知唐室之事，犹未至于不可为，乃德宗既闻告变，冀赐爵以慰安之，而反谋孟炽，无异抱薪扬汤，措置之不当，于此可概见矣。

【译文】 朱滔想要叛乱，多次询问将士们都没有人回答，最后用威力胁迫，将士们才勉强相从。由此可见，唐王室的事还未到不可救药的地步，唐德宗已听说朱滔要造反，却希望赏赐爵位来稳定他，反而使朱滔反叛的图谋更快加剧。这和"抱薪救火"、"扬汤止沸"没有什么差别，唐德宗处理事情措施不当，由此可以略见一斑了。

李纳求援于滔等，滔遣魏博兵马使信都承庆将兵助之。纳攻宋州，不克，遣兵马使李克信、李钦遥戍濮阳、南华以拒刘洽。

甲辰，以淮宁节度使李希烈兼平卢、淄青、兖郓、登莱、齐州节度使，讨李纳。又以河东节度使马燧兼魏博、澶相节度使。加朔方、邠宁节度使李怀光同平章事。

神策行营招讨使李晟请以所将兵北解赵州之围，与张孝忠合势图范阳，上许之，晟自魏州引兵北趋赵州，王士真解围去。晟留赵州三日，与孝忠合兵北略恒州。

演州司马李孟秋举兵反，自称安南节度使。安南都护辅良交讨斩之。

【译文】李纳向朱滔等求救，朱滔派遣魏博兵马使信都承庆率领士兵前去援救。李纳进攻宋州，没有攻下，而派遣兵马使李克信、李钦遥守卫濮阳、南华，来抵抗刘洽。

甲辰日（二十三日），委派淮宁节度使李希烈兼平卢、淄青、兖郓、登莱、齐州节度使，讨伐李纳；又委派河东节度使马燧兼魏博、澶相节度使；晋封朔方、邠宁节度使李怀光做同平章事。

神策行营招讨使李晟请求恩准用他所指挥的军队向北去解救赵州的围困，和张孝忠分权领兵谋取范阳，唐德宗恩准了。李晟于是带兵从魏州向北直赴赵州，王士真在解围以后离去。李晟在赵州逗留了三天，而和张孝忠联兵向北，攻取恒州。

演州司马李孟秋起兵造反，自称安南节度使；被安南都护辅良交讨平杀了。

八月，丁未，置汴东、西水陆运、两税、盐铁使二人，度支总其大要而已。

辛酉，以泾原留后姚令言为节度使。

卢杞恶太子太师颜真卿，欲出之于外。真卿谓杞曰：“先中丞传首至平原，真卿以舌舐面血。今相公忍不相容乎！”杞矍然起拜，然恨之益甚。

九月，癸卯，殿中少监崔汉衡自吐蕃归，赞普遣其臣区颊赞随汉衡入见。

【译文】八月，丁未日（八月无此日），设立了汴东、西水陆运、两税、盐铁使两人，度支只是总理这些事项的大纲罢了。

辛酉日（十一日），委派泾原留后姚令言担任节度使。

卢杞厌恶太子太师颜真卿，想要把他外放出京。真卿对卢杞说："令尊先中丞（指卢奕）被斩传首至平原，我用舌头为他舐去脸上的血。而今相公你怎么忍心做出不能容纳我的事来呢？"卢杞矍然惊视，起身下拜，可是心里却对他愈加憎恨。

九月，癸卯日（二十三日），殿中少监崔汉衡从吐蕃返回京师，赞普派遣他的大臣区颊赞随汉衡同来入朝觐见天子。

冬，十月，辛亥，以湖南观察使曹王皋为江南西道节度使。皋至洪州，悉集将佐，简阅其才，得牙将伊慎、王锷等，擢为大将，引荆襄判官许孟容置幕府。慎，兖州人；孟容，长安人也。

慎常从李希烈讨梁崇义，希烈爱其才，欲留之，慎逃归。希烈闻皋用慎，恐为己患，遗慎七属甲，诈为复书，坠之境上。上闻之，遣中使即军中斩慎，皋为之论雪；未报。会江贼三千馀众入寇，皋遣慎击贼自赎；慎击破之，斩首数百级而还，由是得免。

卢杞秉政，知上必更立相，恐其分己权，乘间荐吏部侍郎关播儒厚，可以镇风俗。丙辰，以播为中书侍郎、同平章事。政事皆决于杞，播等敛衽无所可否。上尝从容与宰相论事，播意有所不可，起立欲言，杞目之而止。还至中书，杞谓播曰："以足下端悫少言，故相引至此，向者奈何发口欲言邪！"播自是不复敢言。

戊辰，遣都官员外郎河中樊泽使于吐蕃，告以结盟之期。

丙子，肃王详薨。

【译文】冬季,十月,辛亥日(初二),派遣湖南观察使曹王李皋担任江南西道节度使。李皋到达洪州,聚集了所有的将领僚佐,检校观察他们的才干,发掘了牙将伊慎、王锷等人,提拔他们为大将,延入荆襄判官许孟容,将他安置在幕府里。伊慎,是兖州人;许孟容,是长安人。

伊慎曾经追随过李希烈征讨梁崇义,希烈对他的才干很是欣赏,想要把他留下来,伊慎不肯,而逃了回去。希烈听闻曹王用了伊慎,害怕危害到自己,所以给他送去七捆犀甲,而且伪造了一封伊慎的回信,投置在境界上。唐德宗听说了这件事情,便派遣了一个宦官充当使臣,命令他前往军中将伊慎就地斩杀,李皋替他申辩洗冤;而被压置没有上报。正好碰上江中盗贼三千余人侵扰江南西道,李皋于是便派遣伊慎过去击贼立功,给自己赎罪;伊慎把群盗击退,砍下了数百首级而回,所以才免于一死。

卢杞主持朝政,知晓唐德宗必将再加立宰相,怕为此分夺了自己的权势,便趁机推荐吏部侍郎关播,说他儒雅厚重,可以镇风易俗;丙辰日(初七),任命关播担任中书侍郎、同平章事。而政事全部由卢杞裁决,关播只不过是尸位素餐,全部不置可否。唐德宗曾经有一次和宰相从容地商讨国事,关播有相反的意见,站了起来想要说话,卢杞以目示意,所以关播没敢开口。回到中书省,卢杞对关播说:"因为足下端重恭谨而少言,由此我才引进你为相,刚刚你怎么可以想要开口发言呢?"关播自此不敢再多说一句话了。

戊辰日(十八日),派遣都官员外郎樊泽出使到吐蕃去,告知吐蕃有关和他们结盟的事。

丙子日(二十六日),肃王李详去世。

十一月，己卯朔，加淮南节度使陈少游同平章事。

田悦德朱滔之救，与王武俊议奉滔为主，称臣事之，滔不可，曰："恆山之捷，皆大夫二兄之力，滔何敢独居尊位！"于是，幽州判官李子千、恒冀判官郑濡等共议："请与郓州李大夫为四国，俱称王而不改年号，如昔诸侯奉周家正朔。筑坛同盟，有不如约者，众共伐之。不然，岂得常为叛臣，茫然无主，用兵既无名，有功无官爵为赏，使将吏何所依归乎！"滔等皆以为然。滔乃自称冀王，田悦称魏王，王武俊称赵王，仍请李纳称齐王。是日，滔等筑坛于军中，告天而受之。滔为盟主，称孤；武俊、悦、纳称寡人。所居堂曰殿，处分曰令，群下上书曰笺，妻曰妃，长子曰世子。各以其所治州为府，置留守兼元帅，以军政委之；又置东西曹，视门下、中书省；左右内史，视侍中、中书令；馀官皆仿天朝而易其名。

【译文】十一月，己卯朔日，晋封淮南节度使陈少游做同平章事。

田悦感激朱滔的救助，因而和王武俊商量想要拥戴朱滔为君，自居于臣属地位来侍奉他，朱滔没有接受，说："恆山大捷，全靠大夫你和王二哥的力量啊，我朱滔怎么敢独居上位？"于是幽州判官李子千、恒冀判官郑濡等人一起建议："请你们三位和郓州李大夫分为四国，各自称王而不改年号，就像是当初受周朝王室统治的诸侯一般。设立祭坛，相互结为盟好，有谁不按照盟约行事的，大家一块儿讨伐他。否则，岂能像这样经常做个叛臣，茫然不知所依，动兵既没有正当的名义，有功也没有官爵的加封作为奖赏，让将士们依从归附于谁呢？"朱滔等人都赞同这个建议。因此朱滔自立为冀王，田悦为魏王，王武俊为赵王，同时请李纳作为齐王。当日，朱滔等在军营中设置了祭坛，祭祀天地，随后接受了王号。朱滔为盟主，自为孤；王武俊、田悦、李纳自称为寡人。其所居厅堂称作殿，处事的公文称令，下属上书称笺。他们的妻子为妃，长子为世子。所辖之州为府，设留守兼元帅，并且将军政委托给他；还设立东西曹，视同中书、门下省；左右内史，视同侍中、中书令；其余各级官位的设置皆仿朝廷。

武俊以孟华为司礼尚书，华竟不受，呕血死。以兵马使卫常宁为内史监，委以军事。常宁谋杀武俊，武俊腰斩之。武俊遣其将张终葵寇赵州，康日知击斩之。

李希烈帅所部兵三万徙镇许州，遣所亲诣李纳，与谋共袭汴州。遣使告李勉，云已兼领淄青，欲假道之官。勉为之治桥、具馔以待之，而严为之备。希烈竟不至，又密与朱滔等交通，纳亦数遣游兵渡汴以迎希烈。由是东南转输者皆不敢由汴渠，自蔡水而上。

十二月，丁丑，李希烈自称天下都元帅、太尉、建兴王。时朱滔等与官军相拒累月，官军有度支馈粮，诸道益兵，而滔与王武俊孤军深入，专仰给于田悦，客主日益困弊。闻李希烈军势甚盛，颇怨望，乃相与谋遣使诣许州，劝希烈称帝，希烈由是自称天下都元帅。

司天少监徐承嗣请更造《建中正元历》；从之。

【译文】王武俊任命孟华为司礼尚书，孟华不肯接受，吐血身亡。又任命兵马使卫常宁为内史监，且将军政大权交付与他。常宁欲谋杀王武俊，被腰斩。武俊遣其将领张终葵进攻赵州，失败被康日知所杀。

李希烈率其军三万人徙于许州坐镇，一面派亲信晋见李纳,共商联兵袭汴州;又遣使臣去告知李勉,称他已兼管淄青,欲借道去任职。于是李勉替他筑桥,备好饮食等他来,同时为其严密戒备。但希烈却没去,他在一方面又秘密交于朱滔等,李纳也多次遣游击士兵渡汴水迎希烈。因而东南转运粮饷皆不敢经由汴渠,从蔡水上运。

十二月,丁丑日(二十九日),李希烈自称天下都元帅、太尉、建兴王。在那时朱滔等和官军抵抗数月,官军有度支运送粮草,有诸道增补士兵,只有朱滔、王武俊孤军深入,仅依赖田悦提供一切物资,宾主日益困敝。听闻李希烈的军势甚盛,怨其不援,又急盼望着其支持,于是互相商议遣使臣至许州,劝李希烈称帝,希烈因此自称天下都元帅。

司天少监徐承嗣上奏请求重新编修《建中正元历》;唐德宗采纳了他的建议。

资治通鉴卷第二百二十八　唐纪四十四

起昭阳大渊献正月, 尽十月, 不满一年。

【译文】起癸亥 (公元783年) 正月, 止十月, 共十个月。

【题解】 本卷记录了公元783年正月至十月的史事, 共十个月, 正当德宗建中四年正月到十月。此时期, 唐德宗蒙尘, 出逃奉天, 唐王朝处于危亡的紧急关头。田悦等叛乱四王劝说淮西节度使李希烈反叛, 河南成为主战场。唐德宗遥控战局, 导致汴军大败, 襄城危急。此时, 国库空竭, 朝廷强征间架税和除陌钱, 民怨沸腾。泾原兵东调河南, 途经京师, 因犒赏少而导致兵乱。唐德宗仓皇出逃奉天, 朱泚趁乱称帝, 兵围奉天。正当危机之时, 叛军内讧, 王武俊因与朱滔不和而反正, 西川节度使韦皋从叛军手中攻克凤翔, 李怀光入援奉天, 朱泚兵败, 唐王室这才转危为安。

唐德宗神武圣文皇帝三

建中四年(癸亥, 公元七八三年) 春, 正月, 丁亥, 陇右节度使张镒与吐蕃尚结赞盟于清水。

庚寅, 李希烈遣其将李克诚袭陷汝州, 执别驾李元平。元平, 本湖南判官, 薄有才艺, 性疏傲, 敢大言, 好论兵。中书侍郎关播奇之, 荐于上, 以为将相之器, 以汝州距许州最近, 擢元平为汝州别驾, 知州事。元平至州, 即募工徒治城。希烈阴使壮士往应募执役，入数百人，元平不之觉。希烈遣克诚将数百骑突至城下，应募者应之于内，缚元平驰去。元平为人眇小，无须，见希烈恐惧，便液污地。希烈骂之曰："盲宰相以汝当我，何相轻也！"以判官周晃为汝州刺史，又遣别将董待名等四出抄掠，取尉氏，围郑州，官军数为所败。逻骑西至彭婆，东都士民震骇，窜匿山谷。留守郑叔则入保西苑。

【译文】建中四年（癸亥，公元783年）春，正月，丁亥日（初十），陇右节度使张镒和吐蕃尚结赞在清水订立盟约。

庚寅日（十三日），李希烈派他的大将李克诚攻克了汝州，并且将别驾李元平逮捕了。元平，原本是湖南判官，有一些才艺，但是生性粗疏高傲，敢于谈论国家大事，喜欢谈论兵事；关播把他当作奇士，并且向唐德宗推荐，认为他有将相之才，因为汝州离许州最近，因此选拔李元平为汝州别驾，并管理汝州政事。元平来到汝州就开始招募工役修建城垣，李希烈暗地里派了一些年壮有力的人去应召服役，总共混入了几百人，但是李元平并未知道。希烈又派李克诚带领数百骑兵突袭，至城下，应召的人在城中做内应，捉到元平，将他捆绑了起来飞驰而去。李元平矮小，不长胡须，看到李希烈，吓得屁滚尿流，弄得一地都是。希烈大骂道："宰相瞎了眼，竟然称你和我一样，怎么对我这样轻视！"于是派判官周晃为汝州刺史，又派副将董待名等四处抄夺抢掠，攻下了尉氏县后，又进兵围攻郑州；官军多次被他打败。手下巡逻各地的骑兵都扩大巡视范围，向西一直到彭婆，东都的人震惊恐惶，都逃到山谷中去躲藏了起来。留守郑叔则退到东都西苑。

上问计于卢杞，对曰："希烈年少骁将，恃功骄慢，将佐莫敢谏止。诚得儒雅重臣，奉宣圣泽，为陈逆顺祸福，希烈必革心悔过，可不劳军旅而服。颜真卿三朝旧臣，忠直刚决，名重海内，人所信服，真其人也！"上以为然。甲午，命真卿诣许州宣慰希烈。诏下，举朝失色。

真卿乘驿至东都，郑叔则曰："往必不免，宜少留，须后命。"真卿曰："君命也，将焉避之！"遂行。李勉表言："失一元老，为国家羞，请留之。"又使人邀真卿于道，不及。真卿与其子书，但敕以"奉家庙，抚诸孤"而已。至许州，欲宣诏旨，希烈使其养子千馀人环绕慢骂，拔刃拟之，为将剐啖之势。真卿足不移，色不变。希烈遽以身蔽之，麾众令退，馆真卿而礼之。希烈欲遣真卿还，会李元平在座，真卿责之，元平惭而起，以密启白希烈。希烈意遂变，留真卿不遣。

【译文】唐德宗向卢杞询问计策，卢杞回答道："李希烈年轻气盛，并且骁勇善战，仗着有功而骄纵傲慢，他部下的将佐都不敢劝阻他。假如能有位儒雅的大臣奉命前往宣敷圣恩，向他分析逆顺祸福，希烈必能洗心革面，那么就不用动用军队便可使他归顺。颜真卿是三朝元老国家重臣，忠贞正直、刚毅果决，真是最合适的人选啊！"唐德宗认为他的看法很对。于是便在甲午日（十七日），让颜真卿前往许州去招降李希烈。诏令一下，全朝为之震惊。

颜真卿奉命抵达东都时，郑叔则对他说："你这一去，免不了一死，还是找个借口拖延几日，以待后命，比较好。"真卿回答："这是圣旨啊，怎能逃避得了呢？"于是启程出发。李勉上表说："失去一位国家元老，是国家的耻辱啊，请将他留下。"与此同时又派人去邀请颜真卿，但已经来不及了。在真卿临行前写给他儿子的信里，只是告诫他"祭奉祖庙，抚育所有的孤幼"

罢了。他们一行到了许州，正要宣诏圣旨，李希烈派一千多他收为养子的青壮力士将他们团团围住，齐声谩骂，拔出刀剑来吓唬他，好像是要将他剁碎吃掉；真卿动都不动地站立着，面不改色。李希烈突然跑上去挡在颜真卿的面前，命令众人退下，随后将真卿请入屋内，对他非常恭敬。李希烈原本打算将颜真卿送回去，恰逢李元平也在室内，真卿指责了他一番，元平羞愧不已，起身离开，而后他写了封密函将这事告诉了李希烈；希烈才改变了主意，反将颜真卿拘留了下来。

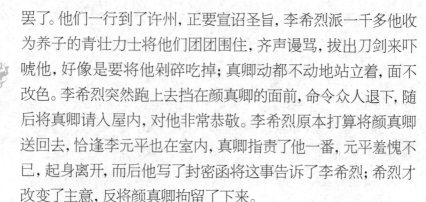

【申涵煜评】 人主误用奸邪，多在平常无事时。至于事已决裂，未有不惭恨者。德宗于孤城重围之中，犹唯杞言是听，正如败子破家，死而不悟。观他日恶其忠清疆介，知非尽杞之过也。

【译文】 君主误用邪恶之人，多在平常没事的时候。至于事情已经决裂，没有不感到遗憾的。唐德宗在孤城重围之中，还是只听信卢杞的话，正如同败家子倾家荡产，死都没有醒悟。观察他之前讨厌忠廉疆介之臣，由此可知这也不完全是卢杞的过错。

朱滔、王武俊、田悦、李纳各遣使诣希烈，上表称臣，劝进。使者拜舞于希烈前，说希烈曰："朝廷诛灭功臣，失信天下。都统英武自天，功烈盖世，已为朝廷所猜忌，将有韩、白之祸，愿亟称尊号，使四海臣民知有所归。"希烈召颜真卿示之曰："今四王遣使见推，不谋而同，太师观此事势，岂吾独为朝廷所忌无所自容邪！"真卿曰："此乃四凶，何谓四王！相公不自保功业，为唐忠臣，乃与乱臣贼子相从，求与之同覆灭邪！"希烈不悦，扶真卿出。他日，又与四使同宴，四使曰："久闻太师重望，今都统将称大号而太师适至，是天以宰相赐都统也。"真卿叱之曰："何谓宰相！汝知有骂安禄山而死者颜杲卿乎? 乃吾兄也。吾年八十, 知守节而死耳, 岂受汝曹诱胁乎!"四使不敢复言。希烈乃使甲士十人守真卿于馆舍, 掘坎于庭, 云欲坑之。真卿怡然, 见希烈曰:"死生已定, 何必多端! 亟以一剑相与, 岂不快公心事邪!"希烈乃谢之。

【译文】朱滔、王武俊、田悦、李纳分别派遣使者去晋见李希烈, 上表表示顺服, 劝请他上位称帝。使者在向希烈施过礼后, 劝希烈说:"朝廷杀害有功之臣, 已经失信于天下; 您自称天赋英武, 功勋盖世, 既然已经被朝廷猜忌, 日后必将遭到如韩信、白起一样的灾祸, 希望你赶快称帝正号, 使天下臣民得到依附。"希烈叫来颜真卿, 让他亲眼看到这种情形, 随后对他说:"现在四王派使者前来希望我称帝, 不谋而合, 太师您可以看到在这样的情形下, 哪里是我一人被朝廷猜忌而无处容身!"真卿说:"这四人明明就是四个凶煞, 怎么称他们为四王啊? 年轻人你不自立功业, 做个大唐忠良之士, 竟与这批乱臣贼子往来, 难道你想和他们一样自取灭亡吗?"李希烈很不高兴, 下令让左右将真卿扶了出去。数日后, 颜真卿又一次和四位使臣一起吃饭, 四个使者说:"以前就听说过太师德隆望尊, 而今都统将称帝正号的时候, 太师正巧来到你这儿, 这就是上天要赐个宰相给都统你啊。"真卿大声指责:"什么宰相不宰相的! 你们听说有个骂安禄山而死的颜杲卿吗? 他就是我的哥哥。我已经活到八十岁了, 当然知道应当守节, 即使死, 也死得其所, 难道我还会受你们这些人的威逼利诱吗?"四位来使再也不敢多说。希烈于是派了十个全副武装的士兵在馆舍中看守颜真卿, 并且在庭院中挖了个坑, 说是要把他活埋了。真卿安然处之, 若无其事, 与李希烈见面时, 便对他说:"是生是死我已然决定了, 你又何必大费周章! 现在就给我一把宝剑, 你不就满意了吗?"李希烈才又向他赔礼道歉。

【乾隆御批】 寒寒匪躬，真卿实不愧大臣之节。胡寅乃责其再为常伯，年逾七十，当致政而归，不与卢杞同朝。殊不思时，方多故而徒知养高邱壑，此在受任日浅之人尚非至性所应出，况以七十老常伯名著三朝者耶。其说之自相矛盾，固当有目共见。

【译文】 为君国忠直谏诤不顾生死，颜真卿真不愧持有大臣的节操。胡寅却指责他不应再做地方官，年近七十，应当致仕归家，不应与奸臣卢杞同朝。却不考虑当时，正值多事之秋，只知保养高尚志节在深山幽谷，这在受任时间不长的人来说尚且不是纯厚性情的表现，何况年已七十名著三朝的年老地方官呢？胡寅的说法自相矛盾，当然是有目共睹的了。

戊戌，以左龙武大将军哥舒曜为东都、汝州节度使，将凤翔、邠宁、泾原、奉天、好畤行营兵万馀人讨希烈，又诏诸道共讨之。曜行至郏城，遇希烈前锋将陈利贞，击破之。希烈势小沮。曜，翰之子也。

希烈使其将封有麟据邓州，南路遂绝，贡献、商旅皆不通。壬寅，诏治上津山路，置邮驿。

二月，戊申朔，命鸿胪卿崔汉衡送区颊赞还吐蕃。

丙寅，以河阳三城、怀、卫州为河阳军。

丁卯，哥舒曜克汝州，擒周晃。

三月，戊寅，江西节度使曹王皋败李希烈将韩霜露于黄梅，斩之。辛卯，拔黄州。时希烈兵栅蔡山，险不可攻。皋声言西取蕲州，引舟师溯江而上，希烈之将引兵循江随战。去蔡山三百馀里，皋乃复放舟顺流而下，急攻蔡山，拔之。希烈兵还救之，不及而败。皋遂进拔蕲州，表伊慎为蕲州刺史，王锷为江州刺史。

【译文】 戊戌日（二十一日），派遣左龙武大将军哥舒曜作为东都、汝州节度使，让他率领凤翔、邠宁、泾原、奉天、好時行营士兵一万余人去攻打李希烈，又让各个道台的人共同征伐。哥舒曜行军至郏城，和李希烈手下大将陈利贞指挥的前锋部队交锋，陈利贞兵败，因此使李希烈的声势稍受挫折。而哥舒曜，是哥舒翰的儿子。

李希烈派他的大将封有麟占据邓州，因此阻断了南方来贡，且商旅不通。壬寅日（二十五日），唐德宗下诏开辟上津山的路，在境上设立驿站。

二月，戊申朔日（初一），下令鸿胪卿崔汉衡送区颊赞回吐蕃。

丙寅日（十九日），整编河阳三城、怀州、卫州的军队为河阳军。

丁卯日（二十日），哥舒曜收复汝州，抓住了周晃。

三月，戊寅日（初一），江西节度使曹王李皋在黄梅将李希烈的属将韩霜露打败了，并且将他杀了；辛卯日（十四日），攻克了黄州。当时李希烈率领士兵驻扎在蔡山，山势险峻难以进攻。李皋扬言要调兵向西去攻取蕲州，却率领水军逆江而上，李希烈手下的大将带兵沿江追击。离开蔡山三百多里后，李皋这才下令掉转船头，顺流直下，加紧攻击蔡山，最终成功了。李希烈调兵回防，但为时已晚，于是兵败。李皋趁胜拔取了蕲州，上表请求派伊慎为蕲州刺史，王锷为江州刺史。

淮宁都虞候周曾、镇遏兵马使王玢、押牙姚憺、韦清密输款于李勉。李希烈遣曾与十将康秀琳将兵三万攻哥舒曜，至襄城，曾等密谋还军袭希烈，奉颜真卿为节度使，使玢、憺、清为内应。

希烈知之，遣别将李克诚将骡军三千人袭曾等，杀之，并杀玢、憺及其党。甲午，诏赠曾等官。始。韦清与曾等约，事泄不相引，故独得免。清恐终及祸，说希烈请诣朱滔乞师，希烈遣之，行至襄邑，逃奔刘洽。希烈闻周曾等有变，闭壁数日。其党寇尉氏、郑州者闻之，亦遁归。希烈乃上表归咎于周曾等，引兵还蔡州，外示悔过从顺，实待朱滔等之援也。置颜真卿于龙兴寺。

丁酉，荆南节度使张伯仪与淮宁兵战于安州，官军大败，伯仪仅以身免，亡其所持节。希烈使人以其节及俘馘示颜真卿。真卿号恸投地，绝而复苏，自是不复与人言。

【译文】淮宁都虞候周曾、镇遏兵马使王玢押解牙姚憺、韦清等，暗地里向李勉投诚。李希烈派周曾和十将康秀琳带三万士兵攻打哥舒曜，到达襄城，周曾密谋倒戈，攻打李希烈，而推尊颜真卿为节度使，让王玢、姚憺、韦清为内应。希烈得知此事，派副将李克诚率骡子军三千人袭击周曾等，将周曾、王玢、姚憺及其党羽杀死。甲午日（十七日），唐德宗下诏追赠周曾等官衔。起初，韦清与周曾约定，一旦东窗事发，绝不互相牵连，所以只有他得免一死。韦清害怕无法规避灾祸，殃及自身，就去劝说希烈自荐到朱滔那里请求援助，希烈就派他去了，他走到襄邑，就到刘洽那里寻求庇护了。希烈听说周曾等有倒戈的打算，紧闭营栅数日。希烈在尉氏县及郑州的同伙，听说这件事，也都逃回家去。于是希烈上表说是周曾等人犯了叛乱罪，并且带兵退回蔡州，另外，还向君主表示归顺，而实际上他却是在等待朱滔等人的援助。到了蔡州，希烈便将颜真卿软禁在龙兴寺中。

丁酉日（二十日），荆南节度使张伯仪和淮宁军于安州交战，官军大败，伯仪仅仅是免于一死，但是弄丢了所持的旌节。李希烈派人拿着伯仪的旌节以及被割下的俘虏的耳朵给颜真卿看；真卿趴在地上痛哭，昏死过去，等到苏醒过来，再不对任何人说话。

夏，四月，上以神策军使白志贞为京城召募使，募禁兵以讨李希烈。志贞请诸尝为节度、观察、都团练使者，不问存没，并勒其子弟帅奴马自备资装从军，授以五品官。贫者甚苦之，人心始摇。

上命宰相、尚书与吐蕃区颊赞盟于丰邑里，区颊赞以清水之盟，疆场未定，不果盟。己未，命崔汉衡入吐蕃，决于赞普。

庚申，加永平、宣武、河阳都统李勉淮西招讨使，东都、汝州节度使哥舒曜为之副，以荆南节度使张伯仪为淮西应援招讨使，山南东道节度使贾耽、江西节度使曹王皋为之副。上督哥舒曜进兵，曜至颍桥，遇大雨，还保襄城。李希烈遣其将李光辉攻襄城，曜击却之。

【译文】夏，四月，唐德宗派神策军使白志贞作为京城招募使，招募禁兵去伐李希烈。志贞提出让以前做过节度、观察、都团练使的人，不管是活着还是已经死了的，命令他们的孩子或兄弟都要带领仆人和马，自备武器粮食加入军队，并且授予他们五品官位；家境贫困的节度使等，对此表示很痛苦，民心也开始动摇。

唐德宗派令宰相、尚书与吐蕃区颊赞在丰邑里缔结盟约，区颊赞认为早先定立的清水之盟，所划分疆界的事，问题仍需要解决，因而这次的盟约最终没有达成。因于己未日（十三日），让崔汉衡去吐蕃，请求交与赞普决定。

庚申日（十四日），加封永平、宣武、河阳都统李勉作为淮西招讨使，并且派东都、汝州节度使哥舒曜作为他的副使；任命荆南节度使张伯仪为淮西应援招讨使，还派山南东道节度使贾耽、江西节度使曹王李皋为他的副使。唐德宗敦促哥舒曜进兵，曜率军行到颍桥镇，遇上大雨，万不得已，他们退守襄城。李希烈派他的大将李光辉进攻襄城，最后却被哥舒曜击退。

五月，乙酉，颍王璬薨。

乙未，以宣武节度使刘洽兼淄青招讨使。

李晟谋取涿、莫二州，以绝幽、魏往来之路，与张孝忠之子升云围朱滔所署易州刺史郑景济于清苑，累月不下。滔以其司武尚书马寔为留守，将步骑万馀守魏营，自将步骑万五千救清苑。李晟军大败，退保易州。滔还军瀛州，张升云奔满城。会晟病甚，引军还保定州。

王武俊以滔既破李晟，留屯瀛州，未还魏桥，遣其给事中宋端趣之。端见滔，言颇不逊，滔怒，使谓武俊曰："滔以热疾，暂未南还，大王二兄遽有云云。滔以救魏博之故，叛君弃兄，如脱屣耳。二兄必相疑，惟二兄所为！"端还报，武俊自辨于马寔，寔以状白滔，言："赵王知宋端无礼于大王，深加责让，实无他志。"武俊亦遣承令官郑和随寔使者见滔，谢之。滔乃悦，相待如初。然武俊以是益恨滔矣。

【译文】五月，乙酉日（初九），颍王李璬薨。

乙未日（十九日），委派宣武节度使刘洽同时兼任淄青招讨使。

李晟图谋进攻涿、莫二州，以此切断幽、魏二州的交往，并且和张孝忠的儿子升云联兵围攻由朱滔派遣的易州刺史郑景济，到达清苑县但是数月都未能攻克。朱滔便命令他的司武尚书马寔为留守，带领步骑万余留在魏州的营垒，而他自己率领步骑一万五千去清苑救援。李晟部队大败，退兵至易州。朱滔带兵回

272

到瀛州，张升云逃奔到了满城。此时，李晟又不幸病重，于是调兵返回，退守定州。

王武俊觉得朱滔既已击退李晟，仍派兵驻守瀛州，而不回魏桥，于是派遣给事中宋端去催他赶紧回去。宋端见到朱滔，交谈之中甚倨，朱滔非常生气，让他回禀王武俊说："因为我受热生病，暂时没回南方去，你大王二哥立即就有了这些风言风语。想起初我为了援助魏博，背叛皇上、背离兄长，就像是脱掉没提起鞋跟的鞋子一样，很随意。二哥一定要怀疑我的话，你爱怎么样就怎么样！"宋端回报，王武俊便在马寔面前为自己分辩，马寔又去将王武俊的话告知朱滔，说："赵王知道宋端对大王你言辞不当，已经狠狠地责备了他，但我们大王确实并没有别的意思啊。"王武俊又派承令官郑和跟随马寔的来使去见朱滔，向他告罪，朱滔的怒气才消，而对王武俊一如既往。但王武俊却因此对朱滔更加怀恨在心。

六月，李抱真使参谋贾林诣武俊壁诈降。武俊见之。林曰："林来奉诏，非降也。"武俊色动，问其故，林曰："天子知大夫宿著诚效，及登坛之日，抚膺顾左右曰：'我本徇忠义，天子不察。'诸将亦尝共表大夫之志。天子语使者曰：'朕前事诚误，悔之无及。朋友失意，尚可谢，况朕为四海之主乎。'"武俊曰："仆胡人也，为将尚知爱百姓，况天子，岂专以杀人为事乎！今山东连兵，暴骨如莽，就使克捷，与谁守之！仆不惮归国，但已与诸镇结盟。胡人性直，不欲使曲在己，天子诚能下诏赦诸镇之罪，仆当首唱从化。诸镇有不从者，请奉辞伐之。如此，则上不负天子，下不负同列，不过五旬，河朔定矣。"使林还报抱真，阴相约结。

【译文】六月，李抱真让参谋贾林到王武俊营中去假装投降，王武俊会见了他。贾林说："我是奉命前来转达皇帝的诏令的，而不是来向你投降的。"王武俊脸色骤变，问他是什么情况，贾林说："皇上知道大夫你以前一片忠心为朝廷效力，你杀了李惟岳这件事就足以证明；此外，当你登坛称王的时候，还摸着良心环顾四周说：'我本来是一腔热血报效君国的，然而天子不能明察我的心迹。'况且诸位将军也曾经共同为你在皇上面前证明过你的心志。皇上对我说：'我以往做的实在是错误的啊，然而现在却难以追悔了。朋友之间，若意见相左，还要让他赔礼道歉啊，何况我是天下之主啊！'"王武俊说："我本来就是一介胡人啊，做将领的还知道应该爱护百姓，何况是身为天子，难道能专以杀人为能事吗？现如今山东连年争战，百姓曝尸街头，多如草莽，即便是打了胜仗，收复了疆土，又交给谁去守护呢？我并不害怕回到京城，但是我已经与其他各镇结盟，胡人天性直爽，讲求义气，我不愿让自己先做出背信弃义的事来。如果皇上真能下诏赦免各镇将领的罪行，那么我就带头归顺；诸镇有不归顺的，我自愿奉诏讨伐他们。能够这样的话，那么对我来说，对上可不辜负皇上，对下也可不辜负同朝为官的人，不超过五十天，河朔一带全部都可以平定下来了。"于是让贾林去向李抱真回复，并且与他秘密地缔结盟约。

初行税间架、除陌钱法。时河东、泽潞、河阳、朔方四军屯魏县，神策、永平、宣武、淮南、浙西、荆南、江泗、沔鄂、湖南、黔中、剑南、岭南诸军环淮宁之境。旧制，诸道军出境，则仰给度支。上优恤士卒，每出境，加给酒肉，本道粮仍给其家，一人兼三人之给，故将士利之。各出军才逾境而止，月费钱百三十馀万缗，常赋不能供。判度支赵赞乃奏行二法：所谓税间架者，每屋两架为间，上屋税钱二千，中税千，下税五百，吏执笔握算，入人室庐计其数。或有宅屋多而无它资者，出钱动数百缗。敢匿一间，杖六十，赏告者钱五十缗。所谓除陌钱者，公私给与及卖买，每缗官留五十钱，给它物及相贸易者，约钱为率。敢隐钱百，杖六十，罚钱二千，赏告者钱十缗，其赏钱皆出坐事之家。于是，愁怨之声，盈于远近。

【译文】 庚戌日（初五），才开始推行税间架和除陌钱法。当时河东、泽潞、河阳、朔方四方的屯军在魏县，神策、永平、宣武、淮南、浙西、荆南、江泗、沔鄂、湖南、黔中、剑南、岭南，他们的军队环绕在淮宁四周。依据旧制，各道军队只要离开本军所镇守的地区，所有消耗都全由度支供给；唐德宗发给士兵的抚恤金也非常丰厚，只要是离开本军镇守地区的，伙食全部另加酒肉，同时他所在的道台发给士兵家人的食粮配给，仍旧照发，因而一人几乎可兼得三人的给付，将士们经常认为这是有利可图的。所以各道军队都借口离开他们原本驻扎的地方，只是才越境就停了下来。因此朝廷每月要多耗费三十余万缗，日常的粮饷都经常难以为继。所以，判度支赵赞才奏请采用这两种税法的。而税间架，就是将每幢房屋两架作为一间，上等房屋，征收税钱两千，中等房屋征税一千，下等的征税五百，税务员拿着笔，握着竹筹，进入百姓家中，按间收税。有的人家房屋多但是并没有其他资产的，他们应缴纳的税款，动辄数百缗。如果有人敢隐瞒一间房屋而不上报的，就罚六十大板，同时赏给揭发的人五十缗钱。至于所谓的除陌钱，公私给予和买卖所得，每缗由官府收取五十钱，物物交换的，则约计价钱，按照税率征收。如果有人胆敢隐瞒一百制钱不上报的话，除了罚六十大板以外，还要罚钱两千，而赏揭发的人十缗钱，赏钱全部都由有罪的人家负担。因此大家都怨声载道。

丁卯，徙郴王逾为丹王，郿王遘为简王。

庚午，答蕃判官监察御史于頔与吐蕃使者论剌没藏至自青海，言疆场已定，请遣区颊赞归国。秋，七月，甲申，以礼部尚书李揆为入蕃会盟使。壬辰，诏诸将相与区颊赞盟于城西。李揆有才望，卢杞恶之，故使之入吐蕃。揆言于上曰："巨不惮远行，恐死于道路，不能达诏命！"上为之恻然，谓杞曰："揆无乃太老！"对曰："使远夷，非谙练朝廷故事者不可。且揆行，则自今年少于揆者，不敢辞远使矣。"

八月，丁未，李希烈将兵三万围哥舒曜于襄城，诏李勉及神策将刘德信将兵救之。乙卯，希烈将曹季昌以随州降，寻复为其将康叔夜所杀。

【译文】丁卯日（二十二日），封皇弟郴王李逾为丹王，郿王李遘为简王。

庚午日（二十五日），答蕃判官监察御史于頔与青海吐蕃使臣论剌没藏到达青海，对有关边疆界限的事达成协议，因此上奏要求送区颊赞回国。秋季，七月，甲申日（初九），派礼部尚书李揆作为入蕃会盟使。壬辰日（十七日），下诏让所有的大将一起与区颊赞在城西结订盟约。李揆颇有些名望，卢杞很讨厌他，因此想要派他去吐蕃。李揆禀告唐德宗说："臣并不怕远行，只怕死在半路上，无法完成吾皇的命令！"唐德宗听了恻然感伤，便对卢杞说："李揆未免年迈了吧！"卢杞说："出使到荒远的蛮夷地区，需要熟悉国家典故。况且如果让李揆出使蛮夷之地，那么从今往后，比李揆年轻的，就再也不敢推脱出使到远方去了。"

八月，丁未日（初二），李希烈亲自率领三万大兵来到襄城围攻哥舒曜，唐德宗命令李勉和神策部将刘德信领兵前去援助。乙卯日（初十），李希烈属下大将曹季昌在随州举城投降，不久又被希烈的另一位大将康叔夜所杀。

　　初，上在东宫，闻监察御史嘉兴陆贽名，即位，召为翰林学士，数问以得失。时两河用兵久不决，赋役日滋，贽以兵穷民困，恐别生内变，乃上奏，其略曰："克敌之要，在乎将得其人；驭将之方，在乎操得其柄。将非其人者，兵虽众不足恃；操失其柄者，将虽材不为用。"又曰："将不能使兵，国不能驭将，非止费财玩寇之弊，亦有不戢自焚之灾。"又曰："今两河、淮西为叛乱之帅者，独四五凶人而已。尚恐其中或傍遭诖误，内蓄危疑。苍黄失图，势不得止。况其馀众，盖并胁从，苟知全生，岂愿为恶！"又曰："无纾目前之虞，或兴意外之患。人者，邦之本也。财者，人之心也。其心伤则其本伤，其本伤则枝干颠瘁矣。"又曰："人摇不宁，事变难测，是以兵贵拙速，不尚巧迟。若不靖于本而务救于末，则救之所为，乃祸之所起也。"又论关中形势，以为："王者蓄威以昭德，偏废则危；居重以驭轻，倒持则悖。王畿者，四方之本也。太宗列置府兵，分隶禁卫，大凡诸府八百馀所，而在关中者殆五百焉。举天下不敌关中之半，则居重驭轻之意明矣。承平渐久，武备浸微，虽府卫具存而卒乘罕习。故禄山窃倒持之柄，乘外重之资，一举滔天，两京不守。尚赖西边有兵，诸牧有马，每州有粮，故肃宗得以中兴。乾元之后，继有外虞，悉师东讨，边备既弛，禁戒亦空，吐蕃乘虚，深入为寇，故先皇帝莫与为御，避之东游。是皆失居重驭轻之权，忘深根固柢之虑。内寇则洴、函失险，外侵则汧、渭为戎。于斯之时，虽有四方之师，宁救一朝之患，陛下追想及此，岂不为之寒心哉! 今朔方、太原之众, 远在山东; 神策六军之兵, 继出关外。傥有贼臣啖寇, 黠虏觊边, 伺隙乘虚, 微犯亭障, 此愚臣所窃忧也。未审陛下其何以御之! 侧闻伐叛之初, 议者多易其事, 佥谓有征无战, 役不逾时, 计兵未甚多, 度费未甚广, 于事为无扰, 于人为不劳; 曾不料兵连祸拏, 变故难测, 日引月长, 渐乖始图。往岁为天下所患, 咸谓除之则可致升平者, 李正己、李宝臣、梁崇义、田悦是也。往岁谓国家所信, 咸谓任之则可除祸乱者, 朱滔、李希烈是也。既而正己死, 李纳继之; 宝臣死, 惟岳继之; 崇义卒, 希烈叛; 惟岳戮, 朱滔携。然则往岁之所患者, 四去其三矣, 而患竟不衰; 往岁之所信者, 今则自叛矣, 而馀又难保。是知立国之安危在势, 任事之济否在人。势苟安, 则异类同心也; 势苟危, 则舟中敌国也。陛下岂可不追鉴往事, 惟新令图, 修偏废这柄以靖人, 复倒持之权以固国! 而乃孜孜汲汲, 报思劳神, 徇无已之求, 望难必之效乎! 今关辅之间, 征发已甚, 宫苑之内, 备卫不全。万一将帅之中, 又如朱滔、希烈, 或负固边垒, 诱致豺狼, 或窃发郊畿, 惊犯城阙, 此亦愚臣所窃为忧者也, 未审陛下复何以备之! 陛下傥过听愚计, 所遣神策六军李晟等及节将子弟, 悉可追还。明敕泾、陇、邠、宁, 但令严备封守, 仍云更不征发, 使知各保安居。又降德音, 罢京城及畿县间架等杂税, 则冀已输者弭怨, 见处者获宁, 人心不摇。邦本自固。"上不能用。

【译文】 起初, 唐德宗还是太子时, 曾听闻监察御史嘉兴人陆贽的名声, 上位之后, 便召他为翰林学士, 曾多次向他请教利害得失的道理。那时候两河战争, 持续很久都未能决出胜负, 于是赋税徭役越来越重, 陆贽认为由于兵疲民困, 害怕再次发生内乱, 于是上书, 内容大致是说: "想要战胜敌军的将领, 在

资治通鉴

278

于选拔正确的将领；然而驾驭的方法，则在于掌握住权柄。假如将领选择错误，就算士兵再多也无用；权柄旁落，纵然是再好的将才也可能尾大不掉。"又说："如果将军不懂得兵法与打仗，而且国君又驾驭不住带兵的将领，只会白白浪费钱财，却无法平定寇贼，并且将难以避免引火自焚的灾祸。"又说："现如今两河、淮西叛乱造反的统帅，只是那几个主谋。恐怕他们中间还有的是被蒙蔽、受牵连走上错路的，他们心中都藏隐忧，互相猜忌，仓促之间偶尔一次错误的决策，就会造成难以收拾的局面。况且其余部属，实在都是受他们的胁迫，不得已而为之。如果知道另有生路，又怎么会情愿叛逆造反呢？"又说："如果我们不解决当前的忧虑，可能会再发生意外的变乱。人民，是国家的根本；钱财，是人们想要得到的。然而劳民伤财就损害到了国家的根本，损害到根本，那么枝干必将枯萎。"又说："人心摇动，便不得安宁；事有变化，更难测后果。所以用兵贵在速度，而不贵于巧诈迟缓。如果不在乎根本的稳固，而专用些治理表面问题的办法，那么用来补救的措施，正是引起祸患的开始啊。"当谈及关中的情况时，陆贽认为："帝王应在平日建立威势，彰显您的贤明圣德，如果两个之中有一个偏废，就将发生危难；除了这些，还应集中兵力，掌握大权，以此驾驭权轻力寡的将帅们，如果有一天倒持太阿，那就与起初的目的背道而驰了。王畿之地，是维系天下的根本地方。以前太宗设置府兵，分属禁卫，大概总共在各府设置了八百多所，然而在关中地区的就将近五百所。因而就算是聚集天下的兵力，也无法打败关中，采用的就是居重驭轻的方式，这是大家有目共睹的。天下太平的时间相承渐久，武力也就跟着逐渐松弛，虽然府兵禁卫的制度仍旧存在，但是兵马疏于操练。因此安禄山拔剑相向，凭借着外镇兵力的资藉，领兵一出就造成极大的祸患，两京沦陷。幸赖于西边仍有兵力，陇右各地还有马匹，每州还有储粮，因此唐肃宗能借以中兴。唐肃宗乾元以后，不断地有外患侵扰，因此动用了全部兵力向东征讨，边疆防卫因此松弛了，禁卫兵力也因此空虚，导致吐蕃乘虚而入，甚至侵犯到国土内部，因此先皇帝简直难以御敌，所以到东边避难。这全是失去了驾重就轻权柄的原因，并且忽略了深根固柢所酿造的忧患啊。国有内乱，那么就算是洊、函的地势再险要，也难以抵御，一旦有外患，那么洊、渭便都将沦陷戎狄之手了。在这种情况下，即使各地有雄厚的兵力，又怎能解救一时的危难呢？陛下您想到这里，能不担心害怕吗？现在朔方、太原的军队，远在华山的东面；神策六军的兵力，仍停留在函谷关外。假如有个叛臣贼子利诱敌寇，或者狡诈的敌人窥伺边境，等待时机，趁虚而入，稍事侵犯兵营，这是我个人深感忧虑的事啊，真不知陛下该怎么抵御！我也曾对起初出兵讨伐叛贼的情景有所耳闻，议事的人大多认为这是很容易的事，都说只要派兵出征，就不会发生战争，兵士服役最多不超过一季，而预计需要动用的士兵人数并不是很多，预计的军费很少，本来就是不用担心的事，更不可能劳累君民上下；从来没想到兵连祸结，多次发生变故，日久天长，大大有悖于起初的估测。再说，以前被天下引以为患的几位边关将领，人们都说只要杀掉这几个人，天下就可以太平了，这些人就是指李正己、李宝臣、梁崇义、田悦等。而往日被朝廷信任的，人们都说只要重用他们，就可以消除灾害免除祸患，这些人指的是朱滔、李希烈等人啊。后来，李正己死了，李纳继之而起；李宝臣死了，又有李惟岳随后起义；梁崇义被平定了，李希烈又叛变了；再到后来李惟岳被杀了，朱滔又携离有二心，既然如此，那么往日被认为是祸患的，四人当中已经没有了三人，但是直到如今，祸患并未曾减少；而往日所亲信的人，如今都各自叛变了，并且余下的人，也难以保证他们不会叛变。由此可知，国家的安危在乎权势，治事的成败在乎用人。如果掌握大权，安定局势，那么即使是异族也能够保持和平；若是倒持太阿，形势危急，那么即使是同舟共济的人，也会变成仇敌。陛下怎能不以史为鉴，改革政令，善作谋划，整修偏废的政务，抓住权柄，借以安抚民心，重操旁落的权力，借以巩固国家的根本！然而现在只是劳苦不休，穷思积虑地希望达成心愿，希望得到必定难以获得的效果呢？而现如今关辅之间，征募调派出征的卒役难以复加，而宫苑之中，防卫的兵力又非常缺少。假如将帅之中，又有个像朱滔、李希烈之类的人，或者有个依仗着边疆营垒险固，引诱招致豺狼异族入侵的人，或者有个在京畿近郊暗中出兵，惊扰侵犯京城的人出现，这些又使我深深感到忧患，不知陛下您又将如何防备啊？假如承蒙陛下采纳我的建议，我认为派出的神策六军李晟等人，还有所有节度使及将领们的子弟，都应该全部召回；同时明令泾、陇、邠、宁各地军队，严密防备，守御封疆，并且告诉他们绝不再征兵前往增援，也让百姓们知道他们从此可以安心生活了。之后再颁布诏令，废除京城及王畿内诸县中的间架等苛捐杂税，才能指望已经缴纳税金的人消除怨恨，被征税及受处罚的人获得安宁。民心安定，国家就可以本固邦宁了。"唐德宗最终还是没有采纳他的建议。

【乾隆御批】赞数言究致乱之本，颇中肯綮，使德宗因是遗悍卒，省横征，国势虽衰，犹可暂弥边人之籍口生肇，其如并此不用。何至所云："兵贵拙速，不尚巧迟。"其见尤为明切中理。

【译文】陆贽数言推寻致乱之本，切中要害，假使唐德宗因此派遣勇猛的士卒，节省横征暴敛，唐朝国势虽然衰微，但还可暂时使借口生事的边人停止生事，但唐德宗一概不用。何至于陆贽说："兵贵神速，不以取和违命为贵。"他的见解更为明中正理。

壬戌，以汴西运使崔纵兼魏州四节度都粮料使。纵，涣之子也。

九月，丙戌，神策将刘德言、宣武将唐汉臣与淮宁将李克诚战，败于沪涧。时李勉遣汉臣将兵万人救襄城，上遣德信帅诸家应募者三千人助之。勉奏："李希烈精兵皆在襄城，许州空虚，若袭许州，则襄城围自解。"遣二蒋趣许州，未至数十里，上遣中使责其违诏，二将狼狈而返，无复斥候。克诚伏兵邀之，杀伤大半。汉臣奔大梁，德信奔汝州。希烈游兵剽掠至伊阙。勉复遣其将李坚帅四千人助守东都，希烈以兵绝其后，坚军不得还。汴军由是不振，襄城益危。

【译文】壬戌日（二十七日），唐德宗派遣汴西运使崔纵同时兼魏州四节度都粮料使。崔纵，是崔涣的儿子。

九月，丙戌日（十二日），神策军大将刘德信、宣武军大将唐汉臣和淮宁大将李克诚战斗，败于沪涧，逃走了。那时李勉派唐汉臣率领一万人去援助襄城，唐德宗派遣刘德信率由各节度使及将领们家中征召的三千子弟去援助。李勉上书说："李希烈的精锐部队全都驻扎在襄城，许州兵力不足，如果攻克许州，这样的话襄城的围困自然就消除了。"于是李勉就派刘、唐二将直奔许州，即将至许州，唐德宗又增派宦官为使臣去指责他们违抗诏令，刘、唐二将因而感到无所适从，心情非常郁闷，就回去了。在此以后，一路上都没有安排士兵进行戒备，因此被李克诚埋伏的士兵截击，伤亡过半。唐汉臣逃奔至大梁，而刘德信逃奔至汝州；李希烈属下的游击部队抢掠的地区扩大到了伊阙。李勉又派他的大将李坚率兵四千人去援助守卫东都，李希烈派兵阻断了他的退路，李坚的部队无法回防，宣武军因此一蹶不振，襄城弥危。

上以诸军讨淮宁者不相统壹，庚子，以舒王谟为荆襄等道行营都元帅，更名谊。以户部尚书萧复为长史，右庶子孔巢父为左司马，谏议大夫樊泽为右司马，自馀将佐皆选中外之望。未行，会泾师作乱而止。复，嵩之也；巢父，孔子三十七世孙也。

【译文】唐德宗认为讨伐淮宁的各个军队不能统一作战，庚子日（二十六日），便委任舒王李谟为荆襄等道行营都元帅，并且改名为谊；同时派户部尚书萧复作为长史，右庶子孔巢父作为左司马，谏议大夫樊泽作为右司马，剩下的将佐也都是选用一些名孚朝野的人士。还没有组团完毕，恰逢泾军作乱没有出发。萧复，是萧嵩的孙子。巢父，是孔子的三十七世孙。

上发泾原等诸道兵救襄城。冬，十月，丙午，泾原节度使姚令言将兵五千至京师。军士冒雨，寒甚，多携子弟而来，冀得厚赐遗其家，既至，一无所赐。丁未，发至浐水，诏京兆尹王翃犒师，惟粝食菜馂。众怒，蹴而覆之，因扬言曰："吾辈将死于敌，而食且不饱，安能以微命拒白刃邪！闻琼林、大盈二库，金帛盈溢，不如相与取之。"乃擐甲张旗鼓噪，还趣京城。令言入辞，尚在禁中，闻之，驰至长乐阪，遇之。军士射令言，令言抱马鬣突入乱兵，呼曰："诸君失计！东征立功，何患不富贵，乃为族灭之计乎！"军士不听，以兵拥令言而西。上遽命赐帛，人二匹。众益怒，射中使。又命中使宣慰，贼已至通化门外，中使出门，贼杀之。又命出金帛二十车赐之。贼已入城，喧声浩浩，不复可遏。百姓狼狈骇走，贼大呼告之曰："汝曹勿恐，不夺汝商货僦质矣！不税汝间架陌钱矣！"上遣普王谊、翰林学士姜公辅出慰谕之。贼已陈于丹凤门外，小民聚观者以万计。

【译文】唐德宗派泾原各道的军队去援救襄城。这年冬天，十月，丙午日（初二），泾原节度使姚令言率领五千士兵到达京师。士兵们冒着大雨行进，不胜其寒，而且多半是带着亲属前来，希望能得到优厚的赏赐；来到京师之后，竟然什么都没有得到。丁未日（初三），他们到了浐水，唐德宗下令京兆尹王翃犒劳军士，仅仅是粗茶淡饭；军众非常生气，一脚踢翻了饭菜，大声说："我们即将被敌人杀死，但是饭都吃不饱，怎能拿这条小命去抗拒白刃呢？听说琼林、大盈二库，金银布帛堆得满满的，不如我们一起去抢了再说。"于是佩戴铠甲，高张旗帜，击鼓返回到京城。当时姚令言入宫辞行，人还在宫禁之中，听说这件事，急忙回到营地，到了长乐阪，和士兵相遇。军士张弓射击姚令言，令言抱着马鬃闯入乱军，大声叫着说："你们此计差矣！如果你们东征立功，哪里还怕没有荣华富贵可享吗，为什么竟想出这种灭族的计策来呢？"军士们不听劝告，簇拥着姚令言接着向西行进。唐德宗紧急下令赐给绢帛，每人二匹，军士们更加生气，杀死了宫中来的人。唐德宗又下令出二十车金帛赐给他们；但此时乱贼已经入城，喧声震天，已经没有办法阻止了。百姓们狼狈惊逃，叛贼大声告诉他们说："你们不要害怕，自此再也无人夺取商号金柜库财了，也没人要你们缴纳间架、陌钱税了！"唐德宗命令普王李谊、翰林学士姜公辅抚慰士兵；乱贼已经在丹凤门外列队了，围观的小民百姓聚集有一万多人。

初，神策军使白志贞掌召募禁兵，东征死亡者志贞皆隐不以闻，但受市井富儿赂而补之，名在军籍受给赐，而身居市廛为贩鬻。司农卿段秀实上言："禁兵不精，其数全少，卒有患难，将何待之！"不听。至是，上召禁兵以御贼，竟无一人至者。贼已斩关而入，上乃与王贵妃、韦淑妃、太子、诸王、唐安公主自苑北门出，王贵妃以传国宝系衣中以从。后宫诸王、公主不及从者什七八。

初，鱼朝恩既诛，宦官不复典兵，有窦文场、霍仙鸣者，尝事上于东宫，至是，帅宦官左右仅百人以从，使普王谊前驱，太子执兵以殿。司农卿郭曙以部曲数十人猎苑中，闻跸，谒道左，遂以其众从。曙，暧之弟也。右龙武军使令狐建方教射于军中，闻之，帅麾下四百人从，乃使建居后为殿。

【译文】起初，神策军派白志贞主管招募禁兵，然而东征死亡的士兵，白志贞都隐瞒不报，只是接受富户的贿赂，仅仅补个名字。所以这些市民名在军册，而人却住在街市中做生意。司农卿段秀实曾经上言说："禁兵不足够精锐，各军士兵人数全都不够，无法应付突发叛乱。"唐德宗不听劝告。现在，唐德宗召集禁兵抵御叛贼，竟然没有人来。此时叛贼已捣毁禁宫门锁冲入宫禁，唐德宗这才和王贵妃、韦淑妃、太子、诸王，以及唐安公主从苑北门逃走，王贵妃将传国玉玺系在衣服里带了出来；后宫诸王、公主没来得及跟着逃走的有十之七八。

起初，鱼朝恩被处死后，宦官不再掌管兵权，宦官中有名叫窦文场及霍仙鸣的两个人，以前在东宫侍奉过唐德宗，而今一共只率领了宦官侍从一百多人随从，而让普王李谊为前驱，太子手持武器殿后。司农卿郭曙与几十个部属正在禁苑中打猎，听到喝止行人开道的叫呼声，就在道旁拜谒了唐德宗，并且和他的随从一齐追随着唐德宗。郭曙，是郭暧的弟弟。右龙武军使令狐建正在军中教射箭，得知这件事后，带领四百多人前来追随，所以就让令狐建殿后了。

姜公辅叩马言曰："朱泚尝为泾帅，坐弟滔之故，废处京师，心尝怏怏。臣尝谓陛下既不能推心待之，则不如杀之，毋贻后患。今乱兵若奉以为主，则难制矣。请召使从行。"上仓猝不暇用其言，曰："无及矣！"遂行。夜至咸阳，饭数匕而过。时事出非意，群臣皆不知乘舆所之。卢杞、关播逾中书垣而出。白志贞、王翃及御史大夫于颀、中丞刘从一、户部侍郎赵赞、翰林学士陆贽、吴通微等追及上于咸阳。颀，頔之从父兄弟；从一，齐贤之从孙也。

贼入宫，登含元殿，大呼曰："天子已出，宜人自求富！"遂讙噪，争入府库，运金帛，极力而止。小民因之，亦入宫盗库物，出而复入，通夕不已。其不能入者，剽夺于路。诸坊居民各相帅自守。姚令言与乱兵谋曰："今众无主，不能持久，朱太尉闲居私第，请相与奉之。"众许诺。乃遣数百骑迎朱泚于晋昌里第。夜半，泚按辔列炬，传呼入宫，居含元殿，设警严，自称权知六军。

【译文】 姜公辅跪在马前磕头进言道："朱泚做过泾军统帅，受他弟弟朱滔的牵连，被撤职并且软禁在京师，他心里面肯定不高兴。我想陛下您已经不能推心置腹地对待他，还不如将他杀掉，以免留下后患。而今如果乱兵拥戴他为君主，再想控制他，那就太难了。请陛下召他和我们一块儿离开。"唐德宗在仓促之间来不及行事，只说了声："晚了！"就一路逃跑。夜晚到达咸阳，只吃了一点饭，又匆匆赶路。当时事发突然，大臣都不知道唐德宗是往哪个方向去了。卢杞、关播翻过中书府的围墙逃跑。白志贞、王翃及御史大夫于颀、中丞刘从一、户部侍郎赵赞、翰林学士陆贽、吴通微等在咸阳赶上唐德宗。于颀和于頔是叔伯兄弟；刘从一，是刘齐贤的侄孙。

乱贼闯入宫廷，登上含元殿，大呼道："皇上已经逃走了，我们现在应该自己让自己富贵起来！"因此大家欢呼喧哗，争着冲进府库，搬运金银布帛，各尽所能。小民百姓也趁机入宫盗取国库财富，进行了整整一夜。有些没能够冲进宫廷的，在半路抢劫。各坊居民，都聚集在坊内，共同保卫同坊的私有财物。姚令言与乱贼们商量说："现在大家无主，难以维持长远发展，朱太尉在私宅中闲居，请你们拥护他。"大家都赞同。因此派了数百骑兵到晋昌里朱泚家去接他出来。那天半夜，朱泚骑着马，按辔徐行，陈列着火炬，在驺卒传呼声下，走进皇宫，当夜就住在含元殿中，设置鼓角警卫，戒备森严，自称是权知六军。

戊申旦，泚徙居白华殿，出榜于外，称："泾原将士久处边陲，不闲朝礼，辄入宫阙，致惊乘舆，西出巡幸。太尉已权临六军，应神策等军士及文武百官凡有禄食者，悉诣行在。不能往者，即诣本司。若出三日，检勘彼此无名者，皆斩！"于是，百官出见泚。或劝迎乘舆，泚不悦，百官稍稍遁去。

源休以使回纥还，赏薄，怨朝廷，入见泚，屏人密语移时，为泚陈成败，引符命，劝之僭逆。泚喜，然犹未决。宿卫诸军举白幡降者，列于阙前甚众。泚夜于苑门出兵，旦自通化门入，骆驿不绝，张弓露刃，欲以威众。

【译文】戊申日（初四），清晨，朱泚搬到白华殿居住，在宫门外贴出榜示，宣称："泾原军队里的将士们，久居边境，不懂礼法，擅闯禁宫，致使天子受惊，西去巡视各地。太尉已权衡制宜，临位掌管六军，所有的神策军士及文武百官，只要是有职位的官吏，都要前往行在所报到，如果不能前往的，就在本职所属司府中去报到，如果三天后，检验查证行在及本司都没有姓名登记的，一律处死！"因此百官都来拜见朱泚，有人劝说朱泚把唐德宗迎接回宫中，朱泚非常不高兴，百官随后渐渐退去。

资治通鉴

　　源休因为出使回纥回朝之后，得到的赏赐很少，因而怨恨朝廷，入宫拜见朱泚，他们屏退左右秘密商谈了许久，向朱泚说成败计策，又引用天命，让他叛逆。朱泚心里特别高兴，但还是久久不能决定。宿卫诸军举着白旗表示归顺，在宫门外排列的人很多。朱泚夜里由苑门出兵，清晨从通化门入宫，陆续不断，使箭上弦、刀出鞘，借以显示威势，震慑众人。

　　上思桑道茂之言，自咸阳幸奉天。县僚闻车驾猝至，欲逃匿山谷，主簿苏弁止之。弁，良嗣之兄孙也。文武之臣稍稍继至。己酉，左金吾大将军浑瑊至奉天。瑊素有威望，众心恃之稍安。

　　庚戌，源休劝朱泚禁十城门，毋得出朝士，朝士往往易服为佣仆潜出。休又为泚说诱文武之士，使之附泚。检校司空、同平章事李忠臣久失兵柄，太仆卿张光晟自负其才，皆郁郁不得志，泚悉起而用之。工部侍郎蒋镇出亡，坠马伤足，为泚所得。先是，休以才能，光晟以节义，镇以清素，都官员外郎彭偃以文学，太常卿敬釭以勇略，皆为时人所重，至是皆为泚用。

　　【译文】唐德宗这才想到桑道茂说过的话，因此从咸阳一路到达奉天。县府属僚听说唐德宗突然来到，就准备逃隐山林；却被主簿苏弁阻拦了下来。苏弁，是苏良嗣哥哥的孙子。文武百官也陆续来到；己酉日（初五），左金吾大将军浑瑊也到达奉天。浑瑊向负威望，所有人心里都依仗他，才渐渐安定了下来。

庚戌日（初六），源休劝朱泚下令戒严京城十门，不允许朝廷官员出城，因而大臣们经常换上衣服，装扮成佣仆逃出。源休又替朱泚游说用利益诱惑文武臣僚，让他们归附朱泚。检校司空、同平章事李忠臣长久失去兵权，太仆卿张光晟自认为才能比别人高，都郁郁而不得志，朱泚对他们全加以重用。工部侍郎蒋镇想要离京逃亡，但是从马上摔了下来，扭伤了脚，因而被朱泚捕获。以前，源休以才能，张光晟以节义，蒋镇以清高朴实，都官员外郎彭偃以文学造诣，而太常卿敬釭以骁勇多谋，都备受推崇，而今全为朱泚所用。

凤翔、泾原将张廷芝、段诚谏将数千人救襄城，未出潼关，闻朱泚据长安，杀其大将陇右兵马使戴兰，溃归于泚。泚于是自谓众心所归，反谋遂定，以源休为京兆尹、判度支，李忠臣为皇城使。百司供亿，六军宿门，咸拟乘舆。

辛亥，以浑瑊为京畿、渭北节度使，行在都虞候白志贞为都知兵马使，令狐建为中军鼓角使，以神策都虞候侯仲庄为左卫将军兼奉天防城使。

朱泚以司农卿段秀实久失兵柄，意其必怏怏，遣数十骑召之。秀实闭门拒之，骑士逾垣入，劫之以兵。秀实自度不免，乃谓子弟曰："国家有患，吾于何避之，当以死徇社稷；汝曹宜人自求生。"乃往见泚。泚喜曰："段公来，吾事济矣。"延坐问计。秀实说之曰："公本以忠义著闻天下，今泾军以犒赐不丰，遂有披猖，使乘舆播越。夫犒赐不丰，有司之过也，天子安得知之！公宜以此开谕将士，示以祸福，奉迎乘舆，复归宫阙，此莫大之功也!"泚默然不悦,然以秀实与己皆为朝廷所废,遂推心委之。左骁卫将军刘海滨、泾原都虞候何明礼、孔目官岐灵岳,皆秀实素所厚也,秀实密与之谋诛泚,迎乘舆。

【译文】凤翔、泾原军大将张廷芝、段诚谏率领数千人去救援襄城,未出潼关,听闻朱泚占据了长安,杀其大将陇右兵马使戴兰,溃逃而归顺朱泚。朱泚因而自以为众望所归,才决定谋反窃位。而委任源休为京兆尹、判度支,李忠臣为皇城使。百官供职以安内,六军宿卫,全按皇帝君临天下的情形设置。

辛亥日(初七),下诏委任浑瑊为京畿、渭北节度使,行在都虞候白志贞作为都知兵马使,令狐建为中军鼓角使,同时任神策都虞候侯仲庄为左卫将军兼奉天防城使。

朱泚认为司农卿段秀实失去军权很长时间,内心一定愤懑不快,派了数十骑兵前去召见他。秀实关住大门拒绝接受召见,骑兵翻墙入室,用武器劫持着他。秀实自己料想难免此一行,便对他的弟子们说:"国家有难,我难以逃避,我决心以死报国,你们最好各自求生去吧。"于是入宫与朱泚见面。朱泚很高兴地说:"段公前来,那么我就可以成就大业了。"于是请他入座而向他问计。段秀实劝导他说:"先生你本以忠义著闻于天下,现如今泾军因犒赏的财物不够丰厚,您竟然不顾一切地强横乱行,让天子播迁。说实在的,犒赏不丰,是主管官员的过错啊,皇上又怎么知道!您应该向将士们说明这个道理,让他们知道其中的利害关系,奉迎圣驾,重回宫廷,这是莫大的功劳啊!"朱泚没说一句话,心里虽然很不高兴,可是因为秀实和他一样,都是被朝廷贬职的,因此依旧推心置腹地任用了他。左骁卫将军刘海宾、泾原都虞候何明礼、孔目官岐灵岳,段秀实待他们一向很好,秀实因此与他们商议诛杀朱泚,迎接唐德宗回朝。

上初至奉天，诏征近道兵入援。有上言："朱泚为乱兵所立，且来攻城，宜早修守备。"卢杞切齿言曰："朱泚忠贞，群臣莫及，奈何言其从乱，伤大臣心！臣请以百口保其不反。"上亦以为然。又闻群臣劝泚奉迎，乃诏诸道援兵至者皆营于三十里外。姜公辅谏曰："今宿卫单寡，防虑不可不深，若泚竭忠奉迎，何惮于兵多；如其不然，有备无患。"上乃悉召援兵入城。卢杞及白志贞言于上曰："臣观朱泚心迹，必不至为逆，愿择大臣入京城宣慰以察之。"上以问从臣皆畏惮，莫敢行。金吾将军吴溆独请行，上悦。溆退而告人曰："食其禄而违其难，何以为臣！吾幸托肺附，非不知往必死，但举朝无蹈难之臣，使圣情慊慊耳！"遂奉诏诣泚。泚反谋已决，虽阳为受命，馆溆于客省，寻杀之。溆，凑之兄也。

【译文】唐德宗刚刚到达奉天，下诏征召附近各道兵马前来救驾。有人进言说："朱泚被乱兵拥立，会来攻城，我们应该提早加强防备。"卢杞咬牙切齿愤愤地说："朱泚的忠贞，是群臣难以比拟的，怎能说他附和乱党造反，而寒众位大臣的心呢？我可以用身家性命担保他不会造反。"唐德宗也认为如此。又听闻群臣劝说朱泚恭迎皇上回朝，因此又下诏令各道援兵到达后，都在奉天三十里外扎营。姜公辅进谏说："现在宿卫兵力单薄，不能忽视防备，考虑必须周详，假如朱泚真能竭尽忠诚地奉迎陛下回朝，就不用害怕咱们兵力雄厚；如果不是这样，咱们也有备无患啊。"唐德宗才召集所有的援兵进城。卢杞与白志贞又对唐德宗说："依我所见，朱泚的存心以及行迹，绝不至于叛逆，只是希望能够选派一位大臣入京宣慰，顺便探查一下。"唐德宗以为所有追随而来的臣子，心里都会有所畏惧而不敢回京；但是金吾将军吴溆自告奋勇地请求前往，唐德宗很是高兴。吴溆私下对人说："居官食禄而逃避危难，哪里配做臣子？我有幸身为皇亲国戚，并非不知道去了就必死无疑，但全朝之中，假如没一个勇于赴难的臣子，岂不是使皇上内心深感遗恨？"于是奉诏去晋见朱泚。朱泚叛逆的计谋既然已定，所以虽然表面上是顺应皇命，招待吴溆住在客省馆舍中，但不久就把他杀了。吴溆，是吴凑的哥哥。

泚遣泾原兵马使韩旻将锐兵三千，声言迎大驾，实袭奉天。时奉天守备单弱，段秀实谓岐灵岳曰："事急矣！"使灵岳诈为姚令言符，令旻且还，当与大军俱发。窃令言印未至，秀实倒用司农印印符，募善走者追之。旻至骆驿，得符而还。秀实谓同谋曰："旻来，吾属无类矣！我当直搏泚杀之，不克则死，终不能为之臣也！"乃令刘海宾、何明礼阴结军中之士，欲使应之于外。旻兵至，泚、令言大惊。岐灵岳独承其罪而死，不以及秀实等。

是日，泚召李忠臣、源休、姚令言及秀实等议称帝事。秀实勃然起，夺休象笏，前唾泚面，大骂曰："狂贼！吾恨不斩汝万段，岂从汝反邪！"因以笏击泚，泚举手扞之，才中其额，溅血洒地。泚与秀实相搏恼恼，左右猝愕，不知所为。海宾不敢进，乘乱而逸。忠臣前助泚，泚得匍匐脱走。秀实知事不成，谓泚党曰："我不同汝反，何不杀我！"众争前杀之。泚一手承血，一手止其众曰："义士也，勿杀。"秀实已死，泚哭之甚哀，以三品礼葬之，海宾缞服而逃，后二日，捕得，杀之。亦不引何明礼。明礼从泚攻奉天，复谋杀泚，亦死。上闻秀实死，恨委用不至，涕泗久之。

【译文】朱泚派泾原兵马使韩旻率领三千精兵，表面上说恭迎圣驾，实际上却是袭击奉天。当时奉天守备虚弱，孤立无援，段秀实对岐灵岳说："事态危急了！"因而让灵岳伪造了姚令言的符命，让韩旻调兵暂时返回，等大军到来一起出发。偷取姚令言的官印的计划没得逞，段秀实就用他司农的官印倒印在符命上，选一个健步善走的人去追韩旻。韩旻到达骆驿，接到符命后就带兵回来了。秀实对同谋的一些人说："韩旻一回来，我们都难以活命了！我将直接扑向朱泚将他杀了，杀不了他，我就自杀，怎么也不能做他的臣子啊！"于是让刘海宾、何明礼暗中去告知军士，要他们在外接应。韩旻带兵回来后，朱泚与姚令言非常吃惊，岐灵岳一人独自承担罪名，却不愿牵连到段秀实等人。

就在那天，朱泚召李忠臣、源休、姚令言及段秀实等人共同商议称帝之事。段秀实突然站起来，一把夺过源休手上的象牙笏板，上前去一口口水唾在朱泚脸上，大骂道："你这个狂妄的贼人！我恨不得将你碎尸万段，难道还会跟你一起造反吗？"说着就举起象笏砸向朱泚，朱泚举手挡住，只砸中了他的额头，鲜血流了一地。朱泚和秀实打得闹哄哄的，其他人一下呆住了，不知该怎么办。刘海宾不敢上前，趁乱逃跑了。李忠臣上前帮助朱泚，朱泚才得以俯身逃脱。段秀实眼见事已不成，就对朱泚的同伙说："我不和你们一块儿造反，为什么不把我杀了？"大家都跑过去杀他。朱泚一手捂着流血的额头，一手阻止众人说："这是个义士啊，不能杀。"段秀实死后，朱泚哭得非常伤心，以三品官的礼节安葬了他。刘海宾穿着丧服逃跑，过了两天，就被抓回，并且被杀。但是刘海宾也没牵连何明礼。何明礼跟着朱泚去攻打奉天，再次想谋杀朱泚，也被杀。唐德宗听说段秀实的死因，深悔以前没有重用他，痛哭流涕，很长时间都不能解脱出来。

壬子，以少府监李昌巙为京畿、渭南节度使。

凤翔节度使、同平章事张镒，性儒缓，好修饰边幅，不习军事，闻上在奉天，欲迎大驾，具服用货财，献于行在。后营将李楚琳，为人剽悍，军中畏之，尝事朱泚，为泚所厚。行军司马齐映与同幕齐抗言于镒曰："不去楚琳，必为乱首。"镒命楚琳出屯陇州。楚琳托事不时发。镒方以迎驾为忧，谓楚琳已去矣。楚琳夜与其党作乱，镒缒城而走，贼追及，杀之，判官王沼等皆死。映自水窦出，抗为佣保负荷而逃，皆免。

始，上以奉天迫隘，欲幸凤翔。户部尚书萧复闻之，遽请见曰："陛下大误，凤翔将卒皆朱泚故部曲，其中必有与之同恶者。臣尚忧张镒不能久，岂得以銮舆蹈不测之渊乎！"上曰："吾行计已决，试为卿留一日。"明日，闻凤翔乱，乃止。

齐映、齐抗皆诣奉天，以映为御史中丞，抗为侍御史。楚琳自为节度使，降于朱泚。陇州刺史郝通奔于楚琳。

【译文】壬子日（初八），派遣少府监李昌巙为京畿、渭南节度使。

凤翔节度使、同平章事张镒，生性柔弱，动作缓慢，讲究衣着，却不懂军事，听说唐德宗在奉天，欲奉迎圣驾，准备好衣物财货，呈献到奉天行宫。后营大将李楚琳，为人剽悍，军中所有人都很怕他，曾经跟过朱泚，颇受朱泚器重。行军司马齐映与同僚齐抗对张镒说："不除掉李楚琳，他将来一定会带头谋反。"张镒便派他去守卫陇州；而李楚琳竟借口说他还有些事情有待处理，而不立即出发。张镒这才为迎驾的事感到忧虑，因为他认为李楚琳已经心怀背离之意。李楚琳深夜与他的党徒造反作乱，张镒悬城而逃，但是被叛贼追上杀了，另外，判官王沼等也都被杀。齐映从城墙排水沟的洞口钻出城，齐抗被他的佣人背着逃走，才都免于一死。

起初，唐德宗认为奉天城过于狭隘，因此想迁往凤翔，户部尚书萧复知道了这件事，立即晋见，说："陛下这种想法真是错啦，凤翔将士全部是朱泚的旧部，中间一定有和朱泚一心的。我现在仍担心连张镒都怕不能一直守节，哪里可以驾着銮车自投罗网呢？"唐德宗说："我已经决定迁行，暂且为你的说法再多留一天看看。"第二天，果然传来凤翔发生叛乱的消息，这才打消迁往凤翔的念头。

齐映、齐抗都来到了奉天。因此派齐映为御史中丞，齐抗为侍御史。李楚琳自封节度使，向朱泚投降；然而陇州刺史郝通则投奔于李楚琳麾下。

商州团练兵杀其刺史谢良辅。

朱泚自白华殿入宣政殿，自称大秦皇帝，改元应天。癸丑，泚以姚令言为侍中、关内元帅，李忠臣为司空兼侍中，源休为中书侍郎、同平章事、判度支，蒋镇为吏部侍郎，樊系为礼部侍郎，彭偃为中书舍人，自馀张光晟等各拜官有差。立弟滔为皇大弟。姚令言与源休共掌朝政，凡泚之谋画、迁除、军旅、资粮，皆禀示休。休劝泚诛翦宗室在京城者以绝人望，杀郡王、王子、王孙凡七十七人。寻又以蒋镇为门下侍郎，李子平为谏议大夫，并同平章事。镇忧惧，每怀刀欲自杀，又欲亡窜，然性怯，竟不果。源休劝泚诛朝士之窜匿者以胁其馀，镇力救之，赖以全者甚众。樊系为泚撰册文，既成，仰药而死。大理卿胶水蒋沇诣行在，为贼所得，逼以官，沇绝食称病，潜窜得免。

【译文】商州团练兵将刺史谢良辅杀了。

朱泚从白华殿搬入宣政殿，自称大秦皇帝，改年号为应天。癸丑日（初九），朱泚任命姚令言为侍中、关内元帅，李忠臣为司空兼侍中，源休为中书侍郎、同平章事、判度支，蒋镇为吏部侍郎，樊系为礼部侍郎，彭偓为中书舍人，剩下的人，如张光晟等皆有等差地委以官职。并且将他弟弟朱滔封为皇太弟。让姚令言与源休共同执掌朝政，朱泚所有的谋划、升调任官、军事、粮饷、库帑等事，全部要向源休禀报。源休又劝朱泚诛杀在京城中的皇室宗族，这样一来让百姓对唐朝失去希望，因此杀了郡王、王子、王孙等总共七十七人。不久，又任命蒋镇为门下侍郎，李子平为谏议大夫，并同平章事。蒋镇心中非常忧惧，经常把刀带在身上想要自杀，又想偷跑逃走，然而生性怯懦，却什么行动都没有。源休又劝朱泚诛杀逃亡隐匿的朝士，来威胁其他想要逃匿的人，蒋镇极力劝阻，因此保全了很多人。樊系替朱泚撰写册文，成书后，反而服毒自尽了。大理卿胶水人蒋沇在去奉天行宫的途中，被贼人逮捕，蒋沇绝食说自己病重，后来偷偷走了。

【乾隆御批】 系撰册而死，虽死不能免从逆之罪。祖禹比之"婢妾之引决"诚当，若蒋沇托病，不受伪官，虽较优于系，然诡全幸免，视段秀实之象笏溅血，忠烈凛然，则相去不啻倍蓰矣。

【译文】 樊系为朱泚撰写册文后服毒自杀，他虽然死了，但不能免除他投降叛逆的罪名。范祖禹把樊系比作"小妾自杀"，确实很恰当，蒋沇假托有病，不受伪官，虽然比樊系有气节，但他侥幸免死，和段秀实用象牙朝笏击打朱泚使其流血，忠烈凛然相比，就相差不只数倍了。

哥舒曜食尽，弃襄城奔洛阳。李希烈陷襄城。

右龙武将军李观将卫兵千馀人从上于奉天，上委之召募，数日，得五千馀人，列之通衢，旗鼓严整，城人为之增气。

姚令言之东出也，以兵马使京兆冯河清为泾原留后，判官河中姚况知泾州事。河清、况闻上幸奉天，集将士大哭，激以忠义，发甲兵、器械百馀车，通夕输行在。城中方苦无甲兵，得之，士气大振。诏以河清为四镇、北庭行营、泾原节度使，况为行军司马。

【译文】哥舒曜粮草已经用完，不得已弃襄城逃奔到洛阳，襄城因此沦陷于李希烈手中。

右龙武将军李观率卫兵一千多人追随唐德宗在奉天，唐德宗让他负责招募士兵，几天之内，征募到五千多人，排列在通衢大道上，旗鼓严整，城中人因此气势大增。

姚令言起初带兵向东去援助襄城时，任命兵马使京兆人冯河清为泾原留后，判官河中人姚况主理泾州政务。冯河清、姚况听说天子驾临奉天，召集了将士们，痛哭流涕，并且以忠义气节等激励他们，取出了一些甲兵武械，装了一百多辆车，连夜运送到奉天去。奉天正缺少铠甲兵器，得到兵器铠甲之后，士气大振。因此，唐德宗下诏委派冯河清为四镇、北庭行营、泾原节度使，姚况为行军司马。

上至奉天数日，右仆射、同平章事崔宁始至，上喜甚，抚劳有加。宁退，谓所亲曰：“主上聪明英武，从善如流，但为卢杞所惑，以至于此！”因潜然出涕。杞闻之，与王翃谋陷之。翃言于上曰：“臣与宁俱出京城，宁数下马便液，久之不至，有顾望意。”会朱泚下诏，以左丞柳浑同平章事，宁为中书令。浑，襄阳人也，时亡在山谷。翃使鏊屋尉康湛诈为宁遗朱泚书，献之。杞因谮宁与朱泚结盟，约为内应，故独后至。乙卯，上遣中使引宁就幕下，云宣密旨，二力士自后缢杀之，中外皆称其冤。上闻之，乃赦其家。

朱泚遣使遗朱滔书，称："三秦之地，指日克平；大河之北，委卿除殄，当与卿会于洛阳。"滔得书，西向舞蹈宣示军府，移牒诸道，以自夸大。

【译文】唐德宗到了奉天数日后，右仆射、同平章事崔宁才来，唐德宗高兴异常，慰劳有加。崔宁退回之后，对他所亲信的人说："主上英明神武，从善如流，只因被卢杞蒙骗，才弄到今天这个地步啊！"说着不禁流下了眼泪。卢杞知道了，就与王翃商议想要陷害他。王翃便对唐德宗说："臣与崔宁一道离开京城，崔宁好几次下马便溺，过了好久都没来到，实在是心中有所顾忌，有待观望。"恰逢朱泚下诏委任左丞柳浑为同平章事，崔宁为中书令。柳浑，是襄阳人，当时逃匿山林。王翃叫鄠屋县尉康湛假冒崔宁之名，写了封给朱泚的信，然后拿去呈献给唐德宗。卢杞趁机诬告崔宁与朱泚结盟，约为内应，因此后到。乙卯日（十一日），唐德宗派了个宦官为使将崔宁诱至幕府，称有密旨宣告，让两个大力士从背后将他勒死，朝廷内外都说他是被冤枉的，唐德宗听说后，这才赦免了他的家族。

朱泚派人给朱滔送信，说："三秦一带，不久即可平定，大河以北，就全部依靠你来攘除奸凶，不久将与你在洛阳会合。"朱滔接信后，便张贴在军府中给大家看，并告诉各道，而以此自夸。

上遣中使告难于魏县行营，诸将相与恸哭。李怀光帅众赴长安，马燧、李芃各引兵归镇，李抱真退屯临洺。

丁巳，以户部尚书萧复为吏部尚书，吏部郎中刘从一为刑部侍郎，翰林学士姜公辅为谏议大夫，并同平章事。

朱泚自将逼奉天，军势甚盛。以姚令言为元帅，张光晟副之，以李忠臣为京兆尹、皇城留守，仇敬忠为同、华等州节度使、拓东王，以扞关东之师，李日月为西道先锋经略使。

【译文】唐德宗派出宦官为使到魏县行营中去告难，诸将听说这件事，痛哭不已。李怀光带领着军队去了长安，马燧、李芃各自领兵回防太原与河阳，李抱真退兵在临洺屯军。

丁巳日（十三日），派遣户部尚书萧复为吏部尚书，吏部郎中刘从一为刑部侍郎，翰林学士姜公辅为谏议大夫，并且晋加为同平章事。

朱泚亲自领兵攻逼奉天，声势浩大。令姚令言做元帅，张光晟为副帅，并且派李忠臣为京兆尹及皇城留守，仇敬忠为同、华等州节度使及拓东王，以抵御关东的军队，而派李日月作为西道先锋经略使。

邠宁留后韩游瑰，庆州刺史论惟明，监军翟文秀，受诏将兵三千拒泚于便桥，与泚遇于醴泉。游瑰欲还趣奉天，文秀曰："我向奉天，贼亦随至，是引贼以迫天子也。不若留壁于此，贼必不敢越我向奉天。若不顾而过，则与奉天夹攻之。"游瑰曰："贼强我弱，若贼分军以缀我，直趣奉天，奉天兵亦弱，何夹攻之有！我今急趣奉天，所以卫天子也。且吾士卒饥寒而贼多财，彼以利诱吾卒，吾不能禁也。"遂引兵入奉天，泚亦随至。官军出战，不利，泚兵争门，欲入。浑瑊与游瑰血战竟日。门内有草车数乘，瑊使虞候高固帅甲士以长刀斫贼，皆一当百，曳车塞门，纵火焚之。众军乘火击贼，贼乃退。会夜，泚营于城东三里，击柝张火，布满原野，使西明寺僧法坚造攻具，毁佛寺以为梯冲。韩游瑰曰:"寺材皆干薪,但具火以待之。"固,侃之玄孙也。泚自是日来攻城,瑊、游瑰等昼夜力战。幽州兵救襄城者闻泚反,突入潼关,归泚于奉天,普润戍卒亦归之,有众数万。

【译文】邠宁留后韩游瑰,庆州刺史论惟明,监军翟文秀,奉唐德宗命令领兵三千在便桥抗击朱泚,和朱泚在醴泉相遇。韩游瑰想调兵紧急返回奉天,翟文秀说:"如果我们现在赶往奉天,贼兵也必将追击到奉天,这岂不是引贼前去逼迫天子?不如就在这里驻扎军队吧,贼人绝不敢越过我们直往奉天;如果他不顾一切地想要越过我们,那么我们就可与奉天的士兵前后夹击。"韩游瑰说:"现在敌强我弱,如果贼人分兵牵制我们,并且将大军直逼奉天,奉天兵力也很薄弱,怎么两面夹击?我现在急于去往奉天,是想去保卫天子啊。况且我们的士兵饥寒交迫,而贼兵钱财非常多,他们如果用钱财权利诱惑我们的士卒,我们简直没有办法来阻止。"于是便一同带兵进了奉天城;朱泚率兵随后到达奉天。官军出战,形势不利,朱泚的军士想要夺门而入;浑瑊与韩游瑰血战了一整天。城门里有几辆装满稻草的车子,浑瑊让虞候高固率领甲兵用长刀杀贼,竟然以一挡百,威猛无比,后来又将草车拖了过来,堵在城门内,放火点燃,军士们跟在车后,趁着大火与敌军交战,才将贼兵打退。到了夜里,朱泚于城东三里的郊外扎营,敲着木柝巡夜,张设着火炬,占据了整个原野,胁迫西明寺和尚法坚制造攻城用具,拆毁了佛寺建筑器材做云梯冲车。韩游瑰说:"寺庙里的木材都是些干燥的木材,我们只需要备火以待就可以了。"高固,是玄宗时名将高侃的玄孙。朱泚从那以后天天来攻城,浑瑊与韩游瑰等日夜奋战。幽州军去援救襄城的部队,听闻朱泚造反,突然进入潼关,到奉天归附了朱泚,普润的戍卒随后也归附了他,有好几万士卒。

上与陆贽语及乱故，深自克责。贽曰："致今日之患，皆群臣之罪也。"上曰："此亦天命，非由人事。"贽退，上疏，以为："陛下志壹区宇，四征不庭，凶渠稽诛，逆将继乱，兵连祸结，行及三年，征师日滋，赋敛日重，内自京邑，外洎边陲，行者有锋刃之忧，居者有诛求之困。是以叛乱继起，怨讟并兴，非常之虞，亿兆同虑，唯陛下穆然凝邃，独不得闻，至使凶卒鼓行，白昼犯阙，岂不以乘我间隙，因人携离哉！陛下有股肱之臣，有耳目之任，有谏诤之列，有备卫之司，见危不能竭其诚，临难不能效其死。臣所谓致今日之患，群臣之罪者，岂徒言欤！圣旨又以国家兴衰，皆有天命。臣闻天所视听，皆因于人。故祖伊责纣之辞曰：'我生不有命在天！'武王数纣之罪曰：'乃曰吾有命，罔惩其侮。'此又舍人事而推天命必不可之理也《易》曰：'视履考祥。'又曰：'吉凶者，失得之象。'此乃天命由人，其义明矣。然则圣哲之意，《六经》会通，皆谓祸福由人，不言盛衰有命。盖人事理而天命降乱者，未之有也；人事乱而天命降康者，亦未之有也。自顷征讨颇频，刑网稍密，物力耗竭，人心惊疑，如居风涛，汹汹靡定。上自朝列，下达蒸黎，日夕族党聚谋，咸忧必有变故，旋属泾原叛卒，果如众庶所虞。京师之人，动逾亿计，固非悉知算术，皆晓占书，则明致寇之由，未必尽关天命。臣闻理或生乱，乱或资理，有以无难而失守，有因多难而兴邦。今生乱失守之事，则既往不可复追矣；其资理兴邦之业，在陛下克励而谨修之。何忧乎乱人，何畏乎厄运！勤励不息，足致升平，岂止荡涤祅氛，旋复宫阙而已！"

【译文】唐德宗与陆贽谈到这场变乱的起因时，在深刻的反思检讨中，深加自责。陆贽说："导致今日的祸患，就是大臣的罪过啊。"唐德宗说："这也是天命，并不都是人为的祸患。"因而陆贽拜退后，便上了封奏疏说："皇上您的志向是一统天下，四出征讨叛逆，现在凶贼尚未被诛灭，叛将又相继而起，以至于所征的士兵越来越多，赋税日重，由内到京城、由外及边塞，出征的士卒本来就有作战送命的忧虑，居家经商的又有赋敛无度的困扰。因此叛乱相继迭起，怨谤丛生，这些事所造成的巨大的困扰，使天下亿兆百姓都受其苦，只有陛下穆然高居在上，宁静深远，不知罢了，以至于导致那批凶悍的士卒击鼓而行，明目张胆地在光天化日之下侵犯宫阙。这岂不是趁着朝廷多事之秋，顺应人心离叛的情势所致的吗？陛下有亲信的辅佐大臣、有代为听察的耳目之臣、有谏诤规劝的臣子、有负责防卫的将士，但在艰难危险的时候却不能尽忠，遇有危难的时候又不能效死；这就是我所说的导致今日的祸患是群臣的罪过，难道是随便顺口说出的吗？您又认为国家的兴衰命中注定。我曾听说，上天的听视，全依仗人们的听视。所以祖伊责备殷纣说：'应当记住百姓虽想消灭我，但我是上天赋予的皇帝！'而武王也数落殷纣的罪状说：'竟然说我赋有天命，毫没有惩戒他淫乱侮慢的心意。'但结果纣还是被杀了。所有这些都说明了想要舍弃人事而推诿于天命，是绝对不可能的道理啊！《易经》上说：'只有彻底实践大道，便可推知必将呈现吉祥。'又说：'是吉是凶，都是行事得与失所呈现出的结果。'这就是说天命取决于人事，含义至为明显。既然这样的话，所以综合前圣先哲的观点，通贯《六经》所说的道理，都是认为祸福全取决于人事，但是从没有盛衰自有天命的说法。由此可见，一个人行事合理，而上天却有意地降祸乱给他，是没有的事；一个人行事不合理，而上天却有意地降福康于他，也是不可能的事。由于近年来频频不断的战争，政令也日渐严苛，财力的消耗以至枯竭，人心惶惶，就有如生存在惊风骇浪中一般，波涛汹涌不定。上自朝中大臣，下及普通百姓，亲戚朋友日夜都聚集在一起谈论着，然而忧虑必将发生变故，不久就遇泾原军士叛乱，这果然不出众人所料。京师中的人，多达以亿计数，当然并不是每个人都知晓推算天道，都熟悉占卜纬术，由此可以知道祸乱的原因，未必全属天命。我曾听闻在盛世中也会有祸乱发生，然而时局混乱，却也正足以作为治平的资藉，有时会由于没有内忧外患而亡国，有时也会因国家多难而重新振兴。而逆贼叛乱，王室失据的事，都已经过去，无法追悔；但因祸治平的兴国大业，却全有赖于陛下能自勉自励以谨慎修身理政了。又何必以乱民为忧，以运蹇为惧呢？勤政励德而不倦怠，足以导致天下太平，又岂仅止于荡除妖气，复返宫阙而已呢？"

田悦说王武俊，使与马寔共击李抱真于临洺，抱真复遣贾林说武俊曰："临洺兵精而有备，未易轻也。今战胜得地，则利归魏博；不胜，则恒冀大伤。易、定、沧、赵，皆大夫之故地也，不如先取之。"武俊乃辞悦，与马寔北归，壬戌，悦送武俊于馆陶，执手泣别，下至将士，赠遗甚厚。

先是，武俊召回纥兵，使绝李怀光等粮道，怀光等已西去，而回纥达干将回纥千人、杂虏二千人适至幽州北境。朱滔因说之，欲与俱诣河南取东都，应接朱泚，许以河南子女、金帛赂之。滔娶回纥女为侧室，回纥谓之朱郎，且利其俘掠，许之。

【译文】田悦劝说王武俊，要他与马寔联兵到临洺去攻李抱真。抱真又派贾林去劝说武俊说："临洺的兵强马壮，早有防备，不可过于轻视。而今即使你攻取了临洺，那么利益也归魏博所有；假若战败，那么恒冀将大受损失。易、定、沧、赵各州，都是大夫你原有的地区，倒不如先出兵攻战。"王武俊才辞别了田悦，和马寔一起北返。壬戌日（十八日），田悦在馆陶为王武俊饯行，拉着他的手，挥泪告别，甚至还赠送他手下所有的将士，每人一份相当丰厚的礼物。

在这以前，王武俊曾经招来回纥士兵，想借助他们去切断李怀光等人的粮道，但是李怀光等已经先调兵到西边去了，回纥达干这才率领了回纥千人及杂兵两千人到幽州北面的边境。朱滔便趁机向他们游说，欲与之联合，到河南攻取东都，来接应朱泚，并且答应将河南妇女、财物送给他们。朱滔娶了个回纥女子为妾，回纥把朱滔称作朱郎，并且这又有利于他们抢劫掠夺，因此便答应了朱滔。

贾林复说武俊曰："自古国家有患，未必不因之更兴。况主上九叶天子，聪明英武，天下谁肯舍之共事朱泚乎！滔自为盟主以来，轻蔑同列，河朔古无冀国，冀乃大夫之封域也。今滔称冀王，又西倚其兄，北引回纥，其志欲尽吞河朔而王之，大夫虽欲为之臣，不可得矣。且大夫雄勇善战，非滔之比。又本以忠义手诛叛臣，当时宰相处置失宜，为滔所诳诱，故蹉跌至此，不若与昭义并力取滔，其势必获。滔既亡，则泚自破矣。此不世之功，转祸为福之道也。今诸道辐凑攻泚，不日当平。天下已定，大夫乃悔而归国，则已晚矣！"时武俊已与滔有隙，因攘袂作色曰："二百年天子吾不能臣，岂能臣此田舍儿乎！"遂密与抱真及马燧相结，约为兄弟。然犹外事滔，礼甚谨，与田悦各遣使见滔于河

资治通鉴

间，贺朱泚称尊号，且请马寔之兵共攻康日知于赵州。

【译文】贾林再次游说王武俊说："古往今来，国家有难，未必不会因此收复；更何况皇上承袭九世天子之位，英明神武，天下有谁肯背离他而来供奉侍事朱泚的呢？自从朱滔做了盟主之后，轻视所有原来与他地位相等的人。河朔古来并无冀国，冀州本是大夫您的封地啊；而现在朱滔却自称冀王，又仗恃着西面有他哥哥，在北边拉拢回纥，他心里是想要并吞河朔所有的地域，即使大夫您想做他的臣属，都是不可能的了啊。况且大夫你骁勇善战，哪里是朱滔可比拟的；并且您原是一位忠义，手刃叛变的人，以前由于宰相处置的失当，因此被朱滔欺惑引诱，以至于今天这步田地。而今还不如与昭义军联合兵力去攻战朱滔，依目前形势看来，必定能获得成功。朱滔被灭亡之后，那么朱泚也不攻自破了。这才是建立不世伟功，转祸为福的正道啊。如今各道由四面八方讨伐朱泚，不久便就会将他平定。如果等到天下局势清明后，大夫你再悔过归顺朝廷，那就太晚了！"当时王武俊与朱滔已经有了间隙，因此挽袖奋起，凛然变色说："我不做二百年相承天子的臣属，难道甘愿服从这个田舍小子吗？"因此与李抱真及马燧交结，约为兄弟；只是表面上依旧侍奉朱滔，恭谨礼貌，并且与田悦各自派遣使臣去河间与朱滔见面，恭贺朱泚践祚称帝，并且请派马寔的军队一起到赵州攻打康日知。

汝、郑应援使刘德信将子弟军在汝州，闻难，引兵入援，与泚众战于见子陵，破之。以东渭桥有转输积粟，癸亥，进屯东渭桥。

朱泚夜攻奉天东、西、南三面。甲子，浑瑊力战却之。左龙武大将军吕希倩战死。乙丑，泚复攻城，将军高重捷与泚将李日月战于梁山之隅,破之。乘胜逐北,身先士卒,贼伏兵擒之。其麾下十馀人奋不顾死,追夺之。贼不能拒,乃斩其首,弃其身而去。麾下收之入城,上亲抚而哭之尽哀,结莆为首而葬之,赠司空。朱泚见其首,亦哭之曰:"忠臣也!"束蒲为身而葬之。李日月,泚之骁将也,战死于奉天城下。泚归其尸于长安,厚葬之。其母竟不哭,骂曰:"奚奴!国家何负于汝而反?死已晚矣!"及泚败,贼党皆族诛,独日月之母不坐。

【译文】汝、郑应援使刘德信当时带领着子弟军在汝州,听说唐德宗遇到危难,带兵入京救援,与朱泚的军队在见子陵交战,将朱泚他们打败。由于东渭桥囤积有尚未转运的粮食,癸亥日(十九日),便进兵驻扎于东渭桥。

朱泚兵分三路,趁着夜色攻击奉天。甲子日(二十日),浑瑊奋力应战而将他击退;左龙武大将军吕希倩不幸阵亡。乙丑日(二十一日),朱泚再次攻城,将军高重捷和朱泚部将李日月在梁山边战斗,又将他们打败;因此乘胜追杀败军,一马当先,很不幸运被敌人伏兵抓住。他的属下有十几个人奋不顾身地追上去,想将高重捷救回来,可惜没能得手;敌军见难以抵抗,就砍掉他的头,丢弃他的身体逃走。部下把他收敛回城中,唐德宗亲自抚摸着他的尸体痛哭,用蒲草编成头颅将他安葬。下诏追赠他为司空。朱泚看到高重捷的首级,也流泪说:"真是位忠义之士啊!"并且用蒲草编成躯体安葬了他。李日月,是朱泚手下的一员虎将,战死在奉天城下,朱泚把他的尸体运回了长安,以很高的礼仪安葬。李日月的母亲竟没流一滴眼泪,反而骂他儿子道:"你这个野种!国家哪里对不起你,要你造反的?死得都太迟了!"等到朱泚失败,他的党羽都被灭族,只有李日月的母亲未被牵连入罪。

己巳，加浑瑊京畿、渭南、北、金商节度使。

壬申，王武俊与马寔至赵州城下。

初，朱泚镇凤翔，遣其将牛云光将幽州兵五百人戍陇州，以陇右营田判官韦皋领陇右留后。及郝通奔凤翔，牛云光诈疾，欲俟皋至，伏兵执之以应泚，事泄，帅其众奔泚。至汧阳，遇泚遣中使苏玉赍诏书加皋中丞，玉说云光曰："韦皋，书生也。君不如与我俱之陇州，皋幸而受命，乃吾人也。不受命，君以兵诛之，如取孤狙耳！"云光从之。皋从城上问云光曰："向者不告而行，今而复来，何也？"云光曰："向者未知公心，今公有新命，故复来，愿托腹心。"皋乃先纳苏玉，受其诏书，谓云光曰："大使苟无异心，请悉纳甲兵，使城中无疑，众乃可入。"云光以皋书生，易之，乃悉以甲兵输之而入。明日，皋宴玉、云光及其卒于郡舍，伏甲诛之。筑坛，盟将士曰："李楚琳贼虐本使，既不事上，安能恤下，宜相与讨与！"遣兄平、弃诣奉天，复遣使求援于吐蕃。

【译文】己巳日（二十五日），派浑瑊同时任京畿、渭南北、金商节度使的职位。

壬申日（二十八日），王武俊和马寔抵达赵州城下。

以前，朱泚镇守凤翔时，唐德宗派将军牛云光率幽州兵五百人戍守陇州，还派陇右营田判官韦皋主理陇右留后的职务。等到郝通投奔凤翔时，牛云光假装生病，想等韦皋来到之后，就埋伏士兵将韦皋抓起来送给朱泚，并以此讨好他；事情败露，于是带着他的士兵去投奔朱泚。到了汧阳的时候，遇到朱泚派宫中使臣苏玉奉持诏书前往进加韦皋为中丞，苏玉就游说牛云光说："韦皋，只不过是个书生。不如你和我一齐去陇州，韦皋如果肯听令，他还是我们一伙的，那是再好不过的了；如果他不肯从命，你再拿武器杀他，那不就像杀只猪那么简单！"云光听从了他的话。回到了陇州，韦皋在城楼上问牛云光说："前一段时间你不告而别，现在又回来了，这是为什么啊？"云光说："以前我不知道你的志向是什么，现在皇上下诏让你做中丞，所以又回来了，所以愿意对你推心置腹。"韦皋于是先请进了苏玉，拜受诏书之后，又对牛云光说："大使你假如真没有二心，就将所有的武器都交出来，让城中人士不再怀疑你，然后所有的人才能进城。"牛云光认为韦皋是个书生，因此轻视他，便将甲兵全部送交给他，而后进城。第二天，韦皋在郡府中设宴招待苏玉、牛云光及他的士卒，埋伏了甲兵并且把他俩杀了。因此设立高台，向将士们宣称说："李楚琳那逆贼斩杀了我们的节度使张镒，如果他不能忠心侍从长官，又怎会抚恤部下？我们应该合力去讨伐他！"便派他的堂哥韦平、韦弇去奉天请命，另外又派遣使者去向吐蕃求援。

资治通鉴卷第二百二十九　唐纪四十五

起昭阳大渊献十一月，尽阏逢困敦正月，不满一年。

【译文】起癸亥（公元783年）十一月，止甲子（公元784年）正月，共三个月。

【题解】本卷记录了公元783年十一月至784年正月的史事，共三个月，正当唐德宗建中四年十一月到兴元元年正月。此时期是唐王朝与唐德宗个人转危为安的紧要关头。首先是李怀光解奉天之围。其次河南战场李希烈势力强盛，南方诸镇守境自保。李希烈南犯江、淮，东西受阻，稳定了河南局势。最后唐德宗接受陆贽提出的下罪己诏书的上言，下诏改元兴元，在元旦发布诏书，大赦天下，河北王武俊、田悦、山东李纳接受赦令归顺朝廷，朱滔陷于孤立。形势大好之际，奸臣卢杞阻止唐德宗召见李怀光，埋下了李怀光反叛的祸根。

唐德宗神武圣文皇帝四

建中四年（癸亥，公元七八三年）十一月，丁亥，以陇州为奉义军，擢皋为节度使。泚又使中使刘海广许皋凤翔节度使。皋斩之。

灵武留后杜希全、盐州刺史戴休颜、夏州刺史时常春会渭北节度使李建徽，合兵万人入援，将至奉天，上召将相议道所从出。关播、浑瑊曰："漠谷道险狭，恐为贼所邀。不若自乾陵北过，附柏城而行，营于城东北鸡子堆，与城中掎角相应，且分贼势。"卢杞曰："漠谷路近，若为贼所邀，则城中出兵应接可也。倘出乾陵，恐惊陵寝。"瑊曰："自沘围城，斩乾陵松柏，以夜继昼，其惊多矣。今城中危急，诸道救兵未至，惟希全等来，所系非轻，若得营据要地，则沘可破也。"杞曰："陛下行师，岂比逆贼！若令希全等过之，是自惊陵寝。"上乃命希全等自漠谷进。丙子，希全等军至漠谷，果为贼所邀，乘高以大弩、巨石击之，死伤甚众。城中出兵应接，为贼所败。是夕，四军溃，退保邠州。沘阅其辎重于城下，从官相视失色。休颜，夏州人也。

【译文】建中四年（癸亥，公元783年）十一月，乙亥日（初二），将陇州军队称为奉义军，任命韦皋为节度使。朱沘又派出他宫中的宦官刘海广作为使臣，去告知韦皋答应派他为凤翔节度使；韦皋斩杀来使。

灵武留后杜希全、盐州刺史戴休颜、夏州刺史时常春与渭北节度使李建徽聚集士兵万人会合，即将抵达奉天时，唐德宗召集将相商议让这批军队从哪条路进城，关播、浑瑊都说："漠谷道路又险峻又狭窄，怕会被贼兵拦截攻击。不如在乾陵向北取道行进，隐身于柏城一侧行军，而在柏城东北的鸡子堆扎营，这样就可以与奉天城中兵力前后相应，而且可借以分散敌军的兵力。"卢杞却认为："漠谷那条道路比较近，如果被贼兵截击，那么可由奉天城中出兵接应。如果由乾陵出兵，恐怕会惊动陵寝。"浑瑊说："自从朱沘攻城以来，砍伐乾陵的松柏，日夜未歇，已使陵寝大受惊扰。而今城中正处于危难之中，各道救兵又都未到，而只有杜希全等军队来到，这支武力很重要，如果能安营扎寨在要害之地，那么必能破灭朱沘。"卢杞说："皇上发兵，怎可与逆贼相比，如果让杜希全等由乾陵过来，那是我们自己惊扰陵寝。"于是唐德宗令杜希全等从漠谷进城。丙子日（初三），杜希全等所率领的军队行至漠谷，果然被贼兵截击，贼兵居高临下，用大弩、巨石击杀，伤亡众多；城中出兵接应，也被贼兵打败。是夜，杜希全等四人的部队溃不成军，只得退守到邠州。朱泚在城下检阅辎重等战利品；随从官员眼见如此兵力，竟被击败，相顾失色，心有余悸。戴休颜，是夏州人。

泚攻城益急，穿堑环之。泚移帐于乾陵，下视城中，动静皆见之。时遣使环城招诱士民，笑其不识天命。

神策河北行营节度使李晟疾愈，闻上幸奉天，帅众将奔命。张孝忠迫于朱滔、王武俊，倚晟为援，不欲晟行，数沮止之。晟乃留其子凭，使娶孝忠女为妇，又解玉带赂孝忠亲信，使说之，孝忠乃听晟西归，遣大将杨荣国将锐兵六百与晟俱。晟引兵出飞狐道，昼夜兼行，至代州。丁丑，加晟神策行营节度使。

王武俊、马寔攻赵州不克。辛巳，寔归瀛州，武俊送之五里，犒赠甚厚。武俊亦归恒州。

上之出幸奉天也，陕虢观察使姚明敭以军事委都防御副使张劝，去诣行在。劝募兵得数万人。甲申，以劝为陕虢节度使。

【译文】朱泚更加紧攻城，于奉天城四周挖河环绕。朱泚将营帐转移到乾陵，俯视奉天，城中的动静都看得清清楚楚，一直派人围绕在城外，招募诱惑兵民，嘲笑他们不知道顺应天命。

神策、河北行营节度使李晟病好了，听闻唐德宗被逼到达奉天，便立即准备率领将士前去效命。而张孝忠受迫于朱滔和王武俊，全仗着李晟为后援，就不想让李晟离去，一再阻止。李晟才将他儿子李凭留下，并且让他娶张孝忠的女儿为妻，又解下玉带贿赂张孝忠的亲信，请他去劝说张孝忠，张孝忠这才让李晟回到西边，同时派大将杨荣国率精兵六百与李晟同行。李晟带兵出飞狐道，马不停蹄地赶路，到了代州。丁丑日（初四），诏令任命李晟为神策行营节度使。

王武俊、马寔进攻赵州，未能取得胜利。辛巳日（初八），马寔回到瀛州去，武俊送了他五里路，犒赏赠遗非常丰厚；武俊也就回恒州去了。

唐德宗到奉天的时候，陕虢观察使姚明敭将军事托付给都防御副使张劝，自己去奉天行在拜见唐德宗。张劝征募到几万民兵。甲申日（十一日），唐德宗升张劝为陕虢节度使。

朱泚攻围奉天经月，城中资粮俱尽。上尝遣健步出城觇贼，其人恳以苦寒为辞，跪奏乞一襦裤。上为之寻求不获，竟悯默而遣之。时供御才有粝米二斛，每伺贼之休息，夜，缒人于城外，采芜菁根而进之。上召公卿将吏谓曰：“朕以不德，自陷危亡，固其宜也。公辈无罪，宜早降以救室家。”群臣皆顿首流涕，期尽死力，故将士虽困急而锐气不衰。

上之幸奉天也，粮料使崔纵劝李怀光令入援，怀光从之。纵悉敛军资与怀光皆来。怀光昼夜倍道，至河中，力疲，休兵三日。河中尹李齐运倾力犒宴，军士尚欲迁延。崔纵先辇货财渡河，谓众曰：“至河西，悉以分赐。”众利之，西屯蒲城，有众五万。齐运，恽之孙也。

【译文】朱泚包围进攻奉天一个多月，城中粮饷已经耗尽。唐德宗想派善行者出城观察敌情，这个人以衣薄体寒为由，跪在地上奏请求皇帝赏赐一套衣裤给他，唐德宗替他找了半天都没找到，最后万分悲痛地让他回去了。当时供应唐德宗的食物仅仅有二斛糙米，所以常常趁着敌人休息的时候，半夜里，派人从城墙上下去，去野地里采些芜菁根来让唐德宗吃。唐德宗集合公卿将帅然后对他们说："朕因为无德行，自己陷身于危险的境地，本来就是应该的。你们各位并没有罪过，应该早点投降来保全身家性命才是。"各位大臣都跪伏叩首，眼泪纵横，纷纷表示愿意为天子拼命效力，所以即使将士们身陷危困，但是锐气却并没有削减。

唐德宗去奉天的时候，管粮料的崔纵劝告李怀光请他前去援救。李怀光答应了。崔纵于是聚合了军队上所有的钱财和粮物与怀光一同前来。怀光日夜兼程赶路，到达河中的时候，已经是筋疲力尽，所以让士兵们休息了三天。河中府尹李齐运倾尽全力设宴来犒劳军士，士卒们还想多停留几天。崔纵就先用车辆将财物运过黄河，然后对军众们说："如果到了河西，所有的财物都将拿来分赐给各位。"士卒们因贪图钱财，所以渡河西行驻屯于蒲城，士兵总共有五万人之多。李齐运，是李恽的孙子。

李晟行且收兵，亦自蒲津济，军于东渭桥。其始有卒四千，晟善于抚御，与士卒同甘苦，人乐从之，旬月间至万馀人。

神策兵马使尚可孤讨李希烈，将三千人在襄阳，自武关入援，军于七盘，败泚将仇敬，遂取蓝田。可孤，宇文部之别种也。

镇国军副使骆元光，其先安息人，骆奉先养以为子，将兵守潼关近十年，为众所服。朱泚遣其将何望之袭华州，刺史董晋弃州走行在。望之据其城，将聚兵以绝东道。元光引关下兵袭望之，走还长安。元光遂军华州，召募士卒，数日，得万馀人。泚数遣兵攻元光，元光皆击却之，贼由是不能东出。上即以元光为镇国军节度使，元光乃将兵二千西屯昭应。

马燧遣其行军司马王权及其子汇将兵五千人入援，屯中渭桥。

于是，泚党所据惟长安而已，援军游骑时至望春楼下。李忠臣等屡出兵皆败，求救于泚，泚恐民间乘弊抄之，所遣兵皆昼伏夜行。

【译文】 李晟一路走来，沿途招收士兵，这时也从蒲津渡水驻军在东渭桥了；最初只有士兵四千人，李晟擅长安抚驾驭，并且能和士兵同甘共苦，大家都乐于追随他。在短暂的不到一月的时间，竟然招收了一万多人。

神策兵马使尚可孤去征服李希烈，率领部下三千人驻扎在襄阳，此时也从武关来奉天援助，驻军在七盘，并且打败了朱泚的大将仇敬，进而进兵攻取蓝田。尚可孤，是宇文部的另一种族人。

镇国军副使骆元光，他的祖先本来是安息人，后来被骆奉先收为养子，带兵守卫潼关长达十年之久，颇受众人的拥护和爱戴。朱泚派大将何望之袭击攻占华州，刺史董晋丢弃城池去奉天行在。何望之占领了华州，将集合兵力去阻断东边的道路；骆元光带领了关中军队出去袭击何望之，望之又逃回到长安。骆元光于是就让军队驻扎在华州，招募士兵，几天之内，就召集了一万多人。朱泚几次派兵来攻打元光，都纷纷被元光击退，敌人从此无法向东出兵。唐德宗便任命骆元光为镇国军节度使，元光仍旧带领两千士兵在昭应驻扎。

马燧令他的行军司马王权和他的儿子王汇率领士兵五千人援助奉天，军队驻扎在中渭桥。

而此时朱泚的一批人所占据的地方只有长安了，援军的游击骑兵时常出现在望春楼下。李忠臣等每次出兵都纷纷被打败，于是便向朱泚请求援助。朱泚害怕民间趁他困敝的时候抢劫抄略，所以每次派兵出去都是昼伏夜行的。

泚内以长安为忧，乃急攻奉天，使僧法坚造云梯，高广各数丈，裹以兕革，下施巨轮，上容壮士五百人。城中望之恟惧。上以问群臣，浑瑊、侯仲庄对曰："臣观云梯势甚重，重则易陷。臣请迎其所来凿地道，积薪蓄火以待之。"神武军使韩澄曰："云梯小伎，不足上劳圣虑，臣请御之。"乃度梯之所傃，广城东北隅三十步，多储膏油松脂薪苇于其上。丁亥，泚盛兵鼓噪攻南城，韩游瑰曰："此欲分吾力也。"乃引兵严备东北。戊子，北风甚迅，泚推云梯，上施湿毡，悬水囊，载壮士攻城，翼以毂辒，置人其下，抱薪负土填堑而前，矢石火炬所不能伤。贼并兵攻城东北隅，矢石如雨，城中死伤者不可胜数。贼已有登城者，上与浑瑊对泣，群臣惟仰首祝天。上以无名告身自御史大夫、实食五百户以下千馀通授瑊，使募敢死士御之，仍赐御笔，使视其功之在小书名给之，告身不足则书其身，且曰："今便与卿别。"瑊俯伏流涕，上拊其背，歔欷不自胜。时士卒冻馁，又令甲胄，瑊扶谕，激以忠义，皆鼓噪力战。瑊中流矢，进战不辍，初不言痛。会云梯辗地道，一轮偏陷，不能前却，火从地中出，风势亦回，城上人投苇炬，散松脂，沃以膏油，讙呼震地。须臾，云梯及梯上人皆为灰烬，臭闻数里，贼乃引退。于是，三门皆出兵，太子亲督战，贼徒大败，死者数千人。将士伤者，太子亲为裹疮。入夜，泚复来攻城，矢及御前三步而坠，上大惊。

【译文】朱泚内心担忧长安，于是加紧攻占奉天，他让和尚法坚制造的云梯，高、宽各有几丈，并且用兕牛皮裹着，下面装着大轮，梯上可承担五百个壮士；城中人看到十分恐慌。唐德宗因此问计于群臣，浑瑊及侯仲庄都说：“依臣看来那云梯的样子十分沉重，重就很容易下陷，臣请求先预测他们进攻的方向，然后在那里挖一条地道，累积柴草，准备火柴等着他们。”神武军使韩澄说：“使用云梯攻占城池，只不过是雕虫小技而已，不值得烦劳皇上担忧，请让臣来抵抗就行了。”于是开始推测云梯前来进攻的方向，清除了城东北角三十步的地方，储备了许多膏油、松脂、柴薪、芦苇在那里。丁亥日（十四日），朱泚大军击鼓嚷嚷着要进攻城南，韩游瑰说：“这是故意要分散我们的兵力啊。”于是带领士兵严密防守城池东北。戊子日（十五日），北风呼啸而来，于是朱泚下令推着云梯，并且在上面放了些湿毡，同时挂着水袋，载着将士们攻城，而且让攻城车分别列在左右为辅翼，士兵跟随在云梯的下面，怀中抱着木柴，背上背着土包，填塞战壕和深沟，向前行进，弓箭、弩石、火把都没有办法伤害到他们。敌人集合兵力向城东北方进攻，弓箭、弩石如下雨般落下，城中死亡伤残不计其数。敌人已经开始有登上城楼的了，于是唐德宗与浑瑊相对哭泣，各个大臣只有仰头祈求上天保佑。唐德宗于是把空白的任官状，从御史大夫到食邑实封五百户以下的一千多张全部交给浑瑊，并且让他拿着去招募敢死队加以抵抗，接着又赐给御笔，让他依照功劳的大小，填上姓名发送给他们，任官状如不敷用，然后将阵前所称的官阶以及所立的战功写在他身上，以此作为凭证，补任官状，然后对浑瑊说：“我现在就要向你告别了。”浑瑊跪伏在地上，痛哭流涕，唐德宗轻轻拍着他的背，呜咽悲泣，非常悲伤。当时士兵又冷又饿，又没有铠甲和战袍，浑瑊抚慰告谕，而以忠诚和义气来激励他们，最后士兵们都鼓起勇气并且大声嘶叫着奋力应战。浑瑊被飞来的暗箭所伤，依然不停地向前冲杀，始终也没有说过一个"痛"字。云梯在辗过地道的时候，一个轮子深陷其中，既不能前进，也无法后退，火从地道中忽然冒了出来，此刻风向也开始回转了，城楼上的士兵投下用芦苇草捆成的火把，撒下松脂，并且浇上膏油，喧哗声和叫嚷声震动天地。片刻之间，云梯以及梯上的贼兵都瞬间被烧成灰烬，焦臭味遍及数里之远，逆贼这才带兵撤退。于是城东、南、北三门同时出兵，太子亲自指挥作战，贼兵遭遇大败，死了好几千人。那些受伤的将士，由太子亲自为他们包扎伤口。进入深夜的时候，朱泚又来攻城，并且把一支箭射在唐德宗面前三步远的地方，使唐德宗大吃一惊。

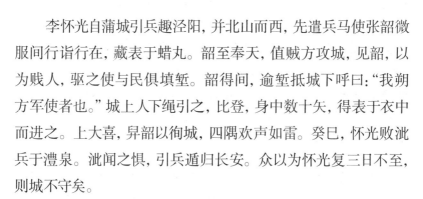

李怀光自蒲城引兵趣泾阳，并北山而西，先遣兵马使张韶微服间行诣行在，藏表于蜡丸。韶至奉天，值贼方攻城，见韶，以为贱人，驱之使与民俱填堑。韶得间，逾堑抵城下呼曰："我朔方军使者也。"城上人下绳引之，比登，身中数十矢，得表于衣中而进之。上大喜，舁韶以徇城，四隅欢声如雷。癸巳，怀光败泚兵于澧泉。泚闻之惧，引兵遁归长安。众以为怀光复三日不至，则城不守矣。

泚既退，从臣皆贺。汴滑行营兵马使贾隐林进言曰："陛下性太急，不能容物，若此性未改，虽朱泚败亡，忧未艾也！"上不以为忤，甚称之。侍御史万俟著开金、商运路，重围既解，诸道贡赋继至，用度始振。

【译文】李怀光从蒲城带兵一直逼近泾阳，沿着山边向西行进，派兵马使张韶穿着平民的服装，抄小路先去奉天行在拜见天子，藏表于蜡丸内。张韶到达奉天的时候，恰巧遇上贼兵正在攻城，他们看到张韶，以为他只是个低贱的平民，于是就把他赶去和其他的众人一齐去填壕沟；张韶抓住了这个机会，于是跳过壕沟，来到城下，并且大声冲城上喊道："我是朔方军的使者。"城上的人立即放下了一条绳子拉他上去，等到他登上城楼的时候，身上已经中了好几十支箭，士兵在他的衣服里找到了装在蜡丸中的奏表，并且呈献给了唐德宗。唐德宗很是高兴，命人高举张韶绕城一周，全城欢呼声很大。癸巳日（二十日），李怀光在澧泉打败了朱泚的军队。朱泚听到这消息之后，十分惊慌，于是赶紧带兵逃回长安去了。大家都认为如果李怀光三天内不到的话，那么奉天城就被攻下了。

朱泚退兵以后，跟随到奉天来的各位大臣都向天子庆贺。汴滑行营兵马使贾隐林进言说："陛下性情太过急躁，并且不能容人，假如这种性情再不改的话，即使朱泚被我们消灭了，忧患还是会继续存在的啊！"唐德宗不但不认为他说这话是忤逆不道，反而十分称赞他。侍御史万俟著打通了金、商运输通道，包围既然已经解除，各道的贡献赋税又相继送来，费用才慢慢开始充足。

朱泚至长安，但为城守之计，时遣人自城外来，周走呼曰："奉天破矣！"欲以惑众。泚既据府库之富，不爱金帛以悦将士，公卿家属在城者皆给月俸。神策及六军从车驾及哥舒曜、李晟者，泚皆给其家粮。加以缮完器械，日费甚广。及长安平，府库尚有馀蓄，见者皆追怨有司之暴敛焉。

或谓泚曰："陛下既受命，唐之陵库不宜复存。"泚曰："朕尝北面事唐，岂忍为此！"又曰："百官多缺，请以兵胁士人补之。"泚曰："强授之则人惧。但欲仕者则与之，何必叩户拜官邪！"所用者惟范阳、神策团练兵。泾原卒骄，皆不为用，但守其所掠资货，不肯出战。又密谋杀泚，不果而止。

【译文】 朱泚回到长安之后，只图谋守城的计策，常常派人从城外回来，然后遍行于城中大声叫喊着说："奉天已经被打垮了！"想借此来欺骗众人。朱泚拥有府库中的财富，因此并不吝惜金帛并且拿来取悦各位将士，公卿的家属住在城里的，每月都发给一定数额的俸钱。神策以及六军将士跟随圣驾及哥舒曜或李晟的，朱泚也都给他的家人发放一定数额的食粮；再加上整修制造兵械，每天的支出非常多。等到长安被平定之后，府库中还有多出来的积蓄，知道这种情况的人，心中都非常怨恨当时主管官吏的横征暴敛。

有人对朱泚说："陛下既然接受天命而称帝，唐朝皇室的山陵宗庙就不应再继续存在？"朱泚说："我曾经做过唐朝的大臣，怎么能忍心做这样的事儿？"又有人说："百官大多都有遗缺，请征召士人来补缺口。"朱泚说："强行授予官位给别人，就会使人家感到恐慌和害怕。我认为只要是想做官的就给他个一官半职，何必要挨家挨户地敲着人家的大门去赐官呢？"朱泚所使用的士兵只不过是范阳及神策团练兵罢了；泾原军的士兵一向傲慢放肆，都不愿意接受他的指挥，只是守着他们抢掠而来的珠宝财物，而不愿意出征打仗；还谋划着要杀掉朱泚，计划没有成功，也就不了了之。

李怀光性粗疏，自山东来赴难，数与人言卢杞、赵赞、白志贞之奸佞，且曰："天下之乱，皆此曹所为也！吾见上，当请诛之。"既解奉天之围，自矜其功，谓上必接以殊礼。或说王翃、赵赞曰："怀光缘道愤叹，以为宰相谋议乖方，度支赋敛烦重，京尹犒赐刻薄。致乘舆播迁者，三臣之罪也。今怀光新立大功，上必披襟布诚，询访得失，使其言入，岂不殆哉！"翃、赞以告卢杞。杞惧，从容言于上曰："怀光勋业，社稷是赖，贼徒破胆，皆无守心，若使之乘胜取长安，则一举可以灭贼，此破竹之势也，今听其入朝，必当赐宴，留连累日，使贼入京城，得从容成备，恐难图矣！"上以为然。诏怀光直引军屯便桥，与李建徽、李晟及神策兵马使杨惠元刻期共取长安。怀光自以数千里竭诚赴难，破朱泚，解重围，而咫尺不得见天子，意殊怏怏，曰："吾今已为奸臣所排，事可知矣！"遂引兵去，至鲁店，留二日乃行。

【译文】李怀光生性粗鲁，从山东去奉天救难，几次与人说起卢杞、赵赞、白志贞的奸邪谗佞，甚至于说："天下的祸患，都是由这批人造成的！如果我见到皇上，一定请求皇上杀了他们。"既然解除了奉天的困境，自夸功高，认为唐德宗必将以特殊的礼节对待他。于是就有人对王翃、赵赞说："李怀光一路上不停地抱怨，认为宰相的计策意见不恰当，数次征收苛捐杂税，京兆尹犒赏小气；导致圣驾迁播，都是宰相卢杞、度支赵赞、京兆尹王翃三人的过错。而今李怀光又立了大功，皇上必会真诚地询问他得失的前因后果，假使他的话被皇上相信，岂不是十分危险吗！"王翃、赵赞将这番话告诉了卢杞，卢杞十分恐惧，却若无其事地向唐德宗说："李怀光建立大的功业，国家才得以生存，把贼党吓坏了，因此心里都不会再妄存防守的念头，假如派他乘胜去攻占长安，那么一定能一举消灭敌军，势如破竹一般的快捷。今天如果让他进入朝堂，一定要赐宴并且加以奖赏，假如停留上好些天，让敌人回到京城，他们再慢慢地进行防御措施建设，到那时再想加以消灭，恐怕就十分困难了！"唐德宗认为他说得很对。于是就下令让李怀光直接带兵驻扎在便桥，然后与李建徽、李晟及神策兵马使杨惠元指定一个日期一块儿去进攻长安。李怀光内心感觉迢迢千里，基于一片忠心前来赴难，击败了朱泚，解救了唐德宗，近在咫尺却不能见到唐德宗一面，心中十分不满意，说："我此刻就已经受到小人的排挤，国家前途无望，已经可以预知了！"于是带领士兵离开了，然后到了鲁店，在那儿停留了两天便走了。

　　剑南西山兵马使张朏以所部兵作乱，入成都，西川节度使张延赏弃城奔汉州。鹿头成将叱干遂等讨之，斩朏及其党，延赏复归成都。

　　淮南节度使陈少游将兵讨李希烈，屯盱眙，闻朱泚作乱，归广陵，修堑垒，缮甲兵。浙江东、西节度使韩滉闭关梁，禁马牛出境，筑石头城，穿井近百所，缮馆第数十，修坞壁，起建业，抵京岘，楼堞相属，以备车驾渡江，且自固也。少游发兵三千大阅于江北。滉亦发舟师三千曜武于京江以应之。

　　盐铁使包佶有钱帛八百万、将输京师。陈少游以为贼据长安，未期收复，欲强取之。佶不可，少游欲杀之。佶惧，匿妻子于案牍中，急济江。少游悉收其钱帛。佶有守财卒三千，少游亦夺之。佶才与数十人俱至上元，复为韩滉所夺。

　　【译文】剑南西山兵马使张朏带部下士兵造反，攻入成都，西川节度使张延赏丢弃城池奔往汉州；鹿头关守将叱干遂等前去讨伐，于是杀了张朏以及他的党羽，张延赏又重新回到了成都。

　　淮南节度使陈少游带领士兵前去征伐李希烈，驻兵于盱眙，自从他们听说朱泚造反之后，就回到广陵，挖掘壕沟、建筑堡垒、修整军队。浙江东、西节度使韩滉紧紧关闭关卡桥梁，严禁牛马出境，修建石头城，挖了将近有一百口井，装修了几十幢馆舍，又整修营垒的防御工事，从西边的建业，到东边的京岘，楼阁和城上的女墙相连，准备圣驾渡江过来，而且也借此来固守自己的防御区域。陈少游派出三千士兵在江北举行了一次大校阅；韩滉也派出三千水军在京江的上面耀武扬威作为响应。

盐铁使包佶有八百多万金银丝绸，将往京城输送。陈少游认为长安已经被叛贼占领，还不知道什么时候才能收复，想要强行夺取。包佶不肯，少游就想杀害他；包佶心中十分害怕，于是便将自己的妻子藏在公文堆里，自己急忙渡江逃跑。少游便抢走了那些金帛，包佶有守护财货的三千士兵，少游也一并给抢了下来。包佶仅仅带着几十个人一块儿到了上元，在那儿又被韩滉抢夺了一次。

时南方藩镇各闭境自守，惟曹王皋数遣使开道贡献。李希烈攻逼汴、郑，江、淮路绝，朝贡皆自宣、饶、荆、襄趣武关。皋治邮驿，平道路，由是往来之使，通行无阻。

上问陆贽以当今切务。贽以向日致乱，由上下之情不通，劝上接下从谏，乃上疏，其略曰："臣谓当今急务，在于审察群情，若群情之所甚欲者，陛下先行之；所甚恶者，陛下先去之。欲恶与天下同而天下不归者，自古及今，未之有也。夫理乱之本，系于人心，况乎当变故动摇之时，在危疑向背之际，人之所归则植，人之所在则倾，陛下安可不审察群情，同其欲恶，使亿兆归趣，以靖邦家乎！此诚当今之所急也。"又曰："顷者窃闻舆议，颇究群情，四方则患于中外意乖，百辟又患于君臣道隔。郡国之志不达于朝廷，朝廷之诚不升于轩陛。上泽阙于下布，下情壅于上闻，实事不必知，知事不必实，上下否隔于其际，真伪杂糅于其间，聚怨嚣嚣，腾谤籍籍，欲无疑阻，其可得乎！"又曰："总天下之智以助聪明，顺天下之心以施教令，则君臣同志，何有不从！远迩归心，孰与为乱！"又曰："虑有愚而近道，事有要而似迂。"

【译文】那个时候南方的藩镇各自闭关自守，只有曹王李皋几次派人抄小路去京城进贡。李希烈紧逼着进攻汴、郑，江、淮通道被阻隔，向朝廷进贡的财物都绕道宣、饶、荆、襄，然后前去武关。曹王李皋修建驿站、铺设道路，从此来来往往的使臣，才能畅行无阻。

唐德宗询问陆贽当前的紧急事务是什么。陆贽认为以前之所以发生变乱，是由于上面和下面没能沟通，因此劝谏唐德宗要常常接见大臣，采纳正直的意见。于是上了一张奏折，大意是说："臣以为当前的紧急事务，是让皇上明察下情，假如是民众急切向往的，陛下便当早点去做；凡是民众所憎恨和厌恶的，陛下就应该立即革除。喜好和厌恶与天下人一样但是天下人却有不来归附的，从古到今，这是从来没有过的事情。整治祸乱的根本，在于维系人心，何况是在刚刚发生变乱，人心不稳的时候。在困难时刻，民心向背的时候，民心所归便能屹立，民心背弃就会灭亡，陛下怎么能不体察民情，与百姓有一样的好恶，然后使亿兆的百姓归附，借这个来安定邦国呢？这确实是目前最为紧急的事情啊。"然后又说："最近臣在私底下听到不少舆论，然后借此来深入地了解了很多情况，各方以内外意志乖违为患，并且各个官员又因为君臣彼此隔阂而忧。各郡国的意见和建议不能上达于朝廷，朝廷的诚意又不能下达于民间。圣上的恩泽没有能够被天下人广泛地知道，臣民的情况又因为受到重重阻拦而不能上达，事实的真相不一定了解，而所知道的事情又不一定是实情，上下之间隔绝不通，虚实杂糅混淆在其中，抱怨声、议论声纷纷而来，想要上面和下面彼此能没有猜疑和阻隔，又怎么可能呢？"然后又说："集合天下人的智慧来增长自己的聪明，顺应民心来施教颁令，那么君臣上下就会同心一德，怎么会有人不顺从呢？远近一心归向，还有谁会造反呢？”又说：“有些想法看起来愚昧却近似正道，有些事情确实急切并且重要却看起来迂腐。”

　　疏奏旬日，上无所施行，亦不诘问。贽又上疏，其略曰：“臣闻立国之本，在乎得众，得众之要，在乎见情。故仲尼以谓人情者圣王之田，言理道所生也。”又曰：“《易》，乾下坤上曰泰，坤下乾上曰否，损上益下曰益，损下益上曰损。夫天在下而地处上，于位乖矣，而反谓之泰者，上下交故也。君在上而臣处下，于义顺矣，而反谓之否者，上下不交故也。上约己而裕于人，人必悦而奉上矣，岂不谓之益乎！上蔑人而肆诸己，人必怨而叛上矣，岂不谓之损乎！”又曰：“舟即君道，水即人情。舟顺水之道乃浮，违则没；君得人之情乃固，失则危。是以古先圣王之居人上也，必以其欲从天下之心，而不敢以天下之人从其欲。”又曰：“陛下愤习俗以妨理，任削平而在躬，以明威照临，以严法制断，流弊自久，浚恒太深。远者惊疑而阻命逃死之乱作，近者畏慑而偷容避罪之态生。君臣意乖，上下情隔，君务致理，而下防诛夷，臣将纳忠，又上虑欺诞，故睿诚不布于群物，物情不达于睿聪。臣于往年曾任御史，获奉朝谒，仅欲半年，陛下严邃高居，未尝降旨临问，群臣踽踽趋退，亦不列事奏陈。轩墀之间，且未相谕，宇宙之广，何由自通！虽复例对使臣，别延宰辅，既殊师锡，且异公言。未行者则戒以枢密勿论，已行者又谓之遂事不谏，渐生拘碍，动涉猜嫌，由是人各隐情，以言为讳，至于变乱将起，亿兆同忧，独陛下恬然不知，方谓太平可致。陛下以今日之所睹验往时之所闻，孰真孰虚，何得何失，则事之通塞备详之矣！人之情伪尽知之矣！"

【译文】奏折呈上十天之后，唐德宗并没有采取任何措施，也没有再垂询。陆贽又上奏，内容大概是说："臣听说立国的根本，在于获得民众的拥护和爱戴，而要想获得百姓的拥戴，又在于体察民情。所以孔子认为人情等于是圣人的田地，就是说治国的大道都在这儿啊。"又说："《易》卦，乾卦在下并且坤卦在上称为泰，坤卦在下并且乾卦在上称为否，损上而益下称为益，损下而益上就称为损。说起来天在下而地却在上面，从位置上是颠倒了，却反而称为泰的原因，那是上下相交的缘故啊。君在上并且臣子居于下，在道理上说是应当的，反而却称为否，那又是上下不能相交的缘故啊。假如君上能勤俭自持而让百姓富足，人人一定都会心甘情愿地供奉君上，这能说不是有益吗？假如君上轻视百姓，而自己却肆无忌惮地想干什么就干什么，人们必心怀怨恨而背叛君上，这难道不是有损了吗？"又说："君王治国的道理好比是船，百姓的感情好比是水。船顺着水道就能漂行，如果硬往两岸上冲就会翻沉；君王能深得民心就能稳固国家的根基，不能深得民心那就十分危险。所以古代圣明的君王虽然位居人上，但他个人的好恶必定能顺应民心，并且不敢让天下人顺从他自己的一己私欲。"又说："陛下痛恨藩镇兵强跋扈，生活习气不好，并且妨碍治安，因此亲自担负起削平强藩的责任，用明德的声威加以压制，用严酷的刑罚去裁决，在流弊延续已久、根深蒂固、积重难返的时候，这样的做法，致使远方的人因为惊惶疑虑而兴起抗令逃命的祸乱，近处的人害怕震慑而做出苟且求容的行为。从而导致君臣的意志乖违，上下的用心阻隔而不能沟通。君上是专心致力于天下太平，而臣下却害怕惨遭诛灭，臣属想要尽心尽力效忠皇上，又怕皇上怀疑他是欺罔诈骗，所以圣上一片诚意却不能令百姓知道，众人的心意也无法让皇上知道。臣在以前曾经做过监察御史，因而有奉旨上朝拜见皇上的机会，将近半年的时间，只见陛下庄严深邃地高坐在殿上，未曾下旨垂询，群臣十分害怕而急于告退，也没有一个陈述禀奏的。庭楹陛阶之间，尚且不能互相沟通，天下这么大，远戍边镇的臣子，又怎么能自通心意呢？即使是功臣节度以及诸军使臣待制的，也只能随例依次站立，朝堂之外，另外召集宰辅重臣来商量天下大事，他们所说的和谈论的既不是百姓的心声，也与公论大不相同。没有实施的事，便告诫他们说事属中枢的机密，不可以与外人议论；已经付诸行动的事，又说是已经决定这样做了，就不必再进谏劝说了。因此令人慢慢地感觉到谏诤受到拘束阻碍，动不动就遭到嫌疑憎恶。从此每个人都隐藏着实情和自己的心意，而不发表言论意见。等到变乱事故快要发生的时候，天下一块儿担忧，只有陛下安然无事地不知实际情况，还以为不久就可以天下太平了呢。陛下用今天亲眼所见的一切情况，去验证一下往日所听说的事，哪些是实际情况，哪些是虚假的情况，什么样的做法有利，什么样的做法不利，那么什么事可以做，什么事不可以做，就完全都知道了！而对每个人的忠贞虚伪也可以全部了解了。"

上乃遣中使谕之曰："朕本性甚好推诚，亦能纳谏。将谓君臣一体，全不堤防，缘推诚信不疑。多被奸人卖弄。今所致患害，朕思亦无它，其失反在推诚。又，谏官论事，少能慎密，例自矜衒，归过于朕以自取名。朕从即位以来，见奏对论事者甚多，大抵皆是雷同，道听涂说，试加质问，遽即辞穷。若有奇才异能，在朕岂惜拔擢。朕见从前已来，事只如此，所以近来不多取次对人，亦非倦于接纳。卿宜深悉此意。"贽以人君临下，当以诚信为本。谏者虽辞情鄙拙，亦当优容以开言路，若震之以威，折之以辩，则臣下何敢尽言，乃复上疏，其略曰："天子之道，与天同方，天不以地有恶木而废发生，天子不以时有小人而废听纳。"又曰："唯信与诚，有失无补。一不诚则心莫之保，一不信则言莫之行。陛下所谓失于诚信以致患害者，臣窃以斯言为过矣。"又曰："驭之以智则人诈，示之以疑则人偷。上行之则下从之，上施之则下报之。若诚不尽于己而望尽于人，众必怠而不从矣。不诚于前而曰诚于后，众心疑而不信矣。是知诚信之道，不可斯须而去身。愿陛下慎守而行之有加，恐非所以为悔者也！"又曰："臣闻仲虺赞扬成汤，不称其无过而称其改过；吉甫歌诵周宣，不美其无阙而美其补阙。是则圣贤之意较然著明，惟以改过为能，不以无过为贵。盖为人之行己，必有过差，上智下愚，俱所不免，智者改过而迁善，愚者耻过而遂非；迁善则其德日新，遂非则其恶弥积。"又曰："谏官不密自矜，信非忠厚，其于圣德固亦无亏。陛下若纳谏不违，则传之适足增美；陛下若违谏不纳，又安能禁之勿传！"又曰："侈言无验不必用，质言当理不必违。辞拙而效速者不必愚，言甘而利重者不必智。是皆考之以实，虑之以终，其用无它，唯善所在。"又曰："陛下所谓'比见奏对论事皆是雷同道听涂说者。'臣窃以众多之议，足见人情，必有可行，亦有可畏，恐不宜一概轻侮而莫之省纳也。陛下又谓'试加质问，即便辞穷'者，臣但以陛下虽穷其辞而未穷其理，能服其口而未服其心。"又曰："为下者莫不愿忠，为上者莫不求理。然而下每苦上之不理，上每苦下之不忠。若是者何？两情不通故也。下之情莫不愿达于上，上之情莫不求知于下，然而下恒苦上之难达，上恒苦下之难知。若是者何? 九弊不去故也。所谓九弊者, 上有其六而下有其三: 好胜人, 耻闻过, 骋辩给, 眩聪明, 厉威严, 恣强愎, 此六者, 君上之弊也; 谄谀, 顾望, 畏慑, 此三者, 臣下之弊也。上好胜必甘于佞辞, 上耻过必忌于直谏, 如是则下之谄谀者顺旨而忠实之语不闻矣。上骋辩必剿说而折人以言, 上眩明必臆度而虞人以诈, 如是则下之顾望者自便而切磨之辞不尽矣。上厉威必不能降情以接物, 上恣愎必不能引咎以受规, 如是则下之畏慑者避辜而情理之说不申矣。夫以区域之广大, 生灵之众多, 宫阙之重深, 高卑之限隔, 自黎献而上, 获睹至尊之光景者, 逾亿兆而无一焉; 就获睹之中得接言议者, 又千万不一; 幸而得接者, 犹有九弊居其间, 则上下之情所通鲜矣。上情不通于下则人惑, 下情不通于上则君疑。疑则不纳其诚, 惑则不从其令。诚而不见纳则应之以悖, 令而不见从则加之以刑。下悖上刑, 不败何待! 是使乱多理少, 从古以然。"又曰:"昔赵武呐呐而为晋贤臣, 绛侯木讷而为汉元辅。然则口给者事或非信, 辞屈者理或未穷。人之难知, 尧、舜所病, 胡可以一谝一诘而谓尽其能哉! 以此察天下之情, 固多失实, 以此轻天下之士, 必有遗才。"又曰:"谏者多, 表我之能好; 谏者直, 示我之能容; 谏者之狂诬, 明我之能恕; 谏者之漏泄, 彰我之能从。有一于斯, 皆为盛德。是则人君之与谏者交相益之道也。谏者有爵赏之利, 君亦有理安之利; 谏者得献替之名, 君亦得采纳之名。然犹谏者有失中而君无不美, 唯恐说言之不切, 天下之不闻, 如此则纳谏之德光矣。"上颇采用其言。

【译文】唐德宗于是就派了个宦官作为使臣去告诉陆贽说: "朕生来待人开诚布公, 也能接受劝谏。朕以为君臣犹如一个人的身体, 用不着互相防备, 因而对人坦诚相待, 从来不猜疑,

资治通鉴

所以才常被奸臣出卖捉弄。导致今日的祸患，朕想也没什么别的原因，过错反而就在于开诚布公。除此之外，谏官议论国家大事，很少能够缜密周详的，而每次都矜夸炫耀，然后都将过错全归于朕一人身上，借此来换取自己的名声。朕自即位以来，也看到了很多论事奏折对策，大部分都是别人说什么他就说什么，道听途说。大概加以询问，立即就区划可说了。如果真的有本领超群的人，在朕说来还会吝惜于提拔他吗？朕有鉴于从前的事，事情就是这样的罢了，所以最近也不愿随便找人谋划事情，并不是不愿意接见大臣，不采纳劝谏。你应该深深地了解我的心意才是。"陆贽认为人君统治天下，应当以诚信为本。谏诤的人即使文辞意见鄙陋拙劣，也该宽容他们来广开言路。如果用自己的威势来震慑他们，以辩辞来打击他们，那么臣下又怎么敢言尽于所欲言。于是又上奏，大概说："天子治国的道理，跟上天治理天下是一样的，上天不因为地上有无益于人们的树，就废止土地萌发生长的功能，所以天子也不应该因为常常有奸邪小人而废弃听纳正言直谏。"又说："治国赖以诚信，有所偏失便有害于治国的道理，假如心意一有不诚，就不敢保证这种心意是正确的，言行一旦有不守信用的，说出的话就不一定能够行得通。陛下说：就因为开诚布公的错误行为而导致了祸患，臣私下认为这句话说得确实不对。"又说："用机智而巧妙的方法去驾驭臣民，那么就会被人欺诈，对人表示怀疑，那么就会使人变得更加刻薄。在上位的人怎么做，在下位的就会照着去做，在上位的人对下面的人施恩，在下位的就会对他报以恩情。如果自己不能竭尽诚心对待他人，而却希望别人能竭诚以待，时间长了百姓必定会厌倦而不会听从的。以前不诚信却说以后一定会坦诚相待，众人必定会怀疑并且不相信。由此可见，治理国家必须以诚信为本，而不能有片刻的舍弃。伏望陛下谨慎遵守这个原则，努力不断地去付诸实践，只怕这并不是造祸之因，反而应当认为是值得追悔的事啊！"接着又说："臣听说以前仲虺赞扬成汤，不称赞他从没有犯错，而赞扬他能改过自新；吉甫赞美周宣王，不是赞美他没有缺失，而是称赞他能够弥补缺失。由此可知，圣贤的用意十分明显，只是以改正过错为贤德，而不以没有过错为可贵。老实说来，任何人的行为都难免有过错，君上英明，臣下愚昧无知，也都是在所难免的事。明智的人能够改过从善，而愚昧的人却感到认错是可耻的，明明知道那是不对的却还要去促成其事；能向善的人自然能够德行日益高超，明明知道是不对的却还要坚持做到底，那么必将恶贯满盈。"然后又说："谏官谈论事情不够周密并且自夸自大，确实不够忠厚，但是对圣上的品德和修行也并没有妨害啊。陛下如果能够采纳劝谏，则史官作传恰当就能够增添美言；陛下如果不接受劝谏，又怎么能够禁止传记不载呢？"又说："仅仅是空口吹嘘而无法证验的话，就不必采纳，而言辞虽然笨拙却合理的话，也没有必要违弃。言辞朴拙但是行事能够立即见到效果的人，未必是愚昧无知的人，会花言巧语并且以重利为饵的人，也不一定是智高一等的。所以都一定要根据事实考验，虑及后果，因此对于谏言的是否采纳，只需看看是否对事情有益罢了。"又说："陛下所谓'近年来所有看到的议事的奏折对策，大都是些大同小异的道听途说'。关于这一点，臣自己以为大多数人的意见正好能够代表民意，必然有可行的地方，也足足能够引以为戒，只怕不应该一概轻蔑忽视而不采纳的啊。陛下又说：'大概加以询问，立即就无话可说。'但臣以为陛下只是使他应付不过来，但并不表示他已经没有理由可以说的，只是使他口服而并没有使他心服。"又说："做臣民的都想对皇上尽忠，而在上位的君主都想使天下太平。但是臣民每次都为君上不求治平而苦恼，君上每次都为臣民不愿尽忠而苦恼，这又是因为什么呢？全都是因为上下心意没有能够沟通啊。臣民的心意都愿意让皇上知道，皇上的心意也都想让臣民了解，然而臣民常因为不能跟皇上说出实情而苦恼，君上常常因为臣民不能了解他而痛苦，这又是因为什么呢？那就是因为没有能够革除九弊啊。所说的九弊，君上常常会犯的有六项，而臣下常会犯的有三项：喜欢因为强过别人而占据上风，犯有过失却以接受劝告为耻，无所忌惮地强词夺理，从而炫耀自己的聪明，时刻摆出一副不可侵犯的样子，纵情地刚强狠愎，这六项，是君主经常会有的缺点；巧言奉承、曲意逢迎、畏惧怯懦，这三项，是臣下经常犯的错误。君上喜欢占据上风，一定喜欢听些花言巧语，君上耻于认错，一定畏忌臣下的直言劝谏，这么一来，那么臣下只有一味巧言谄媚地迎合君上的心意，而君上就听不到忠诚正直的劝谏了。君上肆无顾忌地强辞辩论，一定会常常打断别人的话，只说自己的理由。君上喜欢炫耀自己的聪明才智，一定会自以为是地猜测而防止人们作伪证，这样一来，那么臣下就会察言观色地曲意迎奉以求有利于己，而不会竭尽全力地贡献意见了。君上的态度严厉威猛，一定难以虚怀若谷地放低身段接纳别人，君上恣所欲为地刚愎自用，必定难以认错而接受劝谏，这么一来，臣下就心生畏怯地只知道逃避罪罚，而不敢合情合理地申述实际情况了。以国土的广大、百姓的众多、皇宫的深重、地位高下悬殊的限界隔阂来说，从众贤以上，能够有机会来拜瞻天子风采的，在超过亿兆人之中，恐怕一个都没有；就以能够有幸拜见天子的人来说，其中能有机会与天子谈论国事的，千万人之中恐怕也没有一个；即使有幸能够与天子交谈，况且还有九弊横阻在他们的中间，那么上下的心意能够沟通的时候确实是太少了。君上的心意不能够使下面的人知道，则大臣不免心存疑惑，臣下的心意不能使君主知道，则君上自然就会猜忌疑虑；心存猜疑就不能接纳忠诚的规劝，心存疑惑就不会服从皇上的命令；一片忠诚却不被采纳，便将以悖逆的行为来对抗君上，诏令不被接受，就将对臣下给予刑罚的惩治；臣下背叛，君上施刑，还有不等着身败国亡的道理吗？因而导致天下混乱的朝代比较多，而天下太平的时代却很少，自古以来，大多都是这样。"又说："以前赵武呆滞木讷不善言辞，却是晋国贤良的大臣，绛侯朴实不善言辞，但汉文帝却任命他为宰相。既然如此，那么足可以知道擅于口辩的人，他所说的事情，不一定可信，不善言辞的人，他所说的合于正理，只是难以表达准确罢了。人心难知，尧、舜都把这个作为憾事，怎能只凭一问一答，就判定他的才能不过如此了呢？如此只凭借着这点来明察天下人的心意，大多会与实际不符，而因此轻视天下才士，必将会遗漏许多的贤才。"又说："规谏的人多，恰好表示我喜欢听取谏言；犯颜直谏，正表示我有宽容别人的度量；谏诤的人狂放诬罔，恰好表示我能宽恕；谏诤的人如果有一句说一句，正表明我能接受好的意见；这才是君主和进谏的大臣上下意见沟通，彼此获益的方法啊。谏诤的人可以赏官加爵，从而得利，人君也将获有益于使天下太平的大利；谏诤的人能够得到创立法制或废除陋规的美名，君上也将会享受采纳正直的言论、善于接受正确的意见的美誉。更何况只有谏诤人的言论有时有失中正，而君上听取并采纳正直的言论，却绝对不至于遭受恶名。所以怕的只是正言说论不能够切中要害，臣下不敢直谏，天下人不知道天子喜欢听纳谏诤、广开言路罢了。能够做到这种地步，纳谏的美德自然能光耀寰宇了啊。"唐德宗十分赞赏地采纳他这种说法。

李怀光顿兵不进，数上表暴扬卢杞等罪恶。众论喧腾，亦咎杞等。上不得已，十二月，壬戌，贬杞为新州司马，白志贞为恩州司马，赵赞为播州司马。宦者翟文秀，上所信任也，怀光又言其罪，上亦为杀之。

乙丑，以翰林学士、祠部员外郎陆贽为考功郎中，金部员外郎吴通微为职方郎中。贽上奏，辞以"初到奉天，扈从将吏例加两阶，今翰林独迁官。夫行罚先贵近而后卑远，则令不犯；行赏先卑远而后贵近，则功不遗。望先录大劳，次遍群品，则臣亦不敢独辞。"上不许。

【译文】李怀光按兵不动，几次上表痛斥卢杞等人的罪状恶行；舆论喧腾，也都发表言论责备卢杞等一些人。唐德宗不得已，才在十二月壬戌日（十九日），将卢杞贬为新州司马，接着贬志贞为恩州司马，赵赞贬为播州司马。宦官翟文秀，唐德宗十分信任他，李怀光又指出他的罪行，唐德宗也因此把他给杀了。

乙丑日（二十二日），派翰林学士、祠部员外郎陆贽为考功郎中，金部员外郎吴通微为职方郎中。陆贽上奏折，推辞说："第一次来到奉天，护从人员全部都只是晋加官阶两级，而只有翰林迁升官职，实在不合适。说起来惩罚应先给那些位尊亲近的人，而后加于位卑疏远的人，这样的诏令才不会导致违反事理；赏赐则应该先赐予那些位卑疏远的人，而后赐予那些位尊亲近的人，这样才不至于遗漏立有勋绩的功臣却没有被奖赏。只是愿意先录用立有大功的朝臣，再普及群臣，那么我也就不敢独自装作清高地推辞。"唐德宗没有接受他的推辞。

【乾隆御批】 杞以百口保泚，而泚已窃据称尊。于时，德宗即数其罪而诛之以谢天下，人心庶可复振，乃必俟表论喧腾，仅以贬黜聊示薄罚。大阿倒置，积恶不惩，遂致一难未平，一难复起。自取之疚，又将谁尤。

【译文】 卢杞以全家百口为朱泚担保，而朱泚已窃据皇帝尊号。此时，唐德宗应历数他的罪状诛杀他以谢天下，人心还可以重新振作，一定要等到朝野议论纷纷，才仅以贬黜来姑且表示惩罚。把柄授人，自身面临灾害，积恶成习而得不到惩处，于是导致一难未平，一难又起。这是唐德宗自取的错误，又能归罪于谁呢？

上在奉天，使人说田悦、王武俊、李纳，赦其罪，厚赂以官爵。悦等皆密归款，而犹未敢绝朱滔，各称王如故。滔使其虎牙将军王郅说悦曰："日者八郎有急，滔与赵王不敢爱其死，竭力赴救，幸而解围。今太尉三兄受命关中，滔欲与回纥共往助之，愿八郎治兵，与滔渡河共取大梁。"悦心不欲行而未忍绝滔，乃许之。滔复遣其内史舍人李瑶见悦，审其可否，悦犹豫不决，密召扈崿等议之。司武侍郎许士则曰："朱滔昔事李怀仙为牙将，与兄泚及朱希彩共杀怀仙而立希彩。希彩所以宠信其兄弟至矣，滔又与判官李子瑗谋杀希彩而立泚。泚既为帅，滔乃劝泚入朝而自为留后，虽劝以忠义，实夺之权也。平生与之同谋共功如李子瑗之徒，负而杀之者二十馀人。今又与泚东西相应，使滔得志，泚亦不为所容，况同盟乎！滔为人如此。大王何从得其肺腑而信之邪！彼引幽陵回纥十万之兵屯于郊坰，大王出迎，则成擒矣。彼囚大王，兼魏国之兵，南向渡河，与关中相应，天下其孰能当之！大王于时悔之无及。为大王计，不若阳许偕行而阴为之备，厚加迎劳，至则托以它故，遣将分兵而随之，如此，大王外不失报德之名而内无仓猝之忧矣。"扈崿等皆以为然。王武俊闻李琯适魏，遣其司刑员外郎田秀驰见悦曰："武俊向以宰相处事失宜，恐祸及身，又八郎困于重围，故与滔合兵救之。今天子方在隐忧，以德绥我，我曹何得不悔过而归之邪！舍九叶天子不事而事泚及滔乎！且泚未称帝之时，滔与我曹比肩为王，固已轻我曹矣。况使之南平汴、洛，与泚连衡，吾属皆为虏矣！八郎慎勿与之俱南，但闭城拒守。武俊请伺其隙，连昭义之兵，击而灭之，与八郎再清河朔，复为节度使，共事天子，不亦善乎！"悦意遂决，绐滔云："从行，必如前约。"

【译文】唐德宗在奉天，派人去劝说田悦、王武俊、李纳，并且答应赦免他们的罪行，并赠送高官厚爵；田悦等都暗中表示愿意竭尽全力忠诚地报效君主和国家，但是都还不敢明目张胆地与朱滔断绝往来，各人依旧称王一如既往。朱滔派他的虎牙将军王郅去劝告田悦说："前些时候八郎（田悦行八，故称）你有急难，我朱滔与赵王不顾性命，竭尽全力前往援救，侥幸解除了围困。而今太尉——我三哥在关中接受天命而称帝。我将与回纥联兵一起前去援助，希望八郎整顿军队，和我一块儿渡河共同占领大梁。"田悦心里并不想去，可是又没法拒绝朱滔，就顺从了他。朱滔又派他的内史舍人李琯去到田悦那儿，暗暗观察他是否真的有意出兵，田悦犹豫不决，密召扈崿过来一块儿商议这件事。司武侍郎许士就说："朱滔以前跟着李怀仙，是他手下的一员副将，和他哥哥朱泚以及朱希彩一起杀死了李怀仙，并且拥立朱希彩作为节度使。所以朱希彩对他们兄弟十分宠信，朱滔又和判官李子瑗谋杀了朱希彩而拥立朱泚。自从朱泚做了统帅之后，朱滔就立即劝朱泚进入朝廷而自己留守，虽然是以忠义的名义劝说的朱泚，事实上目的就是夺取他的权位。平日与朱滔共同谋事的人，如李子瑷之类的，最后被朱滔背叛抛弃并且杀害掉的有二十多个。现在又和朱泚东西遥相接应，倘若朱滔得志，连朱泚他都不能容忍，更何况是和他同盟的人呢！朱滔的为人就是这样，您又怎能希望他以真心相待而取得他的信任呢？他带领了幽陵、回纥的大兵十万，驻扎在郊野，大王你只要出城去迎接，就会被他捉走的。他拘囚了大王你之后，就会兼并我们魏国的兵力，向南边渡河，而与关中互相接应，天下还有谁能够抵挡得住他们！大王你到那个时候再后悔也来不及了。现在是为大王着想，不如表面上答应和他同行，但在暗中严加防范，准备礼品迎接，给予丰厚的犒劳，等他来到这儿之后，再找个借口，派遣大将分出一小部分士兵和他一块儿去。这样，大王在外面说来不失感恩报施的美名，对内也不会因为仓促起事而造成忧患。"扈崿等人都认为这个方法很好。王武俊听说李琯到了魏州，于是便派遣他的司刑员外郎田秀快马加鞭去见田悦说："我王武俊以前因为宰相处事不当，害怕祸及于身，又因为八郎你被重兵包围，所以与朱滔联合兵力一起去进行救援。但是现在天子正处于隐忧的时候，并且用恩德来安抚我们，我们怎么能够不悔过并且归顺天子呢？背叛了九世相传的天子不去事奉，而竟然心甘情愿地去事奉朱滔吗？再说在朱泚没有称帝之前，朱滔跟我们一块儿并肩称王的时候，就已经看不起我们了。更何况如果他平定了南边的汴、洛，与朱泚联合兵力之后，我们就会都成了他的俘虏！八郎你要再三思考，千万不能和他一块儿联兵南行，而只需闭城扼守；请容许我伺机行事，联合昭义的兵力，去攻击并且消灭他，然后再和你一块儿去绥靖河朔一带，重新担任节度使的职务，共同事奉天子，不是也不错吗！"田悦于是才下定决心骗朱滔说："我跟你一块儿去，一定依照前面的约定来办事。"

丁卯，滔将范阳步骑五万人，私从者复万馀人，回纥三千人，发河间而南，辎重首尾四十里。

李希烈攻李勉于汴州，驱民运土木，筑垒道，以攻城。忿其未就，并人填之，谓之湿薪。勉城守累月，外救不至，将其众万馀人奔宋州。庚午，希烈陷大梁。滑州刺史李澄以城降希烈，希烈以澄为尚书令兼永平节度使。勉上表请罪，上谓其使者曰："朕犹失守宗庙，勉宜自安。"待之如初。

刘洽遣其将高翼将精兵五千保襄邑，希烈攻拔之，翼赴水死。希烈乘胜攻宁陵，江、淮大震。陈少游遣参谋温述送款于希烈曰："濠、寿、舒、庐，已令驰备，韬戈卷甲，伏俟指麾。"又遣巡官赵诜结李纳于郓州。

【译文】丁卯日（二十四日），朱滔率领范阳军步骑五万人，军士们自己还带着他们的子弟一万多人，以及回纥三千人，从河间向南边出发，辎重首尾绵延四十里。

李希烈在汴州进攻李勉；奴役民众运送土木，在高地上修建栈道，以利于攻城。很长时间没能修成，气愤之余，连人一同埋了下去，被称作湿薪。李勉守城几个月的时间，外援没有到达，便率领一万多的士兵逃奔宋州去了。庚午日（二十七日），李希烈占领了大梁。滑州刺史李澄率领全城人民向李希烈投降，希烈便任命李澄为尚书令兼永平节度使。李勉上表自己请求处分，唐德宗对他派来的使臣说："朕也会失守京城，李勉实在没有必要惶恐请罪。"对他仍然和以前一样。

刘洽派他的大将高翼带领五千精兵保卫襄邑，被李希烈攻陷后，高翼跳河自杀了。李希烈又乘胜进攻了宁陵，江、淮一带十分震惊。陈少游竟然派参谋温述去向希烈表明诚心说："濠、寿、舒、庐等地，已经下令让他们解除了戒备，隐藏了甲兵武器，等待着命令，听候你们的指挥。"又派巡官赵诜到郓州去和李纳交结。

中书侍郎、同平章事关播罢为刑部尚书。

以给事中孔巢父为淄青宣慰使，国子祭酒董晋为河北宣慰使。

陆贽言于上曰："今盗遍天下，舆驾播迁，陛下宜痛自引过以感人心。昔成汤以罪己勃兴，楚昭以善言复国。陛下诚能不吝改过，以言射天下，使书诏开所避忌，臣虽愚陋，可以仰副圣情，庶令反侧之徒革心向化。"上然之，故奉天所下书诏，虽骄将悍卒闻之，无不感激挥涕。

【译文】中书侍郎、同平章事关播被罢免了职务，调派为刑部尚书。

派给事中孔巢父为淄青宣慰使，国子祭酒董晋作为河北宣慰使。

陆贽对唐德宗说："现在盗贼遍布天下，才导致圣驾播迁，陛下应当痛切引咎罪己来感动人心。以前成汤依靠罪己而突然间兴盛起来，楚昭因为善言才收复国土，陛下如果真的能够不惜改过自新，以谦卑的姿态向天下的老百姓谢罪，而使颁书诏令不用避讳其所用的言论，臣虽愚昧孤陋寡闻，但是也能上仰圣心，代为书写诏令，也许能使那些犹豫不定的叛徒洗心革面从而归顺，接受陛下英明的教化。"唐德宗表示同意，所以奉天所颁布的书诏，即使是再骄慢的将领、再凶悍的士兵看到后，都感激涕零。

术者上言："国家厄运，宜有变更以应时数。"群臣请更加尊号一二字。上以问陆贽，贽上奏，以为不可，其略曰："尊号之兴，本非古制。行于安泰之日，已累谦冲，袭乎丧乱之时，尤伤事体。"又曰："嬴秦德衰，兼皇与帝，始总称之。流及后代，昏僻之君，乃有圣刘、天元之号。是知人主轻重，不在名称。损之有谦光稽古之善，崇之获矜能纳谄之讥。"又曰："必也俯稽术数，须有变更，与其增美称而失人心，不若黜旧号以祗天戒。"上纳其言，但改年号而已。

【译文】方术之士上言说："国家多难运蹇，应当有所变更来应时运天数。"群臣因此请求在尊号前另外加上一、二个字。当唐德宗问到陆贽时，陆贽上奏，认为不行，大概的意思是说："尊号的兴起，本来就不是沿袭古代的法制。在太平安乐的时代，这种做法，已经不利于谦冲了，而当在丧乱的时候还要这样做，就更加有害了。"又说："嬴秦没有人道，一块儿用'皇帝'两个字，才开始合'皇帝'二字为称谓；流传到后世，昏昧邪僻的君王，才有什么圣刘、天元一类的名号。由此可见，人主被人看不起或者是受人尊重，并不在于名称是什么。减少些无谓的尊称，恰好能够表示谦冲的美德，并且能够获得稽考遵循古制的好称誉。多加尊崇的称号，反而遭自矜自夸、嘉纳谄言的讽刺。"然后又说："如果一定要俯尊术数，必须要有一定的改变，与其增添尊贵的美称而丧失民心，倒不如减除一些尊号来表示对上天的尊敬。"唐德宗采纳了他的意见，不过仅仅是改年号为兴元了。

上又以中书所撰赦文示贽，贽上言，以为："动人以言，所感已浅，言又不切，人谁肯怀！今兹德音，悔过之意不得不深，引咎之辞不得不尽，洗刷疵垢，宣畅郁堙，使人人各得所欲，则何有不从者乎！应须改革事条，谨具别状同进。舍此之外，尚有所虞。窃以知过非难，改过为难；言善非难，行善为难。假使赦文至精，止于知过言善，犹愿圣虑更思所难。"上然之。

【译文】唐德宗又把中书所撰写的赦文拿给陆贽看，陆贽上书说，认为："用言辞来感动别人，使人受到感动的功效已很少了，何况措辞所说的词语又不够恳切，有谁会从内心接受感念呢！而现在天子颁布一些诏书，悔过之意十分深切，引咎的用辞尽如人意，来表示彻底革除缺失，来抒发心中的抑郁，而使人人都能满足自己的夙愿，那么还有谁不愿意归附的呢？中书应当条列改革的一些事项，小心地附在状书的后面同时呈上。除此以外，还有一些值得忧虑的事。臣私自认为认识到自己的过错并不是难事，而难在能改；说要向善并不是困难的事，而能真正行善才是困难的事。即使赦文写得再精彩，如过只是止于知过而说是要向善，尚乞圣上再多多考虑这些很难做到的事。"唐德宗认为他说的是对的。

【乾隆御批】兴元下诏，四方人心大悦者，盖以太宗之德在人者深，而当时人心亦皆厌乱，故其感动之速，所谓"饥易为食，渴易为饮"。而赦胁从以销羽翼，尤不失济变机宜耳！无识者乃云："德宗反正，全由文诰动人。"不知反正而措施乖方，藩镇横逆如故，浸淫，以至于唐亡，所谓感人者安在？孟子云："仁言不如仁声。"信矣。

【译文】唐德宗兴元年间诏文颁下后，各地人心欢悦，原因是唐太宗李世民的德行深入人心，而当时人心都厌恶动乱，所以诏书迅速感动百姓，就是所谓"饥饿的人容易供给他食物，口渴的人容易供给他饮水"。而救免被裹胁的人消除敌人的羽翼，又不失为解救变乱的权宜计策！无知的人却说："唐德宗拨乱反正，都是由于文诰感动众人。"却不知唐德宗拨乱反正时措施失当，以至藩镇横行肆虐如故，侵害蚕食，以至于唐朝灭亡，所说感动人心的力量在哪里？孟子说过："仁慧的话语赶不上仁慈的音乐。"此话确实可信。

　　兴元元年（甲子，公元七八四年）春，正月，癸酉朔，赦天下，改元，制曰："致理兴化，必在推诚；忘己济人，不吝改过。朕嗣服丕构，君临万邦，失守宗祧，越在草莽。不念率德，诚莫追于既往；永言思咎，期有复于将来。明征其义，以示天下。

　　"小子惧德不嗣，罔敢怠荒，然以长于深宫之中，暗于经国之务，积习易溺，居安忘危，不知稼穑之艰难，不恤征戍之劳苦，泽靡下究，情未上通，事既拥隔，人怀疑阻。犹昧省己，遂用兴戎，征师四方，转饷千里，赋车籍马，远近骚然，行赍居送，众庶劳止，或一日屡交锋刃，或连年不解甲胄。祀奠乏主，室家靡依，死生流离，怨气凝结，力役不息，田莱多荒。暴令峻于诛求，疲民空于杼轴，转死沟壑，离去乡闾，邑里丘墟，人烟断绝。天谴于上而朕不寤，人怨于下而朕不知，驯致乱阶，变兴都邑，万品失序，九庙震惊，上累于祖宗，下负于蒸庶，痛心靦面，罪实在予，永言愧悼，若坠泉谷。自今中外所上书奏，不得更言'圣神文武'之号。

　　【译文】兴元元年（甲子公元784年）春，正月，癸酉朔日（初一），大赦天下，改年号为兴元，颁布诰令说："要使天下太平，振兴教化，必须坦诚相待！忘己助人，不要害怕改正错误。朕嗣位登基，统治天下，却导致京师失守，迁徙到了外县，确实是因为没有能够以身作则，率领天下遵循德教。以前的一切，确实是追悔不及，但是将永远时时刻刻反思自己的过错，以期望将来能够重新以德修身，率教百姓。现在特意坦诚地表明自己的心意，来昭告天下的臣民。

"我害怕德薄而不能够嗣承祖先宏大的伟业，因此从来不敢怠慢堕落、荒淫无度，但是因为长期居住在深宫之中，不了解治国要务，时间久了成为习惯，从而容易深深地陷于沉溺，导致居安忘危，不知道百姓种田的艰苦，不体谅征役戍边的劳苦，恩泽没有遍及天下，民情难以使上面的人知道，所有的事情既然有阻碍隔阂，以致使人怀有猜疑阻贰。还不知自我反省，竟然因此发兵征讨，四处招收民兵，转运粮饷远到千里以外的地方，征集调用兵马，远近都受到了骚扰，出征的士兵背着粮械，而居民纳税输送供应，才导致百姓劳累困苦，有时一日之中几次交锋，有时连着几年经常争战。祭祀无人主持，家室没有依靠，生死流离，怨气郁结，力战不息，田园荒芜；急征暴敛，政苛令严，农疲民困，妇女辍织，有的转死于沟壑，有的流亡远离家园，邑里空虚，不见人烟。上天谴责而朕却没有丝毫的觉悟，下民怨愤而朕不知道真实的情况，因此导致祸患，变乱从京城发起，万民顿时失去了常态，九庙祖宗都非常震惊，对上连累了祖先，对下有负于黎民，内心十分沉痛，颜羞愧，罪过完全在于朕一人，永远怀有惭惶哀悼，如同陷深渊幽谷。从今朝野大臣上书进奏，不得再称'圣神文武'的名号。

李希烈、田悦、王武俊、李纳等，咸以勋旧，各守藩维，联抚驭乖方，致其疑惧；皆由上失其道而下罹其灾，朕实不君，人则何罪！宜并所管将吏等一切待之如初。

朱滔虽缘朱泚连坐，路远必不同谋，念其旧勋，务在弘贷，如能效顺，亦与惟新。

朱泚反易天常，盗窃名器，暴犯陵寝，所不忍言，获罪祖宗，朕不敢赦。其胁从将吏百姓等，但官军未到京城以前，去逆效顺并散归本道、本军者，并从赦例。

诸军、诸道应赴奉天及进收京城将士，并赐名奉天定难功臣。其所加垫陌钱、税间架、竹、木、茶、漆、榷铁之类，悉宜停罢。”

赦下，四方人心大悦。及上还长安明年，李抱真入朝为上言：“山东宣布赦书，士卒皆感泣，臣见人情如此，知贼不足平也！”

【译文】“李希烈、田悦、王武俊、李纳等，以前都因为对朝廷有功，而各守藩篱，维系一方，只因朕既疏于抚慰，而驾驭又有违正道，才导致他们这些人疑惑惧畏；全因上失道揆，而导致下受灾害，朕实在不像是人君，他人又有什么罪行！自应当连同所属将吏的一些人，一如往常一样的对待。

“朱滔虽然受到朱泚的牵连，但是相距遥远，必定不是同谋，念及他以前的功勋，自然应当特别地宽恕，如果能够归顺，并且效力朝廷，也准予他改过自新。

“朱泚违背天道并且颠乱君臣上下的层序，篡位窃权，暴行侵犯了皇陵寝庙，想到这个朕十分痛心，确实不忍多说。唯恐祖宗降罪，朕不敢妄自加以赦免。但是那些遭受胁迫而从逆的将吏百姓等，只要是在官军未返回京城以前，反正来归或个别投奔本道、本军，一概依照前例，予以赦免。

“诸军、诸道凡是赴奉天共同进收京城的将士，一律赐名奉天定难功臣。而以前所加的除陌钱、税间架以及竹、木、茶、漆、榷铁等的杂税，也全部罢除，不再征收。"

大赦令下，全国各地民心欢腾。等到唐德宗重新返回长安的第二年，李抱真进入朝廷上言谈到这件事的时候说："当在山东宣布赦令的时候，士兵们全部感激泣下，臣见民心如此，已经知道逆贼已经不堪一击了！"

命兵部员外郎李充为恒冀宣慰使。

朱泚更国号曰汉，自称汉元天皇，改元天皇。

王武俊、田悦、李纳见赦令，皆去王号，上表谢罪。惟李希烈自恃兵强财富，遂谋称帝，遣人问仪于颜真卿，真卿曰："老夫尝为礼官，所记惟诸侯朝天子礼耳！"希烈遂即皇帝位，国号大楚，改元武成。置百官，以其党郑贲为侍中，孙广为中书令，李缓、李元平同平章事。以汴州为在梁府，分其境内为四节度。希烈遣其将辛景臻谓颜真卿曰："不能屈节，当自焚！"积薪灌油于其庭。真卿趋赴火，景臻遽止之。

【译文】派兵部员外郎李充作为恒冀宣慰使。

朱泚改国号称汉，自称汉元天皇，改年号为天皇。

王武俊、田悦、李纳看到赦令以后，都除去了自己的王号，亲自上表请罪。只有李希烈仗恃着自己的兵力强大、财产丰富，于是密谋称帝。派人去问仪于颜真卿，真卿说："老夫我曾经担任过礼官，只记得诸侯朝觐天子的一些礼仪罢了！"李希烈竟然不顾一切地即位称帝，改国号大楚，改年号为武成。并且设置了百官，委任他的党羽郑贲为侍中，孙广为中书令，李缓及李元平为同平章事。而把汴州作为大梁府，全境划分为四节度。李希烈派他的大将辛景臻对颜真卿说："既然你不愿意委屈自己的节操，就应该引火自焚！"于是在他庭院中堆积了一些木柴，并且浇上了油。颜真卿果然向火堆里跑去，辛景臻很快地跑过去将他拉住。

希烈又遣其将杨峰赍赦赐陈少游及寿州刺史张建封。建封执峰徇于军，腰斩于市，少游闻之骇惧。建封具以少游与希烈交通之状闻，上悦，以建封为濠、寿、庐三州都团练使。希烈乃以其将杜少诚为淮南节度使，使将步骑万馀人先取寿州，后之江都，建封遣其将贺兰元均、邵怡守霍丘秋栅。少诚竟不能过，遂南寇蕲、黄，欲断江路，时上命包佶自督江、淮财赋，溯江诣行在。至蕲口，遇少诚入寇。曹王皋遣蕲州刺史伊慎将兵七千拒之，战于永安戍，大破之，少诚脱身走，斩首万级，包佶乃得前。后佶入朝，具奏陈少游夺财赋事。少游惧，厚敛所部以偿之。李希烈以夏口上流要地，使其骁将董侍募死士七千人袭鄂州，刺史李兼偃旗卧鼓闭门以待之。侍撤屋材以焚门，兼帅士卒出战，大破之。上以兼为鄂、岳、沔都团练使。于是，希烈东畏曹王皋，西畏李兼，不敢复有窥江、淮之志矣。

【译文】李希烈又派大将杨峰带着赦令，送去给陈少游和寿州刺史张建封。张建封不仅拘捕了杨峰，并且在军营中游行之后，将其拦腰斩死在街市之中，陈少游听说后害怕恐慌。张建封将陈少游与李希烈交往的一些情况详细具表上奏唐德宗，唐德宗非常高兴，便委任张建封为濠、寿、庐三州的都团练使。李希烈于是派大将杜少诚作为淮南节度使，并且让他率领步骑一万多人先去攻占寿州，然后到达江都去就任；张建封派手下的大将贺兰元均和邵怡戍守霍丘县秋栅。杜少诚竟然没有能够攻破通过，于是向南边去袭蕲、黄，想借此来阻断江水的通路。当时唐德宗命令包佶亲自监督江、淮两个地区的财赋，逆江而上到达奉天行在去；刚到蕲口，就遇到了杜少诚的入侵。曹王李皋派蕲州刺史伊慎率领士兵七千前去抵抗，在永安戍守作战，然后将杜少诚打得一败涂地，少诚脱身逃走，杀了敌人上万人，包佶才能够继续前行。后来包佶进入朝廷，详细说了陈少游夺取财赋的一些经过，少游心里十分害怕，于是便在辖区内征收沉重的税负，用来偿还。李希烈认为夏口是长江上游的重要地界，因此派他属下的英勇将领董侍招募敢死队七千人去攻袭鄂州。刺史李兼偃旗息鼓，紧紧关闭着城门等着他们的到来。董侍拆下房屋的木材，运去烧门，李兼亲自率领士兵出城迎战，击败了董侍。唐德宗便委派李兼为鄂、岳、沔都团练使。于是李希烈东边害怕曹王李皋，西边受到李兼等人的牵制，而不敢再存有窃取江、淮两地的心思了。

朱滔引兵入赵境，王武俊大具犒享。入魏境，田悦供承倍丰，使者迎候，相望于道。丁丑，滔至永济，遣王郅见悦，约会馆陶，偕行渡河。悦见郅曰："悦固愿从五兄南行，昨日将出军，将士勒兵不听悦出，曰：国兵新破，战守逾年，资储竭矣。今将士不免冻馁，何以全军远征！大王日自抚循，犹不能安，若舍城邑而去，朝出，暮必有变！'悦之志非敢有贰也，如将士何！已令孟祐备步骑五千，从五兄供刍牧之役。"因遣其司礼侍郎裴抗等往谢滔。滔闻之，大怒曰："田悦逆贼，向在重围，命如丝发，使我叛君弃兄，发兵昼夜赴之，幸而得存。许我贝州，我辞不取；尊我为天子，我辞不受。今乃负恩，误我远来，饰辞不出！"即日，遣马寔攻宗城、经城，杨荣国攻冠氏，皆拔之。又纵回纥掠馆陶顿幄帟、器皿、车、牛以去。悦闭城自守。壬午，滔遣裴抗等还，分

346

兵置吏守平恩、永济。

【译文】朱滔带领士兵进入赵州境内，王武俊准备了许多犒劳他们的食用品；进入魏州境内，田悦供应奉献的财物更加丰盛，派出去迎候的使臣，沿途从来就不会断。丁丑日（初五），朱滔到达了永济，派王郅去拜见田悦，相约在馆陶见面谈论事情，一块儿渡河。田悦见到王郅说："我当然是非常想追随五哥向南行军，但是昨天在准备出兵的时候，将士们却全都不听从指挥，他们说：'国家的军队刚刚才打了败仗，经过一年多的战争之后，资粮储蓄都消耗殆尽了。现在将士们尚且还是在挨饿受冻，怎么能够让全部士兵都远行出征？大王你每天抚慰视察，却还不能安抚士兵；如果离开城邑带领士兵远行出征，早上出城，那么晚上就必定会发生叛乱！'所以并不是我田悦敢有二心，但是我能拿将士们如何呢？我现在已经派了孟祐准备了五千步骑，让他们追随着五哥暂且作为采薪牧马的贱役吧。"因而派他的司礼侍郎裴抗等人去向朱滔谢罪。朱滔听说之后，十分愤怒地说："田悦这个逆贼，从前在重重的围困之中，命在旦夕，而使我背叛君主和自己的兄弟，派兵日夜兼程赶去营救他，侥幸地保住了他的一条性命。他答应将贝州拱手相送，我推辞了没有接受；又要尊奉我去做天子，我又推辞了不愿接受。但是现在竟然忘恩负义，害得我千里迢迢而来，竟然托词不愿意出兵！"当天，就派马寔进攻宗城、经城，杨荣国攻打冠氏县，都一起拿下了；又放任回纥去抢掠馆陶驿站内的帷幄、器物、车、牛等然后才离开。田悦闭关自守。壬午日（初十），朱滔派裴抗等人回防，分兵派遣官员防守平恩、永济等一些地方。

【乾隆御批】贾林说激王武俊数语，可谓言辩而轨于正，非纵横排阖家可比。是以一举而使强藩归命，逆滔坐毙。其绩伟矣！然当时不闻爵赏之加，岂其人竟同鲁连之高蹈？抑抱真不欲揭之以为功，而朝命遂弗及钦。

【译文】 贾林劝说鼓动王武俊的几句话，可谓即巧言善辩又合乎正道，不是能说会道以达联合或分化瓦解目的的游说之士所能比得上的。所以他的举动使强硬的藩镇听命朝廷，叛逆的朱滔坐而待毙。贾林的功绩实在伟大呀！然而当时没听说给贾林加官进爵，难道贾林竟然和鲁仲连一样是隐士？抑或李抱真不愿显露贾林的功劳，因而朝廷加官进爵的命令才未及。

丙戌，以吏部侍郎卢翰为兵部侍郎、同平章事。翰，义僖之七世孙也。

朱滔引兵北围贝州，引水环之，刺史邢曹俊婴城拒守。纵范阳及回纥兵大掠诸县，又拔武城，通德、棣二州，使给军食。遣马寔将步骑五千屯冠氏以逼魏州。

以给事中杜黄裳为江淮宣慰副使。

【译文】丙戌日（十四日），任命吏部侍郎卢翰为兵部侍郎、同平章事。卢翰，是卢义僖第七世孙。

朱滔带兵向北去攻打贝州，引水环城，刺史邢曹俊在城里抵抗；朱滔放任范阳的部队以及回纥大肆抢掠各县，又攻打了武城，派使臣去通知了德、棣二州，要他们提供军粮。然后又派马寔率步骑五千驻扎在冠氏县以胁逼魏州。

任命给事中杜黄裳为江、淮宣慰副使。

上于行宫庑下贮诸道贡献之物，榜曰琼林大盈库。陆贽以为战守之功，赏赉未行而遽私别库，则士卒怨望，无复斗志，上疏谏，其略曰："天子与天同德，以四海为家，何必桡废公方，崇聚私货！降至尊而代有司之守，辱万乘以效匹夫之藏，亏法失人，诱奸聚怨，以斯制事，岂不过哉！"又曰："顷者六师初降，百物无储，外扦凶徒，内防危堞，昼夜不息，迨将五旬，冻馁交侵，死伤相枕，毕命同力，竟夷大艰。良以陛下不厚其身，不私其欲，绝甘以同卒伍，辍食以啖功劳。无猛制而人不携，怀所感也；无厚赏而人不怨，悉所无也。今者攻围已解，衣食已丰，而谣讟方兴，军情稍阻，岂不以勇夫恒性，嗜利矜功，其患难既与之同忧，而好乐不与之同利，苟异恬默，能无怨咨！"又曰："陛下诚能近想重围之殷忧，追戒平居之专欲，凡在二库货贿，尽令出赐有功，每获珍华，先给军赏，如此，则乱必靖，贼必平，徐驾六龙，旋复都邑，天子之贵，岂当忧贫！是乃散其小储而成其大储，损其小宝而固其大宝也。"上即命去其榜。

【译文】唐德宗在行宫周围的廊檐下，存储各地进贡而来的财货，牌子上面题"琼林大盈库"的字样。陆贽认为对那些迎战防守有功的将士尚且还没有加以赏赐，而竟然将财货据为私有，设立别的仓库储藏，那么士兵的心里一定会十分怨恨，并且不再有斗志，于是上书劝谏，大概的意思是说："天子的德望与天差不多，并且都以四海为家，为什么要污损了大公之道，谋划着积累财务！这降低了至尊的身份而代财赋小吏司职，屈辱了天子的威严而像平民百姓一样地聚藏私产，既违背了法理，又失去了民心，诱导奸邪，引起灾害，用这种方式做事，岂不是太不对了吗？"又说："在不久以前，天师吃了败仗，所有财物都感觉十分缺乏，既要抵御凶恶的敌人，又要防守城池，日夜不能安宁，前后将近有五十天在饥寒交迫中度过，死伤相藉，共力效死，而终于平定了大难。实在是因为陛下没有贪图个人的享受，并且没有私欲，放弃了享乐并且和士兵一块儿对抗艰辛，自己不吃美食而分享给有功的将士。不用严刑峻法所以人心不背，实在是因为大家心怀感激的感情啊；没有优厚的赏赐却没有人怨恨，是因为大家都知道财货已经耗费殆尽了啊。而现在围困已经解除，衣食也已经丰足，但是谣言谤渎又随而方兴未艾，士气慢慢地遭受了一些打击，难道不是因为武夫的常性，是好利夸功的吗？患难的时候能和他们一同忧虑，而欢乐的时候却不让他们一同享受，假如不能够恬淡寡欲，能让他们没有怨言吗？"然后又说："陛下如果能够常常考虑到以前被重重围困时深切的忧虑，又能警诫自己平日放纵私欲的缺点，就应该下令将二库中所有的财货，全部都拿来赏赐给有功的将士，每次获得的奇珍宝货，也先拿来去奖赏将士，如果能够这样做，那么祸乱就一定能平定，逆贼也一定能消灭；然后再慢慢地驾着六马辇车，重新返回京城，贵为天子，难道还需要为贫困担忧吗？这样做，也无非就是散小财而达成聚大财，失去小利而收获稳固帝位的大利的目的罢了。"唐德宗立即下令取下了牌子。

萧复尝言于上曰："宦官自艰难以来，多为监军，恃恩纵横。此属但应掌宫掖之事，不宜委以兵权国政。"上不悦。又尝言："陛下践阼之初，圣德光被，自用杨炎、卢杞黩乱朝政，以致今日。陛下诚能变更睿志，臣敢不竭力。傥使臣依阿苟免，臣实不能。"又尝与卢杞同奏事，杞顺上旨，复正色曰："卢杞言不正！"上愕然，退，谓左右曰："萧复轻朕！"戊子，命复弃山南东、西、荆湖、淮南、江西、鄂岳、浙江东、西、福建、岭南等道宣慰、安抚使，实疏之也。既而刘从一及朝士往往奏留复，上谓陆贽曰："朕思迁幸以来，江、淮远方，或传闻过实，欲遣重臣宣慰，谋于宰相及朝士，佥谓宜然。今乃反覆如是，朕为之怅恨累日。意复悔行，使之论奏邪？卿知萧复如何人？其不欲行，意趣安在？"贽上奏，以为："复痛自修励，慕为清贞，用虽不周，行则可保。至于轻诈如此，复必不为。借使复欲逗留，从一安肯附会！今所言矛楯，愿陛下明加辩诘。若萧复有所请求，则从一何容为隐！若从一自有回互，则萧复不当受疑。陛下何惮而不辩明，乃直为此怅恨也！夫明则罔惑，辨则罔冤。惑莫甚于逆诈而不与明，冤莫痛于见疑而不与辩。是使情伪相糅，忠邪靡分。兹实居上御下之要枢，惟陛下留意。"上亦竟不复辩也。

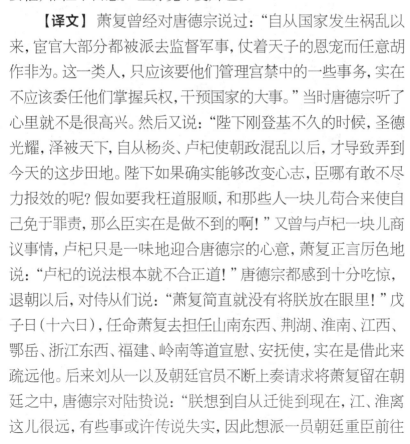

【译文】 萧复曾经对唐德宗说过："自从国家发生祸乱以来，宦官大部分都被派去监督军事，仗着天子的恩宠而任意胡作非为。这一类人，只应该要他们管理宫禁中的一些事务，实在不应该委任他们掌握兵权，干预国家的大事。"当时唐德宗听了心里就不是很高兴。然后又说："陛下刚登基不久的时候，圣德光耀，泽被天下，自从杨炎、卢杞使朝政混乱以后，才导致弄到今天的这步田地。陛下如果确实能够改变心志，臣哪有敢不尽力报效的呢？假如要我枉道服顺，和那些人一块儿苟合来使自己免于罪责，那么臣实在是做不到的啊！"又曾与卢杞一块儿商议事情，卢杞只是一味地迎合唐德宗的心意，萧复正言厉色地说："卢杞的说法根本就不合正道！"唐德宗都感到十分吃惊，退朝以后，对侍从们说："萧复简直就没有将朕放在眼里！"戊子日（十六日），任命萧复去担任山南东西、荆湖、淮南、江西、鄂岳、浙江东西、福建、岭南等道宣慰、安抚使，实在是借此来疏远他。后来刘从一以及朝廷官员不断上奏请求将萧复留在朝廷之中，唐德宗对陆贽说："朕想到自从迁徙到现在，江、淮离这儿很远，有些事或许传说失实，因此想派一员朝廷重臣前往宣慰，也曾经和宰相以及朝士们商议过，大家都认为应该这样做。但是现在竟然出尔反尔，这几天来朕百思不得其解，感觉十分惆怅遗憾。想来难道是萧复后悔，不愿前往，才唆使他们奏请的吗？你了解萧复的为人吗？他不愿意前去，到底是什么用意呢？"陆贽上奏，认为："萧复自己刻苦学习、砥节励行，只是想洁身自好，忠贞报国，行事然不是尽美尽善，但是他的人品我可以保证。至于像这种轻慢狡诈的事，萧复是绝对不愿意做的。即使萧复是想要留下来而不愿离去，刘从一又怎么愿意附会他！而今出言前后矛盾，希望陛下问个明白，允许他们申辩解释。如果萧复想借此有要求，刘从一又怎么愿意替他隐瞒！如果刘从一自有一套解释说明，那么就不应该对萧复存有任何的怀疑。陛下还怕弄不明白吗？又何必只为了这样一件事而一直耿耿于怀呢？说起来，如果能够明白事实的真相，就不会疑惑不安，让他们解释清楚，就不会使人受冤；没有比受人欺诈还不知道更令人迷惑的了，也没有比被人怀疑而不容解说的冤枉更沉痛的了。这样一来，便使得真伪相混、忠奸不辨了。这实在也是高高坐在上面来统治臣下的关键所在。但愿陛下特别注意到这点。"但是唐德宗却一直也没让他们为此事申辩解释。

【乾隆御批】 德宗纵宦官，袒卢杞，几于好人所恶。故其后虽能克复还都，而播迁至再，亦已灭及其身。萧复抗直，虽云不量鉴，而正柄然，比之当时朝臣，可谓铁中铮铮者矣。

【译文】 唐德宗纵容宦官，偏袒卢杞，几乎被好人憎恶。所以后来唐德宗虽能克敌再回长安，然而再三流离迁徙，也灾祸殃及自身。萧复刚直不屈，虽然说话没有考虑对象，但相比当时朝臣，可算是铁骨铮铮的了。

辛卯，以王武俊为恒、冀、深、赵节度使，壬辰，加李抱真、张孝忠并同平章事。丙申，加田悦检校右仆射。以山南东道行军司马樊泽为本道节度使，前深、赵观察使康日知为同州刺史、奉诚军节度使，曹州刺史李纳为郓州刺史、平卢节度使。

戊戌，加刘洽汴、滑、宋、亳都统副使，知都统事，李勉悉以其众授之。

辛丑，六军各置统军，秩从三品，以宠勋臣。

吐蕃尚结赞请出兵助唐收京城。庚子，遣秘书监崔汉衡使吐蕃，发其兵。

【译文】辛卯日（十九日），委任王武俊为恒、冀、深、赵等地的节度使。壬辰日（二十日），晋升李抱真、张孝忠一并为同平章事。丙申日（二十四日），荣升田悦为检校左仆射。并且升调山南东道行军司马樊泽为本道的节度使，前深、赵观察使康日知为同州刺史、奉诚军节度使，曹州刺史李纳为郓州刺史、平卢节度使。

戊戌日（二十六日），进而加封刘洽为汴、滑、宋、亳都统副使，代理都统的一些职务，令李勉将全部军队都移交给他。

辛丑日（二十九日），六军各自设立统军一名，把他们当作三品阶秩，来表示尊宠功臣。

吐蕃尚结赞主动要求出兵去帮助大唐收复京城。庚子日（二十八日），派秘书监崔汉衡出使吐蕃，去调动他们的士兵。

资治通鉴卷第二百三十　唐纪四十六

起阏逢困敦二月，尽四月，不满一年。

【译文】起甲子（公元784年）二月，止于四月，共三个月。

【题解】　本卷记录了公元784年二月至四月的史事，共三个月，正当德宗兴元元年二月到四月。德宗任性而急躁，遥控战事，拒绝纳谏，促成李怀光反叛，唐王室再度陷入危机。德宗被迫逃奔汉中，幸亏有陆贽支撑大局，李晟分兵驻守，这才阻止了李怀光与朱泚的联合，迫使李怀光占据河中，缓解了形势。河北战事，王武俊与李抱真冰释前嫌，联兵救贝州。魏博田绪杀死田悦归顺朝廷，朱滔陷于孤立。

德宗神武圣文皇帝五

兴元元年（甲子，公元七八四年）二月，戊申，诏赠段秀实太尉，谥曰忠烈，厚恤其家。时贾隐林已卒，赠左仆射，赏其能直言也。

李希烈将兵五万围宁陵，引水灌之。濮州刺史刘昌以三千人守之。

滑州刺史李澄密遣使请降，上许以澄为汴滑节度使。澄犹外事希烈。希烈疑之，遣养子六百人戍白马，召澄共攻宁陵。澄至石柱，使其众阳惊，烧营而遁。又讽养子令剽掠，澄悉收斩之，以白希烈，希烈无以罪也。

【译文】 兴元元年（甲子，公元784年）二月，戊申日（初七），诏令追封段秀实为太尉，并赐予他谥号"忠烈"，从优抚恤他的家人。当时贾隐林已经去世，追赠左仆射，就是为了表示奖赏他能直言不讳。

李希烈亲自率领大军五万将宁陵这个地方围得水泄不通，引水灌城；濮州刺史刘昌仅仅以三千人的兵力守城。

滑州刺史李澄在暗中派遣使臣请求投降，唐德宗答应任命他做汴滑的节度使。李澄在表面上仍旧表示服从李希烈的指挥，李希烈对他依旧不太放心，派他收为养子的六百个壮士去戍守白马，命令李澄带兵一同进攻宁陵。李澄到了石柱地区，让他的士兵们假装受到了一些惊扰，烧焚营寨然后逃逸了。又暗地里引诱了李希烈的养子们，要求他们去剽夺抢掠，李澄再一个一个捕捉过来然后杀掉，然后向李希烈禀告，李希烈却没有办法判他的罪。

刘昌守宁陵，凡四十五日不释甲。韩滉遣其将王栖曜将兵助刘洽拒希烈，栖曜以强弩数千游汴水，夜，入宁陵城。明日，从城上射希烈，及其坐幄。希烈惊曰："宣、润弩手至矣！"遂解围去。

朱泚既自奉天败归，李晟谋取长安。刘德信与晟俱屯东渭桥，不受晟节制。晟因德信至营中，数以沪涧之败及所过剽掠之罪，斩之。因以数骑驰入德信军，劳其众，无敢动者，遂并将之，军势益振。

【译文】 刘昌困守宁陵，前后四十五天没有脱过自己的盔甲。韩滉派他手下的大将王栖曜带领士兵去援助刘洽抵抗李希烈，王栖曜派好的弓箭手几千人，游泳渡过汴水，趁着深夜进入了宁陵城。第二天，从城上射杀李希烈，一箭直接射到他所住的营帐中，李希烈十分惊恐，然后说："宣、润的弩手到了！"于是撤退士兵，然后离开了。

朱泚在奉天被打败后回到京城，李晟计划去攻占长安。刘德信和李晟都驻扎在东渭桥，但是不接受李晟的指挥和管制；李晟便趁着刘德信前来军营的机会，责备他因为沪涧战败及沿路剽掠的罪名，而把他杀了；因此派遣了几个骑兵飞奔到了刘德信的军营之中，去慰劳军士们，士兵们没有一个敢轻举妄动的，于是便收并了刘德信的军队，由李晟指挥，军队的气势更加壮盛。

李怀光既胁朝廷逐卢杞等，内不自安，遂有异志。又恶李晟独当一面，恐其成功，奏请与晟合军。诏许之。晟与怀光会于咸阳西陈涛斜，筑垒未毕，泚众大至，晟谓怀光曰："贼若固守宫苑，或旷日持久，未易攻取。今去其巢穴，敢出求战，此天以贼赐明公，不可失也！"怀光曰："军适至，马未秣，士未饭，岂可遽战邪！"晟不得已乃就壁。晟每与怀光同出军，怀光军士多掠人牛马，晟军秋毫不犯。怀光军士恶其异己，分所获与之，晟军终不敢受。

怀光屯咸阳累月，逗留不进。上屡遣中使趣之，辞以士卒疲弊，且当休息观衅。诸将数劝之攻长安，怀光不从，密与朱泚通谋，事迹颇露。李晟屡奏，恐其有变，为所并，请移军东渭桥。上犹冀怀光革心，收其力用，寝晟奏不下。

【译文】李怀光迫使朝廷外放了卢杞以后，自己内心感到十分不安，于是便对唐德宗有了二心。又憎恶李晟独占一方，唯恐他一战成名，因此上奏请求和李晟一块儿联合兵力，唐德宗批准了他的这个要求。李晟与李怀光一起在咸阳西边的陈涛斜会和，营地工事还没有完成，朱泚大兵已经到了。李晟对李怀光说："敌人如果固守宫城、苑城，或者是长久地拖延时间，那么就不容易攻占京城了；而现在竟然敢离开他的巢穴，出城邀战，这简直就是上天将逆贼送到你手上，这是大好的机会，你千万不能错过啊！"李怀光说："部队刚刚到，马还没有喂饱，士兵们也没有怎么吃饭，怎么能马上就出战呢？"李晟没有办法只好自己先完成营垒的工事。李晟每次与李怀光一块儿出兵，李怀光部队的士兵都会抢夺百姓的牛马，然而李晟的士兵却丝毫不加侵犯。李怀光军士厌恨他们这种跟自己不同的做法，于是故意将抢来的一些财物分送给他们，但是李晟的士兵却都不敢接受。

李怀光的军队驻扎在咸阳已经有好几个月了，就是逗留在那儿不愿意进攻；唐德宗几次派出宦官作为使臣前来催促，李怀光都推诿着说是因为士兵们十分疲惫已经没有力气再作战了，应当暂时休息一段时间，等待机会再出兵。部下的一些将领也曾经几次劝他派兵进攻长安，李怀光都不听，而是暗中秘密和朱泚勾结。李晟几次上奏，害怕李怀光会叛变，自己的部队将会被他并吞，而请求调动驻扎在东渭桥；唐德宗还是寄希望李怀光能知错悔改，并且能收到发挥他部队兵力的效果，便将李晟的奏折给压了下来。

怀光欲缓战期，且激怒诸军，奏言："诸军粮赐薄，神策独厚，厚薄不均，难以进战。"上以财用方窘，若粮赐皆比神策，则无以给之，不然，又逆怀光意，恐诸军触望。乃遣陆贽诣怀光营宣慰，因召李晟参议其事。怀光意欲晟自乞减损，使失士心，沮败其功，乃曰："将士战斗同而粮赐异，何以使之协力！"贽未有言，数顾晟。晟曰："公为元帅，得专号令；晟将一军，受指踪而已。至于增减衣食，公当裁之。"怀光默然，又不欲自减之，遂止。

时上遣崔汉衡诣吐蕃发兵，吐蕃相尚结赞言："蕃法发兵，以主兵大臣为信。今制书无怀光署名，故不敢进。"上命陆贽谕怀光，怀光固执以为不可，曰："若克京城，吐蕃必纵兵焚掠，谁能遏之！此一害也。前有敕旨，募士卒克城者人赏百缗，彼发兵五万，若援敕求赏，五百万缗何从可得！此二害也。虏骑虽来，必不先进，勒兵自固，观我兵势，胜则从而分功，败则从而图变，谲诈多端，不可亲信，此三害也。"竟不肯署敕。尚结赞亦不进兵。

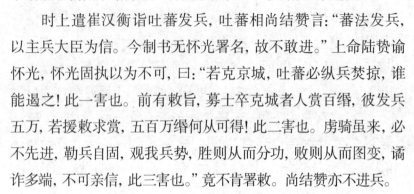

【译文】李怀光想要拖延作战的时间，并且激怒了各个部队，因此他上奏说："各军部队的粮饷赏赐都很少，只有神策部队的粮饷特别地优厚。在这种厚薄不均的情况下，实在很难命令他们出兵作战。"唐德宗认为正是财用窘困的时候，如果各军粮饷的供应都跟神策军一样的话，实在没有办法供给，但是，如果又不能满足李怀光的愿望，又害怕各军将士内心不平衡；于是派了陆贽到李怀光的军营中宣旨抚慰他，李怀光因而要陆贽召来李晟共同商议这件事。李怀光的意思是想要李晟主动要求减少他部队将士的粮饷，从而使他失去将士们的向心力，进而使他的部队丧失战斗力。因此说："将士们都是一样的打仗，而发给的粮饷却有厚薄的不同，怎么能使他们合并力量前去应战呢？"陆贽没有接他的话，望了李晟好几次，李晟才对李怀光说："您为元帅，可以发号施令；我李晟只不过是指挥一支军队，接受你的指使，追随着你罢了。至于是否增减衣食，您应当自行裁决。"李怀光于是便无话可说，又不愿意说出裁减神策军的粮饷的话，于是也就不了了之了。

当时唐德宗派崔汉衡到吐蕃去调动军队，吐蕃的宰相尚结赞说："我们吐蕃出兵的法令，以主帅大臣作为凭证，但是现在诏书上却没有李怀光的署名，所以不敢私自出兵。"唐德宗命令陆贽告诉李怀光，李怀光坚决地认为不能够调用吐蕃的兵力，于是他说："如果克复了京城，吐蕃必定会放任士兵放火抢掠，到那个时候谁能阻止得了？这是可能带来的第一个祸患。前些时候有敕旨，说是招募的士兵能够攻克京城的，每人赏给百缗，吐蕃派兵五万，如果也依照敕令要求奖赏，五百万缗到哪儿去凑呢？这是可能带来的第二个祸患。虏骑即使来到这边，一定不会打前锋先去攻城，而会留兵自守，察看我们军队的情况，打胜仗他们就会跟在后面分功，打败仗就会跟着图谋叛乱，诡诈多端，不能当作亲信，这是可能带来的第三个祸患。"所以不愿意在敕书上署名。尚结赞也一直不肯出兵。

陆贽自咸阳还，上言："贼泄稽诛，保聚宫苑，势穷援绝，引日偷生。怀光总仗顺之师，乘制胜之气，鼓行芟翦，易若摧枯，而乃寇奔不追，师老不用，诸帅每欲进取，怀光辄沮其谋，据兹事情，殊不可解，陛下意在全护，委曲听从，观其所为，亦未知感。若不别务规略，渐思制持，惟以姑息求安，终恐变故难测。此诚事机危迫之秋也，固不可以寻常容易处之。今李晟奏请移军，适遇臣衔命宣慰，怀光偶论此事，臣遂泛问所宜。怀光乃云：'李晟既欲别行，某亦都不要藉。'臣犹虑有翻覆，因美其军盛强。怀光大自矜夸，转有轻晟之意。臣又从容问云：'回日，或圣旨顾问事之可否，决定何如？'怀光已肆轻言，不可中变，遂云：'恩命许去，事亦无妨。'要约再三，非不详审，虽欲追悔，固难为辞。伏望即以李晟表出付中书，敕下依奏，别赐怀光手诏，示以移军事由。其手诏大意云：'昨得李晟奏，请移军城东以分贼势。

朕本欲委卿商量, 适会陆贽回奏云, 见卿语及于此, 仍言许去事亦无妨, 遂敕本军允其所请。'如此, 则词婉而直, 理顺而明, 虽蓄异端, 何由起怨!"上从之。

【译文】陆贽从咸阳回到奉天之后, 上奏说:"叛贼朱泚的士兵已经困顿等待着被我们诛灭, 聚集重兵, 守卫宫苑, 形势危急, 外援断绝, 只是在苟且偷生罢了。而李怀光统领雄师大军, 如果能乘着节节取胜的士气, 鼓起剩余的勇气进军歼灭敌军, 那简直就是易如摧枯拉朽的事, 可是他竟然放纵叛贼逃走却不去追杀, 任凭士兵们勇气衰竭而不用, 其他的将帅每次想要进军攻取, 李怀光都再三加以阻拦。依照这种情况来说, 确实令人费解。陛下的用意是顾全大体, 抚爱有加, 委曲求全地听从他的指挥; 而依照他的所作所为来看, 也不一定知道感恩图报。如果不另外谋划策略, 只想慢慢地控制掌握, 而只用姑息求安的方法, 最后只怕会发生难以预测的一些变故。这确实是危急存亡的关头, 实在不能再当作平常轻举易为的事来处理了。而现在李晟上奏请求调移军队, 正好碰到我奉旨前去宣慰, 李怀光偶尔与我谈到这件事, 臣于是一再多次询问他的意见。李怀光竟然说:'李晟既然想调兵他往, 我也并不一定要借助他的兵力。'臣还顾虑到他说了这些话之后会反悔, 因此极力称赞李晟军队兵力强盛。李怀光竟然炫耀地自夸自大, 反而有看不起李晟的意思。臣又装作若无其事地问他说:'我回到奉天以后, 如果皇上问到这件事是否行得通, 你的决定到底是什么? 我也好向皇上回奏啊。'李怀光既然已经夸下了海口, 所以也不能中途变换口气, 于是说:'天子既然准许他离开咸阳, 那么他移兵去别的地方也于事无妨。'我与他再三确定, 我看他也并不是没看清情况, 只是即使想反悔, 实在也说不出口了。希望皇上立即将李晟的奏表交给中书，颁发敕令，批准李晟所奏请的事；另外再赐给李怀光一道手诏，说明允许李晟调移军队的缘由，手诏的大概意思是说：'这段时间接获李晟的奏折，要求调动到京城的东边，借此分散逆贼的兵力。朕本想委托你与他商量以后再做决定，正好陆贽回来以后禀报说，看到你当时已经谈到了这件事，你认为让他调兵离去也没有事，因此敕令该军答应他的要求。'这样，文辞委婉并且理由正当，既合乎情理又说得明明白白，即使他有二心，也不至于引起他的怨恨！"于是唐德宗便依照他的建议做了。

晟自咸阳结陈而行，归东渭桥。时鄜坊节度使李建徽、神策行营节度使杨惠元犹与怀光联营，陆贽复上奏曰："怀光当管师徒，足以独制凶寇，逗留未进，抑有它由。所患太强，不资傍助。比者又遣李晟、李建徽、杨惠元三节度之众附丽其营，无益成功，只足生事。何则？四军接垒，群帅异心，论势力则悬绝高卑，据职名则不相统属。怀光轻晟等兵微位下而忿其制不从心，晟等疑怀光养寇蓄奸而怨其事多陵己。端居则互防飞谤，欲战则递恐分功，龃龉不和，嫌衅遂构，俾之同处，必不两全。强者恶积而后亡，弱者势危而先覆，覆亡之祸，翘足可期！旧寇未平，新患方起，忧叹所切，实堪疚心。太上消愍于未萌，其次救失于始兆。况乎事情已露，祸难垂成，委而不谋，何以宁乱！李晟见机虑变，先请移军就东，建徽、惠元势转孤弱，为其吞噬，理在必然，它日虽有良图，亦恐不能自拔。拯其危急，唯在此时。今因李晟愿行，便遣合军同往，托言晟兵素少，虑为贼泄所邀，借此两军迭为掎角，仍先谕旨，密使促装，诏书至营，即日进路，怀光意虽不欲，然亦计无所施。是谓称人有夺人之心，疾雷不及掩耳者也。"解斗不可以不离，救焚不可以不疾，理尽于此，惟陛下图之。"上曰："卿所料极善。然李晟移军，怀光不免怅望，若更遣建徽、惠元就东，恐因此生辞，转难调息，且更俟旬时。"

【译文】 李晟在咸阳命令士兵们结队列阵而行，回到了东渭桥。当时鄜坊节度使李建徽、神策行营节度使杨惠元都与李怀光联合在了一起。于是陆贽又上了一通奏折说："李怀光所指挥的一支部队，单独就足以制服凶恶的敌人了，但是他却按兵不动，还是另有原因的。我觉得他的问题就出在他的兵力实在太强，不需其他部队的援助。最近又派了李晟、李建徽与杨惠元三位节度使所带领的军队归并在他的统治之下，这样不但不会促使他取得成功，反而足以造成很大的意外事故。为什么呢？因为四支军队集中在一起，各位将帅又不能同心一德，但就地位和势力来说，都与李怀光高低差别很大，但依照官衔和名称来说，又共同作为节度使，各自率领一支部队，但是不相互统属。李怀光看不起李晟等三个人兵力不太强大，地位比较低，不受管制，于是怀恨在心；李晟等人又怀疑李怀光养寇玩奸，并且也怨恨处处受他的欺压；相安无事的时候，就相互防范，流言毁谤，当战争到来的时候，又彼此生怕别人和自己分摊功劳，意见不合并且不能和睦相处，必定难以双方顾全。兵力强大的必将积恶满贯，最后导致灭亡，但兵力弱小的却将因为形势急难而先被灭亡，败亡的祸患，举踵可待！以前的敌人还没有翦除，新的祸患又将兴起，关切到这些值得忧虑的事，禁不住喟然深叹，确实感到痛心！最好的计策就是除恶于未然，其次是在刚萌发时就设法补救，何况是在事态已经败露，祸患即将形成的时候，却还搁在一边不去考虑，那将如何去平定祸乱呢！李晟察微知著已经顾虑到变乱的发生，所以事先请求调兵去别的地方，李建徽、杨惠元的势力却因此更加孤弱，将要被李怀光并吞，这也是理所当然的事。将来即使有再好的计策，都怕难以自拔于祸乱。要想挽救这个危急，只有在这个时候当机立断。当今应该趁着李晟自愿离去的时候，下令调派另外两支队伍同去，借言李晟的兵力一向单薄，因为考虑到怕被逆贼朱泚截击，所以需要借这两支兵力互相牵制援助。因此可以先派密使前往告知，让他们在暗中整治装备，一待诏书下达到军营之中，即日领兵启程上路。李怀光心里虽然不希望如此，但是也无计可施了。这就是前人所用过的先发制人，这是一个迅雷不及掩耳的策略啊。劝解让别人停止争斗不能不置身事外，救火不能不迅速行动啊，所有的道理全在这里，希望陛下能够多加谋虑。"唐德宗说："你所设想得非常周密。但是李晟调兵去别的地方，李怀光自然就会怀怨在心，如果再派李建徽、杨惠元一起往东边去，恐怕李怀光以此为借口反而会有话说，难以调停，暂且缓和十天再说吧。"

辛酉，加王武俊同平章事兼幽州、卢龙节度使。

李晟以为："怀光反状已明，缓急宜有备，蜀、汉之路不可壅，请以裨将赵光铣等为洋、利、剑三州刺史，各将兵五百以防未然。"上疑未决，欲亲总禁兵幸咸阳，以慰抚为名，趣诸将进讨。或谓怀光曰："此汉祖游云梦之策也！"怀光大惧，反谋益甚。

【译文】 辛酉日（二十日），晋加王武俊作为同平章事兼幽州、卢龙节度使。

李晟认为："李怀光反叛的心意已经十分明显，无论事态是否缓急，都应该事前先有防备，蜀、汉之间的通路绝对不能被阻断，因此请委派他的副将赵光铣等人为洋、利、剑三州刺史，各自率领士兵五百以防患于未然。"唐德宗于是犹豫不决，并且想要亲自总领众军去咸阳，以安抚将士的名义，督促率领各位将领和士兵进兵讨贼。有人对李怀光说："这是汉高祖游云梦的一个策略啊！"李怀光十分害怕，更加想要谋反。

上垂欲行，怀光辞益不逊，上犹疑谗人间之，甲子，加怀光太尉，增实食，赐铁券，遣神策右兵马使李卞等往谕旨。怀光对使者投铁券于地曰："圣人疑怀光邪？人臣反，赐铁券；怀光不反，今赐铁券，是使之反也！"辞气甚悖。朔方左兵马使张名振当军门大呼曰："太尉视贼不许击，待天使不敬，果欲反邪！功高太山，一旦弃之，自取族灭，富贵他人，何益哉！我今日必以死争之！"怀光闻之，谓曰："我不反，以贼方强，故须蓄锐俟时耳。"怀光又言："天子所居必有城隍。"乃发卒城咸阳，未几，移军据之。张名振曰："乃者言不反，今日拔军此来，何也？何不攻长安，杀朱泚，取富贵，引军还邠邪？"怀光曰："名振病心矣！"命左右引去，拉杀之。

【译文】唐德宗将要起驾，李怀光出言更加不礼貌，唐德宗还怀疑是有小人在中间挑拨离间，甲子日（二十三日），晋升李怀光作为太尉，并且增赐实封，赐予免死罪的铁券，派神策军队里的右兵马使李卞等前往宣达唐德宗的意思。但是李怀光却当着使臣的面，将铁券扔到地上，然后说："圣上难道怀疑我吗？大臣造反才赐予铁券；我李怀光明明不造反，今天却赐铁券给我，这是要我造反啊！"言辞声气十分乖张。朔方左兵马使张名振对着营帐大门高声叫喊着说："太尉你眼看着贼兵逃走而不允许我们去追击，对待天子的使臣也这样不礼貌，难道是真的想造反吗？你的功勋可以和泰山一样高大，弃于一旦，这是自取灭族之祸，却让别人安享富贵，这对你有什么好处呢？我今天拼着一死，也要与你争论到最后。"李怀光听到后，便对他说："我绝不是想要造反，只是因为贼氛正盛，所以必须养精蓄锐，伺机而动罢了。"李怀光又说："天子居住的地方必定要有城防壕沟才对。"因此派兵修筑咸阳城垣壕沟，没过多久，便调兵进入城内看守。张名振问他说："前两天你还说你绝不造反，今天就拔营进城，这是怎么回事呢？为什么不直接去进攻长安，杀掉朱泚，取得荣华富贵，然后带兵回到邠州去呢？"李怀光说："张名振的神经已经错乱了！"便命令身边的士兵把他带了出去，然后给杀了。

右武锋兵马使石演芬，本西域胡人，怀光养以为子。怀光潜与朱泚通谋，演芬遣其客部成义诣行在告之，请罢其都统之权。成义至奉天，告怀光子璀。璀密白其父。怀光召演芬责之曰："我以尔为子，奈何欲破我家！今日负我，死甘心乎？"演芬曰："天子以太尉为股肱，太尉以演芬为心腹；太尉既负天子，演芬安得不负太尉乎！演芬胡人，不能异心，惟知事一人。苟免贼名而死，死甘心矣！"怀光使左右脔食之，皆曰："义士也，可令快死！"以刀断其喉而去。

李卜等还，言怀光骄慢之状，于是行在始严门禁，从臣皆密装以待。

乙丑，加李晟河中、同绛节度使。上犹以为薄，丙寅，又加同平章事。

【译文】右武锋兵马使石演芬，本来是西域胡人，被李怀光收为养子。李怀光暗地里和朱泚勾结，石演芬派他的客卿部成义去奉天行在告密，请求撤免李怀光都统的权力和职位。郜成义到了奉天，一五一十地把这些事都告诉了李怀光的儿子李璀，李璀又派人把这件事告诉他父亲。李怀光于是就将石演芬召来责问他说："我把你当儿子看待，你怎么可以想着要毁了我全家？今天是你辜负了我，死得甘心不？"石演芬说："皇上把太尉你当作心腹大臣；太尉你既然辜负了皇上，我石演芬又怎么能不辜负你呢！我本来就是个胡人，不能心生二意，只知道效忠于皇上一人，如果真的能够不背个叛贼的名声而死，即使死也甘心了！"李怀光命令身边的人将他切成大块大块的肉来吃，众人都说："这是位正义的士兵啊，应该让他痛快地死去，免受活罪。"因此用刀割断了他的喉管，让他能够很快地死去。

李卞等人回到奉天之后，叙述了李怀光骄恣傲慢的丑恶形象，于是行在才开始加强防卫，严密防备，从臣都暗中整装待命。

乙丑日（二十四日），升李晟为河中、同绛节度使；唐德宗还是觉得待他太薄，丙寅日（二十五日），又晋升他为同平章事。

上将幸梁州，山南节度使盐亭严震闻之，遣使诣奉天奉迎，又遣大将张用诚将兵五千至盩厔以来迎卫。用诚为怀光所诱，阴与之通谋，上闻而患之。会震继遣牙将马勋奉表，上语之故。勋请："亟诣梁州取严震符召用诚还府，若不受召，臣请杀之。"上喜曰："卿何时复至此？"勋刻日时而去。既得震符，请壮士五人与之俱出骆谷。用诚不知事泄，以数百骑迎之，勋与之俱入驿。时天寒，勋多然藁火于驿外，军士皆往附火。勋乃从容出怀中符，以示用诚曰："大夫召君。"用诚错愕起走，壮士自后执其手擒之。用诚子在勋后，斫伤勋首。壮士格杀其子，仆用诚于地，跨其腹，以刀拟其喉曰："出声则死！"勋入其营，士卒已擐甲执兵矣。勋大言曰："汝曹父母妻子皆在汉中，一朝弃之，与张用诚同反，于汝曹何利乎！大夫令我取用诚，不问汝曹，无自取族灭！"众皆詟服。勋送用诚诣梁州，震杖杀之，命副将领其众。勋裹其首，复命于行在，愆期半日。

【译文】唐德宗将要移驾梁州，山南节度使盐亭人严震听说了这件事之后，便派遣使臣去奉天恭迎唐德宗的到来，又派大将张用诚带领五千名士兵到骜峗一带前去迎接，沿途护卫。可是张用诚却被李怀光用重利收买，他们两个暗中勾结，唐德宗听说这件事之后而引以为忧。正好严震随后又派牙将马勋奉表上进，于是唐德宗便对他说明了事情的缘由；马勋自动请求说："臣马上返回梁州去获得严震的符命召唤张用诚回府；他如果不接受命令，就请容许臣把他杀掉。"唐德宗十分高兴地问："你什么时候再返回这里来？"马勋商定好了日期就返回了。在获得严震的符令之后，又请求派出五名将士和他一起出了骆谷。张用诚不知悉事情已经败露，由此派了数百名骑兵出发迎接，马勋与他们一起进入驿舍。当时天气严寒，马勋在驿舍外堆聚了很多稻秆生火，军士们都聚集在火堆旁取暖。马勋才不紧不慢地从怀里拿出符令，出示给张用诚说："大夫召唤你回府。"张用诚猝然惊愕，站起来就想逃跑，壮士们从背后拉住他的手臂把他擒拿。张用诚的儿子在马勋后面，用刀砍伤了马勋的头部。壮士们由此把张用诚的儿子杀掉，而且把张用诚制服在地，一双脚踩在他的肚子上，用刀抵住他的喉咙说："只要你一出声就宰了你！"马勋进入他的军营中，士兵们已经披甲执兵跃跃欲试了。马勋大声宣扬道："你们的父母妻子都还在汉中，如果抛弃不管，和张用诚密谋叛变，对你们又有什么益处呢？大夫只命令我擒拿张用诚，而不过问你们，不要做出自取灭亡的事来啊!"众人都畏惧顺服了他。马勋把张用诚送回梁州,被严震用木棍生生将他打死,而派他的副将率领军众。马勋包着张用诚的首级,又返回了行在,比约定的日期只迟了半天。

李怀光夜遣人袭夺李建徽、杨惠元军,建徽走免,惠元将奔奉天,怀光遣兵追杀之。怀光又宣言曰:"吾今与朱泚连和,车驾且光远避!"

怀光以韩游瑰朔方将也,掌兵在奉天,与游瑰书,约使为变,游瑰密奏之。明日,又以书趣之,游瑰又奏之。上称其忠义,因问:"策安出?"对曰:"怀光总诸道兵,故敢恃众为乱。今邠宁有张昕,灵武有宁景璿,河中有吕鸣岳,振武有杜从政,潼关有唐朝臣,渭北有窦觎,皆守将也。陛下各以其众及地授之,尊怀光之官,罢其权,则行营诸将各受本府指麾矣。怀光独立,安能为乱!"上曰:"罢怀光兵权,若朱泚何?"对曰:"陛下既许将士以克城殊赏,将士奉天子之命以讨贼取富贵,谁不愿之!邠府兵以万数,借使臣得而将之,足以诛泚。况诸道必有杖义之臣,泚不足忧也!"上然之。

【译文】李怀光深夜派遣人去袭击李建徽、杨惠元的军营,李建徽逃脱而幸免于死,杨惠元预备逃向奉天,李怀光派兵追逐而把他杀掉。李怀光又扬言说:"我现在已经与朱泚联合起来了,天子的车驾应当远避到别处去!"

李怀光以为韩游瑰本来是朔方军中的将领,而且在奉天握有兵权,由此写了封信给他,想要他叛乱,韩游瑰秘密上奏唐德宗;第二天,李怀光又遣人带信来催促他,韩游瑰又向唐德宗上奏,唐德宗对他的忠诚大加赞扬,因此问他说:"你有什么好的办法吗?"韩游瑰答道:"李怀光率领各道军队,因此才大胆地靠着人多力强而造反作乱。如今邠宁有张昕，灵武有宁景璿，河中有吕鸣岳，振武有杜从政，潼关有唐朝臣，渭北有窦觎，诸将都各自据守一个地方。陛下如果能将各地事务和他们的军士分别授权由他们自己管理指挥，提高李怀光的官职，但罢免他的兵权，如此行营诸将各自受他们的本军直接统领，李怀光因此被孤立，又凭什么叛变呢？"唐德宗说："罢免了李怀光的兵权，又怎样去对付朱泚呢？"韩游瑰回复说："陛下既已答应将士们只要能攻克收复京城，就有特别丰厚的奖励，将士们奉唐德宗之命去讨伐叛贼自取富贵，谁不心甘情愿！邠府将士有万余之众，假如能够归臣指挥，就能够消灭朱泚了；况且各道一定还有仗义的臣下，朱泚实在不足以畏惧！"唐德宗十分认可。

丁卯，怀光遣其将赵升鸾入奉天，约其夕使别将达奚小俊烧乾陵，令升鸾为内应以惊胁乘舆。升鸾诣浑瑊自言，瑊遽以闻，且请决幸梁州。上命瑊戒严，瑊出，部勒未毕，上已出城西，命戴休颜守奉天，朝臣将士狼狈扈从。戴休颜徇于军中曰："怀光已反！"遂乘城拒守。

朱泚之称帝也，兵部侍郎刘迺卧病在家，泚召之，不起。使蒋镇自往说之，凡再往，知不可诱胁，乃叹曰："镇亦忝列曹，不能舍生，以至于此，岂可复以己之腥臊污漫贤者乎！"歔欷而返。乃闻帝幸山南，搏膺大呼，自投于床，不食，数日而卒。

【译文】丁卯日（二十六日），李怀光派出他的大将赵升鸾到奉天，商定在他到达的当天夜晚，另外派出别将达奚小俊纵火烧焚乾陵，而让赵升鸾在城中做内奸，以恐吓威胁天子。赵升鸾去向浑瑊汇报了一切，浑瑊马上启禀唐德宗，并且请求摆驾梁州。唐德宗命浑瑊严加戒备。浑瑊辞去退下，部署没完成，唐德宗车驾已经出西城了，而命戴休颜守护奉天，朝臣将士，上上下下，狼狈仓促追随在大驾后面。戴休颜巡查于军营中说："李怀光已经叛乱了！"便登上城楼抵抗防守。

朱泚称帝之时，兵部侍郎刘迺生病在家，朱泚召见，他借病不起床；由此派蒋镇亲自上门去说服他，第二次再去之时，了解他是绝对不会被利诱威胁的，因此叹息着说："我蒋镇忝列朝臣，无法舍生取义，到达今日这种地步，怎么能再以我自己的恶劣德行去玷污贤德的人呢？"因此忍不住嘘唏悲叹地返回了。刘迺听到唐德宗摆驾山南（谓梁州），捶胸痛哭，一头栽倒在床，绝食多日而亡。

太子少师乔琳从上至盩厔，称老疾不堪山险，削发为僧，匿于仙游寺。泚闻之，召至长安，以为吏部尚书。于是，朝士之窜匿者多出仕泚矣。

怀光遣其将孟保、惠静寿、孙福达将精骑趣南山邀车驾，遇诸军粮料使张增于盩厔。三将曰："彼使我为不臣，我以追不及报之，不过不使我将耳。"因目增曰："军士未朝食，如何？"增绐其众曰："此东数里有佛祠，吾贮粮焉。"三将帅众而东，纵之剽掠，由是百官从行者皆得入骆谷，以追不及还报，怀光皆黜之。

【译文】太子少师乔琳跟随唐德宗到了盩厔，言称年老多病，承受不了山路的艰难劳累，因此剃度出家，匿名归隐于仙游寺中。朱泚听说此事后，把他召唤到长安，任命他做吏部尚书。从此当年逃跑隐匿的朝臣，一多半都到朱泚那儿去任职了！

李怀光派出他的大将孟保、惠静寿、孙福达率精骑直接赶往南山去拦截袭击圣驾的军队，在盩厔遇上诸军粮料使张增。这三位大将说："李怀光逼迫我们做不忠不义之臣，我们就回复说追赶不上，大不了不让我们做将帅罢了。"因此看着张增说："将士们还没吃早饭呢，你说怎么办？"张增便欺骗他们说："数里之外，有座寺庙，我在那里储存有粮食。"三位将帅领兵向东行，任由他们剽夺抢掠，所以随从圣驾的百官才能都进入骆谷。三将由此以追赶不及回复，李怀光一律给他们罢职处分。

河东将王权、马汇引兵归太原。

李晟得除官制，拜哭受命，谓将佐曰："长安，宗庙所在，天下根本，若诸将皆从行，谁当灭贼者！"乃治城隍，缮甲兵，为复京城之计。先是东渭桥有积粟十馀万斛，度支给李怀光军，几尽。是时怀光、朱泚连兵，声势甚盛，车驾南幸，人情扰扰。晟以孤军处二强寇之间，内无资粮，外无救援，徒以忠义感激将士，故其众虽单弱而锐气不衰。又以书遗怀光，辞礼卑逊，虽示尊崇而谕以祸福，劝之立功补过。故怀光惭恶，未忍击之。晟曰："畿内虽兵荒之馀，犹可赋敛。宿兵养寇，患莫大焉！"乃以判官张彧假京兆尹，择四十馀人，假官以督渭北诸县刍粟，不旬日，皆充羡。乃流涕誓众，决志平贼。

【译文】河东军队里的大将王权、马汇率兵返回了太原。

李晟收到任官令后，拜哭于地，毅然接受任命，对手下的将领同僚们说："长安，是先王宗庙所在之地，是天下的根源，假如所有将帅都跟随圣驾而去，那么还有谁去消灭逆贼呢？"便修理城墙建筑壕沟，整修甲兵武器，一切均为收复京城做准备。在此以前，东渭桥有储粮十余万斛，度支拨给了李怀光的部队，将近用没了。在这时，李怀光和朱泚串通一气，声势强大，圣驾南移，人心惊惶；李晟用一支孤军处在二强之间，内部没有粮饷，外面没有救助，仅仅是用一片忠义节气来感动士卒，因此他的军队，兵力虽然薄弱不堪，但是锐气却不减分毫。又奉函给李怀光，措辞谦虚有礼，表面上虽是表明崇敬之意，而真的是晓以利害祸福，劝说他将功赎罪，因此李怀光自感惭愧，而狠不下心去攻击他。李晟说："王畿域内，即便是在兵荒马乱之后，也还能够担负赋敛。白白地使士卒疲劳，逆贼坐大，才是最大的隐患啊！"所以派判官张彧代理京兆尹，并先派出四十多人，由此借着京兆尹的官衔去渭北督导征得刍茭粮粟，不足十天，军粮充足而有剩余。李晟便流着眼泪当众发誓，下定决心消灭叛贼。

【乾隆御批】 晟以孤军处二强寇间，卒能建功匡复，盖忠义激发。虽流离颠沛，时自足恃以自固，幸则为晟之战乱定难，不幸则为张巡、许远之致命遂志。所谓易地皆然也。

【译文】 李晟仅凭一支孤立无援的军队，处在两个强大的敌寇中间，最终建立功勋匡复京城，这是由于他被忠义感动激励。他虽流离颠沛，但能主动依仗自己的防固，所幸李晟能平定叛乱，安定祸难，不幸张巡、许远舍弃生命，才实现他们的志向。这就叫人的志向一致，即使更换位置，表现也相同。

田悦用兵数败，士卒死者什六七，其下皆厌苦之。上以给事中孔巢父为魏博宣慰使。巢父性辩博，至魏州，对其众为陈逆顺祸福，悦及将士皆喜。兵马使田绪，承嗣之子也，凶险，多过失，悦不忍杀，杖而拘之。悦既归国，内外撤警备。三月，壬申朔，悦与孔巢父宴饮，绪对弟侄有怨言，其侄止之，绪怒，杀侄，既而悔之，曰："仆射必杀我！"既夕，悦醉，归寝，绪与左右密穿后坦入，杀悦及其母、妻等十馀人，即帅左右执刀立于中门之内夹道。将旦，以悦命召行军司马扈峄、判官许士则、都虞候蒋济议事。府署深邃，外不知有变，士则、济先至，召入，乱斫杀之。绪恐既明事泄，乃出门，遇悦亲将刘忠信方排牙，绪疾呼谓众曰："刘忠信与扈峄谋反，昨夜刺杀仆射。"众大惊，喧哗。忠信未及自辨，众分裂杀之。扈峄来，及戟门遇乱，招谕将士，将士从之者三分之一。绪惧，登城而立，大呼谓众曰："绪，先相公之子，诸君受先相公恩，若能立绪，兵马使赏缗钱二千，大将半之，下至士卒，人赏百缗，竭公私之货，五日取办。"于是，将士回首杀扈峄，皆归绪，军府乃定。因请命于孔巢父，巢父命绪权知军府。后数日，众乃知绪杀其兄，虽悔怒，而绪已立，无如之何。绪又杀悦亲将薛有伦等二十馀人。

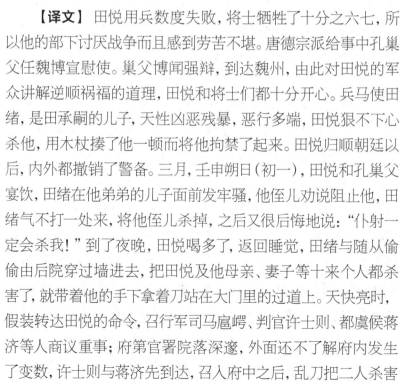

【译文】田悦用兵数度失败，将士牺牲了十分之六七，所以他的部下讨厌战争而且感到劳苦不堪。唐德宗派给事中孔巢父任魏博宣慰使。巢父博闻强辩，到达魏州，由此对田悦的军众讲解逆顺祸福的道理，田悦和将士们都十分开心。兵马使田绪，是田承嗣的儿子，天性凶恶残暴，恶行多端，田悦狠不下心杀他，用木杖揍了他一顿而将他拘禁了起来。田悦归顺朝廷以后，内外都撤销了警备。三月，壬申朔日（初一），田悦和孔巢父宴饮，田绪在他弟弟的儿子面前发牢骚，他侄儿劝说阻止他，田绪气不打一处来，将他侄儿杀掉，之后又很后悔地说："仆射一定会杀我！"到了夜晚，田悦喝多了，返回睡觉，田绪与随从偷偷由后院穿过墙进去，把田悦及他母亲、妻子等十来个人都杀害了，就带着他的手下拿着刀站在大门里的过道上。天快亮时，假装转达田悦的命令，召行军司马扈峄、判官许士则、都虞候蒋济等人商议重事；府第官署院落深邃，外面还不了解府内发生了变数，许士则与蒋济先到达，召入府中之后，乱刀把二人杀害了。田绪恐怕天亮以后，事情泄露，便出中门离开，遇见田悦的心腹大将刘忠信正在排班候谒，田绪大喊着对众人说："刘忠信和扈崿谋乱，昨晚刺杀了仆射！"众人大吃一惊，一阵喧嚷混乱之后，刘忠信还没来得及辩解，已经被众人分尸杀死了。扈崿前来，才走到外门就遇上了这场变故，招抚告谕将士们，将士们顺服于他的，大约有三分之一。田绪惊恐，登上城楼，站在那儿大声对众人说："我田绪，是先相公的儿子，在场的各位身受先相公的恩德，如今假如能拥戴我，兵马使赏缗钱二千，大将赏一千，下到士卒，一个人赏给百缗，拿出所有公私财货，五天之内办好这件事。"将士们便又回头把扈崿杀掉，全都归顺了田绪，军府才安静下来。因此向孔巢父请命，巢父命令田绪处理军府事务。几天以后，大家才了解到原来是田绪杀掉他的堂兄田悦，即便懊悔恼怒，但是既然已经拥立了田绪，也别无选择了。田绪又杀掉田悦的心腹大将薛有伦等二十多人。

资治通鉴

李抱真、王武俊引兵将救贝州，闻乱，不敢进。朱滔闻悦死，喜曰："悦负恩，天假手于绪也！"即遣其执宪大夫郑景济等将步骑五千助马寔，合兵万二千攻魏州。寔军王莽河，纵骑兵及回纥四出剽掠。滔别遣人入城说绪，许以本道节度使。绪方危迫，遣随军侯臧诣贝州送款于滔，滔喜，遣臧还报，使亟定盟约。明绪部署城内已定，李抱真、王武俊又遣使诣绪，许以赴援，如悦存日之约。绪召将佐议之，幕僚曾穆、卢南史曰："用兵虽尚威武，亦本仁义，然后有功。今幽陵之兵恣行杀掠，白骨蔽野，虽先仆射背德，其民何罪！今虽盛强，其亡可跂立而待也。况昭义、恒冀方相与攻之，奈何以目前之急欲从人为返逆乎！不若归命朝廷，天子方蒙尘于外，闻魏博使至必喜，官爵旋踵而至矣。"

绪从之，遣使奉表诣行在，城守以俟命。

【译文】李抱真、王武俊带兵去援助贝州，听到有如此的变乱，不敢前进。朱滔听闻田悦死了，开心地说："田悦忘恩负义，这是老天借着田绪的手把他杀掉的啊！"马上派他的执宪大夫郑景济等人率领步骑五千去救助马寔，合兵一万二千人去攻击魏州。马寔驻扎于王莽河，任随骑兵及回纥四处抢掠。朱滔又另外遣人去说服田绪，应允他担任本道节度使。田绪正值危急关头，由此派随军侯臧到贝州去向朱滔表明忠诚顺服的心意。朱滔十分高兴，派侯臧返回报告田绪，要他赶快商定盟约。当时田绪在魏州城内已经安排稳妥，李抱真与王武俊又遣人到田绪那里，对他说仍然愿意前往救助，依照田悦生前的约定办事。田绪聚集诸将共同商定此事，幕僚曾穆与卢南史说："用兵虽是以武力为上，但也要以仁义为本，这样才能建功立业。如今幽陵军的将士恣意横行，烧杀抢掠，导致百姓曝骨遍野，假使说之前仆射背德叛义，但是那些百姓又有什么过错呢！今日他虽然是兵强力大，但他的灭亡是举踵可待的啊。况且昭义、恒冀二军正准备共力攻击他，怎能因眼前暂时的急难就想跟着别人去叛乱呢？实在不如归顺朝廷，听从命令，天子正蒙尘在外，听闻魏博所派的使臣到来，一定十分开心，官职爵位也随时会跟着来。"田绪采纳了他们的意见，便派遣使臣奉表前往行在，据守着城池以待命。

上之发奉天也，韩游瑰帅其麾下八百馀人还邠州。李怀光以李晟军浸盛，恶之，欲引军自咸阳袭东渭桥。三令其众，众不应，窃相谓曰："若与我曹击朱泚，惟力是视；若欲反，我曹有死，不能从也！"怀光知众不可强，问计于宾佐，节度巡官良乡李景略曰:"取长安,杀朱泚,散军还诸道,单骑诣行在,如此,臣节亦未亏,功名犹可保也。"顿道恳请,至于流涕,怀光许之。都虞候阎晏等劝怀光东保河中,徐图去就,怀光乃说其众曰:"今且屯泾阳,召妻孥于邠,俟至,与之俱往河中。春装既办,还攻长安,未晚也。东方诸县皆富实,军发之日,听尔曹俘掠。"众许之。怀光乃谓景略曰:"向者之议,军众不从,子宜速去,不且见害!"遣数骑送之。景略出军门,恸哭曰:"不意此军一旦陷于不义!"

【译文】唐德宗从奉天出发时,韩游瑰带领他的部下八百多人回邠州。李怀光因为李晟的军队日渐强大,非常憎恨他,就想带兵从咸阳去攻打东渭桥,三次发令动员师众,将士们都不服从命令,大家私下里说:"假如要我们去打朱泚,一定竭尽全力;如果是想要谋反,我们宁愿死亡,也不愿从令!"李怀光了解没办法强迫将士们,由此问计于卿僚,节度巡官良乡人李景略说:"攻拔长安,杀掉朱泚,遣散将士,让他们各自返乡,然后单骑匹马前往行在,只有这样,才能既不损坏为人臣子的节操,并且还可保全功名。"说罢跪地磕头请求,以至于涕零泪落,李怀光才应允了他。都虞候阎晏等却劝说李怀光东行暂保河中,然后再仔细地决定去留。李怀光由此对军众说:"现在我们暂时屯兵泾阳,召集妻室前往邠州,等他们都到达之后,再一起前往河中,等春天衣服装备置办全之后,再回来攻打长安,也为时不晚啊。东方各县都很富有,大军出发之时,任凭你们俘虏抢掠。"众人都表示赞同。李怀光便对李景略说:"日前你的建议,军士们不愿意服从,你最好赶紧离去,否则恐怕将会被害!"由此派了几个骑兵送他离开,李景略走出军门之后,痛哭着说:"没想到有一天,这支部队竟然陷于不义的境地!"

怀光遣使诣邠州，令留后张昕悉发所留兵万馀人及行营将士家属会泾阳，仍遣其将刘礼等将三千馀骑胁迁之。韩游瑰说昕曰："李太尉功高自弃，已蹈祸机。中丞今日可以自求富贵，游瑰请帅麾下以从。"昕曰："昕微贱，赖李太尉得至此，不忍负也！"游瑰乃谢病不出，阴与诸将高固、杨怀宾等相结。时崔汉衡以吐蕃兵营于邠南，高固曰："昕以众去，则邠城空矣。"乃诈为浑瑊书，召吐蕃使稍逼邠城。昕等惧，竟不敢出。昕等谋杀诸将之不从者，游瑰知之，先与高固等举兵杀昕，遣杨怀宾奉表以闻，且遣人告崔汉衡。汉衡矫诏以游瑰知军府事，军中大喜。怀光子旻在邠，游瑰遣之，或曰："不杀旻，何以自明？"游瑰曰："杀旻，则怀光怒，其众必至，不如释旻以走之。"时杨怀宾子朝晟在怀光军中为右厢兵马使，闻之，泣白怀光曰："父立功于国，子当诛夷，不可典兵。"怀光囚之。于是，游瑰屯邠宁，戴休颜屯奉天，骆元光屯昭应，尚可孤屯蓝田，皆受李晟节度，晟军声大振。

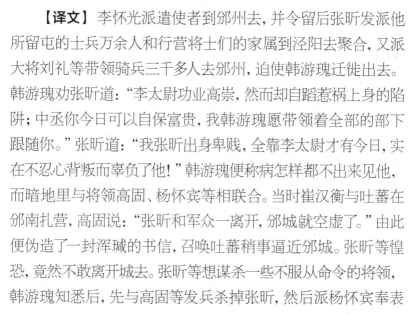

【译文】李怀光派遣使者到邠州去，并令留后张昕发派他所留屯的士兵万余人和行营将士们的家属到泾阳去聚合，又派大将刘礼等带领骑兵三千多人去邠州，迫使韩游瑰迁徙出去。韩游瑰劝张昕道："李太尉功业高崇，然而却自蹈惹祸上身的陷阱；中丞你今日可以自保富贵，我韩游瑰愿带领着全部的部下跟随你。"张昕道："我张昕出身卑贱，全靠李太尉才有今日，实在不忍心背叛而辜负了他！"韩游瑰便称病怎样都不出来见他，而暗地里与将领高固、杨怀宾等相联合。当时崔汉衡与吐蕃在邠南扎营，高固说："张昕和军众一离开，邠城就空虚了。"由此便伪造了一封浑瑊的书信，召唤吐蕃稍事逼近邠城。张昕等惶恐，竟然不敢离开城去。张昕等想谋杀一些不服从命令的将领，韩游瑰知悉后，先与高固等发兵杀掉张昕，然后派杨怀宾奉表奏知圣上，并且遣人告知崔汉衡。崔汉衡由此假借天子的诏命派遣韩游瑰主理军府中的职务，军中非常高兴。李怀光的儿子李旻在邠城中，韩游瑰将他放了，就有人说："不杀李旻，怎样表明自己的心意，而不再被皇上怀疑？"韩游瑰说："杀掉李旻，李怀光一定会大为恼怒，而必定会派大军前来，因此还不如将李旻放走。"当时杨怀宾的儿子杨朝晟在李怀光军队里做右厢兵马使，他听闻诸事，就哭泣着向李怀光诉说："父亲为国立下了功劳，我这做儿子的便应当被诛杀，无法再带兵了。"李怀光因此将他监禁了起来。由此韩游瑰驻兵于邠宁，戴休颜在奉天屯兵，骆元光在昭应屯兵，而尚可孤在蓝田屯兵，都受李晟的统领调度，李晟因而军势大振。

始，怀光方强，朱泚畏之，与怀光书，以兄事之，约分帝关中，永为邻国。及怀光决反，逼乘舆南幸，其下多叛之，势益弱。泚乃赐怀光诏书，以臣礼待之，且征其兵。怀光惭怒，内忧麾下为变，外恐李晟袭之，遂烧营东走，掠泾阳等十二县，鸡犬无遗。及富平，大将孟涉、段威勇将数千人奔于李晟，将士在道散亡相继。至河中，或劝河中守将吕鸣岳焚桥拒之，鸣岳以兵少恐不能支，遂纳之，河中尹李齐运弃城走。怀光遣其将赵贵先筑垒于同州，刺史李纾惧，奔行在。幕僚裴向摄州事，诣贵先，责以逆顺之理，贵先感寤，遂请降，同州由是获全。向，遵庆之子也。怀光使其将符崿袭坊州，据之，渭北守将窦觎帅猎团七百围之。崿请降。诏以觎为渭北行军司马。

丁亥，以李晟兼京畿、渭北、鄜、坊、丹、延节度使。

庚寅，车驾至城固。唐安公主薨，上长女也。

【译文】起初，李怀光的兵力强大时，朱泚十分恐惧，曾经致函李怀光，尊称他是兄长，与他相约分别在关中称帝，永远为同盟和友好的邻国。到了李怀光决心反叛，而逼迫圣驾南迁的时候，他的部下多数背叛了他，势力日益削弱。朱泚竟然颁下诏书，将他当作下属对待，而且征调他的部队。李怀光惭愧愤怒不已，对内担忧部下叛变，对外又愤恨李晟的攻击，便放火烧营，带兵东去，沿途掠夺了泾阳等十二县城，连鸡犬都不剩下一只。到达富平时，大将孟涉和段威勇率领了数千人去投奔李晟，士兵们一路上走散逃跑的，延续不断。抵达河中，有人劝河中守将吕鸣岳烧焚渡桥加以抵抗，吕鸣岳以为他的兵力薄弱，担心没办法抵抗，由此就接纳了李怀光，河中尹李齐运弃城而逃。李怀光派他的大将赵贵先在同州扎营筑垒，刺史李纾恐慌，便逃亡到行在；而由幕僚裴向代理州务，前去相会赵贵先，以逆顺祸福的道理责怪他，赵贵先受他的感动而觉悟，便请求投降，同州因此得到保全。裴向是裴遵庆的儿子。李怀光派大将符峤袭击坊州，继而占据它。而渭北守将窦觎带领着猎户七百多人加以围击，符峤请求投降。唐德宗因而下诏委任窦觎为渭北行军司马。

丁亥日（十六日），派出李晟兼任京畿、渭北、鄜、坊、丹、延节度使。

庚寅日（十九日），天子驾临城固。唐安公主离开人世，她是唐德宗的长女。

上在道，民有献瓜果者，上欲以散试官授之，访于陆贽，贽上奏，以为："爵位恒宜慎惜，不可轻用。起端虽微，流弊必大。献瓜果者，止可赐之钱帛，不当酬以官。"上曰："试官虚名，无损于事。"贽又上奏，其略曰："自兵兴以来，财赋不足以供赐，而职官之赏兴焉。青朱杂沓于胥徒，金紫普施于舆皂。当今所病，方在爵轻，设法贵之，犹恐不重，若又自弃，将何劝人！夫诱人之方，惟名与利，名近虚而于教为重，利近实而于德为轻。专实利而不济之以虚，则耗匮而物力不给。专虚名而不副之以实，则诞谩而人情不趋。故国家命秩之制，有职事官，有散官，有勋官，有爵号，然掌务而授俸者，唯系职事之一官也，此所谓旋实利而寓虚名者也。其勋、散、爵号三者所系，大抵止于服色、资荫而已，此所谓假虚名以佐实利者也。今之员外、试官，颇同勋、散、爵号，虽则授无费禄，受不占员，然而突铦锋、排患难者则以是赏之，竭筋力、展劳效者又以是酬之。若献瓜果者亦授试官，则彼必相谓曰'吾以忘躯命而获官，此以进瓜果而获官，是乃国家以吾之躯命同于瓜果矣。'视人如草木，谁复为用哉！今陛下既未有实利以敦劝，又不重虚名而滥施，人无藉焉。则后之立功者，将曷用为赏哉！"

【译文】唐德宗在路途中时，有个百姓奉上瓜果，唐德宗想让他担任散试官，问到陆贽，陆贽启奏，以为："爵位的赏赐绝对应当谨慎珍惜，不可随意行赏。要不然，起初看来虽是件不足挂齿的小事，但是以后一定会造成很大的弊端。对献瓜果的人，只能赏赐钱帛，而无法授予官职。"唐德宗说："试官不过是个虚职而已，应当不妨碍大事啊。"陆贽又上奏，大体说道："发动战争以来，财赋还不够用来应对赏赐，因此才时兴以官职作为赏赐的对策；四品以下的官位，混杂着杂役，而三品官普遍地赐与舆皂。现在的弊病，恰恰在于轻视爵位，想办法让人尊崇爵位尚且恐怕不被重视，假如朝廷自身再轻视爵位，任意用来赏赐，还用什么来劝勉他人呢？说实话，能诱导别人的办法，仅有名与利而已。声望看起来像空虚，但站在教化的立场看来却十分重要，财利看似实在，但站在道德的立场看来却非常轻贱。专门用实利作为赏赐而不借助虚名，如此财政用尽而不供需求；专以虚名赏赐却不附加实利，如此就又相当于欺骗，如此按照平常的情况来讲，人们是不愿趋附追求的。因此国家授官命爵的制度，有职事官，有散官，有勋官，有爵号，但是主管政务还授予俸禄的，仅仅是职事一种官员罢了，这就是所说的施以实利隐藏于虚名之中的办法啊。其他勋、散、爵三类，大体来说仅仅局限在服色的差异，庇荫及于子孙罢了，这就是所说的假借着虚名而辅以实利的办法啊。如今的员外、试官，与勋、散、爵号十分相同，虽然是授予过了，实际上并不发放俸禄，受赐的人也不占用官员的名额，然而对冲锋陷阵、冒险犯难、排除患难的人，是这样的赏赐，对耗尽全力创建功劳的人，也以这为奖赏。假如对献瓜果的人也授予试官，如此这些人一定会相互埋怨着说：'我们舍弃个人安危才收获个官衔，他却因为进献瓜果而得官，这岂不是国家把我们的躯体性命和瓜果看作一样了吗？'将人看作和草木一般，还有谁愿受命呢？如今陛下既没有实利用来加重奖赏，又不重视虚名而胡乱授予，想要做官的人，就没准则可遵循了。如此今后对立功的人，将用什么来作为奖赏呢？"

　　贽在翰林，为上所亲信，居艰难中，虽有宰相，大小之事，上必与贽谋之，故当时谓之内相，上行止必与之俱。梁、洋道险，尝与贽相失，经夕不至，上惊忧涕泣，募得贽者赏千金。久之，乃至，上喜甚，太子以下皆贺。然贽数直谏，连上意，卢杞虽贬官，上心庇之。贽极言杞奸邪致乱，上虽貌从，心颇不悦，故刘从一、姜公辅皆自下陈登用，贽恩遇虽隆，未得为相。

　　壬辰，车驾至梁州。山南地薄民贫，自安、史以来，盗贼攻剽，户口减耗太半，虽节制十五州，租赋不及中原数县。及大驾驻跸，粮用颇窘。上欲西幸成都，严震言于上曰："山南地接京畿，李晟方图收复，借六军以为声援。若幸西川，则晟未有收复之期也。"众议未决，会李晟表至，言："陛下驻跸汉中，所以系亿兆之心，成灭贼之势。若规小舍大，迁都岷、峨，则士庶失望，虽有猛将谋臣，无所施矣！"上乃止。严震百方以聚财赋，民不至困穷而供亿无乏。牙将严砺，震之从祖弟也，震使掌转饷，事甚修办。

【译文】陆贽在翰林院中，是唐德宗亲近信任的人，在这段困难危险的时期中，虽然另外设置有宰相，但是大事小事，唐德宗必定都与陆贽商量，因此当时都尊称他为内相，唐德宗到任何地方都要他陪在左右。梁、洋一带道路艰险，唐德宗曾经与陆贽失散。过了一晚，陆贽还没到来，唐德宗惊恐担忧，为他流泪，因此征募能找到陆贽的赏赐千金。很久之后，陆贽才来，唐德宗十分欢欣，从太子而下，大家都向唐德宗致贺。但陆贽多次直言进谏，违背唐德宗的心意，然而卢杞虽然被贬官，可是唐德宗心里还是祖护着他。陆贽极言卢杞奸诈，以致祸乱，唐德宗表面上虽听从他的看法，但心里却十分难过，因此刘从一、姜公辅都由较低的官位高升拜登相位，然而陆贽虽受恩宠礼待，一直无法拜相。

壬辰日（二十一日），唐德宗摆驾到了梁州。山南土瘠民贫，自安史之乱以来，盗贼攻击掠夺，人口损失了大多数，虽然是掌控了十五州，赋税还不到中原地区几个县城的收入。及至大驾莅临居住在此，粮食用费感到十分困难。唐德宗又想要摆驾西去成都，严震对唐德宗说道："山南毗邻京畿，李晟正谋划收复京城，就是想凭借天子六军的声威。假如移驾西川，如此李晟收复京城的希望，就很难达成了。"众人议论纷纷，还没有决定时，恰逢李晟上表传达，说："陛下驾临汉中，正好能维系天下人心，而造成灭贼的声势；假如只因为粮资而移驾成都，就放弃复兴大业，真正是因小失大，一旦迁都到岷、峨，士兵百姓都会大失所望，即便有再骁勇善战的猛将，也无计可施了！"唐德宗才放弃了这种想法。严震竭尽全力地聚集财赋，让百姓们不至于贫穷而费用不致缺乏。牙将严砺，是严震的堂弟，严震派他肩负主管转运粮饷的工作，事情办得十分稳妥完善。

【乾隆御批】惟名与器，不可以假人。民献瓜果，不过循野人芹曝之分，钱帛赉与已足相酬，遽欲授以试官，其昧于轻重实甚，陆贽谓"虚名滥施，将无以为立功者"之劝，非惟深中当时情弊，抑亦千秋为君者所当留意也。

【译文】唯有名号和政权，不能送给别人。有人奉献瓜果，只不过遵循野人献芹、献曝等赠送菲薄礼品的做法，赐予他钱帛就足以酬报，马上准备让他出任官职，唐德宗对赏赐的轻重认识太糊涂了，陆贽所说"滥施虚名于人，将没有东西赏赐以后立功的人"的劝告，不仅深深地切中当时的情形弊端，也是千秋后载做人君的应当留意的。

初，奉天围既解，李楚琳遣使入贡，上不得已除凤翔节度使，而心恶之。议者言楚琳凶逆反覆，若不堤防，恐生窥伺。由是楚琳使者数辈至，上皆不引见，留之不遣。甫至汉中，欲以浑瑊代楚琳镇凤翔，陆贽上奏，以为："楚琳杀帅助贼，其罪固大，但以乘舆未复，大憝犹存，勤王之师悉在畿内，急宜速告，晷刻是争。商岭则道迂且遥，骆谷复为盗所扼，仅通王命，唯在褒斜，此路若又阻艰，南北遂将复绝。以诸镇危疑之势，居二逆诱胁之中，汹汹群情，各怀向背。倘或楚琳发憾，公肆猖狂，南塞要冲，东延巨猾，则我咽喉梗而心膂分矣。今楚琳能两端顾望，乃是天诱其衷，故通归涂，将济大业。陛下诚宜深以为念，厚加抚循，得其持疑，便足集事。必欲精求素行，追抉宿疵，则是改过不足以补愆，自新不足以赎罪。凡今将吏，岂得尽无疵瑕，人皆省思，孰免疑畏！又况阻命之辈，胁从之流，自知负恩，安敢归化！斯衅非小，所宜速图。伏愿陛下思英主大略，勿以小不忍亏挠兴复之业也。"上释然开悟，善待楚琳使者，优诏存慰之。

【译文】 曾经，奉天被围困的危机消除之后，李楚琳派使臣上前进贡，唐德宗迫不得已而委派李楚琳为凤翔节度使，但是心里很憎恨他。说起李楚琳的人都说他凶残叛逆，反复无常，如果不事先加以防御，害怕他会伺机作乱；所以李楚琳几度派遣使者前来，唐德宗都没接见，而是把他们一个个留下，不允许返回。刚到汉中，就想派浑瑊去替代李楚琳守护凤翔，陆贽启奏，以为："李楚琳杀掉统帅援救逆贼，他的罪孽固然深重，但是今日因为圣驾还没有返京，罪魁祸首还没有消灭，为王室靖难的大军全在京畿之内，一旦有诏书紧急宣见，尽快转告，些许时间都需要争取。商岭路途迂远，骆谷又被盗贼阻扼，唯一能传递圣令的路途，只有褒斜一途，这条路假如再有任何阻碍，如此南北将遥相隔绝。以各镇危急疑虑的形势，而处于两个叛贼的胁迫之内，人心惶惶，各怀向背的心思。假使令李楚琳有遗恨之感，公然放肆猖狂谋乱，南边堵塞要道，东边去和奸臣勾结，如此我们就像咽头被卡住而心膂分离了。如今李楚琳能兼顾两面地采用观望态度，这是上天在引导他一心向善啊。因此保持住这条返京的通道，才能实现光复大业。陛下应该深深记住这一点，以优厚的待遇来安抚他，只要能使他犹豫不决，就能成大事。假如非要深究他日常的罪过，追究他以往的过错，就相当在说知过而改也不足以弥补，洗心革面也无法赎罪了。今日全部的将吏，有谁能说是没犯过错误的，如此人自我反省后，有谁能不心生怀疑的呢？更何况那些抵抗王命，或者是被迫附贼之类的人，又有谁还敢来归顺的呢？这个事端，非同小可，实在是应当赶快谋略的事。伏望皇上重视圣明君主的宏图大略，不要因小事难以忍受而阻碍了复兴大业啊。"唐德宗豁然开朗，便善待李楚琳派来的使臣，颁诏予以优渥的抚恤，宣旨慰问。

【康熙御批】 陆贽章奏甚多，莫不竭忠尽智，悉中机宜，此尤务全国体，深有合于王道。虽遭时不淑，其嘉谟硕画，足为臣子进言之法。

【译文】 陆贽的奏章很多，没有一篇不是不竭尽忠诚和才智，切中要害的。这一篇尤其考虑到国家大局，深深契合于王道。虽然他没有遇到好的时代，但是他美好的谋略和规划，足以作为臣子进言时效法学习的榜样。

丁酉，加宣武节度使刘洽同平章事。

己亥，以行在都知兵马使浑瑊同平章事兼朔方节度使，朔方、邠宁、振武、永平、奉天行营兵马副元帅。

庚子，诏数李怀光罪恶，叙朔方将士忠顺功名，犹以怀光旧勋，曲加容贷，其副元帅、太尉、中书令、河中尹并朔方等诸道节度、观察等使，宜并罢免，授太子太保。其所管兵马，委本军自举一人功高望重者便宜统领，速具奏闻，当授旌旄，以从人欲。

【译文】 丁酉日（二十六日），晋加宣武节度使刘洽任同平章事。

己亥日(二十八日)，委任行在都知兵马使浑瑊为同平章事兼朔方节度使，并朔方、邠宁、振武、永平、奉天行营兵马副元帅。

庚子日(二十九日)，下诏怪罪李怀光的罪过恶事，铨叙朔方士卒忠诚顺服及所建立的功名，但仍念在李怀光过去的功绩，曲加饶恕，他的副元帅、太尉、中书令、河中尹及朔方诸道节度使、观察使等，全都应当撤职罢黜，而授予李怀光太子太保的官位；他所统率的兵马，任由军队中推选出功高望重的人任职统领，来利于号令指挥，尽快具文上奏皇上，自当授予旌节，以顺从众人的心意。

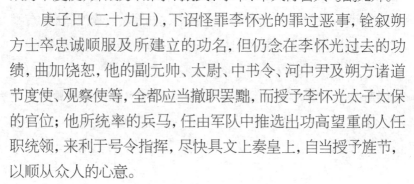

夏，四月，壬寅，以邠宁兵马使韩游瑰为邠宁节度使。癸卯，以奉天行营兵马使戴休颜为奉天行营节度使。

灵武守将宁景璇为李怀光治第，别将李如暹曰："李太尉逐天子，而景璇为之治第，是亦反也！"攻而杀之。

甲辰，加李晟鄜坊、京畿、渭北、商华副元帅。晟家百口及神策军士家属皆在长安，朱泚善遇之。军中有言及家者，晟泣曰："天子何在，敢言家乎！"泚使晟亲近以家书遗晟曰："公家无恙。"晟怒曰："尔敢为贼为间！"立斩之。军士未授春衣，盛夏犹衣裘褐，终无叛志。

乙巳，以陕虢防遏使唐朝臣为河中、同绛节度使。前河中尹李齐运为京兆尹，供晟军粮役。

【译文】夏，四月，壬寅日(初二)，委任邠宁兵马使韩游瑰为邠宁节度使。癸卯日(初三)，委派奉天行营兵马使戴休颜任奉天行营节度使。

灵武守将宁景璇替李怀光建筑府宅，别将李如暹说："李太尉放逐了天子，然而宁景璇却为他建筑府第，相当于造反一样嘛!"由此将他杀害了。

甲辰日(初四),升任李晟为鄜坊、京畿、渭北、商华副元帅。李晟的家属百人和神策军将士的家属都在长安城中,朱泚对他们都挺好的。军中有说到想家的,李晟哭着说道:"天子又在哪里,我们还敢说想家吗?"朱泚派李晟的心腹带着家书送给李晟,对李晟说:"你的家人全部都很安全。"李晟大怒道:"你竟然大胆地敢做叛贼的间谍。"立即就将他斩杀了。将士们没发给春装,盛夏时分还穿着粗麻皮衣,但一直没有背叛的意思。

乙巳日(初五),委派陕虢防遏使唐朝臣任河中、同终节度使。并派前河中尹李齐运为京兆尹,负责供给李晟部队所需要的粮草夫役。

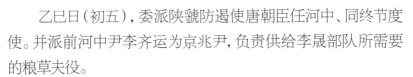

庚戌,以魏博兵马使田绪为魏博节度使。

浑瑊帅诸军出斜谷,崔汉衡劝吐蕃出兵助之,尚结赞曰:"邠军不出,将袭我后。"韩游瑰闻之,遣其将曹子达将兵三千往会瑊军,吐蕃遣其将论莽罗依将兵二万从之。李楚琳遣其将石锽将卒七百从瑊拔武功。庚戌,朱泚遣其将韩旻等攻武功,锽以其众迎降。瑊战不利,收兵登西原。会曹子达以吐蕃至,击旻,大破之于武亭川,斩首万馀级,旻仅以身免。瑊遂引兵屯奉天,与李晟东西相应,以逼长安。

【译文】庚戌日(初十),派遣魏博兵马使田绪担任魏博节度使。

浑瑊统领各路军队出斜谷,崔汉衡劝说吐蕃出兵援助,尚结赞说:"邠军不出,是预备由后方来偷袭我们的啊。"韩游瑰知悉了,派出他的大将曹子达带领三千名士兵去与浑瑊会面,吐蕃这才派出他们的大将论莽罗依带兵二万随从在后。李楚琳也派大将石锽率兵七百跟随浑瑊而攻克了武功。庚戌日（初十），朱泚派大将韩旻攻击武功，石锽带着他的属下出城欢迎投降。浑瑊战争处于不利位置，由此收兵登上了西原高地。曹子达与吐蕃正巧赶到，袭击韩旻，在武亭川把他打得一败涂地，杀敌万余人，韩旻仅仅幸免于死。浑瑊便带兵驻扎于奉天，而与李晟东西相应，以逼近长安。

上欲为唐安公主造塔，厚葬之，谏议大夫、同平章事姜公辅表谏，以为"山南非久安之地，公主之葬，会归上都，此宜俭薄，以副军须之急。"上使谓陆贽曰："唐安造塔，其费甚微，非宰相所宜论。公辅正欲指朕过失，自求名耳。相负如此，当如何处之？"贽上奏，以为公辅任居宰相，遇事论谏，不当罪之，其略曰："公辅顷与臣同在翰林，臣今据理辨直则涉于私党之嫌，希旨顺成则违于匡辅之义。涉嫌止贻于身患，违义实玷于君恩。徇身忘君，臣之耻也！"又曰："唯暗惑之主，则怨讟溢于下国而耳不欲闻，腥德达于上天而心不求寤，迨乎颠覆，犹未知非。"又曰："当问理之是非，岂论事之大小！《虞书》曰：'兢兢业业，一日二日万机。'唐、虞之际，主圣臣贤，虑事之微，日至万数。然则微之不可不重也，如此，陛下又安可忽而念乎！"又曰："若以谏争为指过，则剖心之主不宜见罪于哲王；以谏争为取名，则匪躬之臣不应垂训于圣典。"又曰："假有意将指过，谏以取名，但能闻善而迁，见谏不逆，则所指者适足以彰陛下莫大之善，所取者适足以资陛下无疆之休。因而利焉，所获多矣。傥或怒其指过而不改，则陛下招恶直之讥；黜其取名而不容，则陛下被违谏之谤。是乃掩己过而过弥著，损彼名而名益彰。果而行之，所失大矣。"上意犹怒，甲寅，罢公辅为左庶子。

【译文】唐德宗想要为唐安公主筑塔，隆礼厚葬，谏议大夫、同平章事姜公辅上奏谏言，以为："山南非久居之地，安葬公主，应当归灵于上都（指长安），暂厝在此，应当力从节俭，以备军需急用。"唐德宗遣人去对陆贽说："为唐安搭建一座塔，花费很少，不应当是宰相该讨论的事。姜公辅只是想责怪我的过错，来谋求自己的声望罢了，竟做出如此对不起我的事来，应当如何处理他？"陆贽启奏，以为姜公辅位居宰相，逢事议论谏诤，不应当以为他有罪，大体上说："姜公辅最近和臣都在翰林院，臣今日假如据理而辩说他为人正义，就很可能涉及徇私结党的嫌疑；希承旨意，顺从皇上的看法，又与匡正辅佐的大义不相符；涉嫌仅仅祸及己身，而背弃道义却实在对于君恩有辱。自顾己身，这是我的羞耻啊！"又说："只有不明昏昧的君主，才是天下怨谤汹汹而不愿耳闻，恶行惹怒了上天而心不悔悟，以至于颠覆亡国，还不知悉自己的过错。"又说："只应询问道理的曲直，无法只论事情的大小！《虞书》上说：'一定要谨慎戒惧，一天二天之内，则会发生上万件蕴藏着先机的事。'唐、虞盛世，君主圣明，臣属贤德，考虑甚微，每天以万计数。因此可知他们认为极其微末的小事也应注意到，陛下又怎能忽略呢？"又说："假如以为谏诤就是责怪君上的过错，则剖挖贤臣心脏的君主（纣剖比干之心）就不应当被后代的贤君所指摘；而以为谏诤是为了获得自己的名声，如此《易经》蹇卦上就不会有'王臣尽忠，并不是为了自己'的说法对后代训诫了。"又说："如果是有意借指责君上过错，用谏言的方式以谋求自己的声望，只要能听到善言就照着去做，见有谏诤便不违背，如此过错被指责，正好能显示陛下莫大的善德，而人臣追求的名声，也正好能够助成陛下的无疆之休。因此有利，得到的好处就更多了。如果恼怒他是故意指责过错而不改，如此陛下将招来讨厌正直善言的讥笑；责备他是为谋求名声而无法接纳，如此陛下则要蒙受违逆诤言的诽谤。这是想掩饰自己的过错，但过失更加明显，想败坏他的名声而名声更加传扬。假如真这样做，损害的就太多了。"唐德宗心里还是怒气尚在，因此在甲寅日（十四日），罢免了姜公辅的相位而把他贬为左庶子。

加西川节度使张延赏同平章事，赏其供亿无乏故也。

朱泚、姚令言数遣人诱泾原节度使冯河清，河清皆斩其使者。大将田希鉴密与泚通，杀河清，以军府附于泚。泚以希鉴为泾原节度使。

【译文】晋升西川节度使张延赏为同平章事，这是为了赏赐他供应财货而使财政不再困难。

朱泚、姚令言数度遣人前去召诱泾原节度使冯河清，他每次都把使臣杀害了。他手下的一员大将田希鉴暗地里和朱泚勾结，杀掉冯河清，而以军府依附于朱泚；朱泚便委任田希鉴为泾原节度使。

上问陆贽："近有卑官自山北来者，率非良士。有刑建者，论说贼势，语最张皇，察其事情，颇似窥觇，今已于一所安置。如此之类，更有数人，若不追寻，恐成奸计。卿试思之，如何为便？"贽上奏，以为今盗据宫阙，有冒涉险远来赴行在者，当量加恩赏，岂得复猜虑拘囚！其略曰："以一人之听览而欲穷宇宙之变态，以一人之防虑而欲胜亿兆之奸欺，役智弥精，失道弥远。项籍纳秦降卒二十万，虑其怀诈复叛，一举而尽坑之，其于防虞，亦已甚矣。汉高豁达大度，天下之士至者，纳用不疑，其于备虑，可谓疏矣。然而项氏以灭，刘氏以昌，蓄疑之与推诚，其效固不同也。秦皇严肃雄猜，而荆轲奋其阴计；光武宽容博厚，而马援输其款诚。岂不以虚怀待人，人亦思附；任数御物，物终不亲！情思附则感而悦之，虽寇亿化为心膂矣；意不亲则惧而阻之，虽骨肉结为仇雠矣。"又曰："陛下智出庶物，有轻待人臣之心；思周万机，有独驭区寓之意；谋吞众略，有过慎之防；明照群情，有先事之察；严束百辟，有任刑致理之规；威制四方，有以力胜残之志。由是才能者怨于不任，忠荩者忧于见疑，著勋业者惧于不容，怀反侧者迫于及讨，驯致离叛，构成祸灾。天子所作，天下式瞻，小犹慎之，矧又非小！愿陛下以覆车之辙为戒，实宗社无疆之休。"

【译文】唐德宗问陆贽说："最近有些从山北来归附的小吏，都不是善人，有个叫邢建的人，谈到逆贼的势力，更加是夸大其词，照形势来看，特别像是来窥探我们军情的，如今已经将他们都囚禁在一块了。如此之人，还有好几个，如果不加以追究探寻，恐怕就会让奸人得逞了。你想想看，用什么方法才好？"陆贽启奏，以为如今叛贼窝据宫廷，有心甘情愿冒危险远来投奔行在的人，应当量情施恩赏赐，不应对他们再怀有猜疑而拘囚起来！奏折上大体是说："以一人的视听范围而想要穷极天下的变化，以一人的防备考虑而想要胜过亿兆人的狡诈，用的心思越精细深入，背离正道就越远。以前项籍接纳了秦国投降的将士二十万人，唯恐他们一心欺诈复叛，由此把他们一起都活埋了，他防患担心得也太过分了。汉高祖胸襟豁达，气度宏大，天下贤士投奔到他那儿去的，一律接纳而从不猜疑，他的防备忧虑，可说是够疏散的了。可是项籍却因此灭亡，刘邦却因而强盛，是对人怀有疑虑与待人开诚布公的结果，本有如此的不同啊。秦皇严肃威武多疑，而荆轲却毫不顾忌地去刺杀他；光武宽大能容，博爱敦厚，而马援竭尽全力地效忠于他。就是因为能够虚怀若谷地对待他人，别人也都想顺服他；而就凭权术威势指使人，别人怎么样也不会依附他的原因吗？内心想要顺服，由此对他感恩戴德，即便是仇敌也可能变成亲信；没有亲近的心意，就会因惧畏而排斥，如此即便是骨肉也会变成仇敌。"又说："陛下由于智慧远远地高于众人，因此才会有轻视臣子的心意；思虑周全而能预见先机，因此有驾驭寰宇的想法；陛下的谋划包容了群臣的计策，所以有过于谨慎的防范；明智能洞察万民的心思，因而凡事皆能预先察觉；陛下严厉地管束百官，有专用刑罚以达到天下大治的计划；以威势统御天下，而有用武力战胜残暴的心向。因此使得有才能的人怨恨不被重用，忠贞不二的人思虑会被怀疑，功绩显著的人唯恐君上难容，而骑墙分子被迫遭受讨伐，最后导致逐渐离心背叛，酿成祸患灾害。天子的所作所为，受天下人的仰视，所有事都要慎重，况且还不是件小事！伏望陛下以前覆之车辙为戒，才真是宗庙社稷无穷的福泽。"

丁巳，以前山南东道节度使南皮贾耽为工部尚书。先是，耽使行军司马樊泽奏事行在。泽既复命，方大宴，有急牒至，以泽代耽为节度使。耽内牒怀中，宴饮如故，颜色不改。宴罢，召泽告之，且命将吏谒泽。牙将张献甫怒曰："行军为尚书问天子起居，乃敢自图节钺，夺尚书土地，事人不忠，众心不服，请杀之。"耽曰："是何言也！天子所命，即为节度使矣！"即日离镇，以献甫自随，军府遂安。

左仆射李揆自吐蕃还，甲子，薨于凤州。

韩游瑰引兵会浑瑊于奉天。

丙寅，加平卢节度使李纳同平章事。

丁卯，义王玼薨。

【译文】丁巳日（十七日），委任前山南东道节度使南皮人贾耽为工部尚书。这之前，贾耽派行军司马樊泽去行在启奏，樊泽回来述职复命之后，正值大设席宴之时，有急牒传到，派樊泽替代贾耽为节度使。贾耽将急牒藏在怀中，依旧宴饮，不动声色；宴会结束后，把樊泽传召到面前，才把此事告诉他，而且命令将吏谒见樊泽。牙将张献甫愤怒地说："行军代尚书去向天子请安，竟敢乘机为自己获取旌节斧钺，夺取尚书的封地，待人不诚，请将他杀掉。"贾耽说："这是什么话啊！既然天子任命他，他就是节度使了！"当天就离开了他据守的地区，张献甫跟着他，军府中因此才得安然无事。

左仆射李揆从吐蕃归来，甲子日（二十四日），在凤州去世。

韩游瑰带兵和浑瑊会师于奉天。

丙寅日（二十六日），晋升平卢节度使李纳为同平章事。

丁卯日（二十七日），义王李玼去世。

朱滔攻贝州百馀日，马寔攻魏州亦逾四旬，皆不能下。贾林复为李抱真说李武俊曰："朱滔志吞贝、魏，复值田悦被害，悦旬日不救，则魏博皆为滔有矣，魏博既下，则张孝忠必为之臣。滔连三道之兵，益以回纥，进临常山，明公欲保其宗族，得乎！常山不守，则昭义退保西山，河朔尽入于滔矣。不若乘贝、魏未下，与昭义合兵救之。滔既破亡，则关中丧气，朱泚不日枭夷，銮舆反正，诸将之功，孰有居明公之右者哉！"武俊悦，从之。

【译文】朱滔攻击贝州一百多天，马寔攻打魏州也足有四十多天了，全没攻下。贾林再次替李抱真去劝说王武俊说："朱滔志在并吞贝州、魏州，又恰巧遇到田悦被害，假如再过十天不去援助，如此魏博就将要全被朱滔占据了。魏博沦陷之后，张孝忠必定会顺服于他。然后朱滔连合了幽州、易定、魏博三道兵力，还有回纥，逼近常山，明公你再想保全宗族，没有可能！常山不守，昭义军由此将退保于西山，如此，河朔便全是朱滔的了。因此不如趁他还没攻下贝、魏二州之时，和昭义军联兵加以援助；朱滔被打垮消除之后，关中失去斗志，朱泚很快就将被枭首夷灭了，天子鸾驾回宫正位，将领们的功绩，又有谁能居于明公之上的呢？"王武俊听了十分开心，便顺从了他的说法。

戊辰，武俊军于南宫东南，抱真自临洺引兵会之，与武俊营相拒十里。两军尚相疑，明日，抱真以数骑诣武俊营，宾客共谏止之，抱真命行军司马卢玄卿勒兵以俟，曰："吾之此举，系天下安危，若其不还，领军事以听朝命亦惟子，励将士以雪仇耻亦惟子。"言终，遂行。武俊严备以待之，抱真见武俊，叙国家祸难，天子播迁，持武俊哭，流涕纵横。武俊亦悲不自胜，左右莫能仰视。遂与武俊约为兄弟，誓同灭贼。武俊曰："相公十兄名高四海，向蒙开谕，得弃逆从顺，免葅醢之罪，享王公之荣。今又不间胡虏，辱为兄弟，武俊当何以为报乎！滔所恃者回纥耳，不足畏也。战日，愿十兄按辔临视，武俊决为十兄破之。"抱真退入武俊帐中，酣寝久之。武俊感激，待之益恭，指心仰天曰："此身已许十兄死矣！"遂连营而进。

山南地热，上以军士未有春服，亦自御夹衣。

【译文】 戊辰日（二十八日），王武俊驻扎于南宫东南，李抱真自临洺率兵前来和他会合，扎营之地距离武俊驻地十里，但是两军还不免互相猜忌。第二天，李抱真率领了几个骑兵到王武俊营地去拜访他；李抱真的幕僚客卿都一致阻挠他，李抱真命行军司马卢玄卿按兵观望，说道：“我这样做，关联到天下的安危，假如我无法回来，统领军事以听候朝廷命令，全部靠你了，砥砺将士以雪耻报仇，也全都靠你了。”说完就出发了。王武俊严加戒备等着他，李抱真拜见王武俊后，由此对他叙说国家的困难危机，天子圣驾别幸，拽着王武俊痛哭流泪，涕泗纵横。王武俊也悲不自胜，下属都哭得无法抬起头，由此李抱真与王武俊相互结拜为兄弟，发誓同心协力消灭逆贼。王武俊说：“相公十哥你的声望在天下是首屈一指的了，往日承蒙你的指导晓谕，才使我弃逆从顺，而幸免于菹醢罪刑，享有王公的荣誉。如今又不在意我是个胡人，辱蒙你与我结拜为兄弟，我王武俊该怎样回报你呢！朱滔所依仗的不过是回纥而已，实在不值得畏惧。打起仗来时，十哥只管骑在马上站在一边，莅临督察就是了，我王武俊必定能替十哥你打败贼人。”李抱真返回王武俊的营帐中，便倒头酣睡，睡了好长一段时间；王武俊感激不已，对他更加崇敬，手指着心，仰头望天说：“我整个人已经许给十哥，而为他死而后已了！”便联兵行军。

山南周围气候闷热，唐德宗由于军士们没有春季服装，自己也还穿着夹衣。

资治通鉴卷第二百三十一　唐纪四十七

　　起阏逢困敦五月,尽旃蒙赤奋若七月,凡一年有奇。

　　【译文】起甲子(公元784年)五月,止乙丑(公元785年)七月,共一年三个月。

　　【题解】本卷记录了公元784年五月至785年七月的史事,共一年又三个月,正当唐德宗兴元元年五月到贞元元年七月。此时期,官军作战节节胜利,唐王室转危为安。先是吐蕃盟军撤离长安,唐德宗委派李晟掌握讨逆大权。李晟很快攻克长安,整肃纲纪,诛杀泾州边将田希鉴等三十多人。河北李抱真、王武俊联合兵力打败朱滔。李泌独自骑马入狭州,不费一兵一卒就平定了叛乱。可惜唐德宗返回长安后并没有励精图治,反而立刻猜忌功臣,重新起用宦官掌管兵权。

德宗神武圣文皇帝六

　　兴元元年(甲子,公元七八四年)五月,盐铁判官万年王绍以江、淮缯帛来至,上命先给将士,然后御衫。韩滉欲遣使献绫罗四十担诣行在,幕僚何士幹请行,滉喜曰:"君能相为行,请今日过江。"士幹许诺,归别家,则家之薪米储偫已罗门庭矣;登舟,则资装器用已充舟中矣。下至厕筹,滉皆手笔记列,无不周备。每担夫,与白金一版置腰间。又运米百艘以饷李晟,自负囊米至舟中，将佐争举之，须臾而毕。艘置五弩手以为防援，有寇则叩舷相警，五百弩已豰矣。比至渭桥，资不敢近。时关中兵荒，米斗直钱五百，及滉米至，减五之四。滉为人强力严毅，自奉俭素，夫人常衣绢裙，破，然后易。

【译文】 兴元元年（甲子，公元784年）五月，盐铁判官万年人王绍带着江、淮的缯帛来到，唐德宗命令先发给士兵们，之后自己才换上单衣。韩滉想遣人献上绫罗四十担运到行在去，幕僚何士幹自求前去。韩滉十分开心地说："君愿前往，就请立即择日启程过江。"何士幹应允了，回家和家人告别，家里柴薪米粮都已储蓄罗列于门庭了；上了船，而粮资布帛和一些用器都已装满了一船；至于拭粪用的竹箆子，韩滉也亲笔一笔一画地记录，都准备得很周全。每个担夫，让他们腰间都缠着白银一版。又运白米百艘送到李晟那儿去供给军士们的需要，本人背着一口袋一口袋的米往船上搬，将佐看到韩滉如此这般，也都抢着去搬运，很快就搬完了。每艘船设了五个弩手作为防御，有贼寇则敲打船舷互相警告，五百个弩手就足够了。一直到了渭桥，贼人都离得远远的。那时关中因为战争荒乱，一斗米要价五百钱；直到韩滉的米运到，而降低原价的五分之四。韩滉为人强干勤勉，严谨刚强，自己的生活分外朴素，他的夫人每天穿着同一条绢裙，穿破了之后再换一条。

吐蕃既破韩旻等，大掠而去。朱泚使田希鉴厚以金帛赂之，吐蕃受之。韩游瑰以闻。浑瑊又奏："尚结赞屡遣人约刻日共取长安，既而不至。闻其众今春大疫，近已引兵去。"上以李晟、浑瑊兵少，欲倚吐蕃以复京城，闻其去，甚忧之，以问陆贽。贽以为吐蕃贪狡，有害无益，得其引去，实可欣贺。乃上奏，其略曰：

"吐蕃迁延观望，翻覆多端，深入郊畿，阴受贼使，致令群帅进退忧虞：欲舍之独前，则虑其怀怨乘蹙；欲待之合势，则若其失信稽延。戎若未归，寇终不灭。"又曰："将帅意陛下不见信任，且患蕃戎之夺其功；士卒恐陛下不恤旧劳，而畏蕃戎之专其利；贼党惧蕃戎之胜，不死则悉遗人禽；百姓畏蕃戎之来，有财必尽为所掠。是以顺于王化者其心不得不怠，陷于寇境者其势不得不坚。"又曰："今怀光别保蒲、绛，吐蕃远避封疆，形势既分，腹背无患，瑊、晟诸帅，才力得伸。"又曰："但愿陛下慎于抚接，勤于砥砺，中兴大业，旬月可期，不宜尚眷眷于犬羊之群，以失将士之情也。"

【译文】吐蕃打败了韩旻等之后，大掠而去。朱泚派田希鉴以金钱缯帛厚赠，吐蕃竟也接受了。韩游瑰把这件事奏知唐德宗。浑瑊又启奏说："尚结赞多次遣人与他商定好了日期一起攻击长安，之后都没如期前来；听到他的将士今年春季染上时疫，最近已经带兵返回了。"唐德宗以为李晟、浑瑊的将士太少，因此想要依靠吐蕃的力量收复京城，听到他们已经返回了，感到非常担忧，而问到陆贽。陆贽却以为吐蕃贪婪狡猾，有弊无利，他能带兵离开，真是值得庆祝；便上奏，大概是说："吐蕃延迟不进，再三如此，深入王畿近郊，而背地里受逆贼的指使，而导致群臣进退维谷，甚为担忧，如果不管他们而独力出军进讨，又担心他们乘虚而入地在后偷袭；想要等他们一同攻击，又由于他们一再拖延为苦。吐蕃如不返回，贼寇永远消灭无望。"又说："将帅猜疑陛下对他们不信任，又怕吐蕃将抢去他们的功勋；将士唯恐陛下不念旧日的辛苦，又怕吐蕃掠夺了他们的利益；贼党却恐惧于吐蕃战胜，不被杀死，幸免一死也会被他们擒俘为奴；百姓们则怕吐蕃到来，他们必定会掠夺所有的财物。因此顺服于天子的臣民，心里可能有所懈怠，而陷于贼寇匪区的，形势上也得坚守。"又说："如今李怀光已另去守护蒲、绛，吐蕃又远离国境，形势上既然已经分散，我们没有腹背受敌的担忧，然后浑瑊、李晟诸帅，他们的力量也才能得以施展。"又说："伏望陛下注意到对将士们的安慰奖赏，多加砥砺，鼓舞士气，如此光复大业，则能期望在十天一月中一举而成，真不该再眷恋那群犬羊异族，而失去了将士们的向心力。"

上复使谓贽曰："卿言吐蕃形势甚善，然瑊、晟诸军当议规画，今其进取。朕欲遣使宣慰，卿宜审细条疏以闻。"贽以为："贤君选将，委任责成，故能有功。况今秦、梁千里，兵势无常，遥为规画，未必合宜。彼违命则失君威，从命则害军事，进退羁碍，难以成功。不若假以便宜之权，待以殊常之赏，则将帅感悦，智勇得伸。"乃上奏，其略曰："锋镝交于原野而决策于九重之中，机会变于斯须而定计于千里之外，用舍相碍，否臧皆凶。上有掣肘之讥，下无死馁之志。"又曰："传闻与指实不同，悬算与临事有异。"又曰："设使其中或有肆情干命者，陛下能于此时戮其违诏之罪乎? 是则违命者既不果行罚，从命者又未必合宜，徒费空言，只劳睿虑，匪惟无益，其损实多。"又曰："君上之权，特异臣下，惟不自用，乃能用人。"

【译文】唐德宗又遣人对陆贽说："卿所分析吐蕃的形势，说得很正确，但浑瑊、李晟诸军应当商定计划，令他们率兵进取。朕想委派使臣前去宣慰，爱卿应当审慎仔细地分别剖析规划启奏。"陆贽认为："圣贤的君王选用将帅，委以重任，责求成效，因而能建功立业，何况如今秦、梁远在千里以外，战争的情况时常改变，远在他方而替他们谋划，不太合适。他们假如不听命令，则有损君主的威严；听从命令行事，又有可能会损害到军事，进退就受到了约束阻碍，而很难成功；还不如授权他们便于行事，而对他们授予丰厚的奖赏，如此将帅一定很感动，内心高兴，才能更好地发挥他们的才智。"又上奏，大体是说："武器箭矢交锋于原野上，而对策于深宫中商定，机会的遇合在须臾之间，而定计于千里之外，将帅在外，是否听命都可能对战争有影响，因此不论决策的好坏，都将可能对军事不利。不仅皇上将受到掣肘的嘲讽，臣属也没有力战成仁的决心。"又说："传说往往与所指的事实不符，凭空设计也往往与亲主其事不太相同。"又说："如果将帅中有放恣专横，刚愎自用而违背王命的，陛下能在当时由于他违诏而杀掉他吗？因此对不服指令的人既无法果断地加以惩治，而依令行事的人，所做的事又可能不适合，代为策略谋划，仅仅是徒然空口说白话，烦劳圣上忧思烦虑而已，不仅毫无益处，反而有许多坏处。"又说："君上的权势，与臣下大不相同，只有不用自己的才智，才能借用众人的才智。"

癸酉，泾王伭薨。

徐、海、沂、密观察使高承宗卒，甲戌，使其子明应知军事。

乙亥，李抱真、王武俊距贝州三十里而军。朱滔闻两军将至，急召马寔，寔昼夜兼行赴之。或谓滔曰："武俊善野战，不可当其锋，宜徙营稍前逼之，使回纥绝其粮道。我坐食德、棣之饷，依营而陈，利则进攻，否则入保，待其饥疲，然后可制也。"滔疑未决。会马寔军至，滔命明日出战。寔言："军士冒暑困惫，请休息数日乃战。"

【译文】癸酉日（初三），泾王李伭去世。

徐、海、沂、密观察使高承宗逝世，甲戌日（初四），委任他的儿子高明应主管军事。

乙亥日（初五），李抱真、王武俊在距贝州三十里外扎营驻扎。朱滔听到这两支军队将要来到，紧急召唤马寔，马寔马不停蹄地日夜兼程地赶路，急忙前往。有人对朱滔说："王武俊擅于野战，不应当与他正面交锋，应当调兵略微前进去逼近他，再让回纥去斩断他的粮道。我们只要坐在这安食由德、棣转运来的粮谷，依营安排阵势，对我们有利之时就发兵进攻，不然便据守营地保全兵力，等他们的将士饥饿力竭时，就能一下子降服了。"朱滔犹豫不决。恰巧此时马寔的军队抵达，朱滔便下令第二天出兵迎战。马寔说："军士们冒着酷暑赶路，筋疲力尽，请让他们稍作休息再去作战吧。"

常侍杨布、将军蔡雄引回纥达干见滔，达干曰："回纥在国与邻国战，常以五百骑破邻国数千骑，如扫叶耳。今受大王金帛、牛酒前后无算，思为大王立效，此其时矣。明日，愿大王驻马高丘，观回纥为大王翦武俊之骑，使匹马不返。"布、雄曰："大王英略盖世，举燕、蓟全军，将扫河南，清关中，今见小敌犹豫不击，失远近之望，将何以成霸业乎！达干请战是也。"滔喜，遂决意出战。

丙子旦，武俊遣其兵马使赵琳将五百骑伏于桑林，抱真列方陈于后，武俊引骑兵居前，自当回纥。回纥纵兵冲之，武俊命其骑控马避之。回纥突出其后，将还，武俊乃纵兵击之，赵琳自林中出横击之，回纥败走。武俊急追之，滔骑兵亦走，自践其步陈，步骑皆东奔，滔不能制，遂走趣其营，抱真、武俊合兵追击之。时滔引三万人出战，死者万馀人，逃溃者亦万馀人，滔才与数千人入营坚守。会日暮，昏雾，两军不能进，抱真军其营之西北，武俊军其东北。滔夜焚营，引兵出南门，趣德州遁去，委弃所掠资货山积。两军以雾，不能追也。

【译文】 常侍杨布、将军蔡雄领着回纥达干来觐见朱滔，达干说："回纥在本国和邻国交战，常以五百名骑兵打败邻国数千骑兵，就像是扫除落叶一般轻而易举。如今接受了大王的金帛、牛酒，一共已不计其数，要想替大王建功立业，这正是好时候。明天，希望大王骑着马站在高丘上，看回纥替大王歼灭王武俊的骑兵，保证让他一匹马也别想返回。"杨布、蔡雄说："大王的英明神武，冠盖天下，要出动燕、蓟全部兵力，去扫荡河南，占据关中，如今面对小敌就犹豫不决地不去攻打，而使远近都很失望，将用什么去成就霸业呢？达干自荐出战，这是正确的做法啊。"朱滔十分高兴，由此决定出兵作战。

丙子日（初六）清晨，王武俊派他的兵马使赵琳带领五百名骑兵在桑林埋伏，李抱真布列方阵在后，王武俊带骑兵在前，亲自率兵抵抗回纥。回纥放马冲锋过来，王武俊命令他的骑兵勒马闪躲。回纥冲击到他阵地的内部，要调兵返回之时，王武俊才让士兵们进击，赵琳由林中突出从侧面突击，回纥落败而逃。王武俊穷追不放，朱滔的骑兵也都逃亡到四处，自相踏践他们的步兵，步骑都向东逃跑，朱滔制止不了，便只能奔回营区，李抱真、王武俊会兵追击。那时朱滔带兵三万人出战，有一万多人被打死，也有一万多人逃亡溃散，朱滔只带有数千人入营守护。天色已晚，又逢大雾，一片昏暗，两军没有办法前进，李抱真便驻扎在他营地的西北，王武俊驻扎在营地的东北。朱滔趁着夜晚放火烧营，带兵出南门直奔德州逃逸而去，丢弃所抢得的物品财帛堆积如山；而李抱真、王武俊两军，因为大雾弥漫，而没办法追赶。

【乾隆御批】 朱滔显行悖乱，为抱真等所败，骇而喙走。刘怦为唐留守，即当邀击以擒之，乃发兵具仗以迎，是亦贼耳。史称：时人以此多怦徇私情而昧大义。缪盭甚矣。

【译文】 朱滔逆乱公开，被李抱真等人击败，惊慌逃窜，疲惫奔走。刘怦作为唐王朝的留后，本应阻截叛贼并捉拿他们，但他却派出士兵备办仪仗，前去欢迎朱滔，刘怦也是一个叛贼了。史称：当时的人大多因此赞许刘怦因私情而隐瞒大义。大错而特错了。

滔杀杨布、蔡雄而归幽州，心既内惭，又恐范阳留守刘怦因败图己。怦悉发留守兵夹道二十里，具仪仗，迎之入府，相对悲喜，时人多之。

初，张孝忠以易州归国，诏以孝忠为义武节度使，以易、定、沧三州隶之。沧州刺史李固烈，李惟岳之妻兄也，请归恒州，孝忠遣押牙安喜程华交其州事。固烈悉取军府绫、缣、珍货数十车，将行，军士大噪曰："刺史扫府库之实以行，将士于后饥寒，奈何！"遂杀固烈，屠其家。程华闻乱，自窦逃出，乱兵求得之，请知州事。华不得已，从之。孝忠闻之，即版华摄沧州刺史。华素宽厚，推心以待将士，将士安之。

【译文】 朱滔杀掉杨布、蔡雄之后返回幽州，内心不仅感到惭愧，又怕范阳留守刘怦因他兵败疲弱而想谋害于他。然而刘怦却派留守士兵夹道二十里，准备仪仗队，把他迎进府中，面对对方悲喜交加，当时的人对刘怦都十分赞赏。

起初，张孝忠在易州全城归顺，诏令孝忠为义武节度使，而把易、定、沧三州隶属于他。沧州刺史李固烈，是李惟岳的内兄，要求回到恒州去，张孝忠派出手下押牙安喜人程华去接管

资治通鉴卷第二百三十一 唐纪四十七

403

州府事务。拿去了李固烈将军府全部的绫、缣、宝货，装满了好几十车，要启程离开之时，将士们大声喧嚷着说："刺史将府库中的财物扫荡而光，将士们以后饥寒交迫，还靠什么救济呢？"由此杀掉李固烈和他全家。程华听到将士谋乱，从墙角洞穴钻出逃亡，被乱兵找到，请他主管州府职事。程华迫不得已才答应。张孝忠听到这件事，没来得及奏知朝廷，由此立刻委派程华暂时替代沧州刺史。程华平日为人，宽容忠厚，推心置腹地对待将士们，将士们因此能相安无事。

会朱滔、王武俊叛，更遣人招华，华皆不从。时孝忠在定州，自沧如定，必过瀛州，瀛隶朱滔，道路阻涩。沧州录事参军李宇说华，表陈利害，请别为一军，华从之，遣宇奉表诣行在。上即以华为沧州刺史、横海军副大使、知节度事，赐名曰华，令曰华岁供义武租钱十二万缗。王武俊又使人说诱之，时军中乏马，曰华给使者曰："王大夫必欲相属，当以二百骑相助。"

武俊给之，曰华悉留其马，遣其士归。武俊怒，而方与马燧等相拒，不能攻取，曰华由是获全。及武俊归国，曰华乃遣人谢过，偿其马价，且赂之。武俊喜，复与交好。

【译文】当时正赶上朱滔、王武俊叛乱，双方屡次遣人来招降程华，程华都不肯屈服。而那时张孝忠在定州，从沧州到定州，必定要经过瀛州，瀛州隶属朱滔，道路艰险。沧州录事参军李宇说服程华，要他奏明利害关系，请准别立为一军，程华接受了他的建议，便委派李宇奉表前往行在。唐德宗就委派程华为沧州刺史、横海军副大使、权理节度职务，并且赐名曰华，令他每年负责供给义武军租税十二万缗。

王武俊遣人去说服程曰华；当时因为军中缺乏马匹，程曰华便欺骗来使说："王大夫一定要和我联合的话，应当先拨给二百骑兵前来援助。"王武俊就拨给了他，程日华照数全都收下，而将骑士遣回。王武俊十分愤怒，但由于正与马燧等人相互抵抗，因此不敢进兵去攻打程日华，沧州因此得以保全。等到王武俊归顺，程日华遣人去表达谢意，偿还马匹的价值，并且另有赠送。王武俊十分开心，又与他重归旧好。

庚寅，李晟大陈兵，谕以收复京城。先是，姚令言等屡遣谍人觇晟进军之期，皆为逻骑所获。晟引示以所陈兵，谓曰："归语诸贼，努力固守，勿不忠于贼也！"皆饮之酒，给钱而纵之。遂引兵至通化门外，曜武而还，贼不敢出。晟召诸将，问兵所从入，皆请"先取外城，据坊市，然后北攻宫阙。"晟曰："坊市狭隘，贼若伏兵格斗，居人惊乱，非官军之利也。今贼重兵皆聚苑中，不若自苑北攻之，溃其腹心，贼必奔亡。如此，则宫阙不残，坊市无扰，策之上者也！"诸将皆曰："善！"乃牒浑瑊及镇国节度使骆元光、商州节度使尚可孤，刻期集于城下。

【译文】庚寅日（二十日），李晟大举排列军阵，告诉士兵们将进兵收复京城。在这之前，姚令言等多次派遣间谍去探查李晟进兵的日期，都被巡逻的骑兵捕获了。李晟把这些密探带到陈列的军队前示众，并对他们说："返回告诉逆贼们说，要他们竭尽全力坚固防守，你们要做出忠于逆贼的事来！"都让他们饱食一顿酒菜之后，还给他们发了些钱，然后把他们放了。就带兵到了通化城门外，耀武扬威了一番以后返回，贼兵不敢出战。李晟聚集各将领，问到军队将采用何种方法攻进城去比较稳妥，大家都建言说："先由南边攻夺京城，占据坊间街市，而后再向北攻占宫阙。"李晟说："坊间街道狭窄，逆贼假如埋伏士兵抵抗搏斗，城中居民受惊慌乱，对我方官军并没有益处啊。如今逆贼的主力重兵都聚焦在宫苑之中，不如从苑北攻击，先击败他们的心脏部位，贼兵必将争相逃命。如此宫阙不至于残破，街坊民间也不用受到惊扰，这是最好的策略啊！"诸将都齐声说："高！"便通牒浑瑊及镇国节度使骆元光、商州节度使尚可孤，商定日期，于京城之下会合。

壬辰，尚可孤败泚将仇敬忠于蓝田西，斩之。乙未，李晟移军于光泰门外米仓村。丙申，晟方自临筑垒，泚骁将张庭芝、李希倩引兵大至，晟谓诸将曰："始吾忧贼潜匿不出，今来送死，此天赞我，不可失也！"命副元帅兵马使吴诜等纵兵击之。时华州营在北，兵少，贼并力攻之，晟命牙前将李演等帅精兵救之。演等力战，贼败走。演等追之，乘胜入光泰门，再战，又破之。会夜，晟敛兵还。贼馀众走入白华门，夜，闻恸哭。希倩，希烈之弟也。

【译文】壬辰日（二十二日），尚可孤将朱泚的大将仇敬忠在蓝田西边战败，而把他杀掉。乙未日（二十五日），李晟转移士兵到光泰门外的米仓村。丙申日（二十六日），李晟亲临指导修建营地工事，朱泚的下属骁将张庭芝、李希倩带领大军突然来到，李晟对将领们说："我当时只忧虑叛贼隐伏藏匿而不出来接战，今日他们竟来送死，这真是上天助我，我们绝不能失去上天赐予的好机会啊！"便命副元帅兵马使吴诜发兵攻击。当时华州兵在城北驻营，兵力薄弱，逆贼聚集兵力进击，李晟派牙前将李演等带领精兵前去援助。李演等竭力应战，贼兵溃败四散逃走；李演等穷追不舍，乘胜进入了光泰门；再战，又战胜贼兵。直到深夜，李晟才收兵回营。贼军残余士兵逃往白华门，夜间，传来阵阵痛哭声。李希倩是李希烈的弟弟。

丁酉，晟复出兵，诸将请待西师至，夹攻之。晟曰："贼数败，已破胆，不乘胜取之，使其成备，非计也。"贼又出战，官军屡捷。骆元光败泚众于浐西。戊戌，晟陈兵于光泰门外，使李演及牙前兵马使王佖将骑兵，牙前将史万顷将步兵，直抵苑墙神麕村。晟先使人夜开苑墙二百馀步，比演等至，贼已树栅塞之，自栅中刺射官军，官军不得进。晟怒，叱诸将曰："纵贼如此，吾先斩公辈矣！"万顷惧，帅众先进，拔栅而入，佖、演引骑兵继之，贼众大溃，诸军分道并入。姚令言等犹力战，晟命决胜军使唐良臣等步骑蹙之，且战且前，凡十馀合，贼不能支。至白华门，有贼数千骑出官军之背，晟帅百馀骑回御之，左右呼曰："相公来！"贼皆惊溃。

【译文】丁酉日（二十七日），李晟将要再度出兵，诸将建议等西边浑瑊的军队到达之后，再双面夹击。李晟说："贼兵屡次被打败，已经被吓破了胆，如今不乘胜一举灭取，让他们准备好防备再攻，实际不是好对策。"贼兵再次出战，官军屡屡获胜；骆元光在浐水西岸也战胜了朱泚的部队。戊戌日（二十八日），李晟陈兵于光泰门外，派李演和牙前兵马使王佖统领骑兵，牙前将史万顷率领步兵，直接到达苑墙外的神村。李晟先遣人趁夜拆除苑墙二百余步长，但等李演等人来到时，敌人已经树立木栅堵塞起来了，而在木栅里用兵器弓箭刺杀射击官军，官军没办法前进。李晟大怒，斥责将领们说："这样放任敌人，我可是要先斩了你们了！"史万顷害怕了，率领军士率先进攻，冲破木栅而进入城中，王佖、李演统领着骑兵随后进入，敌兵大溃，诸军同时分别由各路一齐入城。姚令言等还在竭力抗击，李晟命决胜军使唐良臣等率步骑迫击，一边应战，一边推进，一共打了十多个回合，贼兵终于支撑不住了。到达白华门时，有贼兵数千骑由官军背后突然冲出，李晟亲自率领一百多骑回头抵抗，左右大声呼喊着说："相公来了!"贼骑便恐慌四散。

先是，泚遣张光晟将兵五千屯九曲，去东渭桥十馀里，光晟密输款于晟。及泚败，光晟劝泚出亡，泚乃与姚令言帅馀众西走，犹近万人。光晟送泚出城，还，降于晟。晟遣兵马使田子奇以骑兵追泚。晟顿含元殿前，舍于右金吾仗，令诸军曰："晟赖将士之力，克清宫禁。长安士庶，久陷贼庭，若小有震惊，非吊民伐罪之意。晟与公等室家相见非晚，五日内无得通家信。"命京兆尹李齐运等安慰居人。晟大将高明曜取贼妓，尚可孤军士擅取贼马，晟皆斩之，军中股栗。公私安堵，秋毫无犯，远坊有经宿乃知官军入城者。

【译文】在这之前，朱泚派张光晟率兵五千驻扎在九曲，距东渭桥只有十几里地，张光晟向李晟表示诚服的意思。及至朱泚战败，张光晟劝说朱泚出京四散逃走，朱泚便与姚令言率领残余军队向西逃去，还有将近一万多人。张光晟送朱泚等出城后，回来就向李晟投降了。李晟派兵马使田子奇带骑兵去追赶朱泚。李晟驻兵于含元殿前，自己住在殿西右金吾仗中，传达诏令于各军将士说："李晟全靠诸位将士们的力量，才能够肃清宫禁。长安城中的人士和百姓们，长久沦陷在逆贼的统治下，假使稍受震惊，都违背吊民伐罪的用心。我李晟与各位过几天再与家人会面也不晚，五天之内，不准与家人联系。"而命令京兆尹李齐运等人去安慰城中百姓。李晟的大将高明曜掠夺逆贼的歌妓，尚可孤部队里的士兵有擅自获取逆贼马匹的，李晟都把他们杀掉，全军都惊叹不已。以致官兵百姓安居无事，官兵丝毫不侵犯百姓，远处街坊民间，有过了一夜才知悉官军已经入城了的。

【申涵煜评】 李郭成功，尚借回纥之力。晟独以孤军破贼，肃清宫禁，其功大而且难。至入京，人不知兵驾还，伏路请罪，真儒将作用。独不能善待张延赏，微逊汾阳耳。

【译文】 李光弼、郭子仪的成功，还借用了回纥的力量。李晟只是以孤军破贼，肃清宫禁，他的功劳很大而且成就功业很难。等到了京城，人不知道军队返回，还在路请罪，这是真正的儒将在起作用。唯独不能善待张延赏，这一点稍微逊色于郭子仪。

是日，浑瑊、戴休颜、韩游瑰亦克咸阳，败贼三千馀众，闻泚西走，分兵邀之。

己亥，晟使京西兵马使孟涉顿白华门，尚可孤屯望仙门，骆元光屯章敬寺，晟以牙前三千人屯安国寺，以镇京城。斩泚党李希倩、敬釭、彭偃等八人于市。

王武俊既破朱滔，还恒州，表让幽州、卢龙节度使，上许之。

【译文】 这天，浑瑊、戴休颜、韩游瑰也把咸阳攻克了，打败了三千余人的贼军军队，听到朱泚向西逃走，分别领兵阻击。

己亥日（二十九日），李晟派京西兵马使孟涉在白华门驻扎，尚可孤在望仙门驻扎，骆元光驻扎在章敬寺，李晟和牙前兵三千驻屯在安国寺，来镇守京城；在东市把朱泚的党羽李希倩、敬釭、彭偃等八个人斩首示众。

王武俊攻破朱滔之后，就返回了恒州，上奏辞谢幽州、卢龙节度使的职位, 唐德宗也应允了。

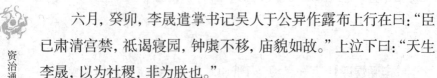

六月, 癸卯, 李晟遣掌书记吴人于公异作露布上行在曰: "臣已肃清宫禁, 祗谒寝园, 钟虡不移, 庙貌如故。"上泣下曰: "天生李晟, 以为社稷, 非为朕也。"

晟在渭桥, 荧惑守岁, 久之乃退, 宾佐皆贺, 曰: "荧惑退舍, 皇家之福也! 宜速进兵。"晟曰: "天子野次, 臣下知死敌而已。天象高远, 谁得知之!"既克长安, 乃谓之曰: "向非相拒也, 吾闻五星赢、缩无常, 万一复来守岁, 吾军不战自溃矣!"皆谢曰: "非所及也!"

【译文】 六月, 癸卯日(初四), 李晟命令掌书记吴人于公异作报捷书上奏行在, 其中几句写道: "臣已经肃清宫禁, 敬谒皇陵, 连钟架都没被转移过, 宗庙中历代先王的神像依旧如常。"唐德宗流着泪说: "天生李晟, 是为了守护宗庙社稷, 而不是为我啊! "

李晟在渭桥时, 荧惑(火星)显示在太岁旁边, 很久才消失, 卿僚左右都向他恭喜说: "荧惑退避, 则表示皇室有福了啊! 应当即速出兵靖乱。"李晟说: "天子沦落在外面, 做臣子的只知拼命杀敌而已; 天象高奥神秘, 没人知悉是什么征兆! "收复长安以后, 李晟才对他们说: "从前我并不是故意排斥你们的说法, 我曾经听到五星上下隐现无常, 万一又出现在太岁旁, 我们的军队岂不是溃败了吗? "诸位都齐声歉然地说: "我们当时真没想到这点啊! "

朱泚将奔吐蕃, 其众随道散亡, 比至泾州, 才百馀骑。田希鉴闭门拒之, 泚谓之曰: "汝之节, 吾所授也。奈何临危相负! "使

焚其门。希鉴取节投火中曰:"还汝节!"泚众皆哭。泾卒遂杀姚
令言,诣希鉴降。泚独与范阳亲兵及宗族、宾客北趣驿马关,宁
州刺史夏侯英拒之。至彭原西城屯,其将梁庭芬射泚坠坑中,
韩旻等斩之,诣泾州降。源休、李子平奔凤翔,李楚琳斩之,皆
传首行在。

上命陆贽草诏赐浑瑊,使访求奉天所失裹头内人。贽上奏,
以为:"今巨盗始平,疲瘵之民,疮痍之卒,尚未循拊,而首访妇
人,非所以副惟新之望也。谋始尽善,克终已稀;始而不谋,终
则何有!所赐瑊诏,未敢承旨。"上遂不降诏,竟遣中使求之。

【译文】朱泚将逃往吐蕃,他的部下沿途四散逃走,等抵
达泾州时,只剩百余骑。田希鉴将城门紧闭,拒绝他入城,朱
泚对他说:"你的旄节,是我授予的啊,怎么能当我面临危急之
时,就辜负我了呢?"便遣人放火去焚烧城门。田希鉴拿出旄节
丢到火堆里说:"还你的旄节!"朱泚的下属都哭了起来。泾州
士卒便杀掉姚令言,之后去向田希鉴投降。朱泚只和范阳军心
腹的将士及宗亲族人、客卿北去驿马关;宁州刺史夏侯英又拒
绝他。到了彭原西城屯,朱泚的大将梁庭芬被箭射中,掉进坑
里,韩旻等人将他的首级斩下,然后到泾州去投降。源休、李子
平逃奔到凤翔,又被李楚琳杀掉,之后将这批逆贼的首级都送
到了行在。

唐德宗命陆贽草拟诏书颁发给浑瑊,要他寻找在奉天走失
的官员。陆贽启奏,以为:"贼人才刚平定,疲病的百姓,伤病的
士卒,还没来得及安慰,就先寻访宦官,这绝对不是用来附和众
人企求维新愿望的行为啊。一个策略在开始谋划之时,即便谨
慎周密,能够据以实行而善终的已经很少了;而在开始之时就不
能够善做谋虑,可想而知到最后还能有什么收获呢? 陛下要赏

赐给浑瑊的诏书,臣真是不敢奉旨撰写。"唐德宗才没降诏,但竟然派宦官为使前去寻找。

乙巳,诏吏部侍郎班宏充宣慰使,劳问将士,抚慰蒸黎。

丙午,李晟斩文武官受朱泚宠任者崔宣、洪经纶等十馀人,又表守节不屈者刘迺、蒋沇等。

己酉,以李晟为司徒、中书令,骆元光、尚可孤各迁官有差,以检校御史中丞田希鉴为泾原节度使。

诏改梁州为兴元府。

甲寅,以浑瑊为侍中,韩游瑰、戴休颜各迁官有差。

朱泚之败也,李忠臣奔樊川,擒获,丙辰,斩之。

【译文】乙巳日(初六),诏令吏部侍郎班宏充任宣慰使,去慰劳士卒,安抚众庶。

丙午日(初七),李晟杀害了受朱泚信任重用的文武官员崔宣、洪经纶等十余人;又上奏赏赐守节不屈的刘迺、蒋沇等人。

己酉日(初十),委派李晟为司徒、中书令,提升骆元光、尚可孤等人的职位,各有等差。而且派任检校御史中丞田希鉴为泾原节度使。

诏令改称梁州为兴元府。

甲寅日(十五日),委任浑瑊为侍中,晋升韩游瑰、戴休颜等人的官职,各有等差。

朱泚溃败之后,李忠臣逃亡到了樊川,而被擒拿抓获,丙辰日(十七日),处斩。

上问陆贽:"今至凤翔有迎驾诸军? 形势甚盛,欲因此遣人代李楚琳，何如？"贽上奏，以为："如此则事同胁执，以言乎除乱则不武，以言乎务理则不诚，用是时巡，后将安入！议者或谓之权，臣窃未谕其理。未权之为义，取类权衡，今辇路所经，首行胁夺，易一帅而亏万乘之义，得一方而结四海之疑，乃是重其所轻而轻其所重，谓之权也，不亦反乎！以反道为权，以任数为智，君上行之必失众，臣下用之必陷身，历代之所以多丧乱而长奸邪，由此误也。不如俟奠枕京邑，征授一官，彼喜于恩宥，将奔走不暇，安敢辄有旅拒，复劳诛锄哉！"

戊午，车驾发汉中。

【译文】唐德宗问陆贽说："如今前去凤翔有迎接的各军部队，军势十分浩大，由此我想遣人去替代李楚琳，你认为如何？"陆贽上奏，以为："这样做就和胁持拘捕他差不多，假如说这是除暴，那实在无法说是武勇，而说这是治理国事，又实在不够诚实，未来巡视考察四方之时，又怎么不使节镇怀疑恐惧呢！议论此事的人可能认为这样做法也不过是暂时之计，但私下里臣还是不能明白其中的道理。说实话，权宜之意，是将相同的事拿来权衡轻重，如今在圣驾銮车所经过的路上，就先以兵力威胁而夺去臣下的职位，替换一位将帅而损坏了天子的道义，得一方土地而导致四海州牧疑惧，这是重视了应该轻视的而轻视了应该重视的行为啊，竟然说这是权宜行事，不是完全相反吗？把违反道义的做法当作权宜之计，把任凭使用权术的谋略称为明智，圣上采用这种方式，一定会失去人心啊，而臣下采用这种方法，定会陷于不义，自古以来所以国家大多丧乱，而奸恶的事时常发生，都是因为这种错误的观念啊。等返回京城安居之后，再将李楚琳复召入京，另给他授予一个官职，他必定会感激庆幸陛下的礼遇宽恕，而将为陛下奔走尽力都来不及，如何会不顾一切地动辄就有率众抵抗的行为，又劳师动众地加以诛杀铲除呢？"

戊午日（十九日），天子的车驾由汉中出发。

【乾隆御批】 楚琳戕节使附逆泚，当戡定之初明正其罪，为反侧予示警，所谓名正义顺。而德宗乃欲因势胁代，近于诡谲，即陆贽欲羁授官职，亦失之养奸，岂当时势有不得不然者乎？

【译文】 李楚琳杀害节度使依附叛逆朱泚，平叛之初本应公开治他的罪，给那些反复无常的人示警，正所谓名正言顺。然而唐德宗却打算根据情势，派人胁迫取代李楚琳，这种近似欺诈的做法，就是陆贽打算授给李楚琳官职，也有养奸的失误，难道当时的形势不得不这样做吗？

李晟综理长安以备百司，自请至凤翔迎扈，上不许。内常侍尹元贞奉使同华，辄诣河中招谕李怀光。晟奏："元贞矫制擅赦元恶，请理其罪！"

秋，七月，丙子，车驾至凤翔，斩乔琳、蒋镇、张光晟等。李晟以光晟虽臣贼，而灭贼亦颇有力，欲全之，上不许。

副元帅判官高郢数劝李怀光归款，怀光遣其子璀诣行在谢罪，请束身归朝。庚辰，诏遣给事中孔巢父赍先除怀光太子太保敕诣河中宣慰，朔方将士悉复官爵如故。

【译文】 李晟主理长安各项事务，以备百官回京接任，自请去凤翔接驾护从，唐德宗没应允。内常侍尹元贞遵旨出使同华，未经唐德宗的允许擅自到河中招谕李怀光。李晟启奏说："尹元贞假传制诏擅自赦免了元凶，请处罚他的罪过！"

秋季，七月，丙子日（初七），天子到达凤翔，杀了乔琳、蒋镇、张光晟等人。李晟以为张光晟虽然曾屈服叛贼，但是灭贼也十分得力于他，想要保全他一条性命；唐德宗不答应。

副元帅判官高郢屡次劝告李怀光要他顺从诚服，李怀光派他儿子李璀到凤翔行在去请罪，请求应允他自缚手脚赶往朝廷。庚辰日（十一日），诏令派给事中孔巢父带着先委任李怀光为太子太保的敕令前去河中宣旨抚慰，朔方将士都恢复原来的官位，一如往常。

壬午，车驾至长安，浑瑊、韩游瑰、戴休颜以其众扈从，李晟、骆元光、尚可孤以其众奉迎，步骑十馀万，旌旗数十里，晟谒见上于三桥，先贺平贼，后谢收复之晚，伏路左请罪。上驻马慰抚，为之掩涕，命左右扶上马。至宫，每闲日，辄宴勋臣，赏赐丰渥。李晟为之首，浑瑊次之，诸将相又次之。

曹王皋遣其将伊慎、王锷围安州，李希烈遣其甥刘戒虚将步骑八千救之。皋遣别将李伯潜逆击之于应山，斩首千馀级。生擒戒虚，徇于城下，安州遂降。以伊慎为安州刺史，又击希烈将康叔夜于厉乡，走之。

丁亥，孔巢父至河中，李怀光素服待罪，巢父不之止。怀光左右多胡人，皆叹曰："太尉无官矣！"巢父又宣言于众曰："军中谁可代太尉领军者？"于是，怀光左右发怒喧噪。宣诏未毕，众杀巢父及中使啖守盈，怀光亦不之止，复治兵为拒守之备。

【译文】壬午日（十三日），天子返回长安，浑瑊、韩游瑰、戴休颜与他们的部属守护，李晟、骆元光、尚可孤各自带领他们的属下恭迎，步骑十余万，旌旗绵亘数十里路。李晟在三桥拜会了唐德宗，先向唐德宗祝贺逆贼已被消灭，后为没能及早收回京师而请罪，伏跪在道路一边。唐德宗驻马安抚，李晟忍不住掩面垂涕，唐德宗叫左右侍从将他扶起上马。返回宫中，每隔一天，都设宴接见功臣，恩赐得丰厚优渥，以李晟为第一，浑瑊次之，其他的将相又在其次。

曹王李皋派大将伊慎、王锷攻击安州，李希烈派遣他的外甥刘戒虚带领步骑八千前往援助；曹王皋又派别将李伯潜于应山迎击，共杀死一千多名敌人；活捉了刘戒虚，带着他在城下游行，安州便屈服。唐德宗便下诏委派伊慎为安州刺史。伊慎又去攻打李希烈的大将康叔夜于厉乡，而把他赶跑了。

丁亥日（十八日），孔巢父到达河中，李怀光身着白色丧服来让朝廷降罪，孔巢父也不阻挠他这样做。李怀光的属下多半是胡人，都感叹着说："太尉已经没有官位了！"孔巢父又向诸位宣扬说："军中有谁可替代太尉统率军政的？"由此李怀光的侍从大怒，喧嚷不已；圣旨还没宣读完毕，众人就拥上前去杀掉孔巢父和宫中所派出的宦官使臣啖守盈。李怀光也没有阻止，又整顿兵马做抵抗和防守的预备。

【乾隆御批】 巢父初使魏博，不动声色而凶渠授首，抚定一方。及至河中，则以举措失宜，偾事兼丧其身，岂智于前而愚于后耶？

【译文】 孔巢父当初出使魏博，不动声色而使元凶被杀，安抚平定一方。等到他出使河中，便因措施不当，败坏事情，致使自己被杀，难道他出使魏博时聪明，而出使河中时就愚蠢了吗？

辛卯，赦天下。

初，肃宗在灵武，上为奉节王，学文于李泌。代宗之世，泌居蓬莱书院，上为太子，亦与之游。及上在兴元，泌为杭州刺史，上急诏征之，与睦州刺史杜亚俱诣行在。乙未，以泌为左散骑常侍，亚为刑部侍郎，命泌日直西省以候对，朝野皆属目附之。上问泌："河中密迩京城，朔方兵素称精锐，如达奚小俊等皆万人敌，朕昼夕忧之，奈何？"对曰："天下事甚有可忧者，若惟河中，不足忧也。夫料敌者，料将不料兵。今怀光，将也；小俊之徒乃兵耳，何足为意！怀光既解奉天之围，视朱泚垂亡之虏不能取，乃与之连和，使李晟得取以为功。今陛下已还宫阙，怀光不束身归罪，乃虐杀使臣，鼠伏河中，如梦魇之人耳！但恐不日为帐下所枭，使诸将无以藉手也。"

【译文】辛卯日（二十二日），大赦天下。

起初，唐肃宗在灵武之时，唐德宗为奉节王，跟着李泌学习文章。唐代宗时期，李泌住在蓬莱书院，唐德宗被立为太子之后，也常和他来往。直到唐德宗驾临兴元之时，李泌在担当杭州刺史，唐德宗下诏急召，要他和睦州刺史杜亚一同去行在。乙未日（二十六日），委派李泌为左散骑常侍，杜亚为刑部侍郎；而命令李泌天天在西省值班以候答问，朝廷都对他另眼看待而争相对他巴结讨好。唐德宗问李泌："河中紧邻京城，朔方军将士一向被公认十分精锐，如达奚小俊之流，都能以一敌万，朕日日夜夜为此担忧，你说怎样才好？"李泌回复说："天下的事情有很多值得担忧的；关于河中一地，并不值得深忧。谈及料度敌情，只衡量将帅而不用衡量士卒。如今李怀光是将帅，而小俊之类仅仅是士卒而已，不值得忧惧！李怀光既消除了奉天的围堵，眼看着朱泚将要溃败被俘而不可能攻取他，因此才和朱泚联合，而使李晟能够破败朱泚，建立丰功伟业。如今陛下已返回宫阙，李怀光没有自缚手脚前来请罪，相反地杀害了使臣，藏匿在河中，心中惊慌，神志不清，犹如受到梦魇的人一样！可能过不了多久就会被他的属下枭首，而使诸将无时机动手啊。"

初，上发吐蕃以讨朱泚。许成功以伊西、北庭之地与之。及泚诛，吐蕃来求地，上欲召两镇节度使郭昕、李元忠还朝，以其地与之。李泌曰："安西、北庭，人性骁悍，控制西域五十七国及十姓突厥，又分吐蕃之势，使不得并兵东侵，奈何拱手与之！且两镇之人，势孤地远，尽忠竭力，为国家固守近二十年，诚可哀怜。一旦弃之以与戎狄，彼其心必深怨中国，它日从吐蕃入寇，如报私仇矣。况日者吐蕃观望不进，阴持两端，大掠武功，受赂而去，何功之有！"众议亦以为然，上遂不与。

李希烈闻李希倩伏诛，忿怒，八月，壬寅，遣中使至蔡州杀颜真卿。中使曰："有敕。"真卿再拜。中使曰："今赐卿死。"真卿曰："老臣无状，罪当死，不知使者几日发长安？"使者曰："自大梁来，非长安也。"真卿曰："然则贼耳，何谓敕邪！"遂缢杀之。

【译文】 起初，唐德宗调用吐蕃去征讨朱泚，应允成功以后将伊西、北庭的土地赏赐给他们。直到朱泚被杀，吐蕃前来求地，唐德宗准备召这两镇的节度使郭昕、李元忠回朝，而把土地赏赐给吐蕃。李泌说："安西、北庭，地方的百姓性情勇猛彪悍，掌控西域五十七个小国和十姓突厥，同时又分散了吐蕃的势力，而使吐蕃无法集中兵力向东侵入我们的疆域，不可以拱手割让给他们！况且这两镇中的人，势力薄弱，又生活在边远地区，却为国家固守了将近二十年之久，很值得为他们悲叹而当予以怜悯体恤。假如放弃而给予戎狄，他们心里必定会憎恨朝廷，将来追随吐蕃入侵，就好比报私仇一般。更何况往日吐蕃是采取观望态度而不进攻，暗中挟持敌我双方，而在武功大肆掠夺，接受贿赂而离开，他们到底拥有什么功劳？"众人也都赞同，唐德宗由于这才没有将这两镇赏赐给吐蕃。

　　李希烈听说李希倩被人杀害了，感到非常愤怒，八月，壬寅日（初三），由他从宫中挑选并派出使臣到蔡州去谋杀颜真卿。中使说："上面有敕令。"颜真卿又一次跪拜接受敕令。中使根据敕令说："现在要赐你一死。"颜真卿说："老臣知道自己没有什么优良的表现，确实有罪应当处死。但不知道使者你是什么时候从长安出发的？"到来的使者说："我是从大梁来的，不是从长安来的。"颜真卿说："这么说那你根本就是个叛贼，还拿什么说是敕令？"于是颜真卿便活活被中使勒死了。

　　李晟以泾州倚边，屡害军帅，常为乱根，奏请往理不用命者，力田积粟以攘吐蕃。癸卯，以晟兼凤翔、陇右节度等使及四镇、北庭、泾原行营副元帅，进爵西平王。时李楚琳入朝，晟请与俱至凤翔斩之，以惩逆乱。上以新复京师，务安反仄，不许。

　　先是，上命浑瑊、骆元光讨李怀光军于同州，怀光遣其将徐庭光以精卒六千军于长春宫以拒之，瑊等数为所败，不能进。时度支用度不给，议者多请赦怀光，上不许。李怀光遣其妹婿要廷珍守晋州，牙将毛朝敭守隰州，郑抗守慈州，马燧皆遣人说下之。上乃加浑瑊河中、绛州节度使，充河中、同华、陕虢行营副元帅，加马燧奉诚军、晋、慈、隰节度使，充管内诸军行营副元帅，与镇国节度使骆元光、鄜坊节度使唐朝臣合兵讨怀光。

　　【译文】李晟以泾州靠近边界，军府中多次发生杀害元帅的事，这常常是以祸乱的根源为由，向唐德宗上奏请求前往对不听从命令的下属施加严厉的惩罚，并尽力去发展农业生产，囤积储备粮食，以此为攘除吐蕃做准备。癸卯日（初四），唐德宗委任派遣李晟兼凤翔、陇右等地节度使以及四镇、北庭、泾原行营的副元帅，进而加封爵位为西平王。当时李楚琳正好入朝，李晟向唐德宗请求要李楚琳和他一同去凤翔然后将李楚琳杀掉，借此机会以惩戒逆乱。但是唐德宗认为才刚刚收复京师没多长时间，当务之急是先安定天下惶惶不安的人心，所以就没有同意李晟这样的做法。

资治通鉴

在此之前，唐德宗命令浑瑊、骆元光去同州讨伐李怀光的部队，怀光派遣大将徐庭光用六千名精锐士兵驻守在长春宫加以抵抗，浑瑊等人的部队被打败很多次，因而没有办法向前再继续挺进。再加上当时的军饷不足以供应军中的用费，许多人都请求唐德宗赦免李怀光，但是唐德宗不愿意赦免他。李怀光委任他的妹夫要廷珍守护晋州，牙将毛朝敭守护隰州，郑抗守护慈州，马燧分别派人去劝服他们归顺投降，之后将他们一个个都说服了。唐德宗于是晋升加爵浑瑊为河中、绛州两地的节度使，同时还担任河中、同华、陕虢行营的副元帅，然后晋加马燧成为奉诚军、晋慈隰等地的节度使，还充任管辖区内诸军行营的副元帅，让他们与镇国节度使骆元光、鄜坊节度使唐朝臣合兵共同进击讨伐李怀光。

【乾隆御批】 怀光叛逆，致乘舆播迁，其恶与朱泚等，万无可赦，且彼时浑瑊、马燧共秉师，贞军声颇壮，剪灭克日可期。顾议者一则以度支不给为虑，再则以旱蝗粮匮为辞，曲言宽贷，昧敌忾之义矣，曾未逾年，而河中捷至。谋国者，能无赧颜。

【译文】 李怀光造反，致使唐德宗流离迁徙，他的罪恶与朱泚等同，万无可赦之理，而且当时浑瑊、马燧共同执掌军权，军队的声威甚为壮大，消灭叛军指日可待。而计议此事的人们一则以度支的开支供给不足而担忧，再则以当时遭受旱灾和蝗灾，粮食匮乏为托词，错误地请求唐德宗宽免饶恕李怀光，违背抵抗叛逆的大义，不到一年，河中捷报传至长安。为国家谋事的人们，能不脸红羞愧吗？

初，王武俊急攻康日知于赵州，马燧奏请诏武俊与李抱真同击朱滔，以深、赵隶武俊，改日知为晋、慈、隰节度使，上从之。日知未至而三州降燧，故上使燧兼领之。燧表让三州于日知，且言因降而授，恐后有功者，踵以为常，上嘉而许之。燧遣使迎日知。既至，籍府库而归之。

甲辰，以凤翔节度使李楚琳为左金吾大将军。

丙午，加浑瑊朔方行营元帅。

李晟至凤翔，治杀张镒之罪，斩裨将王斌等十馀人。

朱滔为王武俊所攻，殆不能军，上表待罪。

癸未，马燧将步骑三万攻绛州。

【译文】最开始，王武俊正在赵州加紧攻击康日知的时候，马燧上奏请求下诏让王武俊与李抱真他们一起去讨伐诛灭朱滔，然后将深、赵二州成为王武俊的管理区域，改派康日知成为晋、慈、隰等地的节度使，唐德宗最终接受了他的请求。在康日知还没有到达任所的时候，三州已经向马燧归顺投降了，所以唐德宗便下令让马燧兼领了晋、慈、隰这三州。马燧上奏表示将这三州让给康日知管理，并且向唐德宗说如果由于敌人向谁投降，就因此将该地授权给他，恐怕那些以后立战功的人，都会要求遵循这个事例。唐德宗对他进行了很高的赞赏并且答应了他。于是马燧就派人去迎接康日知，等康日知来到以后，将府库中原有财物一一做了清点，并且都记录在簿籍上，然后把这些都移交给了他。

甲辰日（初五），唐德宗委派凤翔节度使李楚琳为左金吾大将军。

丙午日（初七），浑瑊晋升为朔方行营元帅。

李晟到达了凤翔这个地方之后，把张镒治罪给杀了，之后又斩杀了副将王斌等十几个人。

朱滔被王武俊一次又一次击败，几乎是溃不成军，因而上表请唐德宗定罪。

癸未日（九月十五日），马燧率领步兵骑兵共三万人去进攻绛州。

度支以李怀光所部将士数万与怀光同反，不给冬衣，上曰："朔方军累代忠义，今为怀光所制耳，将士何罪！"冬，十月，己亥，诏："朔方及诸军在怀光所者，冬衣及赏钱皆当别贮，俟道路稍通，即时给之。"

李勉累表乞自贬，辛丑，罢勉都统、节度使，其检校司徒、同平章事如故。

丙辰，李怀光将阎晏寇同州，官军败于沙苑。诏征邠州之军，韩游瑰将甲士六千赴之。

乙丑，马燧拔绛州，分兵取闻喜、万泉、虞乡、永乐、猗氏。

初，鱼朝恩既诛，代宗不复使宦官典兵。上即位，悉以禁兵委白志贞，志贞得罪，上复以宦官窦文场代之，从幸山南，两军稍集。上还长安，颇忌宿将握兵多者，稍稍罢之。戊辰，以文场监神策军左厢兵马使，王希迁监石厢兵马使，始令宦官分典禁旅。

【译文】 度支因为李怀光所统领的数万名将士和李怀光一同造反这件事，不答应提供过冬的棉装。唐德宗说："朔方的那些士兵连续几代都是忠臣义士，而如今只是被李怀光给控制住罢了，将士们自己又有什么罪过呢？"冬季，十月，颁布诏书："朔方那些在李怀光统治下的部队，冬季服装及赏金都应当照常发放而另外贮存，一等到道路稍微疏通，就立即发给他们。"

李勉一次又一次地自己上书请求遭到贬谪。辛丑日（初三），唐德宗撤除了李勉都统以及节度使的职位，但是仍然让他继续担任检校司徒，处理和之前一样的事务。

丙辰日（十八日），李怀光手下的一员大将阎晏攻打入侵同州，朝廷的军队在沙苑这个地方被打败了。唐德宗下诏令征用调配邠州的部队，韩游瑰率领六千名精锐士兵前往救援。

乙丑日（二十七日），马燧攻打占领了绛州，然后把部队分开进取闻喜、万泉、虞乡、永乐、猗氏等各个地方。

起初，在鱼朝恩被正法之后，唐代宗就决定不再让宦官带领军队了。唐德宗登基继位以后，便开始将所有的禁兵都委任给白志贞统治，到了白志贞因罪判刑的时候，唐德宗又让宦官窦文场取代了他的职位，并让他追随着唐德宗播迁到山南，这时候神策左右二军才慢慢集合到一起。唐德宗起驾返回长安后，很是顾忌那些握有很大兵权的老将领，于是就逐渐把他们一一地撤免了。戊辰日（三十日），唐德宗委任窦文场负责监督神策军左厢兵马使，让王希迁负责监督右厢兵马使，于是就又开始让宦官分开掌管禁军了。

闰月，丙子，以泾原节度使田希鉴为卫尉卿。

李晟初至凤翔，希鉴遣使参候，晟谓使者曰："泾州逼近吐蕃，万一入寇，州兵能独御之乎？欲遣兵防援，又未知田尚书意。"使者归，以告希鉴，希鉴果请援兵，晟遣腹心将彭令英等戍泾州。晟寻托巡边诣泾州，希鉴出迎，晟与之并辔而入，道旧结欢。希鉴妻李氏，以叔父事晟，晟谓之田郎。晟命具三日食，曰："巡抚毕，即还凤翔。"希鉴不复疑。晟置宴，希鉴与将佐俱诣晟营。晟伏甲于外庑，既食而饮，彭令英引泾州诸将下堂，晟曰："我与汝曹久别，各宜自言姓名。"于是，得为乱者石奇等三十馀人，让之曰："汝曹屡为逆乱，残害忠良，固天地所不容！"悉引出，斩之。希鉴尚在座，晟顾曰："田郎亦不得无过，以亲知之故，当使身首得完。"希鉴曰："唯。"遂引出，缢杀之，并其子莩。晟入其营，谕以诛希鉴之意，众股栗，无敢动者。

【译文】闰十月，丙子日（初八），唐德宗调派原来的泾原节度使田希鉴为卫尉卿。

李晟最开始到达凤翔的时候，田希鉴就派遣使臣去参见并送上问候，李晟对前来的使者说："泾州这个地方离吐蕃非常近，万一有一天吐蕃进攻的话，泾州的士兵能单独抵御得了吗？我想的是派兵援助防御这个地方，但是又不知道田尚书对此意下如何。"使臣回去以后，将李晟的这话告诉了田希鉴。田希鉴果然请求得到援兵，于是李晟就派遣了自己的心腹大将彭令英等一行人驻扎守护泾州。过了不久李晟又借着巡视边界之名而来到泾州，田希鉴出城迎接，李晟与他一起骑马进入城内，谈论了很多之前的事情并相谈甚欢。田希鉴的妻子李氏，因为她的叔父跟随着李晟，所以李晟称呼田希鉴为田郎。李晟要田希鉴只准备三天的食物就行，说："等到我巡察完毕后，就会立即返回凤翔。"因此田希鉴便不再怀疑李晟。李晟摆设宴席，田希鉴与他的僚佐部属部被邀请到了李晟的营地。李晟在营部外廊埋伏了很多优秀的士兵。他们吃喝了一阵之后，彭令英便带着泾州的各位将领下堂。李晟说："我和你们各位都好久不见了，请每个人报一下自己的姓名。"于是发现了曾经作乱的石奇等三十多人。因此严厉地责备他们说："你们这批人，多次叛逆作乱，残害忠臣良将，实在是为天地所不容！"于是就下令将他们都带了出去，并下令一律处斩。当时田希鉴还在座位上，李晟望着他说："田郎你也不能说是没有罪，但看在你我亲近友好的情分上，我让你得以保全尸首。"田希鉴只回答了声："是。"就被士兵拉了下去，之后被绞死了；除了田希鉴，还有他的儿子田莘也被处死了。李晟到田希鉴的营中，向兵士们解释说明了为什么杀田希鉴，大家都吓得两腿发抖，于是没有一个敢轻举妄动的。

李希烈遣其将翟崇晖悉众围陈州，久之，不克。李澄知大梁兵少，不能制滑州，遂焚希烈所授旌节，誓众归国。甲午，以澄为汴滑节度使。

宋亳节度使刘洽遣马步都虞候刘昌与陇右、幽州行营节度使曲环等将兵三万救陈州，十一月，癸卯，败翟崇晖于州西，斩首三万五千级，擒崇晖以献。乘胜进攻汴州，李希烈惧，奔归蔡州。李澄引兵趣汴州，至城北，悭怯不敢进。刘洽兵至成东。戊午，李希烈守将田怀珍开门纳之。明日，澄入，舍于浚仪。两军之士，日有忿阋。会希烈郑州守将孙液降于澄，澄引兵屯郑州。诏以都统司马宝鼎薛珏为汴州刺史。

【译文】李希烈派遣大将翟崇晖让他动用全部的兵力去包围攻打陈州，但是攻打了很长时间都没有能把陈州攻下来。李澄了解到大梁的兵力比较薄弱，不能控制管理滑州，于是便烧毁焚尽了李希烈所颁发授给的旌节，率领着自己的军众同盟发誓要归顺于朝廷。甲午日（二十六日），唐德宗委派李澄担任汴滑节度使。

宋亳节度使刘洽派遣马步都虞候刘昌和陇右、幽州行营节度使曲环等将领及其士兵总共三万人去救援支持陈州。十一月，癸卯日（初六），他们在陈州的西面把翟崇晖打败了，一共杀灭敌人三万五千人，并且活捉了翟崇晖献给了唐德宗。然后又乘着胜利的劲头去进攻汴州。李希烈这时感到非常恐慌，便逃回了蔡州。李澄带领士兵径直进攻汴州，但是抵达了城北，竟然畏缩害怕反而不敢进攻；这时刘洽带兵也到达了汴城东部。戊午日（二十一日），协助李希烈守护汴城的将军田怀珍打开城门出来投降，顺便将刘洽放进城。到了第二天，李澄才入城，住在浚仪这个地方；但是两军的士卒，经常因为愤怒怨恨而发生一些争斗。这时正好遇上李希烈的郑州守城将军孙液向李澄投降，李澄因此就带领自己的士兵驻扎在郑州。唐德宗下诏让都统司马宝鼎人薛珏担任汴州刺史一职。

李勉至长安，素服待罪。议者多以"勉失守大梁，不应尚为相。"李泌言于上曰："李勉公忠雅正，而用兵非其所长。乃大梁不守，将士弃妻子而从之者殆二万人，足以见其得众心矣。且刘洽出勉麾下，勉至睢阳，悉举其众以授之，卒平大梁，亦勉之功也。"上乃命勉复其位。议者又言："韩滉闻銮舆在外，聚兵修石头城，阴蓄异志。"上疑之，以问李泌，对曰："滉公忠清俭，自车驾在外，滉贡献不绝。且镇抚江东十五州，盗贼不起，皆滉之力也。所以修石头城者，滉见中原板荡，谓陛下将有永嘉之行，为迎扈之备耳。此乃人臣忠笃之虑，奈何更以为罪乎！滉性刚严，不附权贵，故多谤毁，愿陛下察之，臣敢保其无它。"上曰："外议汹汹，章奏如麻，卿弗闻乎？"对曰："臣固闻之。其子皋为考功员外郎，今不敢归省其亲，正以谤语沸腾故也。"上曰："其子犹惧如此，卿奈何保之？"对曰："滉之用心，臣知之至熟。愿上章明其无它，乞宣示中书，使朝众皆知之。"上曰："朕方欲用卿，人亦何易可保！慎勿违众，恐并为卿累也。"泌退，遂上章，请以百口保滉。它日，上谓泌曰："卿竟上章，已为卿留中。虽知卿与滉亲旧，岂得不自爱其身乎！"对曰："臣岂肯私于亲旧以负陛下！顾滉实无异心，臣之上章，以为朝廷，非为身也。"上曰："如何其为朝廷？"对曰："今天下旱、蝗，关中米斗千钱，仓廪耗竭，而江东丰稔。愿陛下早下臣章以解朝众之惑，面谕韩皋使之归觐，令滉感谢无自疑之心，速运粮储，岂非为朝廷邪？"上曰："善！朕深谕之矣。"即下泌章，令韩皋谒告归觐，面赐绯衣，谕以"卿父比有谤言，朕今知其所以，释然不复信矣。"因言："关中乏粮，归语卿父，宜速致之。"皋至润州，滉感悦流涕，即日，自临水滨发米百万斛，听皋留五日即还朝。皋别其母，啼声闻于外。滉怒，召出，挞之，自送至江上，冒风涛而遣之。既而陈少游闻滉贡米，亦贡二十万斛。上谓李泌曰："韩滉乃能化陈少游亦贡米矣！"对曰："岂惟少游，诸道将争入贡矣！"

【译文】李勉之后来到了长安，他身穿白色丧服以向唐德宗请示定罪。在背后议论这件事的人大多半认为"李勉失职丢失了大梁，不应该再让他担任宰相"。但是李泌对唐德宗说："李勉这个人公私分明，还非常忠诚、高尚正直，但是不太擅长用兵。直到大梁投降放弃守城，那些将士丢下自己的妻子儿女而去追随顺从他的，还有将近二万人，从这就可以看出他深得人心了。况且刘洽原本就出自李勉部下，李勉到了睢阳后，他将自己所有的军众都交给了刘洽，这才终于平定了大梁。所以我觉得李勉也有功劳啊。"于是唐德宗下令让李勉恢复自己原来的职位。讨论这件事的一些人又说："韩滉听说天子迁徙去了外面，他现在召集士兵在默默修筑石头城，暗地里自己有反叛的心思。"唐德宗对他们这种说法感到有些怀疑，就召集并询问李泌，李泌回答说："韩滉这个人公正忠贞，清廉朴实，从天子出京在外开始，韩滉的贡献就从来没有间断过。况且由他镇守的江东那十五个州，从来没有盗贼兴起的事件发生，这些都是依靠韩滉的力量啊。他之所以修筑石头城是因为他亲眼看到中原丧乱，认为陛下可能会有去永嘉的意思，这是为了迎接保护陛下所做的准备罢了。这些实在是出于做臣子的一片忠贞之意，怎么能反过来因为这个认为他有罪呢？韩滉这个人生性刚强严正，不愿趋炎附势、攀附权贵，所以经常被其他人诽谤，臣下真心希望陛下能够明察，我敢保证他自己绝对不会有二心。"唐德宗说："现在外面对他的议论非常多，大家纷纷上表奏章疏奏如乱麻一样多，你难道没有听说吗？"李泌说："我肯定也听说过。韩滉的儿子韩皋任职考功员外郎，但是现在却不敢回去探亲，正是由于诽谤议论非常多的缘故啊。"唐德宗说："他自己的儿子尚且像这样害怕这些诽谤议论，你又怎么能为他担保呢？"李泌回答说："韩滉的良苦用心，我对此了解得太深了。只希望陛下能够明白表示他没有二心，并且跪地乞求宣示中书，让这件事能够让朝中文武百官都知道。"唐德宗说："朕正考虑要重用你，替人担保这件事怎能这么随便？你要小心，不要做出单独违背大众意见的事情来，这样的话只怕你会受到牵连啊。"李泌向唐德宗拜退，回去后向唐德宗上交奏章，请唐德宗批准他愿意用全家族的身家性命为韩滉作担保。之后过了几天，唐德宗对李泌说："你竟然上交奏章为韩滉作担保，朕已经把你的奏章留在了禁中。朕虽然知道你和韩滉之间有着非常深厚的情谊，但是你自己怎么能够不爱惜自己的生命呢？"李泌回答说："臣怎么会为了偏袒自己的亲戚朋友，而做出对不起陛下您的事情来呢？只是因为韩滉他实在是对陛下没有异心，臣之所以向陛下上章，是为了朝廷着想，而不是为了自己的个人私情啊。"唐德宗说："怎么可以说是为了朝廷呢？"李泌说："当今天下很多地方都普遍出现了灾旱，蝗虫肆无忌惮地危害农作物，关中地区一斗米就要售价一千钱，仓廪中所储存的粮食将要耗费完了，而如今就只有江东地区丰收。但希望陛下能够早日批下臣子的这份奏章，以此用来消除朝内大臣内心的怀疑，并面谕韩皋让他回家省亲，这样会令韩滉感激不尽，不至于让他心存疑虑，他会尽快地将储备的粮食运到关中来，这样做难道不正是为了朝廷吗？"唐德宗说："好！我完全了解情况了。"便很快地就批下了李泌的这份奏章，并下旨宣召韩皋去晋见他，还让他回去探亲，并且当下赐给他一身绯衣锦袍，告诉他说："最近朝廷里有很多毁谤你父亲的传闻，朕现在已经完全弄明白是怎么回事了，顿时释然不再相信那些说法了。"接着又说："关中地区现在非常缺少粮食，回去请你告诉你的父亲，最好能够尽快把粮食送来。"韩皋到达润州后，韩滉实在是感激万分，以至于喜极而泣，当天就亲自到达江岸并亲自督促导运出来了百万斛稻米，只让韩皋在家里停留了五天就回朝去。韩皋向母亲告别的时候，悲痛的哭声传到了外堂；韩滉非常生气，于是就把韩皋叫了出来，并打了他一顿，亲自将他送到江边，还让他必须冒着大风大浪回去。后来陈少游听说韩滉贡献稻米这件事，他也向朝廷贡献了二十万斛稻米。唐德宗对李泌说："韩滉这个人竟然能够把陈少游感化，现在也向朝廷献米来了！"李泌回答说："岂止是陈少游一个人，其他各地区都会争相入贡的！"

吏部尚书、同平章事萧复奉使自江、淮还，与李勉、卢翰、刘从一，俱见上。勉等退，复独留，言于上曰："陈少游任兼将相，首败臣节，韦皋幕府下僚，独建忠义，请以皋代少游镇淮南，使善恶著明。上然之。寻遣中使马钦绪揖刘从一，附耳语而去。诸相还阁。从一诣复曰："钦绪宣旨，令从一与公议朝来所言事，即奏行之，勿令李、卢知。敢问何事也？"复曰："唐、虞黜陟，岳牧佥谐。爵人于朝，与士共之。使李、卢不堪为相，则罢之。既在相位，朝廷政事，安得不与之同议而独隐此一事乎！此最当今之大弊，朝来主上已有斯言，复已面陈其不可，不谓圣意尚尔。复不惜与公奏行之，但恐浸以成俗，未敢以告。"竟不以事语从一。从一奏之，上愈不悦，复乃上表辞位，乙丑，罢为左庶子。

【译文】吏部尚书、同平章事萧复一起奉旨出使从江、淮地区回到了京城，与李勉、卢翰、刘从一一同晋见拜谒唐德宗。李勉这些人都拜退后，就只有萧复一个人留了下来，于是对唐德宗说："陈少游位高权重而且还是将相，却首先做出了败坏臣子节操的事情来，而韦皋幕府中的下属官僚，却能单独遵从忠义之道，所以请求陛下派韦皋取代陈少游的位置去镇守淮南。"唐德宗也比较同意他的看法。于是立即派宦官马钦绪去见刘从一，他见到刘从一后，对刘从一附耳轻声私语了一番就匆忙离去了。等到诸位大臣都由宫中各自回到自己的办公场所之后，刘从一才去拜见萧复说："马钦绪刚才宣旨给我，命令我与你一起商议今天上朝时所谈论的事情，并立即需要上奏进行，但是不要让李勉和卢翰知道这件事。请问这到底是什么事啊？"萧复回答说："唐尧、虞舜他们不管是对官员的罢免还是升迁，四岳以及九州的牧守都表示同意。而且在朝廷上赐封爵位给其他人，从而使朝廷中的文武百官都知道这些事情。如果李、卢他们二人不能胜任宰相一职，就应该罢免他们，但现在他们既然居于相

资治通鉴

位,如果是朝廷政事的话,怎么会能不和他们共同商量讨论反而向他们隐瞒这件事呢? 这种做法是当今朝政中最大的弊病,起初,皇上自己也已经说过了这话,我自己也曾当着皇上的面说不能够这样做,但是没想到皇上他的心里还是这样想。所以并不是我不愿意告诉你这究竟是什么事,而是和你商议后,就奏明皇上,立即进行,只怕这样一来的话,慢慢地就会形成这种不好的风气,所以我不敢向你奉告这件事啊。"因而始终坚持没有告诉刘从一这是什么事。刘从一因此上奏让唐德宗知道了这件事,唐德宗越想就越不高兴,萧复于是就上交奏折表示自己要辞职,乙丑日(二十八日),唐德宗罢免萧复为左庶子。

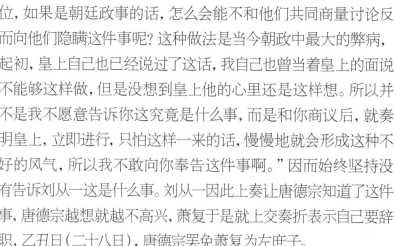

刘洽克汴州,得《李希烈起居注》,云"某月日,陈少游上表归顺。"少游闻之惭惧,发疾,十二月,乙亥,薨,赠太尉,赙祭如常仪。

淮南大将王韶欲自为留后,令将士推己知军事,且欲大掠。韩滉遣使谓之曰:"汝敢为乱,吾即日全军渡江诛汝矣!"韶等惧而让。上闻之喜,谓李泌曰:"滉不惟安江东,又能安淮南,真大臣之器,卿可谓知人!"庚辰,加滉平章事,江淮转运使。滉运江、淮粟帛入贡府,无虚月,韩廷赖之,使者劳问相继,恩遇始深矣。

是岁蝗遍远近,草木无遗,惟不食稻,大饥,道殣相望。

【译文】刘洽攻克收复了汴州,在那里获得了一本名叫《李希烈起居注》的书,上面有一段清楚地记载说:"某月某日,陈少游向李希烈上表请求让他前来归顺。"陈少游听说了这件事后,感到非常羞愧和恐惧,而且因为这竟然病倒了。十二月,乙亥日(初八),陈少游去世了,唐德宗下令追赠他为太尉,并且依照礼法的规定致送赙仪,举行了隆重的祭典活动。

淮南大将王韶自己想担任留后一职,因而命令自己手下的将士们推举他主掌军事大权,并且他还想要实行大规模的抢掠活动。之后韩滉派人去对他说:"只要你敢这样作乱,我今天就敢率领我的全部军队渡过江去杀了你!"王韶感到很害怕,因此便打消了作乱的念头。唐德宗听说了这件事,觉得很是高兴,因而对李泌说:"韩滉他这个人不但能够安定江东,还能安定淮南,真是个做忠诚大臣的材料,你可真是最能辨别人才并且知人善用的人啊!"庚辰日(十三日),唐德宗晋升韩滉为平章事、江淮转运使。之后韩滉把江、淮的稻米谷物以及布帛这些入贡物品运送到京城府库中,从来没有一个月间断过,现在朝廷的费用全靠他提供,唐德宗也不断地派遣使臣前去宣讲慰问,对他的恩遇才慢慢地加深。

这一年蝗虫灾害遍及远近各个地方,就连草木也被吃得一干二净,但是就是不吃稻子。因此天下出现了很大的饥荒,导致饿死的人沿路不绝。

【乾隆御批】 尔时藩镇中惟滉恰秉忠纯,初未尝稍萌异志。徒以不附权贵,谗谤交腾,德宗之疑可谓不辨黑白。使非泌力为申救,心迹几无以自明。迨江东贡运既通,关中赖以充赡,则泌之言,洵有裨于国计,非直全滉身家而已。

【译文】 当时藩镇中只有韩滉能够恭敬忠诚,当初也不曾产生丝毫反叛朝廷的意图。他仅仅不肯依附权贵,谗言和诽谤就像水开一样纷纷传出,唐德宗对韩滉的怀疑真可谓不分黑白。假使不是李泌努力为韩滉申冤救助,韩滉的心思与行事几乎无法自明。等到江东的贡物运输通畅,关中才依靠江东粮食解决供给,李泌的奏疏,确实对于国家有裨益,并非只是保全韩滉的身家性命而已。

贞元元年(乙丑，公元七八五年)春，正月，丁酉朔，赦天下，改元。

癸丑，赠颜真卿司徒，谥曰文忠。

新州司马卢杞遇赦，移吉州长史，谓人曰："吾必再入。"未几，上果用为饶州刺史。给事中袁高应草制，执以白卢翰、刘从一曰："卢杞作相，致銮舆播迁，海内疮痍，奈何遽迁大郡！愿相公执奏。"翰等不从，更命它舍人草制。乙卯，制出，高执之不下，且奏："杞极恶穷凶，百辟疾之若仇，六军思食其肉，何可复用！"上不听。补阙陈京、赵需等上疏曰："杞三年擅权，百揆失叙，天地神祇所知，华夏、蛮夷同弃。倘加巨奸之宠，必失万姓之心。"丁巳，袁高复于正牙论奏。上曰："杞已再更赦。"高曰："赦者止原其罪，不可为刺史。"陈京等亦争之不已，曰："杞之执政，百官常如兵在其颈，今复用之，则奸党皆唾掌而起。"上大怒，左右辟易，谏者稍引却，京顾曰："赵需等勿退，此国大事，当以死争之。"上怒稍解。戊午，上谓宰相："与杞小州刺史，可乎？"李勉曰："陛下欲与之，虽大州亦可，其如天下失望何！"壬戌，以杞为澧州别驾。使谓袁高曰："朕徐思卿言，诚为至当。"又谓李泌曰："朕已可袁高所奏。"泌曰："累日外人窃议，比陛下于桓、灵；今承德音，乃尧、舜之不逮也！"上悦。杞竟卒于澧州。高，恕己之孙也。

【译文】贞元元年(乙丑，公元785年)春季，正月，丁酉朔日(初一)，唐德宗大赦天下，并且改年号为贞元。

癸丑日(十七日)，又追赠颜真卿为司徒，谥号文忠。

新州的司马卢杞很幸运地遇到唐德宗大赦天下，被调任到吉州担任长史，之后他就对人说："我自己觉得一定还会再被调入的。"没有过多长时间，唐德宗果然让他做饶州的刺史。给事中袁高奉唐德宗旨意负责草拟编制诰书，袁高拟好诰书之后，便拿着通令跑去告诉卢翰和刘从一说："卢杞当时担任宰相的时候，弄得圣驾别迁到其他地方，天下疮痍满目，发生这些事情怎么可以一下子就把他升迁到饶州这个大郡去担任刺史呢？我希望你们二位相公能够拿着这份通令去上奏给唐德宗提建议。"卢翰等人不愿意这样做，并且命令另外的一个舍人草拟制定诰书。乙卯日（十九日），制诰让唐德宗过目后发下，袁高却把诰书扣留了下来，不肯把它送交给中书省修缮编写发出去，并且上奏向唐德宗说："卢杞这个人恶贯满盈，是一个扰乱国家的罪魁祸首，朝廷中文武百官对他的痛恨，就像是痛恨仇敌一样，还有六军将士都想吃了他的肉以发泄心头的怨恨愤怒，在这样的情况下怎么可以起用他呢？"唐德宗听不进去这些话。之后补阙陈京、赵需等也上奏疏说："卢杞他这个人专权才刚刚三年，就导致文武百官政务废弛，他的这些罪行，是天地神祇都知道的，就连华夏和蛮貊这些蛮夷也对他都唾弃不齿。假如皇上您还宠爱信任这样的大奸贼，必将会丧失全天下的民心。"丁巳日（二十一日），袁高又在大明宫含光殿议论谏诤这件事。唐德宗说："卢杞他已经得到过两次大赦。"袁高说："赦免也应该只限于宽恕他的罪状，但是也不能让他担任刺史。"陈京等人也力争不止，说："卢杞主政的时候，百官经常有种刀剑兵器架在脖子上的感觉；而如今再起用他的话，那么那些奸党便都会摩拳擦掌而准备重新大干一番了。"唐德宗听了这话后勃然大怒，把自己身边的侍从吓得都缩身后退，就连其他几个进谏的人也都想引退了，而只有陈京瞪着眼说："赵需你们几个人都不要走，我们说的这些是国家大事，每个人都应当以死相谏。"这时唐德宗的怒气慢慢地也稍微消除了一些。戊午日（二十二日），唐德宗对宰相李勉说："我想委任卢杞做个小州的刺史，这样可以吗？"李勉回答说："陛下要是您想给他个刺史做，别说是小州的，即使是大州的也没什么，但是天下人会因为这个而感到失望，这样的话又该怎么办？"壬戌日（二十六日），唐德宗下诏书仅仅派卢杞为澧州别驾而已。并派人去对袁高说："我之后慢慢地想了想你所说的话，确实是很有道理的。"又派人对李泌说："朕已经听从了袁高的劝谏。"李泌说："这些日子来朝廷外的许多人士都在私下里议论纷纷，把陛下比作以前的桓、灵二帝；今天老臣我聆听了陛下的这句明智之言，觉得实在是连尧、舜这些古代贤帝都无法与陛下您相比较啊！"唐德宗听了这话后很高兴。卢杞最后就死在了澧州。袁高是袁恕己的孙子。

【乾隆御批】 德宗为杞所愚，不能察其奸状，窜谪未久，辄尔赐环。袁高力争，几蹈不测。继以陈京坚执，犹欲调停于大、小州之间，可谓惑之甚矣。

【译文】 唐德宗被卢杞欺骗，不能察觉出他奸邪的状况，把他贬官放逐不久，又赦罪召还。袁高力争不可，几乎遭到不测。接着陈京坚持不同意让卢杞担任刺史，唐德宗还想在大州、小州之间作调和，可以说受卢杞的迷惑太深了。

三月，李希烈陷邓州。

戊午，以汴滑节度使李澄为郑滑节度使。

以代宗女嘉诚公主妻田绪。

李怀光都虞候吕鸣岳密通款于马燧，事泄，怀光杀之，屠其家。事连幕僚高郢、李鄘，怀光集将士而责之，郢、鄘抗言逆顺，无所惭隐，怀光囚之。鄘，邕之侄孙也。马燧军于宝鼎，败怀光兵于陶城，斩首万馀级，分兵会浑瑊，逼河中。

夏，四月，丁丑，以曹王皋为荆南节度，李希烈将李思登以随州降之。

壬午，马燧、浑瑊破李怀光兵于长春宫南，遂掘堑围宫城。怀光诸将相继来降。诏以燧、瑊为招抚使。

【译文】三月，李希烈率兵攻陷了邓州。

戊午日（二十三日），唐德宗任命汴滑地区的节度使李澄为郑滑的节度使。

唐德宗下旨把唐代宗的女儿嘉诚公主许配给田绪为妻子。

李怀光下属的都虞候吕鸣岳暗中向马燧表明归顺的诚意，不幸走漏了消息，李怀光杀了他和他全家老小。此事还连累了幕僚高郢、李鄘，李怀光聚集将士，在大家面前谴责他们，高郢、李鄘毫不顾忌地分析叛逆归顺的利害福祸，丝毫没有惭惧隐讳，李怀光便将他俩拘禁了起来。李鄘是李邕的侄孙。马燧于宝鼎驻扎，将李怀光在陶城的部队战败了，杀敌一万多人；又派了一部分将士去和浑瑊的部队会合，逼近河中。

夏，四月，丁丑日（十三日），委派曹王李皋为荆南节度使；李希烈的大将李思登以随州举城向他投降。

壬午日（十八日），马燧、浑瑊在长春宫南边打败了李怀光的军队，便围着宫城挖了条壕沟，预备攻击；李怀光手下的一些大将相继来降。于是唐德宗下诏委派马燧、浑瑊为招抚使。

五月，丙申，刘洽更名玄佐。

韩游瑰请兵于浑瑊，共取朝邑。李怀光将阎晏欲争之，士卒指邠军曰："彼非吾父兄，则吾子弟，奈何以白刃相向乎！"语甚器。晏遽引兵去。怀光知众心不从，乃诈称欲归国，聚货财，饰车马，运俟路通入贡，由是得复逾旬月。

六月，辛巳，以刘玄佐兼汴州刺史。

辛卯，以金吾大将军韦皋为西川节度使。

朱滔病死，将士奉前涿州刺史刘怦知军事。

【译文】五月，丙申日(初二)，刘洽更名为玄佐。

韩游瑰请浑瑊发兵一同攻打朝邑；李怀光的大将阎晏准备前去争斗，他的将士们指着韩游瑰的邠军说："他们不是我们的父兄，就是我们的子弟，不能以白刃相向！"喊叫着的声音很大。阎晏才率兵离开。李怀光明白众心不从，便诈称要回京城去，收集财产，整饬车马，说是一等道路通顺就送去入贡，因此又拖延了几乎一个月。

六月，辛巳日(十八日)，委任刘玄佐兼任汴州刺史。

辛卯日，(二十八日)，派出金吾大将军韦皋为西川节度使。

朱滔因病而死，将士们推荐前涿州刺史刘怦主掌军政。

时连年旱、蝗，度支资粮匮竭，言事者多请赦李怀光。李晟上言："赦怀光有五不可：河中距长安才三百里，同州当其冲，多兵则未为示信，少兵则不足提防，忽惊东偏，何以制之！一也；今赦怀光，必以晋、绛、慈、隰还之，浑瑊既无所诣，康日知又应迁移，土宇不安，何以奖励，二也；陛下连兵一年，讨除小丑，兵力未穷，遽赦其反逆之罪；今西有吐蕃，北有回纥，南有淮西，皆观我强弱，不谓陛下施德泽，爱黎元，乃谓兵屈于人而自罢耳，必竟起窥觎之心，三也，怀光既赦，则朔方将士皆应叙勋行赏，今府库方虚，赏不满望，是愈激之使叛，四也；既解河中，罢诸道兵，赏典不举，怨言必起，五也。今河中斗米五百，刍藁且尽，墙壁之间，饿殍甚众。且其军中大将杀戮略尽，陛下敕诸道围守旬时，彼必有内溃之变，何必养腹心之疾为他日之悔哉！"又请发兵二万，自备资粮，独讨怀光。秋，七月，甲午朔，马燧自行营入朝，奏称："怀光凶逆尤甚，赦之无以令天下，愿更得一月粮，必为陛下平之。"上许之。

【译文】当时干旱多年，蝗虫为祸，度支物资粮饷匮乏用尽，朝臣讨论时政，许多人都请求宽恕李怀光。李晟上奏："不可以赦免李怀光的原因有以下五项：河中间距长安只三百里路，同州首当其冲，大都派军队驻守同州，也不能表明是对同州的信赖，但兵力薄弱又不能够防备，假如同州突然发生祸乱，便不好控制！这是第一个原因。如今赦免李怀光，他必定将晋、绛、慈、隰各地返还朝廷，但既已令浑瑊为蒲、绛节度使，康日知为晋、慈、隰节度使在先，那么浑瑊就不能管理全部地区，不然就必须更换康日知的官职，如此，便会把这几个州邑弄得混乱不安，不能立马对功臣加以奖励！第二个原因便是这。陛下动用各方军队，联合兵力，过了一年，才讨伐了逆贼朱泚，但兵力还没用尽，却突然赦免李怀光的罪状；如今西有吐蕃，北有回纥，南有淮西的李希烈，全在窥视着我们兵力的强弱，他们不会以为陛下是广施恩德，对百姓呵护，相反会认为我们是兵力不足，向人屈服，而自下台阶而已，必将竞相存有窥伺觊觎的想法！这是第三个原因。李怀光被宽恕之后，那么朔方将士当年消除奉天的围堵，都应按功赏赐，而如今正是府库空虚之时，奖赏满足不了他们的愿望，反而刺激他们而使他们谋乱。这是第四个原因。河中的威胁只要一解除，而遣散各道将士，不定立出奖赏的章程，照章行赏，一定会怨谤蜂起。这是第五个原因。如今河中一斗米的价钱很贵，要五百钱，柴薪米粮快要用光，邑里巷道之中，饿殍到处可见，并且贼兵军中大将已被消灭光，陛下只需命令各道围困抵御十天半月，他们的内部一定会溃散而发生变乱，何必自我造成心腹之疾，导致以后后悔莫及呢？"又要求唐德宗发兵二万，由他们自己准备食粮马料，让他独自带领着去讨伐李怀光。秋，七月，甲午朔日（初一），马燧由行营入京觐见，上表说："李怀光的凶残罪孽，大逆不道，比朱泚还过分许多，宽恕了他，几乎就无法号令天下了，希望能多赐给一个月的刍粮，我一定能替陛下消除他。"唐德宗应允了他。

陕虢都知兵马使达奚抱晖鸩杀节度使张劝，代总军务，邀求旌节，且阴召李怀光将达奚小俊为援。上谓李泌曰："若蒲、陕连衡，则猝不可制。且抱晖据陕，则水陆之运皆绝矣。不得不烦卿一往。"辛丑，以泌为陕虢都防御水陆运使。上欲以神策军送泌之官，问"须几何人？"对曰："陕城三面悬绝，攻之未可以岁月下也，臣请以单骑入之。"上曰："单骑如何可入？"对曰："陕城之人，不贯逆命，此特抱晖为恶耳。若以大兵临之，彼闭壁定矣。臣今单骑抵其近郊，彼举在兵则非敌，若遣小校来杀臣，未必不更为臣用也。且今河东全军屯安邑，马燧入朝，愿敕燧与臣同辞皆行，使陕人欲加害于臣，则畏河东移军讨之，此亦一势也。"上曰："虽然，朕方大用卿，宁失陕州，不可失卿，当更使他人往耳。"对曰："他人必不能入。今事变之初，众心未定，故可出其不意，夺其奸谋。他人犹豫迁延，彼既成谋，则不得前矣。"上许之。泌见陕州进奏官及将吏在长安者，语之曰："主上以陕、虢饥，故不授泌节而领运使，欲令督江、淮米以赈之耳。陕州行营在夏县，若抱晖可用，当使将之。有功，则赐旄节矣。"抱晖觇者驰告之，抱晖稍自安。泌具以语白上曰："欲使其士卒思米，抱晖思节，必不害臣矣。"上曰："善!"戊申，泌与马燧俱辞行。庚戌，加泌陕虢观察使。

【译文】陕虢都兵马使达奚抱晖毒害了节度使张劝，代替了他的职位并统领军政，请求颁发旄节，而且秘密地召来李怀光的下属达奚小俊做他的支援。唐德宗对李泌说："假如蒲、陕联合起来，那么仓促之间恐怕不能制服。而且抱晖据守着陕州，水陆两运都将被截断。因此得麻烦你走一趟。"辛丑日（初八），委任李泌为陕虢都防御水陆运使。唐德宗想派神策军护送李泌前去，问他说："需要多少人?"李泌回复说："陕城三面悬崖峭壁，没法攀登，攻城的话，一年半载都可能攻不下来，请容许臣匹马单骑进城。"唐德宗说："你单枪匹马怎能入城?"李泌说："陕城里的人，还不习惯违抗命令，只是抱晖一个人为非作恶而已。假使大军临城，他们一定会闭营不出。臣如今单骑到城外近郊，他们一定会觉得我一人不是对手，而不用发派大军，假如是派个小将来杀我，可能会反被我利用。而且如今河东所有的军队都驻扎在安邑，马燧现在朝中，但愿陛下敕令马燧和臣一同辞行启航，返回任所，如果陕城的人想谋害臣，就会怕河东调兵去讨伐他们，这不失为一种有利于形势的方式啊。"唐德宗说："话虽如此，但是朕正需要倚重你的时候，宁愿失去陕州，也不能失去你啊，还不如另派别人前往算了。"李泌说："别人必定进不了城。如今事态突生变故，人心未定，因此才能出其不意地破坏他们的阴谋。他人前去，若稍微犹豫耽误，而使他的阴谋诡计成功，便没办法入城了。"唐德宗才应允了他。李泌聚集在长安城中的所有陕州进奏官和将吏，对他们说："主上由于陕、虢闹饥荒，因此并不是委任我去做节度使，而委任我为领运使，是想我从江、淮运粮去赈灾而已。陕州的行营在夏县，假如可以任用抱晖，当然就给他统领的权力；如能建功，就会赏赐旄节派他做节度使了。"抱晖的密探奔驰回去向他报告这番话，抱晖心里逐渐感到安定。李泌将这番话也详细地回禀了唐德宗，并说："我是想要他们的将士有米吃，抱晖想贪求旄节，如此，是一定不会加害于我！"唐德宗说："好极了！"戊申日（十五日），李泌和马燧同时告辞出发。庚戌日（十七日），晋升李泌为陕虢观察使。

泌出潼关，鄜坊节度使唐朝臣以步骑三千布于关外，曰："奉密诏送公至陕。"泌曰："辞日奉进止，以便宜从事。此一人不可相蹑而来，来则吾不得入陕矣。"唐臣以受诏不敢去，泌写宣以却之，因疾驱而前。

【译文】李泌出潼关，鄜坊节度使唐朝臣以步骑三千布阵于关外，对李泌说："依密诏要我送公到陕州去。"李泌说："我拜别皇上之时曾奉圣旨，要我权宜办事。在这之间不许有一个人跟着我来，多来一人的话，我就进不了陕城了。"唐朝臣由于受诏令而不敢离开，李泌画押了一通文书为据拒绝了唐朝臣率兵跟随，因此单骑急奔离去。

抱晖不使将佐出迎，惟侦者相继。泌宿曲沃，将佐不俟抱晖之命来迎，泌笑曰："吾事济矣！"去城十五里，抱晖亦出谒。泌称其摄事保完城隍之功，曰："军中烦言，不足介意。公等职事皆按堵如故。"抱晖出而喜。泌既入城视事，宾佐有请屏人白事者。泌曰："易帅之际，军中烦言，乃其常理，泌到，自妥贴矣，不愿闻也。"由是反仄者皆自安。泌但索簿书，治粮储。明日，召抱晖至宅，语之曰："吾非爱汝而不诛，恐自今有危疑之地，朝廷所命将帅皆不能入，故丐汝馀生，汝为我赍版、币祭前使，慎无入关，自择安处，潜来取家，保无它也。"泌之辞行也，上籍陕将预于乱者七十五人授泌，使诛之。泌既遣抱晖，日中，宣慰使至。泌奏："已遣抱晖，馀不足问。"上复遣中使诣陕，必使诛之。泌不得已，械兵马使林滔等五人送京师，恳请赦之。诏谪戍天德；岁馀，竟杀之。而抱晖遂亡命，不知所之。

达奚小俊引兵至境，闻泌已入陕而还。

壬子，以刘怦为幽州、卢龙节度使。

大旱，灞、浐将竭，长安井皆无水。度支奏中外经费才支七旬。

【译文】达奚抱晖不派将佐出城恭迎，而只不停地派出些侦察兵去窥探消息。李泌晚上住在曲沃，将佐们在抱晖下令之前就自动前来迎接，李泌暗自笑着说："我的计划成功了！"在离城十五里的地方，抱晖也出城晋谒。李泌赞赏他代理军务而保住了城池的功劳，之后说："军中胡乱传说的一些话，你不用放在心中。公等一切职务只要按部就班去做就好了。"抱晖辞出之后，十分开心。李泌进城视事之后，抱晖的客卿有请李泌退下僚佐要向他谈事的随从。李泌说："更替将帅的时候，军中有些闲言碎语，这事是常有的，我来到之后，自然就安静无事了，我不愿再听到这些闲话了。"因而疑虑反侧不定的人，也都各自坦然无虑了。李泌仅仅索取簿册，有关储粮的事归他处理。第二天，把抱晖召到居宅中来，告诉他："并不是我爱护你而不杀你，仅仅是顾虑从今以后凡是有危险令人生疑的地方，朝廷所派的将帅都没法入城，因此才留你一条活路的。你代我拿着祝版、货币，举行燎祭，祭祀前节度使张劝，绝对不要入关，自己找个安全的地方，暗中派人前来接取家人，我保证你绝对没事。"李泌起初辞别唐德宗的时候，唐德宗将一份陕将阴谋作乱的名册给他，上列七十五人，要李泌杀了他们。李泌放走了抱晖让他逃亡之后，正值中午，宣慰使抵达。李泌上奏折说："已经放了抱晖，其他的人都不值得追究了。"唐德宗又派宦官为使到达陕城，要他一定除掉那些图谋叛逆的将领。李泌迫不得已，而将兵马使林滔等五人加上了刑具押送到京师，请求赦免。唐德宗下诏将这五人贬谪发配到天德戍守；一年多以后，终于还是把他们杀了。而达奚抱晖却逃跑不知去向何处。

达奚小俊带兵来到陕州边境，听闻李泌已进入陕城，便又回去了。

壬辰日（七月无此日），委任刘怦为幽州、卢龙节度使。

由于大旱，灞、浐二水将近干枯，长安城里，所有的井中都没有水。度支启奏朝野经费仅够维持七十天罢了。

【乾隆御批】泌以单骑深入危地，非苟且尝试之计，盖知抱晖特一庸妄人，其志仅图旄节耳。急之则叛，人惺忪且将助而为变，惟直啖以所欲，而潜携其将佐之心，然后一言逐之，其势易如发蒙振桥，可谓能断大事者。

【译文】李泌单枪匹马深入危险之地，并非得过且过姑且一试的计策，而是知晓达奚抱晖只不过一个平庸妄为的人，他的目标仅仅是想得到节度使的旄节。操之过急，他便会被激怒而反叛，人们害怕忧虑并扶助他发生转变，只有拿利益引诱他，满足他的私欲，暗中诱使将佐对他产生二心，然后用一句话把他驱逐，情势就如同启发蒙昧震动桥梁一样轻而易举，李泌可以称得上能判断大事的人。

资治通鉴卷第二百三十二　唐纪四十八

起旃蒙赤奋若八月, 尽强圉单阏七月, 凡二年。

【译文】 起乙丑（公元785年）八月, 止丁卯（公元787年）七月, 共二年。

【题解】 本卷记录了公元785年八月至787年七月的史事, 共两年, 正当唐德宗贞元元年八月到三年七月。这一时期, 李怀光与李希烈两个叛臣全部被消灭。官军久经战场, 锤炼出一批名将, 李晟、马燧、李抱真等, 他们讨逆平叛, 劳苦功高。然而这些功臣良将, 无端受到唐德宗的猜疑, 李晟、马燧都被罢免兵权。李泌入朝拜相, 力保李晟、马燧。李泌劝谏唐德宗消除猜疑, 整顿吏治, 核定两税, 免除欠款, 登记胡客。李泌借恢复府兵制为题实际推行寓兵于农、屯垦边地的政策, 减轻了国家负担, 增强了边防。

德宗神武圣文皇帝七

贞元元年（乙丑, 公元七八五年）八月, 甲子, 诏凡不急之费及人冗食者皆罢之。

马燧至行营, 与诸将谋曰: "长春宫不下, 则怀光不可得。长春宫守备甚严, 攻之旷日持久, 我当身往谕之。" 遂径造城下, 呼怀光守将徐庭光, 庭光帅将士罗拜城上。燧知其心屈, 徐谓之曰: "我自朝廷来, 可西向受命。" 庭光等复西向拜。燧曰: "汝曹自禄山已来，徇国立功四十馀年，何忽为灭族之计！从吾言，非止免祸，富贵可图也。"众不对。燧披襟曰："汝不信吾言，何不射我！"将士皆伏泣。燧曰："此皆怀光所为，汝曹无罪。第坚守勿出。"皆曰："诺。"

【译文】　贞元元年（乙丑，公元785年）八月，甲子日（初二），诏令对所有不急之务的经费加以削减，裁除全部闲散坐食的人员。

马燧回到行营，和将领们商量说："不攻克长春宫，就没法擒杀李怀光。而长春宫的防守十分严谨，出兵进攻的话要费很长时间，我决定亲自去劝告他们。"便一直到达城下，大叫李怀光守城大将徐庭光的名讳，徐庭光率领着将士们排成行列在城上下拜。马燧知道他们心里已经归顺，就耐心地对他们说："我是从朝廷来的，你们应该面向西方接受命令。"徐庭光等人又向西下拜。马燧说："你们自从安禄山造反到现在，报答国家，建功立业，已经有四十多年了，为什么突然做出这种祸灭九族的事来呢？假如听从我的话，不仅能避免祸害，还能求得荣华富贵。"他们都没回答。马燧解衣袒胸说："你们不信任我的话，为什么不射杀我？"将士们都埋着头流泪。马燧又说："这些罪行全都是李怀光一人所为，你们诸位并没有什么罪，只要坚守城池不出来就可以了。"他们一齐说了声："好。"

壬申，燧与浑瑊、韩游瑰军逼河中，至焦篱堡。守将尉珪以七百人降。是夕，怀光举火，诸营不应。骆元光在长春宫下，使人招徐庭光。庭光素轻元光，遣卒骂之，又为优胡于城上以侮之，且曰："我降汉将耳！"元光使白燧，燧还至城下，庭光开门降。燧以数骑入城慰抚，其众大呼曰："吾辈复为王人矣！"浑瑊谓僚佐曰:"始吾谓马公用兵不吾远也,今乃知吾不逮多矣!"诏以庭光试殿中监兼御史大夫。

甲戌,燧帅诸军至河西,河中军士自相惊曰:"西城擐甲矣!"又曰:"东城妲队矣!"须臾,军中皆易其号为"太平"字。怀光不知所为,乃缢而死。

【译文】壬申日(初十),马燧和浑瑊、韩游瑰发兵逼近河中,到达焦篱堡;守将尉珪带领了七百人投降。当晚,李怀光举烽火兴兵,各营都没理会。骆元光在长春宫下,派人去使徐庭光投降;徐庭光本来就看不起骆元光,便让将士们骂他,由于骆元光是胡人,因此又叫人装扮成胡人小丑在城上戏弄他,而且说:"我们向汉族将领投降!"骆元光派人去告知马燧,马燧又返回来到城下,徐庭光才开门出来投降。马燧率领了几个骑兵入城安抚,城里的人都大声叫着说:"我们现在又是天子的臣民了!"浑瑊对同僚们说:"起初我觉得马公用兵,也可能不会比我高明多少,现在才知道我差远了!"诏令委派徐庭光为试殿中监兼御史大夫。

甲戌日(十二日),马燧带领各路军队抵达河西,河西中军士自相惊扰着说:"西城已经弃甲了!"又说:"东城已整队了!"顷刻之后,军士们都把衣服上的字更改为"太平",来表明不愿再打仗了。李怀光不知如何是好,便自缢而死。

初,怀光之解奉天围也,上以其子璀为监察御史,宠待甚厚。及怀光屯咸阳不进,璀密言于上曰:"臣父必负陛下,愿早为之备。臣闻君、父一也,但今日之势,陛下未能诛臣父,而臣父足以危陛下。陛下待臣厚,臣胡人,性直,故不忍不言耳。"上惊曰:"知卿大臣爱子,当为朕委曲弥缝,而密奏之!"对曰:"臣父非不爱臣，臣非不爱其父与宗族也；顾臣力竭，不能回耳。"上曰："然则卿以何策自免？"对曰："臣之进言，非苟求生，臣父败，则臣与之俱死矣，复有何策哉！使臣卖父求生，陛下亦安用之！"上曰："卿勿死，为朕更至咸阳谕卿父，使君臣父子俱全，不亦善乎！"璀至咸阳而还，曰："无益也，愿陛下备之，勿信人言。臣今往，说谕万方，臣父言：'汝小子何知！主上无信，吾非贪宝贵也，直畏死耳，汝岂可陷吾入死地邪！'"

【译文】起初，李怀光消除了奉天的围困后，唐德宗任他的儿子李璀为监察御史，对他的待遇十分优渥，特别恩宠。及至李怀光驻兵咸阳停留不进，李璀于是密奏唐德宗说："臣的父亲必定会做出背叛陛下的事来，伏望早做防御。臣也曾听说过事君事父应当一样的道理；只是以今天的形势来看，陛下不一定能杀得了臣的父亲，而臣的父亲却足以给陛下造成威胁，陛下待臣优渥，而胡人的生性耿直，因此臣不忍心不对陛下说这些话而已。"唐德宗惊奇地说："朕明白你是李怀光的爱子，应该为朕从中想办法拉拢，应该消除隔阂，竟然来密奏这件事！"李璀回答说："臣的父亲其实爱护臣，臣其实也敬爱父亲与宗族；但是臣已竭尽全力，也没法挽救父亲的心意。"唐德宗说："既然这样，那么你又有什么对策能为你自己脱罪呢？"李璀说："臣之所以来上奏这事，不是为苟且求生；臣的父亲阵亡，那么臣只得和他一块儿死，没有什么计策了！假如臣出卖父亲幸免一死，陛下可能不会再用我！"唐德宗说："你不用死，替我再到咸阳一趟，去劝说你父亲，这样才能使君臣父子都得以保全，这挺好的！"李璀去了趟咸阳又返回对唐德宗说："没办法了，希望陛下提早做防备，不要再信任别人的说法。臣这次去，想尽办法地劝说，臣的父亲说：'你个小子能知道什么！是主上不讲信用，并不是我贪慕富贵虚荣，我只是怕死而已，你不能陷我于死地！’”

及李泌赴陕，上谓之曰："朕所以再三欲全怀光者，诚惜璀也。卿至，试为朕招之。"对曰："陛下未幸梁、洋，怀光犹可降也。今则不然，岂有人臣迫逐其君，而可复立于其朝乎！纵彼颜厚无惭，陛下每视朝，何心见之！臣得入陕，借使怀光请降，臣不敢受，况招之乎！李璀固贤者，必与父俱死矣，若其不死，则亦无足贵也。"及怀光死，璀先刃其二弟，乃自杀。

朔方将牛名俊断怀光首出降。河中兵犹万六千人，燧斩其将阎晏等七人，馀皆不问。燧自辞行至河中平，凡二十七日。燧出高郢、李鄘于狱，皆奏置幕下。

韩游瓌之攻怀光也，杨怀宾战甚力，上命特原其子朝晟，游瓌遂以朝晟为都虞候。

【译文】等到李泌去陕城的时候，唐德宗对他说："朕再三想保全李怀光的原因，实在是爱惜李璀啊。你到了陕州，再替我劝降看看。"李泌说："陛下没到梁、洋之前，还可以招降李怀光。如今却不同了，哪有人臣追赶他的君主，还容许他再在朝堂上的呢？即使他厚颜无耻，陛下每次临朝听政，看到他时又会是种什么心情？臣如果能进入陕城，即使李怀光请降，臣都不敢接受，况且是去招降呢！李璀本来就是个贤德的人，必定会和他父亲一块儿死的；假如他不死，那就没什么值得称道的了。"等到李怀光死后，李璀先拿着刀杀了他两个弟弟，之后自杀了。

朔方大将牛名俊砍下李怀光的头归降，河中将士还有一万六千人，马燧杀了他们的将领阎晏等七人，剩下的人都不予追究。马燧自辞别唐德宗到平定河中，前前后后总共才二十七天。马燧从狱中放出了高郢和李鄘,之后奏明唐德宗说已将他们都安排在自己的府邸中了。

韩游瑰攻击李怀光时,杨怀宾奋力抗战,表现优秀,因此唐德宗命韩游瑰特别宽赦他儿子杨朝晟;韩游瑰便用杨朝晟做都虞候。

【申涵煜评】 璀知父怀光必反,而又感上厚恩,不言则不忠,言之则不孝。既言之而卒及一死谢之,善处君臣父子之变,使忠孝两无所亏,是又一子南之子矣。

【译文】 李璀知道父亲李怀光一定会反叛,但又感激皇上的厚恩,不说就是不忠,说了就是不孝。既然说了出来,又以一死以谢罪,可以说是善于处理君臣父子的变化了,使忠孝两者都无所亏损,这是又一个如同春秋时期子南式的人子。

上使问陆贽:"河中既平,复有何事所宜区处?"令悉条奏。贽以河中既平,虑必有希旨生事之人,以为王师所向无敌,请乘胜讨淮西者。李希烈必诱谕其所部及新附诸帅曰:"奉天息兵之旨,乃因窘急而言,朝廷稍安,必复诛伐。"如此,则四方负罪者孰不自疑,河朔、青齐固当响应,兵连祸结,赋役繁兴,建中之忧,行将复起。乃上奏,其略曰:"福不可以屡徼,幸不可以常觊。"又曰:"臣姑以生祸为忧,而未敢以获福为贺。"又曰:"陛下怀悔过之深诚,降非常之大号,所在宣扬之际,闻者莫不涕流。假王叛换之夫,削伪号以请罪。观衅首鼠之次,一纯诚以效勤。"又曰:"曩讨之而愈叛,今释之而毕来。曩以百万之师而力殚,今以咫尺之诏而化洽。是则圣王之敷理道,服暴人,任德而不任兵,明矣;群帅之悖臣礼,拒天诛,图活而不图王,又明矣。是则好生以及物者，乃自生之方；施安以及物者，乃自安之术。挤彼于死地而求此之久生也，措彼于危地而求此之久安也，从古及今，未之有焉。"又曰："一夫不率，阖境罹殃；一境不宁，普天致扰。"又曰："亿兆污人，四三叛帅，感陛下自新之旨，悦陛下盛德之言，革面易辞，且修臣礼，其于深言密议固亦未尽坦然，必当聚心而谋，倾耳而听，观陛下所行之事，考陛下所誓之言。若言与事符，则迁善之心渐固；傥事与言背，则虑祸之态复兴。"又"朱泚灭而怀光戮，怀光戮而希烈征，希烈傥平，祸将次及，则彼之蓄素疑而怀宿负者，能不为之动心哉！"又曰："今皇运中兴，天祸将悔，以逆泚之偷居上国，以怀光之窃保中畿，岁未再周，相次枭殄，实众慭惊心之日，群生改观之时。威则已行，惠犹未洽。诚宜上副天眷，下收物情，布恤人之惠以济威，乘灭贼之威以行惠。"又曰："臣所未敢保其必从，唯希烈一人而已。揆其私心，非不愿从也；想其潜虑，非不追悔也。但以猖狂失计，已窃大号，虽荷陛下全宥之恩，然不能不自面见于天地之间耳。纵未顺命，斯为独夫，内则无辞以起兵，外则无类以求助，其计不过厚抚部曲，偷容岁时，心虽陆梁，势必不致。陛下但敕诸镇各守封疆，彼既气夺算穷，是乃狴牢之类，不有人祸，则当鬼诛。古之不战而屈人之兵者，斯之谓欤！

【译文】唐德宗派人去问陆贽："河中已经平复了，还有什么事急待处理的？"令他列明所有上奏。陆贽以为河中平定之后，应考虑到必有希承旨意节外生事的人，认为王师无人可敌，而请求乘胜讨伐淮西的。李希烈一定会诱骗告诉他的部下和后来才依靠他的李纳、王武俊、田绪等将帅说："奉天下令息兵，只是由于窘困已极，等到朝廷逐渐安定，一定会卷土重来。"这样一来，天下所有有罪的人，几乎都有疑虑，河朔、青齐必定都将会响应李希烈，兵乱灾祸一定又会接连不停，赋役繁杂，建中的忧患又将再度发生。便上奏，主要是说："不能祈求幸福会经常来临，更不能希望意外侥幸，臣当前只担忧祸乱再度发生，而不敢因为平复一方的祸乱而祝贺一时的安泰。"又说："陛下以深自悔过的心意，颁发罪己特赦的诏书，在宣告天下的时候，听到的人，都感动得痛哭流泪。僭称王号、蛮横跋扈的人，都免除了王号，自请降罪；双方静观成败、投机取巧、犹豫不决的武将，也全都以一片忠心为王室靖难而效力。"又说："之前采用征讨的方式，但叛逆的人却日益增多，如今赦免了他们的罪状，因此却全来归顺；之前动员百万大军，导致财力损耗，竭尽兵力，如今在朝堂上的尺寸之地颁布一封诏令，却能使德泽教化广被天下。因而圣王治国理政，征服叛逆凶贼的好办法，是施德而不动兵，这是显而易见的道理；武将们与臣子的节义相悖，抵抗天子的诛伐，仅仅是为了活命，而并不是想要称王，也是非常明显的事情。因此自图生存也要以使人得以活命为前提，才是自存的好办法；自求安乐也要能使人享受欢愉，才是自安的好办法。逼人于死地，而能求得自己的永生，置人于危险，而能求得自己的久安，自古以来，这是从来都没有过的事。"又说："一人不遵守法令，全境遭殃；一境不宁，全天下都会遭受打扰。"又说："亿兆邪恶小民，大都叛逆抗命的将帅，都对陛下改过自新的诚意有感觉，很高兴听到陛下兴德的嘉言，而洗心革面，改邪归正，重修人臣的节仪，这些人对朝廷关于洞彻福祸的言论、精密周详的谋略，当然可能不会完全深信不疑，所以他们一定会聚精会神地小心翼翼商定对策，专心致志地聆听圣上的言谈，以观望陛下的行为，借以证明陛下所许下的诺言。假如言行一致，那么就会慢慢坚定他们这些人改过向善的心志态度，若是言行不一致的话，那么他们自然又不免会心存疑虑，而且为了逃避灾祸临头，又会再度做出叛逆的事情来。"之后又说："朱泚被消灭之后，李怀光就相继起来了，李怀光被击败自杀身亡之后，李希烈又兴兵作乱起来了，而又等到李希烈被削弱平定之后，所招来的杀身之祸即将会牵连到他的属下，那么对于这些心中经常怀有疑虑、存有旧时候的恩怨宿恨的人，怎么能不为侥幸生存而起来叛逆呢？"然后又说："而现今国家正逢中兴大运的时候，老天的旨意就是让那些逆贼悔过而降下了这么多祸端，就拿朱泚窃国争夺大权，李怀光窃据中畿这两件事来说，不到两年的时间，便把他们相继枭首破灭了，这实在是足够让那些恶贼胆破心惊，让百姓对朝廷的形象改观的时候。这些威令已经震慑了天下，但是恩德没有能够普及苍生。所以现在实在是应该感受并且顾及上天对我们的眷顾，向下应该聚拢民心，向百姓们广泛地施加恩泽以此救济全部的民众，这样会助长我们的威势，还可以乘着灭贼的威势用来施惠于天下。"还说："老臣我所不敢担保一定会归顺投降的，就只有李希烈一个人罢了。我思索他的私心，觉得他并不是不愿意归顺；我还推测他隐藏的忧虑，觉得他并不是不知道悔改领悟。只是因为自己一时的猖狂失策，已经窃取僭越了王号，所以即使在承蒙陛下宽恕赦免而得以活命的大恩之后，也不能不自己在天地之间惭愧。纵然他是没有服从皇上的命令，也不过会是个众叛亲离的独夫，这样他对内既没有借口再发起士兵作乱，于外也不再有同类的奸邪之人可以让他寻求帮助，所以目前他唯一的计划策略，也不过是优厚地抚恤自己的部队下属，苟延地度过之后的岁月罢了，即使他还有逞强争取胜利的心意，也绝没有可能会有达成那个心

资治通鉴

愿的希望。因此陛下您只要发布命令让各个镇都严格守护自己地区的边境,等到他们士气慢慢削减,没有办法的时候,这个十恶不赦的逆贼,就是他自己手下的部属不叛变,而把他杀死,他也会遭受鬼神的诛灭。自古以来不使用武力而能把敌兵屈服的做法,不就正是这样的吗?"

丁卯,诏以"李怀光尝有功,宥其一男,使续其后,赐之田宅,归其首及尸使葬。加马燧兼侍中,浑瑊检校司空,馀将卒赏赉各有差。诸道与淮西连接者,宜各守封疆,非彼侵轶,不须进讨。李希烈若降,当待以不死,自馀将士百姓,一无所问。"

初,李晟尝将神策军戍成都,及还,以营妓高洪自随。西川节度使张延赏怒,追而还之,由是有隙。至是,刘从一有疾,上召延赏入相。晟表陈其过恶,上重违其意,以延赏为左仆射。

【译文】丁卯日(初五),唐德宗颁布诏令:"因为李怀光曾经立过功勋,特别给予宽赦,留下他其中的一个儿子,让他能够延续李家的香火,并且赐给他儿子田地和住宅,还将会把李怀光的首级以及尸体赐回家安葬。除此之外,晋加马燧同时担任侍中,浑瑊兼任检校司空一职,其余的将领士兵各自都论功行赏,功劳大小各有差别。但是与淮西地区接壤的各个地方,全部应该各自严密防守自己的地区边境,如果不是因为逆贼侵犯的话,就不得派兵讨伐他们。李希烈如果愿意投降的话,自然将会免他一死;而且对其余的将士和百姓,一概都不会再加以追究。"

起初,李晟曾经率领着神策军这一部队驻守在成都,等到调动回去防守的时候,带走了一个营妓名叫高洪的跟在他的身边。这导致西川的节度使张延赏非常生气,于是便派兵把李晟追上并将高洪要了回来，因此他们两人之间便产生了嫌隙。现在因为刘从一生病了，唐德宗便召见张延赏入朝成为宰相，李晟因为之前的矛盾而上表陈述张延赏的罪状恶行；唐德宗难以违反李晟的心意，所以只好委派张延赏担任左仆射。

【乾隆御批】李璀不从父逆，卒亦闻败自杀。处臣、子不幸之遭能委曲以明志，其视楚御士弃疾为尤贤，使璀而有子贷之可也，奈何忘怀光之逆而谓念其功乎？

【译文】李璀不跟从父亲李怀光作乱，最终得知其父事败后自杀。作为人臣、人子处于这种不幸的遭遇而能屈身折节以表明情志，他把楚御士弃疾看作大贤人，假使李璀拒绝朝廷恩命，赦免李璀的儿子也可以，为什么要忘掉李怀光的叛逆而念及他曾经的功劳呢？

骆元光将杀徐庭光，谋于韩游瑰曰："庭光辱吾祖考，吾欲杀之，马公必怒，公能救其死乎！"游瑰曰："诺。"壬午，遇庭光于军门之外，揖而数其罪，命左右碎斩之。入见马燧，顿首请罪，燧大怒曰："庭光已降，受朝廷官爵，公不告辄杀之，是无统帅也"欲斩之。游瑰曰："元光杀裨将，公犹怒如此。公杀节度使，天子其谓何！"燧默然。浑瑊亦为之请，乃舍之。

浑瑊镇河中，尽得李怀光之众，朔方军自是分居邠、蒲矣。

卢龙节度使刘怦疾病，九月，己亥，诏以其子行军司马济权知节度事。怦寻薨。

【译文】骆元光想要杀了徐庭光，便去和韩游瑰商讨说："徐庭光让人化装打扮成胡人中的优伶，让士卒们在城楼上尽情地戏耍玩弄，这着实侮辱到了我的祖考先人，我真的很想杀了他，但是我又害怕杀了他会触怒到马公，不知道到时候您能否救我一命？"韩游瑰回答说："可以。"壬午日（十五日），骆元光在军营门外遇见了徐庭光，把他捉住，一条条地指出他的罪过，并命令自己的左右手下剐死了他。然后去面见马燧，跪下来磕头请罪，马燧非常愤怒地说："徐庭光他已经投降归顺，而且还受朝廷命官赐封爵位，你不上告却把他杀了，简直是眼中没有我这个统帅！"于是便生气地要把他推出去斩首示众。韩游瑰求情说："骆元光他不过是杀了个偏将，你就气成这个样子；那你当年杀了节度使，咱们天子又是怎样对待你的？"马燧没有什么话来应对了。再加上浑瑊也替他求情，这才饶了他。

浑瑊镇守河中，他接收掌管了李怀光所有的兵士，北方的军队从此就分别驻守在于邠、蒲二地。

卢龙节度使刘怦卧病在床。九月，己亥日（初七），唐德宗颁布诏书命令派遣他的儿子去行军，而司马刘济暂时管理节度使的职务。之后刘怦没过多长时间就去世了。

己未，中书侍郎、同平章事刘从一罢为户部尚书；庚申，薨。

冬，十月，上祀圜丘，赦天下。

十二月，甲戌，户部奏今岁入贡者凡百五十州。

于阗王曜上言："兄胜让国于臣，今请复立胜子锐。"上以锐检校光禄卿，还其国。胜固辞曰："曜久行国事，国人悦服。锐生长京华，不习其俗，不可往。"上嘉之，以锐为韶王咨议。

【译文】己未日（二十七日），中书侍郎、同平章事刘从一被调任为户部尚书；庚申日（二十八日），刘从一不幸逝世。

冬季，十月，癸卯日（十月无此日），唐德宗在天坛举行祭天大礼，然后大赦天下。

十二月，甲戌日（十三日），户部有官员上奏禀告今年向朝廷入贡的地区总共有一百五十个州。

于阗王曜向唐德宗上奏说："想当年老臣我的兄长胜把国家交给臣，现在请求陛下重新立我兄长胜的儿子锐。"于是唐德宗委派锐为检校光禄卿，不久，让他返回掌管国家。但是胜却坚持推辞着说："曜在长期主持国事中，能够让国人心悦诚服。锐一直都生长在京师中，不太熟悉于阗地区的风俗习惯，所以不能够前去治理国家。"唐德宗对他非常地赞赏嘉许，于是便委任锐担任韶王的咨议参军一职。

贞元二年（丙寅，公元七八六年）春，正月，壬寅，以吏部侍郎刘滋为左散骑常侍，与给事中崔造、中书舍人齐映并同平章事。滋，子玄之孙也。

造少居上元，与韩会、卢东美、张正则为友，以王佐自许，时人谓之"四夔"。上以造在朝廷敢言，故不次用之。滋、映多让事于造。造久在江外，疾钱谷诸使罔上之弊，奏罢水陆运使、度支巡院、江、淮转运使等，诸道租赋悉委观察使、刺史遣官部送诣京师。令宰相分判尚书六曹：齐映判兵部，李勉判刑部，刘滋判吏部、礼部，造判户部、工部，又以户部侍郎元琇判诸道盐铁、榷酒，吉中孚判度支两税。

李希烈将杜文朝寇襄州，二月，癸亥，山南东道节度使樊泽击擒之。

【译文】贞元二年（丙寅，公元786年）春季，正月，壬寅日（十一日），唐德宗下令调任吏部侍郎刘滋担任左散骑常侍这一职务，让他和给事中崔造、中书舍人齐映一起做同平章事。刘滋是刘子玄的孙子。

崔造之前住在上元，他和韩会、卢东美、张正则是好朋友，四个人以王佐之才深自期许，当时很多人称他们为"四夔"。唐德宗因为崔造在朝廷中敢于直言不讳，所以破例重用了他。刘滋、齐映他们经常将自己的职权让给崔造。崔造很长时间都住在江南地区，非常痛恨那些一般钱粮官吏欺蒙舞弊的事件，因而上奏请求撤除水陆运使、度支巡院、江淮转运使等职务，而其他各道的租赋则完全委任观察使、刺史去征收，让派属员直接把这些赋税送往京师。并上奏请求任命宰相分别掌握管理尚书六曹：让齐映主管六部中的兵部，李勉主管刑部，刘滋主管吏部和礼部，崔造自己主管户部、工部；之后又请派户部侍郎元琇主要管理各道的盐铁税、榷酒税，而让吉中孚主要管理和度支这两种税收。

李希烈的手下大将杜文朝入侵襄州；二月，癸亥日（初三），杜文朝被山南东道的节度使樊泽击败并抓获。

崔造与元琇善，故使判盐铁。韩滉奏论盐铁过失；甲戌，以琇为尚书右丞。陕州水陆运使李泌奏："自集津至三门，凿山开车道十八里，以避底柱之险。"是月道成。

三月，李希烈别将寇郑州，义成节度使李澄击破之。希烈兵势日蹙，会有疾。夏，四月，丙寅，大将陈仙奇使医陈山甫毒杀之。因以兵悉诛其兄弟妻子，举众来降。甲申，以仙奇为淮西节度使。

关中仓廪竭，禁军或自脱巾呼于道曰："拘吾于军而不给粮，吾罪人也！"上忧之甚，会韩滉运米三万斛至陕，李泌即奏之。上喜，遽至东宫，谓太子曰："米已至陕，吾父子得生矣！"时禁中不酿，命于坊市取酒为乐。又遣中使谕神策六军，军士皆呼万岁。

时比岁饥馑，兵民率皆瘦黑，至是麦始熟，市有醉人，当时以为嘉瑞。人乍饱食，死者复伍之一。数月，有肤色乃复故。

　　【译文】崔造和元琇的交情很好，所以才让他主持管理盐铁等税务。韩滉上奏指责和摘取了盐铁税务收取时所犯的差错失误。甲戌日（十四日），唐德宗调任元琇为尚书右丞。陕州的水陆运使李泌向唐德宗上奏道："从集津到三门地区，现在正在凿山开辟长达十八里的车道，这样的话可以借此避免经由底柱水运的危险出现。"于是在这个月，山道修成了。

　　三月，李希烈手下的副将入侵攻打郑州，但是被义成的节度使李澄打败了。之后李希烈的势力慢慢地在削减，在这个时候，他又染上了严重的疾病。夏季，四月，丙寅日（初七），他手下的大将陈仙奇让军营的医生陈山甫用毒害死了他，又下令让士卒把他的兄弟、妻子、孩子全都杀了，做完这些事后就带领众人前来向朝廷投降。甲申日（二十五日），唐德宗委任陈仙奇担任淮西节度使。

　　关中地区仓廪中的粮食将要耗尽，于是禁军中有些士卒摘下头布用力挥摇，大声呼喊于道中说："你把我们都拘留在军营中却不发给我们粮食，我们这些人难道都是罪人吗？"唐德宗对这件事感到非常忧虑，这时候正好韩滉运送了三万斛稻米到达了陕州，李泌立即上奏唐德宗。唐德宗觉得非常开心，于是跑到东宫，对太子说："米已经运送到达了陕州，我们父子俩又有了活路！"当时在宫禁中不能够自己酿酒，唐德宗便派人去街坊买酒来庆祝。之后又派宦官作为使者把这件事告谕神策六军，军士们听完后都欢呼雀跃并高呼万岁。

　　当时在那个连续好几年都饥馑的情况下，兵民中大部分都饿得面如菜色，骨瘦如柴，一直到现在稻麦才成熟丰收，但是街上经常出现有喝得大醉酩酊的人，当时大家都认为这是种吉祥的现象。但是经过很长时间的挨饿，突然间大吃饱食一顿，一下子就有差不多五分之一的人被胀死。之后过了好几个月，人们的肤色才慢慢恢复了过来。

以横海军使程日华为节度使。

秋，七月，淮西兵马使吴少诚杀陈仙奇，自为留后。少诚素狡险，为李希烈所宠任，故为之报仇。己酉，以虔王谅为申、光、随、蔡节度大使，以少诚为留后。

以陇右行营节度使曲环为陈许节度使。陈许荒乱之馀，户口流散。曲环以勤俭率下，政令宽简，赋役平均，数年之间，流亡复业，兵食皆足。

八月，癸未，义成节度使李澄薨，其子克宁谋总军务，秘不发丧。

丙戌，吐蕃尚结赞大举寇泾、陇、邠、宁，掠人畜，芟禾稼，西鄙骚然，州县各城守，诏浑瑊将万人，骆元光将八千人屯咸阳以备之。

【译文】唐德宗派横海军使程日华担任节度使。

秋季，七月，淮西地区的兵马使吴少诚杀了陈仙奇，任命自己为留后。吴少诚这个人生性狡诈阴险，却深受李希烈的宠爱信任，所以他为了替李希烈报仇而把陈仙奇杀了。己酉日（二十二日），唐德宗派虔王李谅为申、光、随、蔡等地的节度大使，而委任吴少诚为留后。

唐德宗任命陇右行营节度使曲环为陈许节度使。陈许这个地方历经连年的兵荒马乱之后，百姓颠沛流离、逃亡四散。曲环以勤劳节俭这些好的品质领导下属，政策宽松法令从简，赋税徭役尽力追求达到公平均匀，因此在短短的几年之内，之前流散的民众都回到家乡重操旧业，无论是士兵还是粮食，现在都能够自给自足。

八月，癸未日（二十七日），义成的节度使李澄去世了，他的儿子李克宁暗中密谋接收掌管军政和兵权，所以一直隐瞒着父亲去世这件事而不对外发布死亡的消息。

丙戌日（三十日），吐蕃集结了大批人到泾、陇、邠、宁等各个地区，大肆抢夺人和牲畜，除此之外还抢割百姓的庄稼，西方边陲地区因为这件事情骚动不得安宁，一时这些州县各自据城防守。唐德宗颁布诏令让浑瑊率数万人的军队，骆元光率兵八千驻扎在咸阳地区严加守备，防止吐蕃再度侵犯。

初，上与常侍李泌议复府兵，泌因为上历叙府兵自西魏以来兴废之由，且言："府兵平日皆安居田亩，每府有折冲领之，折冲以农隙教习战陈。国家有事征发，则以符契下其州及府，参验发之，至所期处。将帅按阅，有教习不精者，罪其折冲，甚者罪及刺史。军还，则赐勋加赏，便道罢之。行者近不逾时，远不经岁。高宗以刘仁轨为洮河镇守使以图吐蕃，于是始有久戍之役。武后以来，承平日久，府兵浸堕，为人所贱，百姓耻之，至蒸爇手足以避其役。又，牛仙客以积财得宰相，边将效之。山东戍卒多赍缯帛自随，边将诱之寄于府库，昼则苦役，夜絷地牢，利其死而没入其财。故自天宝以后，山东戍卒还者什无二三，其残虐如此。然未尝有外叛内侮，杀帅自擅者，诚以顾恋田园，恐累宗族故也。自开元之末，张说始募长征兵，谓之彍骑，其后益为六军。及李林甫为相，奏诸军皆募人为之。兵不土著，又无宗族，不自重惜，忘身徇利，祸乱遂生，至今为梗。向使府兵之法常存不废，安有如此下陵上替之患哉！陛下思复府兵，此乃社稷之福，太平有日矣。"上曰："俟平河中，当与卿议之。"

【译文】 起初，唐德宗与李泌商议要恢复府兵制度，李泌因此还向唐德宗陈述之前府兵从西魏以来兴起废除的原因，并且告诉唐德宗说："府兵平时都各自安居在自己的田亩之中，每个府都设有折冲都尉负责领导他们，折冲在农闲的时候教这些士兵练习武艺以及打仗布阵的技巧。当国家有战事发生的时候，会征调动员他们，这时便用符契下达命令到这个州的折冲果毅府，他会参照上方发布的命令，然后检验查明人数后根据征召再发动士兵，在诏书的规定限期内到达他们所要会师的地方。然后再由这个地区的将帅按照数目点收士兵，视察检校查阅，如果有教习得不够熟练的地方，便会惩罚这个地方的折冲都尉，假如教习成效太过差劲的话，就会连当地的刺史一起处分。当军队调回去的时候，便会根据他们的情况授功勋加赞赏，让他们沿途就近离开军队返回家乡。因而府兵出征的时候，如果是在近处，最多不会需要三个月的时间，如果在远的地方，最多也不会需要一年的时间，就可以全部回乡了。直到高宗皇帝委任刘仁轨担任洮河镇守使时，为了抵御吐蕃的侵略，才出现长时间驻扎戍守边疆的徭役。武后时期以后，国家太平的时间很长，所以府兵制度也慢慢地堕落破坏，不被人重视，百姓也都以当兵为耻辱，以至于为了逃避被征去服役，自己烫伤自己的手脚。还有就是因为牛仙客由于囤积财富而获得了宰相的高位，边镇将帅于是便都起来去仿效他；山东地区的戍卒多半自己都随身带有缯帛之类的东西，边将们便诱惑欺骗他们将自己随身携带的缯帛寄存在府库中，白天的时候就让他们去做苦工，到了夜晚就将他们捆绑在地牢里，想要把他们折磨致死，这样就便于没收他们的财产物品，让自己获利。所以自从天宝年间之

后，山东地区的戍卒能生还的还不到十分之二三，他们所遭受
到的伤残迫害达到这样的地步，可是却并没有在边境或是在内
地叛乱造反，杀害将帅，夺位专权的事情发生，实在是由于眷念
家乡的田园，而害怕连累自己的宗亲家族的缘故啊。自从开元末
年开始，张说才又开始招募长征兵，称他们为"彍骑"，后来又
增加编收为六军。到了李林甫做宰相的时候，上书奏请各路的
军队都积极地征收募集百姓去充当士卒。这么一来，士卒就都
不能长久地居住在自己的家乡和土地上，因而便不知道自爱自
重，甚至忘却了自己的身家性命，而只是去谋求财力地位，祸乱
就这样而产生了，到了现在士卒们就更是作恶多端，连续不绝。
要是以前府兵制度能够经常存在不废除的话，哪会有现在这么
多欺凌犯上而致使朝纲不振的事呢？所以陛下您想要恢复府兵
制度，这实在是件非常有利于江山社稷的事，太平盛世，不久即
将会呈现了。"唐德宗说："等到平定河中这件事办妥以后，我
理所应当再与你商量谈论这件事。"

九月，丁亥，诏十六卫各置上将军，以宠功臣。改神策左、
右厢为左、右神策军，殿前射生左、右厢为殿前左、右射生军，各
置大将军二人、将军二人。

庚寅，李克宁始发父澄之丧，杀行军司马马铉，墨缞出视事，
增兵城门。刘玄佐出师屯境上以制之，且使告谕切至，克宁乃不
敢袭位。丁酉，以东都留守贾耽为义成节度使。克宁悉取府库
之财夜出，军士从而剽之，比明殆尽。淄青兵数千自行营归，过
滑州，将佐皆曰："李纳虽外奉朝命，内畜兼并之志，请馆其兵于
城外。"贾耽曰："奈何与人邻道而野处其将士乎！"命馆于城中。
耽时引百骑猎于纳境，纳闻之，大喜，服其度量，不敢犯也。

【译文】九月，丁亥日（初一），唐德宗诏令十六卫每个卫各自设置上将军一人，以此表示对那些功臣的尊重和宠爱；而且还改称神策军左、右厢为左、右神策军，殿前射生左、右厢为殿前左、右射生军，并且各设，大将军二人，将军二人。

庚寅日（初四），李克宁才为他的父亲李澄出殡，还因此杀了行军司马马铉。他穿着黑色的丧服外出视察，还增加了城门的防卫士兵。刘玄佐出兵驻扎在边境上牵制着他，并且派使臣前往深切周详地加以告谕，李克宁这才没有敢做出贸然袭位的举动。丁酉日（十一日），唐德宗派遣东都留守贾耽担任义成节度使。李克宁窃取了府库中所有财物趁着夜色出城逃走，军士们紧紧地追随在后面，一路上还伺机掠夺，到了天亮的时候，财物差不多已经全被军士们抢完了。淄青军队的数千士兵从行营回来，路过滑州的时候，滑州的将帅们都说："李纳表面上虽然是遵守奉从朝廷的旨意，但其实却暗自存有兼并的心意，所以我觉得应当让他的部队住在城外。"贾耽却说："作为他们的邻近朋友，怎么能让他的将士们住在城外郊野这种地方呢？"因而下发命令让他们住宿在城内的旅馆屋舍中。贾耽还带领着百余名骑兵士卒不断地巡视于李纳营地的四周并加以防护。李纳听说了这件事，心中感到非常欣喜，也很佩服他的度量，所以也不敢轻易侵犯他们。

吐蕃游骑及好畤。乙巳，京城戒严，复遣左金吾将军张献甫屯咸阳。民间传言复欲出幸以避吐蕃，齐映见上言曰："外间皆言陛下已理装，具粮粮，人情恟惧。夫大福不再，陛下奈何不与臣等熟计之！"因伏地流涕，上亦为之动容。

李晟遣其将王佖将骁勇三千伏于汧城，戒之曰："虏过城下，勿击其首; 首虽败, 彼全军而至, 汝弗能当也。不若俟前军已过, 见五方旗, 虎豹衣, 乃其中军也, 出其不意击之, 必大捷。"必用其言, 尚结赞败走。军士不识尚结赞, 仅而获免。

尚结赞谓其徒曰: "唐之良将, 李晟、马燧、浑瑊而已, 当以计去之。"入凤翔境内, 无所俘掠, 以兵二万直抵城下曰: "李令公召我来, 何不出犒我!"经宿, 乃引退。

【译文】吐蕃的游骑入侵到了好畤地区。乙巳日(十九日), 京城的戒备十分森严, 唐德宗还派左金吾将军张献甫屯兵驻扎在咸阳这个地区。民间有谣言说唐德宗为了躲避吐蕃的入侵准备再一次迁出。齐映上朝晋见唐德宗说: "外边传言都说皇上您已经整理好了行李装备, 也已经准备好了迁出用的干粮, 现在人心都惶恐不安。大福不可能一次又一次地从天而降, 陛下怎么可以不和我们这些大臣事先好好地商议讨论一下呢?"因而便跪着趴在地上, 涕泗横流, 唐德宗也被他感动了。

李晟委派大将王佖率领着骁勇善战的士卒总共三千人埋伏在汧城这个地方, 并且告诉他说: "当敌兵过境的时候, 不要前去攻打他们的前锋部队, 因为纵使打垮了他们的前锋部队, 如果等到他们全部的军队随后都来到的时候, 你们大家便会没有精力去抵挡他们了。要是这样的话, 还不如等到他们的前锋部队过去后, 你们看到五方旗和那些穿着画有虎豹战服的兵卒, 那就是他们队伍中的中坚部队, 这时候出其不意地截击他们, 必定会取得战斗的成功。"王佖听从了他的这个说法, 果然把尚结赞打得落花流水。但是由于官军士卒不认识尚结赞这个人, 让他逃脱了。

尚结赞对他的徒弟和下属说: "唐室皇朝的良将, 只不过有李晟、马燧、浑瑊三个人罢了, 我们要想取得成功就应该用计谋

资治通鉴

将他们先除掉才行。"当他进入凤翔境内后，并没有俘虏劫掠百姓，而是带兵二万人径直抵达城下说："李令公既然召我前往，但现在为什么却不出城犒劳一下我们？"李晟识破了他的计谋没有搭理他，过了一个夜晚，他便带兵暗自离开了。

冬，十月，癸亥，李晟遣蕃落使野诗良辅与王佖将步骑五千袭吐蕃摧砂堡。壬申，遇吐蕃众二万，与战，破之，乘胜逐北，至堡下，攻拔之，斩其将扈屈律悉蒙，焚其蓄积而还。尚结赞引兵自宁、庆北去，癸酉，军于合水之北。邠宁节度使韩游瑰遣其将史履程夜袭其营，杀数百人。吐蕃追之，游瑰陈于平川，潜使人鼓于西山。虏惊，弃所掠而去。

十一月，甲午，立淑妃王氏为皇后。

乙未，韩滉入朝。

丁酉，皇后崩。

辛丑，吐蕃寇盐州，谓刺史杜彦光曰："我欲得城，听尔率人去。"彦光悉众奔鄜州，吐蕃入据之。

【译文】 冬季，十月，癸亥日（初七），李晟派遣蕃落使野诗良辅和王佖率领步兵骑兵五千人去偷袭攻打吐蕃的摧砂堡。壬申日（十六日），遇上了吐蕃的士兵二万人，只打了一战就把吐蕃打败了，接着乘着胜利的劲头去追杀他们，一直追到摧砂堡下，紧接着又把摧砂堡攻了下来，并且杀了他们的大将扈屈律悉蒙，还放火烧尽了堡中的蓄积之后才回来。尚结赞带领军队从宁、庆地区向北方逃走了，癸酉日（十七日），他们在合水北边驻军休息。邻近的邠宁节度使韩游瑰派大将史履程在深夜偷袭攻打了他们的营地，一下子杀了好几百人。吐蕃聚集军队一起来追史履程他们，韩游瑰集结军队在平川这个地方，并且派人隐藏在西山那里敲响战鼓并大声呼喊以增长士气。敌人都感到心惊胆战，于是就丢下了他们所掠夺的财物，掉头逃跑了。

十一月，甲午日（初八），唐德宗下令立淑妃王氏为皇后。

乙未日（初九），韩滉入朝拜见唐德宗。

丁酉日（十一日），皇后不幸逝世。

辛丑日（十五日），吐蕃率兵再次入侵盐州，他的将领对刺史杜彦光说："我这次只是要占据这个城池，任凭你带领城中居住的百姓离去。"于是杜彦光就率领众人逃奔到了鄜州，吐蕃便进入并占领了盐州城。

刘玄佐在汴，习邻道故事，久未入朝，韩滉过汴，玄佐重其才望，以属吏礼谒之。滉相约为兄弟，请拜玄佐母。其母喜，置酒见之。酒半，滉曰："弟何时入朝？"玄佐曰："久欲入朝，但力未办耳。"滉曰："滉力可及，弟宜早入朝，丈母垂白，不可使更帅诸妇女往填宫也！"母悲泣不自胜。滉乃遗玄佐钱二十万缗，备行装。滉留大梁三日，大出金帛赏劳，一军为之倾动。玄佐惊服，既而遣人密听之，滉问孔目吏，"今日所费几何？"诘责甚细。玄佐笑曰："吾知之矣！"壬寅，玄佐与陈许节度使曲环俱入朝。

【译文】刘玄佐在汴州的时候，了解淄青、淮西、河朔等这些邻道的很多事，但很久都没有入朝。韩滉经过汴州的时候，刘玄佐很崇敬仰慕他的才能和声望，便用部属的礼节来拜见招待他。之后韩滉与他结拜为兄弟，并请求去拜见他的母亲；他的母亲感到非常高兴，于是就摆下了酒席来接待韩滉。他们在一起吃喝了一段时间以后，韩滉便问："老弟你准备什么时候入朝觐见啊？"刘玄佐回答说："我其实很早就想入朝了，只是到现在还没有办法做得到罢了！"韩滉说："我有办法，我觉得弟弟你最好赶快入朝。你看伯母的头发都快全白了，你现在总不能再做出什么反叛的事，而让她老人家带着家里的妇女们进宫成为奴才吧？"刘玄佐的母亲听了这些话后不禁悲伤得流出了眼泪。于是韩滉赠送了二十万缗钱给刘玄佐，让他用这些钱来准备入朝的行装。韩滉在大梁停留的三天时间里，拿出了很多金钱和布帛犒劳刘玄佐的部队，所以刘玄佐的全部士兵都觉得非常感动，并且对韩滉的为人处世钦佩到了极点。不仅是士兵们，连刘玄佐也对他的这种做法感到十分惊讶、感动和佩服，后来他派人暗中探索打听韩滉大方犒劳军队士兵的用意，那人听到韩滉询问孔目吏说："今天一共用了多少金钱和布帛？"而且对这件事询问得非常详细。刘玄佐知道这件事后，笑着说："我明白了！他是在用这些金钱收买军心，是为了让我不得不入朝啊！"壬寅日（十六日），刘玄佐和陈许节度使曲环一起入朝。

崔造改钱谷法，事多不集。诸使之职，行之已久，中外安之。元琇既失职，造忧惧成疾，不视事。既而江、淮运米大至，上嘉韩滉之功。十二月，丁巳，以滉兼度支、诸道盐铁，转运等使，造所条奏皆改之。

吐蕃又寇夏州，亦令刺史托跋乾晖帅众去，遂据其城。又寇银州，州素无城，吏民皆溃。吐蕃亦弃之，又陷麟州。

韩滉屡短元琇于上。庚申，崔造罢为右庶子，琇贬雷州司户。以吏部侍郎班宏为户部侍郎、度支副使。

【译文】崔造改变钱币、谷法的事情，很多都没有办成功。关于设置盐铁、转运等诸使主理税务的办法，推行了很长时间，朝野上下也都习惯了。自从元琇被撤职之后，崔造感到非常忧虑、害怕，以至于生了病，因而便不再过问朝廷政事。没过多长时间，江、淮地区就运来了很大一批稻米粮食，于是唐德宗便对韩滉的功劳大加赞赏。十二月，丁巳日（初二），唐德宗派遣韩滉同时任度支、诸道盐铁、转运等使；而且对崔造之前每条仔细列出的奏议全部加以更改而恢复那些旧有的制度。

吐蕃再度侵略夏州，同样地也先让刺史拓跋乾晖率领众人逃离出去，而占据了夏州。之后又入侵银州，银州城垣早已经残破得几乎不存在了，吐蕃一入侵，官吏居民都四散崩溃逃窜；吐蕃也很快放弃了银州而去了其他的地方，后来又攻陷了麟州。

韩滉一直对唐德宗说元琇的坏话。庚申日（初五），唐德宗便罢免了崔造的相位而把他调任为右庶子，元琇则被贬为雷州地区的司户，并且派吏部侍郎班宏担任户部侍郎、度支副使。

韩游瑰奏请发兵攻盐州，吐蕃救之，则使河东袭其背。丙寅，诏骆元光及陈许兵马使韩全义将步骑万二千人会邠宁军，趣盐州，又使马燧以河东军击吐蕃。燧至右州，河曲六胡州皆降，迁于云、朔之间。

工部侍郎张彧，李晟之婿也。晟在凤翔，以女嫁慕客崔枢，礼重枢过于彧。彧怒，遂附于张延赏；给事中郑云逵尝为晟行军司马，失晟意，亦附延赏。上亦忌晟功名。会吐蕃有离间之言，延赏等腾谤入朝，无所不至。晟闻之，昼夜泣，目为之肿，悉遣子弟诣长安，表请削发为僧，上慰谕，不许。辛未，入朝，见上，自陈足疾，恳辞方镇，上不许。韩滉素与晟善，上命滉与刘玄佐谕旨于晟，使与延赏释怨。晟奉诏，滉等引延赏诣晟第谢，结为兄弟，因宴饮尽欢。又宴于滉、玄佐之第，亦如之。滉因使晟表荐延赏为相。

【译文】韩游瑰上奏请求发兵进攻盐州这个地方，他说假如吐蕃派兵去援救的话，那就让河东军深入吐蕃内部予以沉重的打击。丙寅日（十一日），唐德宗诏令骆元光以及陈许兵马使韩全义率领步兵和骑兵一万二千人与邠宁军会合，并直逼盐州，又命令马燧率领河东军这一队伍入侵吐蕃。马燧率兵到达了石州地区，河曲六胡州全部投降，之后便迁徙到云、朔一带去了。

　　工部侍郎张彧，是李晟的女婿。李晟在凤翔的时候，将自己的另一个女儿嫁给了幕府中的客卿崔枢，而且他对崔枢的礼遇超过了张彧。张彧一生气便跑去归附了张延赏；给事中郑云逵曾经在李晟的手下做行军司马，因为李晟对他很不满意，于是他也归附了张延赏。而且唐德宗也顾忌李晟的功劳高、名声显赫。正好吐蕃想用离间计把李晟除掉，张延赏等人便对李晟展开了极力毁谤，而且还使这些诽谤的谣言传到朝廷，没有什么狠招是他们不用的。李晟听说了这件事，不管白天还是黑夜都在哭泣，以至于他的眼睛都哭肿了，而且还把他所有的子弟都送到长安，并上表请求唐德宗准许他剃度为僧，唐德宗宽慰挽留他，但是不准许他的所有请求。辛未日（十六日），李晟又一次入朝拜见唐德宗，以他的脚有病痛为借口，请求辞去方镇这一职务，唐德宗还是不答应。韩滉和李晟平日的交情非常好，唐德宗因此命令韩滉和刘玄佐一起去向李晟传达他的旨意，规劝他解除与张延赏之间的怨恨间隙。李晟听从了唐德宗的诏令旨意，韩滉等人便约着张延赏一同到李晟家里去登门谢罪，之后他和李晟彼此之间结为好兄弟，于是大家便一起开怀畅饮。韩滉和刘玄佐又分别在自己的家里设宴邀请他们一起饮酒，也都相处得非常欢快。韩滉因此建议李晟可以上表推荐张延赏担任宰相。

【康熙御批】李晟虽遭谗间，不能坦然自信，则亦未尝学问之过也。凡人臣善处功名者不多。概见惟在帝王加意保全之，斯可得善始善终耳。

【译文】 李晟虽然遭到谗言和离间，不能坦然自信，然而这也未尝不是他学问的过失。但凡做臣子的，善于处理名位的不多。大概只有在帝王注意保全之下，才可以善始善终。

【乾隆御批】 德宗不直斥延赏之奸，而谕以饮酒释怨，固已不纲，至晟揣知德宗注意延赏，而藉此周旋，遽荐为相，亦为乖舛。

【译文】 唐德宗不是直截了当地斥责张延赏的奸诈，而是吩咐李晟用宴饮的方式与张延赏消除嫌怨，这本来已经失去纲纪，至于李晟忖度知晓唐德宗赏识张延赏，而借此方式与张延赏交际应酬，匆忙推荐张延赏担任宰相，这也是很错误的。

贞元三年（丁卯，公元七八七年）春，正月，壬寅，以左仆射张延赏同平章事。李晟为其子请婚于延赏，延赏不许。晟谓人曰："武夫性快，释也于杯酒间，则不复贮胸中矣。非如文士难犯，外虽和解，内蓄憾如故，吾得无惧哉！"

初，李希烈据淮西，选骑兵尤精者为左、右门枪、奉国四将，步兵尤精者为左、右克平十将。淮西少马，精兵皆乘骡，谓之骡军。

陈仙奇举淮西降，才数月，诏发其兵于京西防秋。仙奇遣都知兵马使苏浦悉将淮西精兵五千人以行。会仙奇为吴少诚所杀，少诚密遣人召门枪兵马使吴法超等使引兵归。浦不之知。法超等引步骑四千自鄜州叛归，浑瑊使其将白娑勒追之，反为所败。

【译文】 贞元三年（丁卯，公元787年）春季，正月，壬寅日（十七日），唐德宗诏令左仆射张延赏担任同平章事。李晟为他的儿子向张延赏的女儿求婚，张延赏不肯答应这件事。李晟便对他人说："我们武夫生性豪放爽快，既然之前的恩怨已经在杯酒之间释怀，便不会再将过去的那些仇怨放在心里了；不像他们文人那样难缠，表面上虽然和你是和解了，但还是一如往日地把恩怨仇恨记在心里，这样的话我能不忧惧顾忌吗？"

当时，李希烈占据淮西地区的时候，从骑兵中选出了那些特别精明能干的士兵，把他们编为左右门枪奉国军，这些骑兵由四位大将军分别率领，而从步兵中挑选出很精明能干的编为左右克平军，他们分别由十员大将率领。淮西这个地方十分缺乏马匹，这些精通骑射的士兵骑的都是骡子，所以又被称为"骡军"。

陈仙奇在淮西举城投降，几个月之后，唐德宗便下诏命令他出兵去京西地区负责防秋。于是陈仙奇就派都知兵马使苏浦率领淮西地区的全部精锐士兵总共五千人前往京西。正当这个时候，陈仙奇竟然被吴少诚给杀害了，于是吴少诚便暗中派人去召集门枪兵马使吴法超等人，让他们带兵原路返回。苏浦不知道这件事。吴法超等人带领了步兵、骑兵四千人反叛了苏浦，而从鄜州回来了，浑瑊派大将白娑勒去追击他们，却反过来被他们给打败了。

丙午，上急遣中使敕陕虢观察使李泌发兵防遏，勿令济河。泌遣押牙唐英岸将兵趣灵宝，淮西兵已陈于河南矣。泌乃命灵宝给其食，淮西兵亦不敢剽掠。明日，宿陕西七里。泌不给其食，遣将将选士四百人分为二队，伏于太原仓之隘道，令之曰："贼十队过，东伏则大呼击之，西伏亦大呼应之，勿遮道，勿留行，常让以半道，随而击之。"又遣虞候集近村少年各持弓、刀、瓦石蹑贼后，闻呼亦应而追之。又遣唐英岸将千五百人夜出南门，陈于涧北。明日四鼓，淮西兵起行入隘，两伏发。贼众惊乱，且战且走，死者四之一。进遇唐英岸，邀而击之，贼众大败，擒其骡军兵马使张崇献。泌以贼必分兵自山路南遁，又遣都将燕子楚将兵四百自炭窖谷趣长水。贼二日不食，屡战皆败，英岸追至永宁东，贼皆溃入山谷。吴法超果帅其众太半趣长水，燕子楚击之，斩法超，杀其士卒三分之二。上以陕兵少，发神策军步骑五千往助泌，至赤水，闻贼已破而还。上命刘玄佐乘驿归汴，以诏书缘道诱之，得百三十馀人，至汴州，尽杀之。其溃兵在道，复为村民所杀，得至蔡者才四十七人。吴少诚以其少，悉斩之以闻。且遣使以币谢李泌，为其破叛卒也。泌执张崇献等六十馀人送京师，诏悉腰斩于郿州军门，以令防秋之众。

【译文】丙午日（二十一日），唐德宗派出宦官担任使者紧急前往敕令陕虢观察使李泌出兵去阻挡他们，不能让吴法超这些人渡河。李泌得到这个诏令后立即派押牙唐英岸率领士兵径直赶往灵宝，淮西的军队已经在黄河的南岸布下阵势。尽管如此，李泌还是命令灵宝县府供给他们粮食，淮西的兵士也没敢去剽劫抢掠百姓。第二天，淮西部队移动军队驻扎在陕城西边七里远的地方，李泌这时便不再给他们供给粮食，并且派大将将之前精挑细选的那些骁勇士卒四百人分成两队，分别埋伏在太原仓狭窄的道路两旁，并且命令他们说："贼兵的十支队伍经过之后，东侧所埋伏的士兵就大声叫喝着出来攻击他们，西侧埋伏的士兵也要大声叫喊着与之相呼应，但是不要挡住了通道，不要阻挡了通行前进的敌兵，并记得要随时让出半边的道路，紧紧地跟在他们后面追击。"然后又派虞候把邻近村庄里的少年都集合到一起，每个人都拿着弓箭、大刀、瓦石等跟在敌人的后面，当他们听到呼声时也随着大声叫喊去追敌。另外还派唐英岸率领一千五百人在夜里出南门，在涧水的北边摆好阵势等待着。第二天的四更时分，淮西兵出发走到那个狭隘的地方，两边之前埋伏好的士兵发起了攻击，贼兵都非常惊慌失措，他们一边战斗一边赶路，大概死了四分之一的军士；之后又遇到了唐英岸发兵截击他们，并且活捉了他们骠军的兵马使张崇献，贼兵败得一塌糊涂。李泌认为逆贼一定会分兵由山路向南方逃跑，因而又派都将燕子楚率领四百名士兵由炭窑谷径直趋向长水地区。贼兵已经两天没有吃过东西了，由于饥饿他们每次战斗都失败，唐英岸一路把他们追杀到了永宁城东地区，贼兵崩溃并四散逃入了山谷。吴法超果然率领了他部队的一大半士卒急急忙忙地向长水赶去，燕子楚给他们以迎头痛击，在这里斩杀了吴法超，并且杀死了他大概三分之二的士卒。由于陕州兵少的缘故，唐德宗派神策军步骑总共五千名前往援助李泌，才到赤水就听说贼兵已被打垮，于是便回去了。唐德宗命令刘玄佐乘驿马回到汴州，用诏书在回来的路上招募引诱贼兵，总共得到一百三十多人，到了汴州后，便把他们全部都杀了。有些逃散在路上的贼兵，又被村民拦截杀死了，能逃命回到蔡州的贼兵仅仅只有四十七人罢了。因为觉得战败逃回的士兵人数太少了，于是吴少诚便将这些人全部杀了，之后派人去告诉李泌这件事，并且送上一些钱币和布帛，以表示感谢李泌替他杀了那些叛变的士卒。李泌押解着张崇献等六十多人去京师，得到诏令把他们全部腰斩于郦州军营的门前，借此机会镇压那些号令防秋的军众。

初，云南王阁罗凤陷嶲州，获西泸令郑回。回，相州人，通经术，阁罗凤爱重之。其子凤迦异及孙异牟寻、曾孙寻梦凑皆师事之，每授学，回得挞之。及异牟寻为王，以回为清平官。清平官者，蛮相也，凡有六人，而国事专决于回。五人者事回甚卑谨，有过，则回挞之。

云南有众数十万，吐蕃每入寇，常以云南为前锋，赋敛重数，又夺其险要立城堡，岁征兵助防，云南苦之。回因说异牟寻复自归于唐，曰："中国尚礼义，有惠泽，无赋役。"异牟寻以为然，而无路自致，凡十馀年。及西川节度使韦皋至镇，招抚境上群蛮，异牟寻潜遣人因诸蛮求内附。皋奏："今吐蕃弃好，暴乱盐、夏，宜因云南及八国生羌有归化之心招纳之，以离吐蕃之党，分其势。"上命皋先作边将书以谕之，微观其趣。

资治通鉴

【译文】起初，云南王阁罗凤攻陷了巂州后，还抓捕获得了西泸的县令郑回。郑回是相州人，通晓经术，因此阁罗凤非常敬爱和器重他。阁罗凤的儿子凤迦异以及他的孙儿异牟寻、曾孙寻梦凑都拜他为老师，在每次教学的时候，郑回都可以随时地责怪打骂他们。等到异牟寻立位称王的时候，便拜封郑回为清平官。所谓的清平官，就是蛮夷地区的宰相，这个职务总共设立六位，但是国事全都由郑回一人裁定。其余的五位清平官，都事奉郑回，他们甚是谦逊、恭敬，一旦他们犯了什么过失，郑回就会给他们以严厉的责怪打骂。

云南地区有数十万人，吐蕃每次入侵的时候，经常用云南当地的士兵去打前锋，当地的赋税又重又繁多，而且还要侵占夺取云南的险要地区，在那些地区修筑城墙建设堡垒；除此之外，每年还需要征收士兵以此协助防御，云南的百姓因为这些感到非常辛苦。郑回因而规劝异牟寻再一次归附于唐，他说："中国自古以来就很崇尚礼义，对待少数民族的下属施加很多恩泽，而不是靠征赋税徭役来管理。"异牟寻觉得他说的很正确，但是苦无门路，前后长达十几年之久。等到西川节度使韦皋来到镇守管区的时候，召集并且安抚边境上的一些少数民族蛮人，异牟寻暗地里派人混在群蛮之中请求归顺于他们内部。韦皋向唐德宗上奏折说："现在吐蕃背弃自己的友好盟国，经常在盐、夏二州发动一系列的暴乱事件，导致云南及八国生羌因而有归化朝廷的念头，这些也是理所当然的事情，如果我们招抚接纳他们的话，也可以借此机会分散离间吐蕃的盟国，这样就会削减吐蕃的势力。"于是唐德宗命令韦皋首先拟定好告边将书，再暗访他们的意思究竟怎样。

　　张延赏与齐映有隙，映在诸相中颇称敢言，上浸不悦。延赏言映非宰相器。壬子，映贬夔州刺史。刘滋罢为左散骑常侍，以兵部侍郎柳浑同平章事。

　　韩滉性苛暴，方为上所任，言无不从，他相充位而已，百官群吏救过不赡。浑为滉所引荐，正色让之曰："先相公以褊察为相，不满岁而罢，今公又甚焉。奈何榜吏于省中，至有死者！且作福作威，岂人臣所宜！"滉愧，为之少霁威严。

　　【译文】张延赏和齐映也有矛盾，在所有的宰相中齐映是被公认最勇于谏言的一位，唐德宗因此越来越不喜欢他。张延赏又说齐映绝非是做宰相的人才。最终在壬子日（二十七日），便把齐映贬为夔州刺史，同时又罢免了刘滋的相位，而改派为左散骑常侍，并派遣兵部侍郎柳浑为同平章事。

　　韩滉性格严厉暴躁，那时正是唐德宗对他非常宠信的时候，只要他说的话，唐德宗没有不听从的；其他的宰相不过是居位充数罢了，而文武百官为免受责打，避祸上身都怕来不及。柳浑即使是受韩滉举荐的，却疾言厉色地指责他说："令先翁休因心胸狭隘，居相位不满一年就被罢免，而今公你更加过分。怎么能在台省里责打官员，甚至打死呢？更何况作威作福，难道是身为人臣该有的态度吗？"韩滉因此感到羞愧，而稍稍收敛了些威严。

二月，壬戌，以检校左庶子崔浣充入吐蕃使。

戊寅，镇海节度使、同平章事、充江、淮转运使韩滉薨。滉久在二浙，所辟僚佐，各随其长，无不得人。尝有故人子谒之，考其能，一无所长，滉与之宴，竟席，未尝左右视及与并坐交言。后数日，署为随军，使监库门。其人终日危坐，吏卒无敢妄出入者。

分浙江东、西道为三：浙西，治润州；浙东，治越州；宣、歙、池，治宣州；各置观察使以领之。上以果州刺史白志贞为浙西观察使，柳浑曰："志贞，憸人，不可复用。"会浑疾，不视事，辛巳，诏下，用之。浑疾间，遂乞骸骨，不许。

甲申，葬昭德皇后于靖陵。

【译文】二月，壬戌日（初七），派遣检校左庶子崔浣担任使臣出使吐蕃。

戊寅日（二十三日），镇海节度使、同平章事兼江淮转运使韩滉去世。韩滉长时间在二浙，所聘选任用的辅佐幕僚，依据各人的专长，没有一个不是任用合适的。曾有位老友的儿子来拜访他，观察之下，发现此人一无所长，韩滉设宴款待他，一顿饭直到结束，韩滉和他并肩而坐，都没歪头看他一眼，对他讲过一句话。几天之后，派遣他为随军，让他去看管仓库，这个人从早到晚端端正正地坐在仓库门口，吏卒竟然没一个敢随意进出的。

把浙江东、西道一分为三：浙西，治于润州；浙东，治于越州；宣、歙、池，治于宣州；各设置观察使一人治理。唐德宗派遣果州刺史白志贞为浙西观察使，柳浑说："白志贞是个谄媚小人，不能再重用他了。"恰逢柳浑重病，而不能理事；辛巳日（二十六日），唐德宗还是下诏任用了他。柳浑病愈，请求辞官回乡，唐德宗没批准。

甲申日（二十九日），把昭德皇后安葬在靖陵。

三月，丁酉，以左庶子李銛充入吐蕃使。

初，吐蕃尚结赞得盐、夏州，各留千馀人戍之，退屯鸣沙。自冬入春，羊马多死。粮运不继，又闻李晟克摧沙，马燧、浑瑊等各举兵临之，大惧，屡遣使求和，上未之许。乃遣使卑辞厚礼求和于马燧，且请修清水之盟而归侵地，使者相继于路。燧信其言，留屯石州，不复济河，为之请于朝。

李晟曰："戎狄无信，不如击之。"韩游瑰曰："吐蕃弱则求盟，强则入寇，今深入塞内而求盟，此必诈也！"韩滉曰："今两河无虞，若城原、鄜、洮、渭四州，使李晟、刘玄佐之徒将十万众戍之，河、湟二十馀州可复也。其资粮之费，臣请主办。"上由是不听燧计，趣使进兵。燧请与吐蕃使论颊热俱入朝论之，会滉薨，燧、延赏皆与晟有隙，欲反其谋，争言和亲便。上亦恨回纥，欲与吐蕃和，共击之，得二人言，正会己意，计遂定。

【译文】三月，丁酉日（十三日），派遣左庶子李銛充任使臣出使吐蕃。

起初，吐蕃尚结赞攻克了盐、夏二州，各留一千多人在城中驻守，退兵屯驻在鸣沙；从冬天到春天，羊马冻死了很多，粮食接济不上，又听闻李晟克复了摧砂，马燧、浑瑊等各率兵逼近，大为惊慌，多次派遣使者求和，唐德宗都不允许。于是就派遣使者说话谦卑，具备厚礼向马燧求和，而且要求遵守清水之盟的条约做事，归还他们占据的领土，而不断地遣使前来。马燧就信了他的话，于是就留兵驻守在石州而不再进兵渡河，并代替吐蕃向朝廷求情。

李晟对唐德宗说："戎狄不守信用，不如出兵攻打。"韩游瑰又说："吐蕃势力微弱的时候就要求结盟，强大的时候就发兵侵略，如今已深入塞内了，还来求和，一定是骗人的！"韩滉也说："如今两河一带不必担心，假如整修原、鄜、洮、渭四州，让李晟、刘玄佐等人领兵十万前去驻守，那河、湟二十余州都能收复。所需粮草物品，请由我负责筹集。"唐德宗因此没采纳马燧的意见，并催他进军攻打。马燧请准许吐蕃使臣论颊热一起入朝商讨此事，恰巧韩滉在这个时候逝世，马燧、张延赏都和李晟有仇怨，更想违反他的计划，争相极言和吐蕃谈和的好处。唐德宗也因痛恨回纥，想与吐蕃讲和，共同去攻击回纥，听了这两个人的说法，正合心意，于是就决定与吐蕃议和了。

延赏数言"晟不宜久典兵，请以郑云逵代之。"上曰："当令自择代者。"乃谓晟曰："朕以百姓之故，与吐蕃和亲决矣。大臣既与吐蕃有怨，不可复之凤翔，宜留朝廷，朝夕辅朕，自择一人可代凤翔者。晟荐都虞候邢君牙。君牙，乐寿人也。丙午，以君牙为凤翔尹团练使。丁未，加晟太尉、中书令，勋、封如故；馀悉罢之。

晟在凤翔，尝谓僚佐曰："魏征好直谏，余窃慕之。"行军司马李叔度曰："此乃儒者所为，非勋德所宜。"晟敛容曰："司马失言。晟任兼将相，知朝廷得失不言，何以为臣！"叔度惭而退。及在朝廷，上有所顾问，极言无隐。性沉密，未尝泄于人。

【译文】张延赏多次进言说："李晟不适合久掌兵权，请派遣郑云逵代替他的职权。"唐德宗说:"应当让李晟自己选代理人。"于是就对李晟说:"由于百姓的缘故,朕已决定与吐蕃讲和订盟。你既与吐蕃结下了仇怨,就不能再去凤翔,应当留在朝廷,早晚辅佐朕治理国家大事;你自己推举一个替你去凤翔的人选吧。"于是李晟就推举都虞候邢君牙。邢君牙是乐寿人。丙午日(二十二日),就派任邢君牙为凤翔尹兼团练使。丁未日(二十三日),晋加李晟为太尉、中书令,勋奖封赏仍如往昔,其余的权职全部罢免。

李晟在凤翔时,就曾对僚佐们说:"魏征好直谏进言,我真的非常羡慕他。"行军司马李叔度说:"这是儒学文士做的事,有功绩德望的人却不适合这样做。"李晟神色严肃地说:"司马这话就错了。我李晟位兼将相,知晓关系到朝廷利益的事而不说,还做什么臣子!"李叔度自感羞愧退了下去。等到他在朝中,唐德宗对他有所询问时,他都尽所欲言而毫不隐瞒。李晟生性深沉周密,从不把与唐德宗讨论的事告诉外人。

辛亥,马燧入朝。燧既来,诸军皆闭壁不战,尚结赞遽自鸣沙引归,其众乏马,多徒行者。崔浣见尚结赞,责以负约。尚结赞曰:"吐蕃破朱泚,未获赏,是以来,而诸州各城守,无由自达。盐、夏守者以城授我而遁,非我取之也。今明公来,欲践修旧好,固吐蕃之愿也。今吐蕃将相以下来者二十一人,浑侍中尝与之共事,知其忠信。灵州节度使杜希全、泾原节度使李观皆信厚闻于异域,请使之主盟。"

夏,四月,丙寅,浣至长安。辛未,以浣为鸿胪卿,复使入吐蕃语尚结赞曰:"希全守灵,不可出境,李观已改官,今遣浑瑊盟于清水。"且令先归盐、夏二州。五月,甲申,浑自咸阳入朝,以为清水会盟使。戊子，以兵部尚书崔汉衡为副使，司封员外郎郑叔矩为判官，特进宋奉朝为都监。己丑，珹将二万馀人赴盟所。

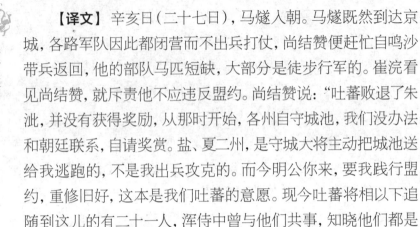

【译文】辛亥日（二十七日），马燧入朝。马燧既然到达京城，各路军队因此都闭营而不出兵打仗，尚结赞便赶忙自鸣沙带兵返回，他的部队马匹短缺，大部分是徒步行军的。崔浣看见尚结赞，就斥责他不应违反盟约。尚结赞说："吐蕃败退了朱泚，并没有获得奖励，从那时开始，各州自守城池，我们没办法和朝廷联系，自请奖赏。盐、夏二州，是守城大将主动把城池送给我逃跑的，不是我出兵攻克的。而今明公你来，要我践行盟约，重修旧好，这本是我们吐蕃的意愿。现今吐蕃将相以下追随到这儿的有二十一人，浑侍中曾与他们共事，知晓他们都是忠信诚实的人。灵州节度使杜希全、泾原节度使李观，都是诚信宽宏著名于异域的人，请派遣他们前来主持结盟的事。"

夏天，四月，丙寅日（十二日），崔浣到达长安。辛未日（十七日），封崔浣为鸿胪卿，再次让他出使吐蕃对尚结赞说："杜希全恰在守丧期间，不能出境，李观已经调职，现在特派浑珹去清水主持结盟诸事。"而且让吐蕃先归还盐、夏二州。五月，甲申日（初一），浑珹从咸阳入朝，派遣他为清水会盟使。戊子日（初五），派遣兵部尚书崔汉衡为副使，司封员外郎郑叔矩为判官，特进宋奉朝为都监。己丑日（初六），浑珹率兵二万余人赶赴会盟地清水。

乙巳，尚结赞遣其属论泣赞来言："清水非吉地，请盟于原州之土梨树，既盟而归盐、夏二州。"上皆许之。神策将马有麟奏："土梨树多阻险，恐吐蕃设伏兵，不如平凉川坦夷。"时论泣赞已还，丁未，遣使追告之。

申蔡留后吴少诚，缮兵完城，欲拒朝命，判官郑常、大将杨冀谋逐之，诈为手诏赐诸将申州刺史张伯元等。事泄，少诚杀常、冀、伯元。大将宋旻、曹济奔长安。

闰月，己未，韦皋复与东蛮和义王苴那时书，使诇伺导达云南。

庚申，大省州、县官员，收其禄以给战士，张延赏之谋也。时新除官千五百人，而当减者千馀人，怨嗟盈路。

【译文】乙巳日（二十二日），尚结赞派遣他的下属论泣赞来说："清水是个不吉祥的地方，请求在原州的土梨树订盟；订立盟约之后，再归还盐、夏二州。"唐德宗都应允了。神策将军马有麟上表说："土梨树有很多险阻的地方，应该防备吐蕃设有埋伏，不若平凉川那地方平坦开阔。"那时论泣赞已经返回了，丁未日（二十四日），派使追赶前去告知他改在平凉川会盟。

申蔡留后吴少诚，修整兵械，整治城郭，想违背朝令起而造反，判官郑常、大将杨翼一起策划想将吴少诚赶走，于是伪造了唐德宗的手谕，颁给诸位将领与申州刺史张伯元等。不幸事情泄露，郑常、杨翼、张伯元都被吴少诚斩杀。大将宋旻、曹济逃往长安。

闰五月，己未日（初七），韦皋又给东蛮和义王苴那时写了封信，让密探带着送信的人到云南去。

庚申日（初八），大肆裁减各州、县的官员，收回应该给他们的俸禄拿来发放给战士们，这是张延赏出的计谋。那时新任命的官员有一千五百人，而当裁减的一千多人，埋怨叹息的声音，一路上到处都听得到。

初，韩滉荐刘玄佐可使将兵复河、湟，上以问玄佐，玄佐亦赞成之。滉薨，玄佐奏言：“吐蕃方强，未可与争。”上遣中使劳问玄佐，玄佐卧而受命。张延赏知玄佐不可用，奏以河、湟事委李抱真，抱真亦固辞。皆由延赏罢李晟兵柄，故武臣皆愤怒解体，不肯为用故也。

上以襄、邓扼淮西冲要，癸亥，以荆南节度使曹王皋为山南东道节度使，以襄、邓、复、郢、安、随、唐七州隶之。

浑瑊之发长安也，李晟深戒之以盟所为备不可不严。张延赏言于上曰：“晟不欲盟好之成，故戒瑊以严备。我有疑彼之形，则彼亦疑我矣，盟何由成！”上乃召瑊，切戒以推诚待虏，勿自为猜贰以阻虏情。

【译文】起初，韩滉推举刘玄佐，说是能派遣他带兵去收复河、湟，唐德宗就此事问及刘玄佐的意思，刘玄佐也表示赞同。韩滉逝世后，刘玄佐上表说：“吐蕃现今恰是强大的时候，无法与他们抗衡。”唐德宗便派遣宦官为使臣去安慰刘玄佐，刘玄佐装病睡在床上领受诏命。张延赏知晓刘玄佐不愿意服从他的使令，便上表请将收复河、湟的事委任给李抱真，李抱真也坚决推辞。这完全是因为张延赏释除了李晟的兵权，因此武将们都怨恨在心，不愿接受张延赏的使令。

唐德宗觉得襄、邓是掌控淮西的要地，癸亥日（十一日），便派遣荆南节度使曹王李皋为山南东道节度使，以襄、邓、复、郢、安、随、唐七州隶属于他。

浑瑊从长安出发之时，李晟一再警戒他会盟场所必须严加戒备。张延赏对唐德宗说：“李晟根本就不想让议和成功，因此要浑瑊严加防备。我们有了怀疑他们的迹象，那他们当然也会怀疑我们，盟约怎么能订成？”于是唐德宗召见浑瑊，认真地告诫他对吐蕃一定以诚相待，不要猜忌多疑，而毁坏了吐蕃和谈的诚心。

珹奏吐蕃决以辛未盟，延赏集百官，以珹表称诏示之曰："李太尉谓吐蕃和好必不成，此浑侍中表也，盟日定矣。"晟闻之，泣谓所亲曰："吾生长西陲，备谙虏情，所以论奏，但耻朝廷为犬戎所侮耳！"

上始命骆元光屯潘原，韩游瑰屯洛口，以为珹援。元光谓珹曰："潘原距盟所且七十里，公有急，元光何从知之！请与公俱。"珹以诏指固止之。元光不从，与珹连营相次，距明所三十馀里。元光壕栅深固，珹壕栅皆可逾也。元光伏兵于营西，韩游瑰亦遣五百骑伏于其侧，曰："若有变，则汝曹西趣柏泉以分其势。"

【译文】浑珹上表说吐蕃决定在辛未日（十九日）订盟，张延赏召集文武百官，而将浑珹的奏章拿给他们看，说："李太尉说与吐蕃议和是一定不可能成功的事，这是浑侍中的奏章，会盟的日子已经定了。"李晟听说后，哭着对他亲信的人说："我生长在西方边境，对敌人很了解，因此才据实禀告，商讨此事，只不过是让朝廷避免受犬戎的侮辱罢了！"

唐德宗当时命骆元光驻兵潘原，韩游瑰驻兵洛口，作为浑珹的后援。骆元光对浑珹说："潘原距会盟的地方将近七十里，假如那里发生突变，我又怎么能知晓呢？请让我与你一起去。"浑珹因唐德宗的旨意，坚定地阻挠他前往。骆元光不听，而带兵与浑珹连营相接，距盟所三十余里。骆元光营地四周的壕沟、栏栅高深坚固，而浑珹营区的壕栅都能跨过去。骆元光在营西设了伏兵，韩游瑰也派遣五百骑兵埋伏在他旁边，并对这些骑兵说："假如有突变，你们就向西直赴柏泉，来分散敌人的兵力。"

尚结赞与瑊约，各以甲士三千人列于坛之东西，常服者四百人从至坛下，辛未，将盟，尚结赞又请各遣游骑数十更相觇索，瑊皆许之。吐蕃伏精骑数万于坛西，游骑贯穿唐军，出入无禁。唐骑入虏军，悉为所擒，瑊等皆不知，入幕，易礼服。虏伐鼓三声，大噪而至，杀宋奉朝等于幕中。瑊自幕后出，偶得它马乘之，伏鬣入其衔，驰十馀里，衔方及马口，故矢过其背而不伤。唐将卒皆东走，虏纵兵追击，或杀或擒之，死者数百人，擒者千馀人，崔汉衡为虏骑所擒。浑瑊至其营，则将卒皆遁去，营空矣。骆元光发伏成陈以待之，虏追骑愕眙。瑊入元光营，追骑顾见邠宁军西驰，乃还。元光以辎重资瑊，与瑊收散卒，勒兵整陈而还。

【译文】尚结赞与浑瑊约定，双方各派三千名武装士兵分列于盟坛的两边，四百名便装随从站在坛下。辛未日（十九日），即将会盟的那天，尚结赞又要求双方各派巡逻骑兵数十人相互监督搜查，浑瑊都应允了。吐蕃埋伏了数万精锐的骑兵在坛西，巡逻骑兵往来于唐朝军营中，进进出出都不阻止他们；而唐朝的巡逻骑兵进入吐蕃的军营，全被他们捉拿了，浑瑊等人却都不知晓，而登坛入幕，穿上礼服。戎虏鸣鼓三响，大军喧噪而来，在帐幕中斩杀宋奉朝等人。浑瑊从帐幕后面逃跑，恰好看见有匹马在，骑上便跑，一边伏身揪着马鬣去套衔勒，奔跑了十多里，才将衔勒套在马口上，因此箭矢飞来，从他背上飞过却没射中他。唐将士兵都向东逃跑，戎虏放兵追赶。唐将士兵有的被杀，有的被俘，死了几百人，被俘了一千多人，崔汉衡也被敌骑捉住了。浑瑊回到营区中，将士早已逃走，全营没有一人。骆元光将伏兵叫出列阵以待，戎虏骑兵追来，乍见之下，猛然一惊。浑瑊奔往骆元光营区，戎虏追赶而来的骑兵回头看到邠宁军正向西飞奔而来，于是才掉头返回。骆元光补给浑瑊一些武器装备，又帮助浑瑊召集散兵，重新整顿，列队而回。

是日上临朝，谓诸相曰："今日和戎息兵，社稷之福。"马燧曰："然。"柳浑曰："戎狄，豺狼也，非盟誓可结。今日之事，臣窃忧之！"李晟曰："诚如浑言。"上变色曰："柳浑书生，不知边计；大臣亦为此言邪！"皆伏地顿首谢，因罢朝。是夕，韩游瑰表言："虏劫盟者，兵临近镇。"上大惊，街递其表以示浑。明旦，谓浑曰："卿书生，乃能料敌如此其审乎！"上欲出幸以避吐蕃，大臣谏而止。

李晟大安园多竹，复有为飞语者，云"晟伏兵大安亭，谋因仓猝为变。"晟遂伐其竹。

【译文】当天唐德宗上朝，还对各位宰相说："今天和戎虏议和休兵，真是社稷之福啊！"马燧说："是啊。"柳浑说："戎狄，豺狼成性，不是靠盟誓就能和他们结交友好关系的。对今天和谈的事，我心里确实还在担心！"李晟说："柳浑说的是。"唐德宗变了脸色对李晟说："柳浑是个书生，不懂边疆上的事，你竟然也说这样的话？"因此二人都跪地叩头请罪，于是就罢朝了。当天晚上，韩游瑰上奏急报说："戎狄俘虏结盟代表，兵临邠宁附近。"唐德宗大惊，急忙中令御使将奏表送去给柳浑看。第二天早上，唐德宗对柳浑说："卿一个书生，竟能预料敌情这般地精准啊！"唐德宗就想出走他处来避免吐蕃作乱，大臣力谏才罢休。

李晟居宅的大安园里有一片竹林，因此又有人造谣诽谤他说："李晟埋伏了一些士兵在大安亭，图谋趁着仓忙混乱的时候造反。"于是李晟立即把竹子都砍光了。

【乾隆御批】 李晟逆料盟必不成，自是得之阅历。延赏之论由私意横结，非真有定识也。德宗既命兵为备，元光复请设伏应援，不得谓不密于防患。珹故名将，于此亦当略有戒心，何以虏衷甲而不悟？军被擒而不知？幸得他马疾驰，仅以身免，亦太疏矣。

【译文】 李晟预料会盟一定不会成功，由此可看出李晟阅历深厚。张延赏的议论出于私心杂念，并非真有见地。唐德宗既已命令兵马做出防备，骆元光又请求设下伏兵救援浑珹，这不能说预防祸患不够周密。浑珹是一位著名的老将，当时也应当稍有戒心，为什么吐蕃在衣服里面穿铠甲而不醒悟？将士被擒获而没有觉察？幸好他得到别人的马及时奔逃，自己才得以幸免，他也太疏忽了。

癸酉，上遣中使王子恒赍诏遗尚结赞，至吐蕃境，不纳而还。浑珹留屯奉天。

甲戌，尚结至故原州，引见崔汉衡等曰："吾饰金械，欲械珹以献赞普。今失珹，虚致公辈。"又谓马燧之侄弇曰："胡以马为命，吾在河曲，春草未生，马不能举足，当是时，侍中渡河掩之，吾全军覆没矣！所以求和，蒙侍中力。今全军得归，奈何拘其子孙！"命弇与宦官俱文珍、浑珹将马宁俱归。分囚崔汉衡等于河、廓、鄯州。上闻尚结赞之言，由是恶马燧。

【译文】 癸酉日（二十一日），唐德宗派遣宦官王子恒为使臣，持诏令送给尚结赞，到达吐蕃边境，吐蕃拒绝他进入，只得返回。浑珹留兵驻守于奉天。

甲戌日（二十二日），尚结赞到原州故地，接见崔汉衡等人说："我做好了一副金属质的桎梏，本来想用来囚困浑珹献于赞普的，现今让浑珹逃走了，却白费力气捉住了你们。"又对马燧的侄儿马弇说："胡人视马为命，当我在河曲之时，那地方即使在春天都寸草不生，马匹饿得不能走路，在那个时候，假如马侍中领兵渡河展开全面攻打，我早就全军覆灭了！因此不得已才求和的，还是仰仗着侍中的成全哩。现今全军能够返回，怎么能囚禁他的子孙呢？"因此把马弇和宦官俱文珍及浑瑊的大将马宁都放了回去，却把崔汉衡等人分别囚禁在河、廓、鄯州。唐德宗听说尚结赞说的这番话后，从此就厌恶马燧了。

六月，丙戌，以马燧为司徒兼侍中，罢其副元帅、节度使。

初，吐蕃尚结赞恶李晟、马燧、浑瑊，曰："去三人，则唐可图也。"于是，离间李晟，因马燧以求和，欲执浑瑊以卖燧，使并获罪，因纵兵直犯长安，会失浑瑊而止。张延赏惭惧，谢病不视事。

以陕虢观察使李泌为中书侍郎、同平章事。

河东都虞候李自良从马燧入朝，上欲以为河东节度使，自良固辞曰："臣事燧日久，不欲代之为帅。"乃以为右龙武大将军。明日，自良入谢，上谓之曰："卿于马燧，存军中事分，诚为得礼。然北门之任，非卿不可。"卒以自良为河东节度使。

吐蕃之戍盐、夏者，馈运不继，人多病疫思归，尚结赞遣三千骑逆之，悉焚其庐舍，毁其城，驱其民而去。灵盐节度使杜希全遣兵分守之。

【译文】六月，丙戌日（初五），派遣马燧为司徒兼侍中，却罢免他副元帅、节度使等职位。

起初，吐蕃尚结赞厌恶李晟、马燧、浑瑊三人，说："除去这三个人，就有希望灭亡唐室了。"于是离间李晟，利用马燧求和，然后再擒拿浑瑊来出卖马燧，让他们都因罪罢职，就能带兵直趋攻打长安了，这项计划却因没捉住浑瑊而结束。张延赏羞愧畏罪，因此称病而不再理事。

任命陕虢观察使李泌为中书侍郎、同平章事。

河东都虞候李自良当时追随马燧来京入朝，唐德宗想委任他为河东节度使，李自良推辞说："臣长时间跟随马燧，不愿代替他做统帅。"于是委任他为右龙武大将军。第二天，李自良入朝叩谢，唐德宗又对他说："卿帮助马燧，建立了军中的体系与各级将士的职责分工，确实做得很得当。因此镇守河东的任务，非依靠你不可。"最终还是任命了李自良为河东节度使。

吐蕃驻守在盐、夏二州的将士，因为粮运连续不上，大都饿得病倒而想返乡，尚结赞派遣三千骑兵去接回他们，烧毁了全部房屋，捣毁城垣，赶走城内百姓而后离开。灵盐节度使杜希全才分出一部分兵卒前去驻守。

韦皋以云南颇知书，壬辰，自以书招谕之，令趣遣使入见。

李泌初视事，壬寅，与李晟、马燧、柳浑俱入见，上谓泌曰："卿昔在灵武，已应为此官，卿自退让。朕今用卿，欲与卿有约，卿慎勿报仇，有恩者朕当为卿报之。"对曰："臣素奉道，不与人为仇。李辅国、元载皆害臣者，今自毙矣。素所善及有恩者，率已显达，或多零落，臣无可报也。"上曰："虽然，有小恩者，亦当报之。"对曰："臣今日亦愿与陛下为约，可乎?"上曰："何不可!"泌曰："愿陛下勿害功臣。臣受陛下厚恩，固无形迹。李晟、马燧有大功于国，闻有谗之者，虽陛下必不听，然臣今日对二人言之，欲其不自疑耳。陛下万一害之，则宿卫之士，方镇之臣，无不愤惋而反仄，恐中外之变不日复生也! 人臣苟蒙人主爱信则幸矣，官于何有! 臣在灵武之日，未尝有官，而将相皆受臣指画; 陛下以李怀光为太尉而怀光愈惧，遂至于叛。此皆陛下所亲见也。今晟、燧富贵已足，苟陛下坦然待之，使其自保无虞，国家有事则出从征伐，无事则入奉朝请，何乐如之！故臣愿陛下勿以二臣功大而忌之，二臣勿以位高而自疑，则天下永无事矣。"上曰："朕始闻卿言，耸然不知所谓。及听卿剖析，乃知社稷之至计也！朕谨当书绅，二大臣亦当共保之。"晟、燧皆起，泣谢。

【译文】 韦皋知晓云南蛮人很能识得一些中国文字，壬辰日（十一日），就亲手写了封信去招谕他们，令他们赶紧派遣使臣来入朝觐见。

李泌刚入政事堂任职视事，壬寅日（二十一日），和李晟、马燧、柳浑一起上朝拜见唐德宗。唐德宗对李泌说："卿往日在灵武的时候，就该任这个官了，是卿自己推托不肯接受的。朕现在用卿，想要和你约定，希望卿千万别公报私仇，而对卿有恩的人，朕自然会代你报恩。"李泌回答说："臣向来信奉老庄之道，从不和人结怨。李辅国、元载都是全力陷害我的人，如今都已死了，而平常和我交好及对我有恩的人，也都已职位显达了，要不就已经逝世了，臣并不需要对谁报答了。"唐德宗说："纵然是这样，但对你小有恩惠的人，也需要报恩啊。"李泌说："臣今天也想和陛下有项约定，行吗？"唐德宗说："有什么不行的呢？"李泌说："希望陛下不要残害有功的臣子。臣蒙陛下恩宠，陛下对臣固然是没有猜疑隔阂。然而李晟、马燧都是对国家立有功绩的臣子，听闻有人谣言诽谤他们，即使陛下是绝不会信的，然而我今日还是要当着他们二人的面在陛下面前说出来，为的是让他们自己也不要心存疑惑。陛下万一残害了他们，那宿卫将士及四方镇边武臣，就将没有一个不怨恨、惋惜，忐忑不安的了，只怕朝野动乱，不久又要发生了啊！人臣假如真能受到主上的爱护和信任，那就是幸事了，有官无官又有什么关系！臣在灵武的时候，并没有官位，然而将相都愿服从我的指挥；而陛下任命李怀光为太尉，反而让他更害怕，以至于再次背叛。这些事都是陛下亲眼所见。而今李晟、马燧已经够尊贵的了，如果陛下真能真诚地对待他们，让他们能保全身家性命而无担忧，国家有事就派遣他们从戎征讨；无事就入朝觐见请安，君臣之间，这是何等安和的现象啊！因此臣希望陛下不要因这两位大臣的功高位尊，而对他们有所猜疑，也请两位大臣不要因自己的地位太高而心怀忧虑，那天下定会永远太平无事了。"唐德宗说："朕刚听卿言，悚然不知你是在说什么。等听你分析讲明之后，才知都是在为社稷着想啊！朕自当将这事记在绅带上时刻自我提醒，希望两位大臣也都能长久持续这种看法。"李晟、马燧都站了起来，感动得流下眼泪，叩谢皇恩。

上因谓泌曰："自今凡军旅粮储事，卿主之。吏、礼委延赏，刑法委浑。"泌曰："不可。陛下不以臣不才，使待罪宰相。宰相之职，不可分也。非如给事则有吏过、兵过，舍人则有六押，至于宰相，天下之事咸共平章。若各有所主，是乃有司，非宰相也。"上笑曰："朕适失辞，卿言是也。"泌请复所减州、县官。上曰："置吏以为人也，今户口减于承平之时三分之二，而吏员更增，可乎！"对曰："户口虽减，而事多于承平且十倍，吏得无增乎！且所减皆有职事而冗官不减，此所以为未当也。至德以来置额外官，敌正官三分之一，若听使计日得资然后停，加两选授同类正员官。如此，则不惟不怨，兼使之喜矣。"又请诸王未出阁者不除府官，上皆从之。乙卯，诏先所减官，并复故。

【译文】唐德宗接着又对李泌说："从今以后，凡是关于军旅粮储的事，由卿主管；吏部、礼部的事任命于张延赏；而刑法方面的事，就任命于柳浑。"李泌说："不可。陛下不因臣无才能，而让我担任宰相。宰相的权责是不能划分的，不像是给事中掌理吏部，兵部主选文士、武士的得失，若有差池就予以纠正，也不像中书舍人辅助宰相判案，分别附署六司奏折，说到宰相，天下所有的事都要一起商讨，分辨曲直，共同谋划。假如分权理事，那相当于是单位主管，就不是宰相了。"唐德宗笑着说："朕刚刚失言了，卿所说的是对的。"李泌请将各州、县被裁减的官吏，全都官复原职。唐德宗说："官吏的设置，是为了治民的，而现在天下的户口，比和平的时候减少了三分之二，却增加官吏，合适吗？"李泌回答说："户口虽然是减少了，然而事务却比和平时期多了将近十倍，官吏能不增加吗？而且被裁减的都是有职务的官吏，而闲置无事的官吏却未被裁，这就是不当裁员的缘故啊。从至德年间以来，设立了一些额外官员，大概相当于正式官吏的三分之一，假如让他们依任官的年资发放退休金，之后裁减他们官位，而以文武两选中举的人补上，正式授官，这样，不仅无人抱怨，反而让所有人都更高兴。"又请诸王未出宫阁开府的，一概不派府官给他们，唐德宗都听从了他的提议。乙卯日（六月无此日），诏令前些时被裁的官员，全部官复原职。

初，张延赏在西川，与东川节度使李叔明有隙。上入骆谷，值霖雨，道涂队伍滑，卫士多亡归朱泚，叔明之子升及郭子仪之子曙，令狐彰之子建等六人，恐有奸人危乘舆，相与啮臂为盟，着行縢、钉鞋，更鞬上马以至梁州，他人皆不得近。及还长安，上皆以为禁卫将军，宠遇甚厚。张延赏知升私出入郜国大长公主第，密以白上。上谓李泌曰："郜国已老，升年少，何为如是！殆必有故，卿宜察之。"泌曰："此必有欲动摇东宫者。谁为陛下言之？"上曰："卿勿问，第为朕察之。"泌曰："必延赏也。"上曰："何以知之？"泌具为上言二人之隙，且曰："升承恩顾，典禁兵，延赏无以中伤，而郜国乃太子萧妃之母也，故欲以此陷之耳。"上笑曰："是也。"泌因请除升它官，勿令宿卫以远嫌。秋，七月，以升为詹事。郜国，肃宗之女也。

甲子，割振武之绥、银二州，以右羽林将军韩潭为夏、绥、银节度使，帅神策之士五千、朔方、河东之士三千镇夏州。

【译文】 起初，张延赏在西川的时候，和东川节度使李叔明有矛盾。当唐德宗入骆谷时，恰巧遇到连日大雨，道路泥泞险阻，有很多卫士都逃跑去依附了朱泚，李叔明的儿子李升和郭子仪的儿子郭曙、令狐彰的儿子令狐建等六人，害怕有奸佞叛贼加害天子，便相互啮臂为盟，缠绑着腿，穿上涂有油蜡而鞋底钉钉的鞋子，轮流牵着唐德宗乘坐拉车的马，在旁护卫，直到梁州，不许任何人接近唐德宗的车驾。等返回长安之后，唐德宗将这六人都任命为禁卫将军，对他们的恩宠待遇都很优渥。张延赏知晓李升常常私下出入于郜国大长公主的府邸，就去向唐德宗告密。唐德宗问李泌说："郜国年岁已大，而李升年少，怎么会有这种事呢？恐怕另有原因，卿最好设法查一下。"李泌说："这一定是想动摇太子的地位。这事是谁告知陛下的？"唐德宗说："卿不必问是谁告知朕的，只管代朕探查探查。"李泌说："定是张延赏。"唐德宗说："你怎么知晓是他？"李泌将张延赏和李升的父亲李叔明之间的恩怨，仔细地告诉了唐德宗，并且说："李升承蒙圣恩，典校禁兵，张延赏没什么办法陷害他，而郜国是太子萧妃的母亲，因此想借此陷害他罢了。"唐德宗笑着说："这就对了。"李泌因此请唐德宗调任李升的官职，不要再让他掌管宿卫以避免嫌疑。秋天七月，派遣李升为太子詹事。郜国大长公主是唐肃宗的女儿。

甲子日（十三日），划分出振武军管辖的绥、银二州，而派任右羽林将军韩潭为夏、绥、银节度使,带领神策军士兵五千人,朔方、河东的士兵三千人驻守夏州。

时关东防秋兵大集,国用不充。李泌奏:"自变两税法以来,藩镇、州、县多违法聚敛。继以朱泚之乱,争榷率、征罚以为军资,点募自防。泚既平,自惧违法,匿不敢言。请遣使以诏旨赦其罪,但令革正,自非于法应留使、留州之外,悉输京师。其官典逋负,可征者征之,难征者释之,以示宽大。敢有隐没者,重设告赏之科而罪之。"上喜曰:"卿策甚长,然立法太宽,恐所得无几!"对曰:"兹事臣固熟思之,宽则获多而速,急则获少而迟。盖以宽则人喜于免罪而乐输,急则竞为蔽匿,非推鞫不能得其实,财不足济今日之急而皆入于奸吏矣。"上曰:"善!"以度支员外郎元友直为河南、江、淮南句勘两税钱帛使。

【译文】 当时关东的防守部队全都集合在一起,国家财资不足。李泌上书:"自从改行两税法以来,藩镇、州、县多有违法敛财的情况发生。之后又因朱泚动乱,各地争着征收专卖物品的钱和征收有罪人士用来赎罪的钱财,点召招募壮丁各自防御;朱泚被平定之后,他们因自己违法的行为而害怕,因此都欺瞒着而不敢说出来。请派使臣以诏书赦免他们的罪行,而只命令他们改过,依法令规定应留作各道节度、观察使,或本州的经费之外,其余的财物,全都运送到京师来。此外官府应收的各项欠税,能征收的就征收,百姓确实难以承担的话就准许免缴,以显示朝廷的宽宏;为避免大胆敢隐瞒不报或贪污自饱的人,可设置法令据以重赏告发的人,严惩欺瞒贪污的人。"唐德宗很高兴地说:"卿所草拟的策划非常好,但是立法太宽,恐怕获得的税收就没多少了!"李泌回答说:"关于这一点,臣也深思熟虑过，法令宽，获取的不仅多而且快，法令苛，获取的不仅少而且慢。因为令宽的话，那人人都因乐于赦罪而乐于缴纳，令苛的话，那人人便会想尽办法争着隐瞒逃税，非得一一检查核审，便不能让他们依实如数上缴，那么钱财既不能救急，反而会全落入奸吏们的口袋了。"唐德宗说："非常好。"因此派度支员外郎元友直为河南、江、淮南句勘两税钱帛使。

初，河、陇既没于吐蕃，自天宝以来，安西、北庭奏事及西域使人在长安者，归路既绝，人马皆仰给于鸿胪。礼宾委府、县供之，于度支受直。度支不时付直，长安市肆不胜其弊。李泌知胡客留长安久者，或四十馀年，皆有妻子，买田宅，举质取利，安居不欲归，命检括胡客有田宅者停其给。凡得四千人，将停其给。胡客皆诣政府诉之，泌曰："此皆从来宰相之过，岂有外国朝贡使者留京师数十年不听归乎！今当假道于回纥，或自海道各遣归国，有不愿归者，当于鸿胪自陈，授以职位，给俸禄为唐臣。人生当乘时展用，岂可终身客死邪！"于是，胡客无一人愿归者，泌皆分隶神策两军，王子、使者为散兵马使或押牙，馀皆为卒，禁旅益壮。鸿胪所给胡客才十馀人，岁省度支钱五十万缗，市人皆喜。

【译文】 当时，河、陇已被吐蕃占领，从天宝年间以来，安西、北庭来京奏事及西域的来使驻留长安的，归路即既被阻隔，这些人在长安的食粮马料，全都依赖于鸿胪，由礼宾院拜托府、县提供，而由度支负责检查。度支却经常不按时支付，导致长安城内的百姓不胜其弊端。李泌知晓胡人驻留长安时间长的，竟有长达四十多年的，都娶了妻室，购买了田宅，抵押放款牟取高利，生活祥乐而不愿返回，因此下令侦查收集全部胡人凡购置田宅的一律停止提供钱粮。一共查得四千人，将停止提供。这些胡人就一同到相府去请愿，李泌说："这都是历届宰相的过错，哪有国外前来朝贡的使臣滞留京师几十年都不命令他们返回的呢？现今我们打算借道回纥，或由海道送你们各自返回本国去。有不愿意返回的，就主动到鸿胪那儿去登记，授予官职，发放薪俸，留下来做唐室的臣子，人生在世，本应该及时展示才华，怎能客居他国，坐吃一生呢？"于是胡人没一个自愿回国的，李泌就把他们分别隶属于神策左右两军，其中有身为王子而被派来做使臣的，就派遣他们做有名无权的兵马使或押牙，剩下的一概为卒，禁军的声势因此更加壮大。由鸿胪提供食物的胡人不过才十几个罢了，每年节约了度支五十万缗钱的消费，百姓皆大欢喜。

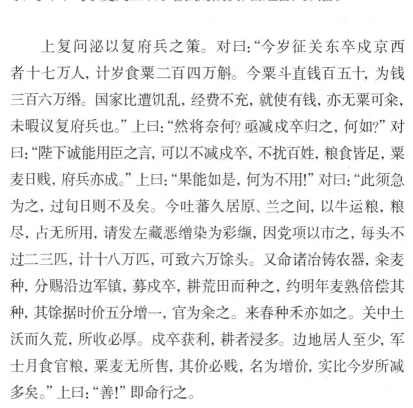

上复问泌以复府兵之策。对曰："今岁征关东卒戍京西者十七万人，计岁食粟二百四万斛。今粟斗直钱百五十，为钱三百六万缗。国家比遭饥乱，经费不充，就使有钱，亦无粟可籴，未暇议复府兵也。"上曰："然将奈何？亟减戍卒归之，何如？"对曰："陛下诚能用臣之言，可以不减戍卒，不扰百姓，粮食皆足，粟麦日贱，府兵亦成。"上曰："果能如是，何为不用！"对曰："此须急为之，过旬日则不及矣。今吐蕃久居原、兰之间，以牛运粮，粮尽，占无所用，请发左藏恶缯染为彩缬，因党项以市之，每头不过二三匹，计十八万匹，可致六万馀头。又命诸治铸农器，籴麦种，分赐沿边军镇，募戍卒，耕荒田而种之，约明年麦熟倍偿其种，其馀据时价五分增一，官为籴之。来春种禾亦如之。关中土沃而久荒，所收必厚。戍卒获利，耕者浸多。边地居人至少，军士月食官粮，粟麦无所售，其价必贱，名为增价，实比今岁所减多矣。"上曰："善！"即命行之。

【译文】唐德宗又以恢复府兵制度的事问李泌。李泌回答说:"今年招募关东卒役去驻守京西的有十七万人之多,一年之中耗费粮食二百零四万斛。现今一斗稻粟值一百五十,就是三百零六万缗钱。国家最近多次经历饥荒动乱,财资不足,纵使有钱,也买不到食粮,确实还无暇考虑恢复府兵制度啊。"唐德宗说:"既然这样,那该怎么办呢?立刻减少兵卒,遣散他们各自回乡,如何?"李泌说:"陛下如果依照我的办法去做,就可以不用减少兵卒,不打扰百姓,而能使食粮足够,粟麦价格日渐下降,府兵也能自然形成。"唐德宗说:"真能像那样的话,有什么理由不依你的办法去做呢?"李泌回答说:"这必须立刻付诸实行,再过十天就来不及了。现今吐蕃长久占据在原、兰之间,用牛运粮,粮食拉完,牛就没用处了,请打开仓库,拿出左藏库中长年积存快要脆裂的缯帛,打结染色,染过之后再将结解开,就成了色彩斑斓的花布了,之后借党项的人拿到集市上去兜售,每头牛不过价值二三匹缯帛,一共十八万匹,可兑换六万多头牛。再命各冶炼场制造农器,此外购买大量麦种,分发给沿边军镇,招收士兵,开拓荒地播种,约定来年麦熟之后,加倍归还麦种,其余就按照时价增加五分之一的价格,由官府购买。第二年春天也用这办法让他们播种。关中的土壤肥沃而且长久荒废,收成一定颇丰。士兵有利可收,愿意耕作的人必定越来越多。边境地区的百姓极少,士兵们每月有官粮发放,稻麦却无处可卖,价格必定便宜,虽说是提高价格收购,实际上比今年所需的要低得多了。"唐德宗说:"非常好!"便马上下令实施。

泌又言:"边地官多阙,请募人入粟以补之,可足今岁之粮。"上亦从之,因问曰:"卿言府兵亦集,如何?"对曰:"戍卒因屯田致富，则安于其土，不复思归。旧制，戍卒三年而代，及其将满，下令有愿留者，即以所开田为永业。家人原来来者，本贯给长牒续食而遣之。据应募之数，移报本道，虽河朔诸帅得免更代之烦，亦喜闻矣。不过数番，则戍卒皆土著，乃悉以府兵之法理之，是变关中之疲弊为富强也。"上喜曰："如此，天下无复事矣。"泌曰："未也。臣能不用中国之兵使吐蕃自困。"上曰："计将安出？"对曰："臣未敢言之，俟麦禾有效，然后可议也。"上固问，不对。泌意欲结回纥、大食、云南与共图吐蕃，令吐蕃所备者多。知上素恨回纥，恐闻之不悦，并屯田之议不行，故不肯言。既而戍卒应募，愿耕屯田者什五六。

壬申，赐骆元光姓名李元谅。

左仆射、同平章事张延赏薨。

【译文】 李泌又说："边疆地区的职位有很多空缺，请雇人征粮补缺，今年所需的粮食就可以足够了。"唐德宗也依他的方法做了，并因此问他说："你既说是府兵也自然形成了，这是怎么回事呢？"李泌回答说："士兵因屯田而可致富，便将定居于当地，不再想返乡了。以前的府兵制度，规定士兵三年更换一次，等到期限将至之时，就下令诏示有愿意留下的，把他们所开垦的土地，送给他们作为长久的财产。若有家人自愿前去的，就由设籍的本州本县发给长途通行证，沿路由各郡县提供食物，直到到达戍所为止。依据应征愿意留守的人数，具文呈上各人设籍的本道，即使河朔诸帅能避免士兵到期更换的烦恼，也会乐意接纳这方法的。这样一来，只需经过几次更调之后，士兵就都变成当地的土著了，之后再依据府兵法制加以管制，这相当于是使人力物力缺乏的关中，一变而为富裕强大了啊。"唐德宗很高兴地说："如此一来，天下也不会再有动乱事情发生了。"李泌说:"那倒也不一定。臣还能不用国内的力量而使吐蕃陷入困境。"唐德宗说:"是什么样的计划呢?"李泌回答说:"臣现在还不敢说,这是要等到边境稻麦收获之后,才能说的事情。"唐德宗一再问他,李泌就是不讲。李泌的意思是想要结合回纥、大食、云南,和他们一同起兵攻打吐蕃,让吐蕃必须多方戒严,但知晓唐德宗向来厌恶回纥,害怕他听了不乐意,而且屯田的决策还没有付诸实施,因此不愿先说出来。之后士兵应召,愿意继续留守屯田的有十分之五六。

壬申日(二十一日),赐骆元光姓李名元谅。

左仆射、同平章事张延赏去世。

资治通鉴卷第二百三十三　唐纪四十九

起强圉单阏八月，尽重光协洽，凡四年有奇。

【译文】起丁卯（公元787年）八月，止辛未（公元791年），共四年五个月。

【题解】　本卷记录了公元787年八月至791年的史事，共四年又五个月，正当唐德宗贞元三年八月到七年。此时期，李泌为相，政治平稳。李泌敢直言，善说理，护佑太子，化解了妖僧李软奴的谋反大案，保护了李晟等功臣良将，替国家和民众做了许多好事，维护了唐王朝的统治。李泌还说服唐德宗放弃仇视回纥，拒绝吐蕃勒索，提出了"北和回纥，南通云南，西结大食、天竺"的计划，以此围困吐蕃。吐蕃在失掉回纥与南诏两个与国后，从此衰落，唐朝西部边疆稳固。

德宗神武圣文皇帝八

贞元三年（丁卯，公元七八七年）八月，辛巳朔，日有食之。

吐蕃尚结赞遣五骑送崔汉衡归，且上表求和。至潘原，李观语之以"有诏不纳吐蕃使者"，受其表而却其人。

初，兵部侍郎、同平章事柳浑与张延赏俱为相，浑议事数异同，延赏使所亲谓曰："相公旧德，但节言于庙堂，则重位可久。"浑曰："为吾谢张公，柳浑头可断，舌不可禁！"由是交恶。上好文雅缊藉，而浑质直轻悦，无威仪，于上前时发俚语。上不悦，欲黜为王府长史，李泌言："浑褊直无他。故事，罢相无为长史者。"又欲以为王傅，泌请以为常侍，上曰："苟得罢之，无不可者。"己丑，浑罢为左散骑常侍。

资治通鉴

【译文】贞元三年（丁卯，公元787年）八月，辛巳朔日（初一），日食。

吐蕃尚结赞派遣五名骑兵送崔汉衡回来，并且上书求和；到达潘原，李观对他们说："皇上有令不接待吐蕃的使臣。"因此只接纳了他们的奏表而让来使返回。

起初，兵部侍郎、同平章事柳浑和张延赏共同做宰相之时，柳浑议事，总和张延赏有不同建议，张延赏就派遣个亲信的人去对柳浑说："相公以前是立有功绩、德高望重的人，只要在朝堂上少说几句话，那就可久保高位。"柳浑对来人说："代我谢张公，我柳浑的头可断，却不能不让我说话！"因此二人的交情恶化。唐德宗喜欢别人说话文雅含蓄，而柳浑个性耿直，又不够端庄，在唐德宗跟前常说些俚语粗话，唐德宗很不喜欢，就想把他贬为王府中的长史。李泌说："柳浑只不过是气量偏狭，性格耿直，并没有其他的什么意思，历来的法律，也没有能派遣被罢免相位的人去做长史的规矩。"唐德宗又想把他贬为王傅，李泌请将他更派为常侍，唐德宗说："只要能罢免他的相位，随便怎么样做都行。"己丑日（初九），柳浑被罢相而被任为左散骑常侍。

初，郜国大长公主适驸马都尉萧升。升，复之从兄弟也。公主不谨，詹事李升、蜀州别驾萧鼎、彭州司马李万、丰阳令韦恪，皆出入主第。主女为太子妃，始者上恩礼甚厚，主常直乘肩舆抵东宫。宗戚皆疾之。或告主淫乱,且为厌祷。上大怒,幽主于禁中,切责太子。太子不知所对,请与萧妃离婚。

【译文】 当时,郜国大长公主嫁给驸马都尉萧升;萧升是萧复的堂兄弟。公主的举止不够严肃,詹事李升、蜀州别驾萧鼎、彭州司马李万、丰阳县令韦恪等人,都经常出入公主的府邸。公主的女儿是太子的妃子;起初,唐德宗对她的恩宠优渥多礼,公主经常坐着轿子直接进东宫;全部的宗亲都很厌恶她。就有人奏报公主淫乱,而且咒骂唐德宗。唐德宗愤怒,因此将公主囚困在宫禁之内,斥责太子;太子不知怎么办才好,就请和萧妃离婚。

上召李泌告之,且曰:“舒王近已长立,孝友温仁。”泌曰:“何至于是!陛下惟有一子,奈何一旦疑之,欲废之而立侄,得无失计乎!”上勃然怒曰:“卿何得间人父子!谁语卿舒王为侄者?”对曰:“陛下自言之。大历初,陛下语臣,‘今日得数子’。臣请其故,陛下言‘昭靖诸子,主上令吾子之。’今陛下所生之子犹疑之,何有于侄!舒王虽孝,自今陛下宜努力,勿复望其孝矣!”上曰:“卿不爱家族乎?”对曰:“臣惟爱家族,故不敢不尽言。若畏陛下盛怒而为曲从,陛下明日悔之,必尤臣云:‘吾独任汝为相,不力谏,使至此,必复杀而子。’臣老矣,馀年不足惜,若冤杀臣子,使臣以侄为嗣,臣未知得歆其祀乎!”因呜咽流涕。上亦泣曰:“事已如此,使朕如何而可?”对曰:“此大事,愿陛下审图之。臣始谓陛下圣德,当使海外蛮夷皆戴之如父母,岂谓自有子而疑之至此乎!臣今尽言,不敢避忌讳。自古父子相疑未有不亡国覆家者。陛下记昔在彭原,建宁何故而诛?”上曰:“建宁叔实冤,肃宗性急,谮之者深耳!"泌曰:"臣昔以建宁之故,固辞官爵,誓不近天子左右。不幸今日复为陛下相,又睹兹事。臣在彭原,承恩无比,竟不敢言建宁之冤,及临辞乃言之,肃宗亦悔而泣。先帝自建宁之死,常怀危惧,臣亦为先帝诵《黄台瓜辞》以防谗构之端。"上曰:"朕固知之。"意色稍解,乃曰:"贞观、开元皆易太子,何故不亡?"对曰:"臣方欲言之。昔承乾屡尝监国,托附者众,东宫甲士甚多,与宰相侯君集谋反,事觉,太宗使其舅长孙无忌与朝臣数十人鞫之,事状显白,然后集百官而议之。当时言者犹云:'愿陛下不失为慈父,使太子得终天年。'太宗从之,并废魏王泰。陛下既知肃宗性急,以建宁为冤,臣不胜庆幸。愿陛下戒覆车之失,从容三日,究其端绪而思之,陛下必释然知太子之无它矣。若果有其迹,当召大臣知义理者二十人与臣鞫其左右,必有实状,愿陛下如贞观之法行之,并废舒王而立皇孙,则百代之后,有天下者犹陛下子孙也。至于开元之时,武惠妃谮太子瑛兄弟杀之,海内冤愤,此乃百代所当戒,又可法乎!且陛下昔尝令太子见臣于蓬莱池,观其容表,非有蜂目豺声商臣之相也,正恐失于柔仁耳。又,太子自贞元以来常居少阳院,在寝殿之侧,未尝接外人,预外事,安有异谋乎!彼谮人者巧诈百端,虽有手书如晋愍怀,衷甲如太子瑛,犹未可信,况但以妻母有罪为累乎!幸陛下语臣,臣敢以家族保太子必不知谋。向使杨素、许敬宗、李林甫之徒承此旨,已就舒王图定策之功矣!"上曰:"此朕家事,何豫于卿,而力争如此?"对曰:"天子以四海为家。臣今独任宰相之重,四海之内,一物失所,责归于臣。况坐视太子冤横而不言,臣罪大矣!"上曰:"为卿迁延至明日思之。"泌抽笏叩头而泣曰:"如此,臣知陛下父子慈孝如初矣!然陛下还宫,当自审思, 勿露此意于左右; 露之, 则彼皆欲树功于舒王, 太子危矣! ”上曰: “具晓卿意。” 泌归, 谓子弟曰: “吾本不乐富贵, 而命与愿违, 今累汝曹矣。”

【译文】唐德宗召见李泌把这事情告知了他, 并说: “舒王近已长大成人, 他为人恭顺友好, 温和宽厚。” 李泌说: “何至于这么做? 陛下只有一个亲生儿子, 怎么能一旦对他有了猜忌, 就想废太子而册立侄儿, 这不是太失策了吗! ”唐德宗非常愤怒地说: “卿怎能离间我们父子? 是谁告知卿说舒王是朕侄子的? ” 李泌回答说: “是陛下告诉我的啊。大历初年, 陛下告知臣说: ‘今日得到好几个儿子。’臣请问是怎么回事, 陛下说: ‘昭靖的几个儿子, 主上令我收为儿子。’现今陛下对亲生儿子都猜疑, 将来对侄子还不是同样会猜疑? 舒王即使恭顺, 从今往后陛下最好好自为之, 别再希冀他会孝顺了! ”唐德宗说: “卿不爱你的家人亲族吗? ” 李泌说: “臣就是因为深爱我的家人亲族, 因此不敢不实话实说。假如害怕于陛下的愤怒而曲意顺从, 陛下将来恼悔时, 一定会斥责我说: ‘特为任命你一人做宰相, 为什么那时不极力进谏, 以至于弄到这个地步; 不仅要杀了你, 而且杀你儿子。’臣岁数已高, 残年本不足惜, 假如臣的儿子也蒙冤被杀, 而让我侄子继嗣, 臣可不知晓是否能享受到他的祭拜了! ”因此呜咽流泪。唐德宗也哭着说: “事已至此, 让我怎么做才好啊? ” 李泌回答道: “这件是大事, 还请陛下谨慎地思考。臣起初以为以陛下的圣明, 应该能使海外的蛮夷都像对待父母一样地拥戴陛下, 怎会想到陛下竟对自己的儿子都猜忌到这步田地呢? 臣今日该说的就说, 而不敢有所隐瞒避讳。自古以来, 父子间相互猜忌, 没有不灭国败家的。陛下还记得之前在彭原之时, 建宁王是怎么被杀的吗? ”唐德宗说: “建宁王叔确实死得冤枉，那都是因肃宗急躁，未曾查明事实，就误信流言，而被人构陷致死的啊！"李泌说："臣以往因建宁王的缘由，因此坚决辞去官位，发誓不再亲近天子，然而现在又做了陛下的宰相，再次目睹这种事。臣在彭原之时，所蒙受到的宠爱，是没有人能和臣媲美的，竟不敢替建宁王申冤，直到拜辞天子，临走之时才说，肃宗自己也悔恨大哭。先帝自从建宁王冤死之后，就经常为自己的安危担忧，臣也曾为先帝诵《黄台瓜辞》，以防止不慎而被流言陷害。"唐德宗说："这些事朕本就知晓。"怒火稍消，神色稍缓和，之后才又问道："贞观、开元年间都是更立太子的，为什么并没有灭国？"李泌回答说："我正要说到这里。以前承乾曾多次监国，委托于他的人很多，东宫的甲士也很多，就和宰相侯君集图谋反叛，事机泄露，太宗就让他舅父长孙无忌和朝臣数十人一同审问他们，罪责明确，之后才召集文武百官共同商讨。那时参加讨论这件事的人，大都还说'为了陛下不失其为慈父，应该让太子得享天年'。太宗也就采纳了，之后连同魏王泰和太子一起被废除。陛下既然知晓肃宗性格太过急躁，而且以为建宁王死得冤枉，臣感到不胜庆幸。愿陛下以前车为鉴，暂缓三天，从头再仔细考虑，陛下一定能恍然大悟，而知晓太子并没有居心叵测了。假如真有造反的迹象，也当召集深明大义的朝臣二十人，和臣一起审讯太子身边的侍从。假如确实如此的话，还愿陛下能按照太宗的方法处理，连同舒王一起废除，而册立皇孙，那世世代代做天子的，仍旧是陛下的子孙啊。至于开元末年，武惠妃陷害太子瑛，以致太子被兄弟们斩杀，全国上下都为太子受冤被杀而愤恨不已，这是后代百世应该引以为戒的，又怎能按照这种方法去做呢？况且陛下以往曾令太子在蓬莱池和臣见过面，我看他的神态仪表，并不是蜂目细眼，粗声粗气，像楚成王的太子商臣那种样貌，我还害怕他心地太过仁厚以致懦弱胆怯呢。再者太子自从贞元年间以来，常常住在少阳院，就在陛下常住的浴堂殿旁边，从没见过外人，干预过外事，怎会居心叵测，怀有阴谋呢？那些诬赖陷害别人的奸佞，花样百出，纵使像持有晋愍、怀帝的亲笔诏书，以及太子瑛领甲兵入内宫的事，都姑且还不能信以为真，况且太子只是因岳母有罪而受到牵扯的呢！幸好陛下把这件事告知了臣，臣敢以全族的性命保证太子绝不会知晓他们的阴谋，假如一开始就让杨素、许敬宗、李林甫那批人知晓这事的话，早就促成册立舒王，而在谋划怎么在舒王面前邀要定计的功绩了。"唐德宗说："这是朕的家务事，与卿有什么关系，竟然这样地极力进谏？"李泌回答说："天子四海为家，臣今天担负宰相责任，四海之内，任何一件事有偏差，都应该归臣负责，何况是亲眼见太子受冤，横遭灾祸，袖手旁观而不进谏，那我的罪责就太大了！"唐德宗说："那好，就听你的，这事我再谨慎思考思考，暂且推迟到明天再说吧。"李泌把笏板插入绅带叩拜哭着说："能像这样的话，臣知晓陛下父子之间，定能像以前一样地父慈子孝了，但是陛下回宫之后，只能把这事放在心里，自己想明白，千万别把心思向左右表露出来，一旦表露出来，那他们就都想在舒王面前邀功，太子就危急了。"唐德宗说："卿的意思，朕全都明白。"李泌返回家里，就对子弟们说："我本来就不乐于谋取富贵，然而上天的安排，经常事与愿违，现今终于要牵连到你们了。"

太子遣人谢泌曰："若必不可救，欲先自仰药，何如？"泌曰："必无此虑。愿太子起敬起孝。苟泌身不存，则事不可知耳。"

间一日，上开延英殿独召泌，流涕阑干，抚其背曰："非卿切言，朕今日悔无及矣！皆如卿言，太子仁孝，实无他也。自今军国及朕家事，皆当谋于卿矣。"泌拜贺，因曰："陛下圣明，察太子无罪，臣报国毕矣。臣前日惊悸亡魂，不可复用，愿乞骸骨。"上曰："朕父子赖卿得全，方属子孙，使卿代代富贵以报德，何为出此言乎！"甲午，诏李万不知避宗，宜杖死，李升等及公主五子，皆流岭南及远州。

【译文】太子派人向李泌感谢说："假如实在无法挽回，就想先服毒自杀，是不是比较好些？"李泌对来人说："不需要有这层担忧，只愿太子一本孝顺的初衷。但是假如我李泌死了的话，那么事情的进展怎样就不得而知了。"

过了一天，唐德宗下令开延英殿，独自召见李泌，涕泗横流，以手拍着李泌的背说："要不是你一番极力耿直的劝谏，朕现在悔恨都来不及了！完全像你所说的那样，太子宽厚恭顺，确实没有什么不轨啊。从今之后，全部的军国大事及朕的家务事，都应先和卿商议才是啊。"李泌恭贺天子，因此趁机说："陛下圣明，能查清太子无辜，臣报答国家的任务，总算是完成了。臣前两天受惊过度，像吓掉魂似的，已不能再被任用了，愿请能赐臣葬身故乡，恩准告老还乡。"唐德宗说："朕父子全仰仗你的进谏才能保全，正要嘱咐子孙，必要让卿世世代代享受富贵，借以报答卿的大恩，卿怎能说出这样的话呢？"甲午日（十四日），诏令，李万不知晓避宗，应该受廷杖处死，李升等及公主的五个儿子都流放到岭南及边远地区。

【乾隆御批】泌处骨肉之间，委曲调护，始终不渝，真不愧大臣用心者。明代国本一案，朝士汹汹，徒成恶套。是知以口舌争名，而于谋国之义，固未笃于心耳。

【译文】 李泌处在骨肉至亲之间，委婉地调教辅佐，自始至终不改变初衷，真不愧是尽心竭力为国家的大臣啊。明代国本一案，朝廷官吏议论汹汹、动荡不安，徒然成为奸恶的俗套。他们只知道通过争吵获取名声，至于为国家谋划的道义，固然在心中不是深厚重要的了。

戊申，吐蕃帅羌、浑之众寇陇州，连营数十里，京城震恐。九月，丁卯，遣神策将石季章戍武功，决胜军使唐良臣戍百里城。丁巳，吐蕃大掠汧阳、吴山、华亭，老弱者杀之，或断手凿目，弃之而去，驱丁壮万馀悉送安化峡西，将分隶羌、浑，乃告之曰："听尔东向哭辞乡国。"众大哭，赴崖谷死伤者千馀人。未几，吐蕃之众复至，围陇州，刺史韩清沔与神策副将苏太平夜出兵击却之。

上谓李泌曰："每岁诸道贡献，共直钱五十万缗，今岁仅得三十万缗。言此诚知失体，然宫中用度殊不足。"泌曰："古者天子不私求财，今请岁供宫中钱百万缗，愿陛下不受诸道贡献及罢宣索。必有所须，请降敕折税，不使奸吏因缘诛剥。"上从之。

【译文】 戊申日（二十八日），吐蕃带领着羌、浑大批人马侵略陇州，军营绵延数十里，京城上下惊动慌乱。九月，丁卯日（十七日），派遣神策军大将石季章驻守武功，决胜军使唐良臣驻守百里城。丁巳日（初七），吐蕃在汧阳、吴山、华亭一带大肆抢掠，连老弱都全部斩杀不论，或是砍断他们的双臂，挖去眼珠，扔弃不顾，之后呼啸而去；赶着被掳的一万多名壮丁，把他们都送到安化峡的西边，将分派隶属羌族和吐谷浑之前，竟对他们说："面朝东边辞别你们的故乡家国吧！随你们怎么哭。"众人号啕大哭，跳下悬崖死伤的有好几千人。没过几天，吐蕃的士兵又返回攻打陇州，刺史韩清沔和神策军的副将苏太平深夜出兵把他们击败。

唐德宗对李泌说:"以往每年各道进贡,一共折合大约有五十万缗,今年只有三十万缗。朕说这话也明知有失体面,但是宫中费用实在不够。"李泌说:"古代天子不积蓄私产,今年将可提供宫中费用是一百万缗,只愿陛下不要接受各道的进贡,并且取消从宫中派宦官为使宣旨去向各地官员索要钱财的做法。假如有必需的费用,请下令折成赋税,照数征收,以免贪官污吏趁机从中压榨剥削。"唐德宗采纳了他的意见。

回纥合骨咄禄可汗屡求和亲,且请婚。上未之许。会边将告乏马,无以给之,李泌言于上曰:"陛下诚用臣策,数年之后,马贱于今十倍矣。"上曰:"何故?"对曰:"愿陛下推至公之心,屈己徇人,为社稷大计,臣乃敢言。"上曰:"卿何自疑若是!"对曰:"臣愿陛下北和回纥,南通云南,西结大食、天竺,如此,则吐蕃自困,马亦易致矣!"上曰:"三国当如卿言,至于回纥则不可。"泌曰:"臣固知陛下如此,所以不敢早言。为今之计,当以回纥为先,三国差缓耳。"上曰:"唯回纥卿勿言。"泌曰:"臣备位宰相,事有可否在陛下,何至不许臣言!"上曰:"朕于卿言皆听之矣,至于和回纥,宜待子孙;于朕之时,则固不可!"泌曰:"岂非以陕州之耻邪!"上曰:"然。韦少华等以朕之故受辱而死,朕岂能忘之!属国家多难,未暇报之,和则决不可。卿勿更言!"泌曰:"害少华者乃牟羽可汗,陛下即位,举兵入寇,未出其境,今合骨咄禄可汗杀之。然则今可汗乃有功于陛下,宜受封赏,又何怨邪!其后张光晟杀突董等九百馀人,合骨咄禄竟不敢杀朝廷使者,然则合骨咄禄固无罪矣。"上曰:"卿以和回纥为是,则朕固非邪?"对曰:"臣为社稷而言,若苟合取容,何以见肃宗、代宗于天上!"上

曰:"容朕徐思之。"自是泌凡十五馀对,未尝不论回纥事,上终
不许。泌曰:"陛下既不许回纥和亲,愿赐臣骸骨。"上曰:"朕非
拒谏,但欲与卿较理耳,何至遽欲去朕邪!"对曰:"陛下许臣言
理,此固天下之福也。"上曰:"朕不惜屈己与之和,但不能负少
华辈。"对曰:"以臣观之,少华辈负陛下,非陛下负之也。"上曰:
"何故?"对曰:"昔回纥叶护将兵助讨安庆绪,肃宗但令臣宴劳之
于元帅府,先帝未尝见也。叶护固邀臣至其营,肃宗犹不许。及
大军将发,先帝始与相见。所以然者,彼戎狄豺狼也,举兵入中
国之腹,不得不过为之防也。陛下在陕,富于春秋,少华辈不能
深虑,以万乘元子径造其营,又不先与之议相见之仪,使彼得肆
其桀骜,岂非少华辈负陛下邪?死不足偿责矣。且香积之捷,叶
护欲引兵入长安,先帝亲拜之于马前以止之,叶护遂不敢入城。
当时观者十万馀人,皆叹息曰:'广平王真华、夷主也!'然则先帝
所屈者少,所伸者多矣。叶护乃牟羽之叔父也。牟羽身为可汗,
举全国之兵赴中原之难,故其志气骄矜,敢责礼于陛下。陛下天
资神武,不为之屈。当是之时,臣不敢言其它,若可汗留陛下于
营中,欢饮十日,天下岂得不寒心哉!而天威所临,豺狼驯扰,可
汗母捧陛下于貂裘,叱退左右,亲送陛下乘马而归。陛下以香积
之事观之,则屈己为是乎?不屈为是乎?陛下屈于牟羽乎?牟羽
屈于陛下乎?"上谓李晟、马燧曰:"故旧不宜相逢。朕素怨回纥,
今闻泌言香积之事,朕自觉少理。卿二人以为何如?"对曰:"果
如泌所言,则回纥似可恕。"上曰:"卿二人复不与朕,朕当奈何!"
泌曰:"臣以为回纥不足怨,向来宰相乃可怨耳。今回纥可汗杀牟
羽,其国人有再复京城之勋,夫何罪乎!吐蕃幸国之灾,陷河、陇
数千里之地又引兵入京城,使先帝蒙尘于陕,此乃百代必报之

仇，况其赞普至今尚存，宰相不为陛下别白言此，乃欲和吐蕃以攻回纥，此为可怨耳。"上曰："朕与之为怨已久，又闻吐蕃劫盟，今往与之和，得无复拒我，为夷狄之笑乎？"对曰："不然。臣曩在彭原，今可汗为胡禄都督，与今国相白婆帝皆从听护而来，臣待之颇亲厚，故闻臣为相求和，安有复相拒乎！臣今请以书与之约：称臣，为陛下子，每使来不过二百人，印马不过千匹，无得携中国人及商胡出塞。五者皆能如约，则主上必许和亲。如此，威加北荒，旁詟吐蕃，足以快奢陛下平昔之心矣"上曰："自至德以来，与为兄弟之国，今一旦欲臣之，彼安肯和乎？"对曰："彼思与中国和亲久矣，其可汗、国相素信臣言，若其未谐，但应再发一书耳。"上从之。

【译文】 回纥合骨咄禄可汗多次求和，并且求亲，唐德宗都未应允。恰好遇到戍边大将奏报边境短缺马匹，而朝廷又没有马匹可提供，李泌就对唐德宗说："陛下假如能采取我的计划，几年之后，就能使马价比现今便宜十倍。"唐德宗问道："为什么？"李泌回答说："希望陛下开诚布公，抛却心内的积怨，为百姓谋福利，一切为天下国家着想，臣才敢说。"唐德宗说："卿怎会有这样的忧虑？"李泌回答说："臣希望陛下北边和回纥结为盟好，南边和云南沟通，西边和大食、天竺结合，这样一来，吐蕃便陷入困境，马也容易获取了。"唐德宗说："与其他三国结盟都能按照卿的意思去做，至于回纥绝对不行！"李泌说："臣本来就知晓陛下是这样的，因此不敢早说。然而为今之计，应该先和回纥和好，其他三国还可暂缓。"唐德宗说："唯有回纥卿别说了。"李泌说："臣担任宰相，所建议的事，可行与否的决定权在于陛下，怎么不让我说话呢？"唐德宗说："朕对卿的话都顺从了，至于和回纥和好的事，最好等到子孙辈的时候再说；当朕在位之时，那是绝对不可能的事！"李泌说："难道还是为了陕州受辱的事吗？"唐德宗说："是。韦少华等人为朕受侮而死，朕怎么能忘掉？只因恰逢国家多难之时，还没来得及报复罢了，和回纥和好，绝对不可能。卿不要再多说了！"李泌说："害死韦少华的是牟羽可汗，陛下继位时，他举兵侵略，还没出他们边境，就被现在的合骨咄禄可汗斩杀。因此现在的可汗可说是对陛下有功，应该受到奖赏才对，为什么还要恼恨他呢？之后张光晟斩杀突董等九百多人，合骨咄禄竟不敢斩杀朝廷派遣去的使臣，既然如此，那合骨咄禄本来无罪的啊。"唐德宗说："卿以为和回纥和好是对的，那朕坚持不愿意，就不对了吗？"李泌回答说："臣完全为国家着想，假如只是为曲意逢迎，还有什么脸面见肃宗、代宗在天之灵呢？"唐德宗说："让朕再思考思考。"之后李泌多次与唐德宗对问，一共超过十五次，没有一次不提及和回纥和好的事，唐德宗始终没应允。李泌说："陛下既然不愿和回纥和亲，那只愿恩准臣归骨故乡了。"唐德宗说："朕不是不接受进谏，只是想和卿将道理说个明白罢了，又怎么突然就要离开朕呢！"李泌说："陛下准我说明道理的话，那确实是天下的幸事了。"唐德宗说："朕不惜委屈自己和他们和好，然而绝不能辜负韦少华他们。"李泌说："照我看来，是韦少华那些人辜负了陛下，而不是陛下辜负了他们。"唐德宗问道："为何？"李泌说："以前回纥叶护领兵帮助去征讨安庆绪，肃宗只不过命臣在元帅府摆宴安慰他们，那时先帝以广平王的身份担任元帅，并没有和他会面。叶护坚持邀约我到他们的营里，肃宗仍不应允。等到大军快要出发，先帝才和他们相见。之所以这样，只因戎狄豺狼成性，带兵入侵中原内部，不能不加强防范啊。陛下那时在陕州，年龄还很小，韦少华等人不能思虑周全，竟让天子嫡裔进入回纥军营，事先又没和他们约好见面的礼节，致使他们凶残暴虐地为所欲为，这难道不是韦少华那些人对不起陛下吗？确实说来，死都不足够弥补他们责任上的过错。况且香积大捷时，叶护本想领兵直入长安，先帝亲自拜于马前加以阻挠，叶护竟因而不敢进城。那时在旁观看的有十万多人，都赞美说：'广平王真不愧是华夏、夷狄的君王啊！'这么说来，先帝所受的侮辱少，而所获取民心的爱戴多得多了。叶护是牟羽的叔父。牟羽身为可汗，动员全国兵力前来帮助中原的灾难，因此他不免态度嚣张，而要求陛下对他礼貌尊敬；陛下天赋圣明神武，不肯屈服于他。在那种情况之下，臣不敢说什么，只要可汗将陛下留在营中，拘禁十来天，天下能不惊慌害怕吗？幸亏在天子威严的威慑下，豺狼害怕屈服，可汗的母亲送貂皮大氅来替陛下穿上，严厉喝退左右，亲自送陛下骑上马返回。陛下以香积的事权衡一下，是委屈自己的对呢，还是不委屈对？是陛下屈服于牟羽了呢，还是牟羽屈服于陛下了？"唐德宗对李晟、马燧说："故交旧友最好不要再相逢。朕向来愤恨回纥，今日听到李泌说及香积的那段旧事，朕自觉没理。你们二人以为怎样？"李晟、马燧都说："假如真像李泌说的那样，那回纥貌似是可以谅解的。"唐德宗说："你们二位也不帮朕说话，那朕还有什么可说的呢？"李泌说："臣认为回纥并不可恨，可恨的是历代的宰相罢了。现在的回纥可汗斩杀牟羽，回纥人有两次帮助收复京城的功绩，还有什么罪责呢？吐蕃乘着国家多难，幸灾乐祸，攻陷了河、陇千里地方，又领兵进入京城，而使先帝蒙尘，这才是一定要报复的大仇，更何况那时的赞普还活着，之前的宰相没一个向陛下分析这一点，竟然想和吐蕃和好去攻击回纥，历代宰相可恨的就在这里。"唐德宗说："朕和回纥积怨已久，回纥又听闻吐蕃挟持朝廷订盟的官吏，现在去和回纥议和，我们会不会被他们拒绝，反而被夷狄讥笑？"李泌说："不可能。臣之前在彭原之时，当今的可汗还是胡禄都督，和他们现今的国相白婆帝都一起跟着叶护前往中原，臣待他们甚为亲和优渥，因此今日听闻臣做了宰相而来求和，怎么会拒绝和我们谈和呢？而今容臣和他们书面约定：向陛下俯首称臣，每次来使不能超过二百人，印马（烙印官字、年辰、监名之马）不能超过一千匹，不能带中原人及胡人商贾出塞。这五项假如回纥都能依约做事，那皇上才会应允和他们和亲。这样一来，陛下不但威震北方蛮荒地区，而且能威慑吐蕃，足够让陛下一逞生平夙愿，龙心大悦了。"唐德宗说："自从至德年间以来，回纥和我们就是平等的国家，现在一旦让他们称臣，他们怎会愿意议和呢？"李泌说："他们早就想和中原和亲了，他们的可汗、国相向来信任臣说的话，假如还不能协和的话，只不过需要臣再发一封书信罢了。"唐德宗这才应允。

既而回纥可汗遣使上表称儿及臣，凡泌所与约五事，一皆听命。上大喜，谓泌曰："回纥何畏服卿如此！"对曰："此乃陛下威灵，臣何力焉！"上曰："回纥则既和矣，所以招云南、大食、天竺奈何！"对曰："回纥和，则吐蕃已不敢轻犯塞矣。次招云南，则是断吐蕃之右臂也。云南自汉以来臣属中国，杨国忠无故扰之使叛，臣于吐蕃，苦于吐蕃赋役重，未尝一日不思复为唐臣也。大食在西域为最强，自葱岭尽西海，地几半天下，与天竺皆慕中国，代与吐蕃为仇，臣故知其可招也。"

癸亥，遣回纥使者合阙将军归，许以咸安公主妻可汗，归其马价绢五万匹。

吐蕃寇华亭及连云堡，皆陷之。甲戌，吐蕃驱二城之民数千人及邠、泾人畜万计而去，置之弹筝峡西。泾州恃连云为斥候，连云既陷，西门不开，门外皆为虏境，樵采路绝。每收获，必陈兵以扞之，多失时，得空穗而已。由是泾州常苦乏食。

资治通鉴

【译文】之后回纥可汗派使前来上奏就自称儿、臣，李泌和他们规定的五项事，全部听命服从。唐德宗非常高兴，对李泌说："回纥怎么会对卿这样服从啊？"李泌说："这全是陛下的威严所致，臣又能有什么能力？"唐德宗说："回纥是已和好了，又怎么能征服云南、大食、天竺呢？"李泌说："和回纥和好以后，吐蕃就已不敢再轻举妄动地侵犯了。之后再去说服云南，那就相当于是斩断吐蕃的右臂。云南自从汉朝之后就臣服于中原，只因杨国忠没有缘故地去侵犯他们，致使他们反叛，而臣服于吐蕃，却苦于吐蕃严苛的赋役，没有一天不想重新附属大唐。大食在西域是最强大的国家，从葱岭直到西海，领土几乎占了半个天下，而和天竺都倾慕中原，世代和吐蕃为仇，因此臣知晓这三个国家都是能说服的。"

癸亥日（十三日），遣送回纥使臣合阙将军返国，并将咸安公主许配给可汗为妻，偿还马价折合五万匹丝绢。

吐蕃侵入寇华亭及连云堡，都被他们攻占了。甲戌日（二十四日），吐蕃赶着两城的数千壮丁，及邠、泾数以万计的人畜离开，而把这些人畜安放在弹筝峡的西边。泾州本来是靠着连云堡瞭望敌兵，连云堡既被攻占，泾州城西门就关闭了起来，西城门外就是敌人侵占的地方，砍柴割草都受阻。每逢收获季节，都得先列好兵阵，借以保护防卫，因此在时间上常有拖延；致使禾麦过熟脱落，只割些空穗回来罢了。此后泾州经常苦于粮食不够。

冬,十月,甲申,吐蕃寇丰义城,前锋至大回原,邠宁节度使韩游瑰击却之。乙酉,复寇长武城,又城故原州而屯之。

妖僧李软奴自言:"本皇族,见岳、渎神命己为天子。"结殿前射生将韩钦绪等谋作乱。丙戌,其党告之,上命捕送内侍省推之。李晟闻之,遽仆于地曰:"晟族灭矣!"李泌问其故,晟曰:"晟新罹谤毁,中外有家人千馀,若有一人在其党中,则兄亦不能救矣。"泌乃密奏:"大狱一起,所连引必多,外间人情恟惧,请出付台推。"上从之。钦绪,游瑰之子也,亡抵邠州。游瑰出屯长武城,留后械送京师。壬辰,腰斩钦奴等八人,北军之士坐死者八百馀人,而朝廷之臣无连及者。韩游瑰委军诣阙谢,上遣使止之,委任如初。游瑰又械送钦绪二子,上亦宥之。

吐蕃以苦寒不入寇,而粮运不继。十一月,诏浑瑊归河中,李元谅归华州,刘昌分其众五千归汴州,自馀防秋兵退屯凤翔、京兆诸县以就食。

【译文】 冬天十月,甲申日(初四),吐蕃侵略丰义城,前锋部队到达大回原时,被邠宁节度使韩游瑰击败;乙酉日(初五),再侵略长武城,又重筑原州城屯兵防守于城中。

妖僧李软奴自称原是皇族,看见五岳四海的神仙,让他做天子;认识了殿前射生将韩钦绪等人,图谋造反。丙戌日(初六),被他们自己的党羽揭发,唐德宗下诏把他们逮捕送内侍省审问。李晟听闻此事,当即摔倒在地说:"我李晟要亡族了!"李泌问他是怎么回事。李晟说:"我最近遭人诽谤,家人在京城内外有一千多人,假如有一个参与乱党之中,那连老兄你都救不了我了。"李泌因此密奏:"这件造反重案一开始审问,被牵连的人必定很多,外间百姓惊恐不安,请将此案交给御史台审讯。"

唐德宗采纳了他的意见。韩钦绪是韩游瓌的儿子，逃到了邠州；那时韩游瓌领兵出屯在长武城，留后将韩钦绪押解返回京师。壬辰日（十二日），腰斩了李软奴等八人，北军将士被牵扯处死的有八百多人，而朝廷大臣没一个受牵连的。韩游瓌弃军前往京师谢罪，唐德宗派人去阻挠了他，仍将军权委任于他，一如往初。韩游瓌又将韩钦绪的两个儿子押送来京，唐德宗也赦免了他们。

吐蕃因不忍天寒地冻而没再侵略，但是官军粮食接续不上；十一月，下诏浑瑊领兵回河中，李元谅返回华州，刘昌带部分士兵回汴州，其他的防秋部队退守凤翔、京兆各县，就地取食。

十二月，韩游瓌入朝。

自兴元以来，至是岁最为丰稔，米斗直钱百五十、粟八十，诏所在和籴。

庚辰，上畋于新店，入民赵光奇家，问："百姓乐乎？"对曰："不乐。"上曰："今岁颇稔，何为不乐？"对曰："诏令不信。前云两税之外悉无它徭，今非税而诛求者殆过于税。后又云和籴，而实强取之，曾不识一钱。始云所籴粟麦纳于道次，今则遣致京西行营，动数百里，车摧牛毙，破产不能支。愁苦如此，何乐之有！每有诏书优恤，徒空文耳！恐圣主深居九重，皆未知之也！"上命复其家。

【译文】十二月，韩游瓌入朝。

从兴元年间以来，今年的收获最为丰富，米一斗价格只一百五十，粟八十，下诏各地官员和百姓议价购买。

庚辰日（初一），唐德宗在新店狩猎，驾临百姓赵光奇家，问他说："百姓的生活安和吗？"赵光奇回答说："不安和。"唐德宗说："今年大丰收，生活怎会不安和呢？"赵光奇说："因诏令无信。之前说是除了两税之外，不再征集其他任何赋税，现今不征税然而官府的苛责比赋税还重。之后又说由官方和百姓议价购买粮粟，然而事实上是强取豪夺，从没看见给过一个钱。当时说是官府购买的粟麦都集中储存在各道中，现在却要送到京西行营，动辄数百里，车毁马亡，百姓破产而无力支付。担忧愁苦到这般地步，还有什么安和可言？每次有诏书从优救济，不过是说说罢了！只怕皇上深居宫内，对这些事情，全都不知吧！"唐德宗下令免除赵光奇一家赋役。

【乾隆御批】人君视间阎疾苦不啻若赤子疴瘁，呼吸相关。德宗既知非税诛求及和籴之重为民累，即当速为改纮，以拯穷檐愁苦，乃仅复光奇一家，而于诸弊政毫不检察，不几如孟氏"见牛未见羊"之诮耶。

【译文】君主审察民间疾苦不止和同百姓的痛痒息息相关。唐德宗既然知道不属于两税的搜刮跟和籴加重百姓的负担，就应当迅速改变法纮，拯救穷苦百姓的忧愁和困苦，但他仅仅免除赵光奇一家的徭役赋税，对于其余的诸多弊政丝毫不加以检查，这跟孟子"见牛未见羊"的责备不是很相近吗？

◆臣光曰：甚矣唐德宗之难寤也！自古所患者，人君之泽壅而不下达，小民之情郁而不上通；故君勤恤于上而民不怀，民愁怨于下而君不知，以至于离叛危亡，凡以此也。德宗幸以游猎得至民家，值光奇敢言而知民疾苦，此乃千载之遇也。固当按有司之废格诏书，残虐下民，横增赋敛，盗匿公财，及左右谄谀日称民间丰乐者而诛之。然后洗心易虑，一新其政，屏浮饰，废虚文，谨号令，敦诚信，察真伪，辨忠邪，矜困穷，伸冤滞，则太平之业可致矣。释此不为，乃复光奇之家。夫以四海之广，兆民之众，又安得人人自言于天子而户户复其徭赋乎！◆

李泌以李轩奴之党犹有在北军未发者，请大郝以安之。

【译文】 ◆臣司马光说：唐德宗确实太难令他觉醒了！自古以来引以为患的，就是君上的恩德受阻而不能下达给百姓，百姓的疾苦积郁在心而无从上达；因此君主虽担忧百姓疾苦，然而百姓并不感激君上的恩惠，百姓心内的疾苦忧愤，君主一无所知，致使离心背叛，而危害国家，甚至因此灭国，全是这种原因啊。德宗幸亏趁游猎的机会驾临民家，恰好又遇到一个敢于直言而且深知百姓疾苦的赵光奇，这确实是千载难逢的机会。本应暗查主管官员违反诏令，虐待百姓，滥行职权，征收赋敛，窃取公财，以及左右亲近阿谀奉承、只会称赞民间丰收、生活安和的奸佞，一律严加惩罚；之后幡然改图，革新政令，摒弃浮华，废除虚文，整饬号令，重视诚信，检查真伪，明忠辨奸，怜悯民穷，洗雪冤苦，那才能建立起万世太平的基业。舍此而不为，竟然只免掉赵光奇一家赋役。天下之大，百姓之多，又怎么可能人人都有机会向天子陈说，而家家都免掉他们的赋役呢? ◆

李泌以为李轩奴的党羽还有些在北军中未被发现的，因此请求降旨大赦来安慰民心。

贞元四年（戊辰，公元七八八年）春，正月，庚戌朔，赦天下，诏两税等第，自今三年一定。

李泌奏京官俸太薄，请自三师以下悉倍其俸。从之。

壬申，以宣武行营节度使刘昌为泾原节度使。甲戌，以镇国节度使李元谅为陇右节度使。昌、元谅，皆帅卒力田，数年，军食充羡，泾、陇稍安。

韩游瑰之入朝也，军中以为必不返，饯送甚薄。游环见上，盛陈筑丰义城可以制吐蕃；上悦，遣还镇。军中忧惧者众，游环忌都虞候虞乡范希朝有功名，得众心，求其罪，将杀之。希朝奔凤翔，上召之，置于左神策军。游环帅众筑丰义城，二版而溃。

二月，元友直运淮南钱帛二十万至长安，李泌悉输之大盈库。然上犹数有宣索，乃敕诸道勿令宰相知。泌闻之，惆怅而不敢言。

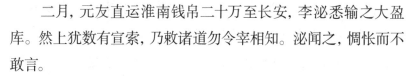

【译文】贞元四年（戊辰，公元788年）春天正月，庚戌朔日（初一），大赦天下；诏令上缴两税贫富的等级，自今每三年测定一次。

李泌因京官待遇微薄，上表请从三师以下所有依原俸增加一倍；照准。

壬申日（二十三日），更派宣武行营节度使刘昌为泾原节度使。甲戌日（二十五日），更派镇国节度使李元谅为陇右节度使。刘昌、李元谅都带领着士兵勤奋耕作，多年之后，军中粮食充足，泾、陇一带渐渐安定。

韩游瑰入朝之时，军中上下以为他必不会再回去了，因此送行的赠遗很薄。韩游瑰拜谒唐德宗时，力陈修建丰义城可以抵挡吐蕃；唐德宗很高兴，就派遣他回邠州驻守。军中大多数人担忧不已，韩游瑰忌恨都虞候虞乡人范希朝德高望重，深入人心，就想加他个罪名，将他斩杀。范希朝逃到了凤翔，唐德宗召他入京，而将他安排在左神策军中。韩游瑰带领军众修建丰义城，才只二版四尺高就坍塌了。

二月，元友直押送淮南征收的钱帛二十万到达长安，李泌全部送入大盈库储存。然而唐德宗还是不断地派遣宦官为使宣旨要取，竟勒令各道不要让宰相知晓。李泌闻言，感慨不已却不敢再说什么。

◆臣光曰：王者以天下为家，天下之财皆其有也。阜天下之财以养天下之民，己必豫焉。或乃更为私藏，此匹夫之鄙志也。古人有言曰：贫不学俭。夫多财者，奢欲之所自来也。李泌欲弭德宗之欲而丰其私财，财丰则欲滋矣。财不称欲，能无求乎！是犹启其门而禁其出也！虽德宗之多僻，亦泌所以相之者非其道故也。◆

咸阳人或上言："臣见白起，令臣奏云：'请为国家扞御西陲。正月，吐蕃必大下，当为朝廷破之以取信。'"既而吐蕃入寇，边将败之，不能深入。上以为信然，欲于京城立庙，赠司徒，李泌曰："臣闻'国将兴，听于人。'今将帅立功而陛下褒赏白起，臣恐边臣解体矣！若立庙京城，盛为祈祷，流闻四方，将长巫风。今杜邮有旧祠，请敕府县葺之，则不至惊人耳目矣。且白起列国之将，赠三公太重，请赠兵部尚书可矣。"上笑曰："卿于白起亦惜官乎！"对曰："人神一也。陛下倘不之惜，则神亦不以为荣矣。"上从之。

【译文】◆臣司马光说：君主以天下为家，天下所有的钱财都是他的。让天下的财物丰盈富裕以养天下百姓，君王定能享受安乐。假如君主竟积累私产，储存于府藏之中，这与小民百姓的志向有何区别？古人曾说这样的话：贫苦的人不必学而能自然节约。说起来财物一多，奢华的欲望就跟着萌发了。李泌想要阻止唐德宗的私欲而为他积累私财，私财越多，那欲望就越大了。钱财不能满足欲望，难道不设法索取吗？李泌这样做，相当于是替他开了门，而阻止他从这道门出入一样啊！即使是唐德宗的

520

行为有多不端正，李泌用来辅佐他的方法也有失正道，才会这样的啊。◆

咸阳有个人上书说："臣遇到了白起，他要我上表说：'请让我为国家保护西方边塞。明年正月，吐蕃定会大举东下，到时我必能替朝廷打败他们，以证明我今日要此人传说的话不假。'"不久吐蕃入侵，被边将击败，而没能深入内部。唐德宗以为这个人说的话确实不错，就想在京城中建庙，祭祀白起，并追赠白起为司徒。李泌说："臣听闻：'要想兴复国家，定然要借重人力。'现今将帅立功，而陛下竟然褒奖封赏白起，臣恐怕戍边将士要离心了！假如在京城立庙，经常拜祭祈祷，传闻于四方，那无形中就滋长巫祝的风气，现今杜邮有祭祀白起的旧祠在那里，请下令府县重新修建，就不至于耸人听闻了。再说白起是诸侯国中的大将，追赠他位列三公的官位也太重了，请追赠他个兵部尚书也就行了。"唐德宗笑着说："卿对白起也吝啬赠以高位吗？"李泌说："对人对神都一样。陛下假如不重视官位，那神仙受封也不会引以为荣了。"唐德宗就顺从了他。

【康熙御批】 白起即当褒赠，而因或人虚诞之言亦非政体。况起之残忍好杀，不可以缋俎豆，而风示将帅也。明甚。德宗之举有两失矣。

【译文】 白起就算应当受到褒赠，而根据人的虚诞之言就这么做也不符合为政之体。何况白起残忍好杀，不可以缋俎豆，以此来示范将帅是很明显的。唐德宗这一举动有两大过失。

【乾隆御批】 临阵战胜，神助间亦有之，若百姓诡称见形则妄矣。以边将却敌之功举而归之荒渺无凭之白起，岂可为训？泌请葺杜邮旧祠，而止京师立庙，虽为彼善于此，然以秦时亡将予赠唐

资治通鉴卷第二百三十三　唐纪四十九

官，而与三公较轻重，则亦未为得也。

【译文】　在战场上取得胜利，也有神人相助的事，如果居民诡谲地说看见神人的形象，那就是虚妄。把边疆将士击退敌人的功勋归之于虚无荒渺、没有根据的白起，岂能作为训示？李泌请求修葺杜邮的白起老旧祠堂，而制止在京城修建白起庙，虽说是彼善于此，然而给秦国死亡的将领追赠唐朝的官衔，而且跟三公比较高低，这也不能说合适啊。

泌自陈衰老，独任宰相，精力耗竭，既未听其去，乞更除一相。上曰："朕深知卿劳苦，但未得其人耳。"上从容与泌论即位以来宰相，曰："卢杞忠清强介，人言杞奸邪，朕殊不觉其然。"泌曰："人言杞奸邪而陛下独不觉其奸邪，此乃杞之所以为奸邪也。倘陛下觉之，岂有建中之乱乎！杞以私隙杀杨炎，挤颜真卿于死地，激李怀光使叛，赖陛下圣明窜逐之，人心顿喜，天亦悔祸。不然，乱何由弭！"上曰："杨炎以童子视朕，每论事，朕可其奏则悦，与之往复问难，即怒而辞位，观其意以朕为不足与言故也。以是交不可忍，非由杞也。建中之乱，术士豫请城奉天，此盖天命，非杞所能致也！"泌曰："天命，他人皆可以言之，惟君相不可言。盖君相所以造命也。若言命，则礼乐刑政皆无所用矣。纣曰：'我生不有命在天！'此商之所以亡也！"上曰："朕好与人较量理体：崔祐甫性褊躁，朕难之，则应对失次，朕常知其短而护之。杨炎论事亦有可采，而气色粗傲，难之辄勃然怒，无复君臣之礼，所以每见令人忿发。馀人则不敢复言。卢杞小心，朕所言无不从。又无学，不能与朕往复，故朕所怀常不尽也。"对曰："杞言无不从，岂忠臣乎！夫'言而莫予违'，此孔子所谓'一言丧邦'者也!"上曰:"惟卿则异彼三人者。朕言当,卿有喜色;不当,常有忧色。虽时有逆耳之言,如向来纠及丧邦之类。朕细思之,皆卿先事而言,如此则理安,如彼则危乱,言虽深切而气色和顺,无杨炎之陵傲。朕问难往复,卿辞理不屈,又无好胜之志,直使朕中怀已尽屈服而不能不从,此朕新以私喜于得卿也。"泌曰:"陛下能用相尚多,今皆不论,何也?"上曰:"彼皆非所谓相也。凡相者,必委以政事,如玄宗时牛仙客、陈希烈,可以谓之相乎!如肃宗、代宗之任卿,虽不受其名,乃真相耳。必以官至平章事为相,则王武俊之徒皆相也。"

【译文】 李泌自陈年迈体衰,独自一人担负宰相,精神耗尽,既然不恩准请求他告老还乡,因此另外再设置一位宰相。唐德宗说:"朕知道卿的辛苦,只是没有适合的人选罢了。"唐德宗因此从容地和李泌说起自从他登位以来的历代宰相:"卢杞忠诚廉洁、刚强耿直,一般人都说卢杞奸佞,朕实在不这样认为。"李泌说:"大家都说卢杞奸佞,只有陛下不这样觉得,这就是卢杞之所以奸佞的地方了。如果陛下早就发现他奸佞,怎会发生建中之乱呢?卢杞因私恨斩杀杨炎,排斥颜真卿而将他置诸死地,惹怒了李怀光而逼迫他造反,全赖陛下明察而将他贬官流放,致使人心大快,而上天也因此悔恨降祸天下。不然的话,那场灾祸又怎能消弭得了!"唐德宗说:"杨炎简直就把朕当成小孩子看待,每次商讨大事,朕恩准他的奏表他就高兴,和他辩明事理,他就置气辞官;看他的意思,就以为朕是不配和他讨论,才会这样子的。因而彼此无法忍受,并不是卢杞的缘由啊。建中之乱,术士事先就请扩大奉天城,这确实也是天命,而不是卢杞所能致使的啊!"李泌说:"天命,别人都能这样说,只有君相不能这么说。因为君相是造就命数的人啊。假如将一切归为天命，那礼乐制度、刑法政治都用不着了。纣王说：'我生下来难道就赋有天命的吗？'这就是商朝灭亡的缘故啊！"唐德宗说："朕喜欢和人讨论治国的要则：崔祐甫性格褊狭急进，朕一加反问，应对就失去条理，朕素知他的这缺点而有意偏袒着他。杨炎论事也每有可采取之处，但气势神色粗暴骄傲，质难于他就勃然大怒，而不再顾及君臣间的礼节，因此每次看见他就不由得怒气丛生。其他的人就都不敢再讲话了。卢杞总是小心谨慎的，朕说什么他没有不顺从的；又没有知识，不能和朕来往辩论，因此我的意愿常无法和他畅所欲言。"李泌说："卢杞对陛下的说法没有不服从的，难道还能以为他是忠臣吗？说到'我说什么都不违背我的说法'，这就是孔子所说的'一句话足够覆灭邦国'啊！"唐德宗说："唯有卿和他们三人不同。朕说得对，卿就高兴；说得不对，卿就经常担忧。即使经常说些让朕听不顺耳的话，就比如刚才说到商纣及灭亡邦国一类的话。朕细细想想，卿都是在事没发生之前就说出来的话，无非是说明像这样都能安邦定国，像那样就将发生祸乱，话虽说得恳切但态度神色温和，没有半点杨炎那样盛气凌人、态度骄傲的样子。朕反复问难于卿，卿在说话道理上绝不屈服，但又没有必要争胜的心思，一直让朕把心里的意思全说了出来，服从于卿而不得不从，因此朕常暗喜能有幸得卿这样的贤臣啊。"李泌说："陛下所任命的宰相还有好几位，都没提及，是为什么呢？"唐德宗说："他们都不能算得上是宰相的。所谓宰相，一定是委以政务的才算。比如玄宗时的牛仙客、陈希烈，能称得上是宰相吗？再如肃宗、代宗重用卿，即使未受有宰相的名号，却是真正的宰相啊。假如必须要说是官拜平章事就是宰相了，那么王武俊之类的人就全是宰相了。"

【康熙御批】天下托命于人主，而相职佐君以有为。故朝廷振作则庆流宗社，泽被蒸民。非时命所得而主也。李泌云，"惟君相不可言命。"确是实理。

【译文】上天托付百姓给君主，而宰相就要辅佐君主以有所作为。所以朝廷振作就会给国家带来福佑，德泽百姓。这不是时命所得而主宰的，李泌说："只有君主和臣相不可以谈论命运。"确是实理。

刘昌复筑连云堡。

夏，四月，乙未，更命殿前左、右射生曰神威军，与左、右羽林、龙武、神武、神策号曰十军。神策尤盛，多戍京西，散屯畿甸。

福建观察使吴诜，轻其军士脆弱，苦役之。军士作乱，杀诜腹心十馀人，逼诜牒大将郝诚溢掌留务。诚溢上表请罪，上遣中使就赦以安之。

乙未，陇右节度使李元谅筑良原故城而镇之。

云南王异牟寻欲内附，未敢自遣使，先遣其东蛮鬼主骠旁、苴梦冲、苴乌星入见。五月，乙卯，宴之于麟德殿，赐赉甚厚，封王给印而遣之。

【译文】刘昌重新修建连云堡。

夏天四月，乙未日（十八日），更改殿前左、右射生为神威军，和左右羽林军、龙武军、神武军、神策军号称十军，神策军的兵力非常强大，一大半驻守在京西，其余的分别驻守于京畿。

福建观察使吴诜轻蔑他手下的士兵力量微薄，而逼迫他们做各种苦工。士兵们因此作乱，斩杀吴诜的心腹十几个人，逼迫吴诜上奏请由大将军郝诚溢接管留后的职位。郝诚溢上书请罪，唐德宗派遣宦官为使到他的任所安慰他。

乙未日（十八日），陇右节度使李元谅重修良原县故城而驻守于城中。

云南王异牟寻想要内附，不敢私自派遣使臣，而先派东蛮鬼主骠旁、苴梦冲、苴乌星入朝拜见。五月，乙卯日（初八），唐德宗赐宴于麟德殿，奖赏非常优渥，都封了王位赐予印信而后送他们返回。

辛未，以太子宾客吴凑为福建观察使，贬吴诜为涪州刺史。

吐蕃三万馀骑寇泾、邠、宁、庆、鄜等州。先是，吐蕃常以秋冬入寇，及春多病疫退。至是，得唐人，质其妻子，遣其将将之，盛夏入寇。诸州皆城守，无敢与战者，吐蕃俘掠人畜万计而去。

夏县人阳城以学行著闻，隐居柳谷之北，李泌荐之。六月，征拜谏议大夫。

【译文】辛未日（二十四日），派遣太子宾客吴凑为福建观察使，而将吴诜贬降为涪州刺史。

吐蕃骑兵三万余人大举入侵泾、邠、宁、庆、鄜等州。在此之前，吐蕃经常在秋冬季节入侵，到了春天便因多半士兵感染疾病而撤退。而今，却因为吐蕃俘虏了很多唐人，拘禁他们的妻儿为人质，派吐蕃大将带领着唐人，在盛夏入侵；各州都据城驻守，而没有敢出城迎战的，吐蕃俘虏了数以万计的人畜而离开。

夏县人阳城以饱学诗书闻名，隐居在柳谷北边，李泌向唐德宗举荐他；六月，备礼征召，拜他为谏议大夫。

韩游瓌以吐蕃犯塞，自戍宁州。病，求代归。秋，七月，庚戌，加浑瑊邠宁副元帅，以左金吾将军张献甫为邠宁节度使，陈许兵马使韩全义为长武城行营节度使。献甫未至，壬子夜，游瑰不告于众，轻骑归朝。戌卒裴满等惮献甫之严，乘无帅之际，癸丑，帅其徒作乱，曰："张公不出本军，我必拒之。"因剽掠城市，围监军杨明义所居，使奏请范希朝为节度使。都虞候杨朝晟避乱出城，闻之，复入，曰："所请甚契我心，我来贺也！"乱卒稍安。朝晟潜与诸将谋，晨勒兵，如乱卒谓曰："所请不行，张公已至邠州，汝曹作乱当死，不可尽杀，宜自推列唱帅者。"遂斩二百馀人，帅众迎献甫。上闻军众欲得范希朝，将授之。希朝辞曰："臣畏游瑰之祸而来，今往代之，非所以防窥觎，安反仄也。"上嘉之，擢为宁州刺史，以副献甫。游瑰至京师，除右龙武统军。

【译文】韩游瑰由于吐蕃进犯，自己驻守在边塞宁州，因病而请求派人代替，辞职归朝。秋天七月，庚戌日（初五），晋升浑瑊为邠宁副元帅，派遣左金吾将军张献甫为邠宁节度使，并调派陈许兵马使韩全义为长武城行营节度使。张献甫还没到任接替，壬子日（初七）深夜，韩游瑰未曾告诉军众，就轻装便骑回朝去了。士兵裴满等害怕张献甫治军严苛，于是就乘着军中无帅的时机，在癸丑日（初八），带领他的伙伴们起来动乱，扬言："张公本不是出自朔方军的，他来接替部众，我们绝对拒绝。"因此掠夺城市，围攻监军杨明义的住所，威胁他奏报派范希朝来做节度使。都虞候杨朝晟先前已出城避祸，听说这事，又进城来，对裴满等乱卒说："你们的要求正合我意，我是来提前祝贺的！"乱卒才逐渐平静下来。杨朝晟暗地里和诸将商议好了计策，于是在第二天早上，部署好了士兵之后，集合乱卒对他们说："你们的要求是不可能的，张公已经到达邠州，你们这伙人谋反作乱，本应该都处死，然而不会将你们全都斩杀，你们最好主动把领头号召起事及最先响应的人举报出来。"于是就杀了二百多人，之后率领着士兵们去迎接张献甫。唐德宗听闻士兵们想请范希朝去做节度使，就想派范希朝去。范希朝推托着说："臣因害怕韩游瑰嫁祸于臣而来，现今去接替他，这不是防范窥探觊觎、安抚造反暴乱的上策啊。"唐德宗对他甚为赞赏，因此升任他为宁州刺史，做张献甫的副帅。韩游瑰到达京师之后，改派他做右龙武统军。

资治通鉴

振武节度使唐朝臣不严斥候，己未，奚、室韦寇振武，执宣慰中使二人，大掠人畜而去。时回纥之众逆公主者在振武，朝臣遣七百骑与回纥数百骑追之，回纥使者为奚、室韦所杀。

九月，庚申，吐蕃尚志董星寇宁州，张献甫击却之。吐蕃转掠鄜、坊而去。

元友直句检诸道税外物，悉输户部，遂为定制，岁于税外输百馀万缗、斛，民不堪命。诸道多自诉于上，上意寤，诏："今年已入在官者输京师，未入者悉以与民；明年以后，悉免之。"于是，东南之民复安其业。

【译文】振武节度使唐朝臣没能严密伺敌，己未日（十四日），奚、室韦侵略振武，捉拿了宫中派遣的宣慰使二人，大肆掠夺人畜而后离开。当时有一大批回纥人来迎接公主的正在振武，唐朝臣便派遣七百骑兵和回纥的数百骑追赶，结果回纥的使臣也被奚、室韦他们斩杀。

九月，庚申日（十六日），吐蕃尚志董星侵略宁州，被张献甫击败。吐蕃便转寇鄜、坊，大肆掠夺后离开。

元友直典查各道所征收两税之外的钱财，全都运交户部，于是就成了定法，每年于两税以外，还要征收银钱一百多万缗、米粮一百多万斛，导致民不聊生。各道大半自行上书，唐德宗这才发觉，因此下诏："今年已征收存入于官府的钱财，全都运到京师来，还没存入官府的全部还给百姓；明年以后，全部停征。"于是东南一带的人民，生活才又安稳下来。

回纥合骨咄禄可汗得唐许婚，甚喜，遣其妹骨咄禄毗伽公主及大臣妻并国相、跌跌都督以下千馀人来迎可敦，辞礼甚恭，曰："昔为兄弟，今为子婿，半子也。若吐蕃为患，子当为父除之！"因詈辱吐蕃使者以绝之。冬，十月，戊子，回纥至长安，可汗仍表请改回纥为回鹘，许之。

吐蕃发兵十万将寇西川，亦发云南兵。云南内虽附唐，外未敢叛吐蕃，亦发兵数万屯于泸北。韦皋知云南计方犹豫，乃为书遗云南王，叙其叛吐蕃归化之诚，贮以银函，使东蛮转致吐蕃。吐蕃始疑云南，遣兵二万屯会川，以塞云南趣蜀之路。云南怒，引兵归国。由是云南与吐蕃相猜阻，归唐之志益坚。吐蕃失云南之助，兵势始弱矣。然吐蕃业已入寇，遂分兵四万攻两林骠旁，三万攻东蛮，七千寇清溪关，五千寇铜山。皋遣黎州刺史韦晋等与东蛮连兵御之，破吐蕃于清溪关外。

【译文】回纥合骨咄禄可汗承蒙唐室许婚，很高兴，便派他妹妹骨咄禄毗伽公主及大臣们的妻子与国相、跌跌都督等带领一千余人前去迎接可敦（回纥称皇后为可敦），辞令礼节非常尊敬，说："之前是兄弟相称，现在已经是女婿了，相当于是半个儿子。假如吐蕃为祸，做儿子的自然应该替父亲去消灭灾祸！"因此对吐蕃使臣大骂侮辱了一顿而给予拒绝。冬天十月，戊子日（十四日），回纥派遣使臣来长安，可汗上书请改回纥为回鹘，唐德宗也恩准了。

吐蕃发兵十万打算入侵西川，同时还派遣了云南的兵卒；云南虽然是依附了大唐，然而表面上还是不敢违背吐蕃，因此也只能发兵数万而驻守于泸水以北。韦皋知晓云南正在犹豫徘徊之中，于是就写了封信给云南王，叙说他背叛吐蕃归附王化的诚心，装在一个银质的盒子里，而让东蛮转送给吐蕃。吐蕃见信，才开始对云南有了疑心，因此派兵二万屯驻于会川，用以阻碍云南通向蜀方的道路。云南王大怒，就带兵回国去了。以后云南和吐蕃之间，双方相互猜忌，而画下了一条鸿沟，致使云南依附唐室的意愿更加坚定；吐蕃失掉了云南的帮助，兵势也就因此削减很多。然而吐蕃既已入侵，于是分派四万名士兵攻打两林、骠旁，三万人攻打东蛮，七千人侵犯清溪关，五千人侵略铜山。韦皋派遣黎州刺史韦晋等人和东蛮联合兵力抵抗，在清溪关外大败吐蕃。

庚子，册命咸安公主，加回鹘可汗号长寿天亲可汗。十一月，以刑部尚书关播为送咸安公主兼册回鹘可汗使。

吐蕃耻前日之败，复以众二万寇清溪关，一万攻东蛮。韦皋命韦晋镇要冲城，督诸军以御之。嶲州经略使刘朝彩等出关连战，自乙卯至癸亥，大破之。

【译文】庚子日（二十六日），册封咸安公主，晋加回鹘可汗为长寿天亲可汗的尊号。十一月，派遣刑部尚书关播为送咸安公主兼册封回鹘可汗使。

吐蕃以之前清溪关战败之耻，再次集合二万大军入侵清溪关，一万攻打东蛮；韦皋命韦晋驻守于要冲城，指导各路军队抵抗。而派嶲州经略使刘朝彩出关迎敌，从乙卯日（十一日）到癸亥日（十九日），连战连胜，大败吐蕃。

李泌言于上曰："江、淮漕运，自淮入汴，以甬桥为咽喉，地属徐州，邻于李纳，刺史高明应年少不习事，若李纳一旦复有异图，窃据徐州，是失江、淮也，国用何从而致！请徙寿、庐、濠都团练使张建封镇徐州，割濠、泗以隶之。复以庐、寿归淮南，则淄青惕息而运路常通，江、淮安矣。及今明应幼騃可代，宜征为金吾将军。万一使它人得之，则不可复制矣。"上从之。以建封为徐、泗、濠节度使。建封为政宽厚而有纲纪，不贷人以法，故其下无不畏而悦之。

横海节度使程日华薨，子怀直自知留后。

吐蕃屡遣人诱胁云南。

【译文】 李泌对唐德宗说："江、淮水运到汴，以甬桥为咽喉，甬桥属于徐州，于李纳的辖区相邻，刺史高明应年少而不习军事，假如李纳一旦突然改图而有二心，窃取了徐州，就相当于失掉了江、淮，国家的费用将何从获取？请调派寿、庐、濠都团练使张建封驻守徐州，割濠、泗二州隶属于他，而将寿、庐二州仍归隶淮南，那淄青就知惕惧而不敢再有反叛的行为，水运道路可保证畅通，而江、淮一带也就平安无事了。趁现在高明应年少无知，还可派人去接替他，应该征召他来朝，委任他做金吾将军。一旦徐州被别人占领了去，就无法加以制止了。"唐德宗顺从了他。因此派张建封为徐、泗、濠节度使。张建封为政宽大而有法度，凡犯下法令，格杀勿论，绝不宽松，因此他的部下对他没有不尊敬拥戴的。

横海节度使程日华去世，他的儿子程怀直自己代为留后，处理军事。

吐蕃多次派人去云南，极尽其威逼利诱之能事。

贞元五年(己巳,公元七八九年)春,二月,丁亥,韦皋遗异牟寻书,称:"回鹘屡请佐天子共灭吐蕃,王不早定计,一旦为回鹘所先,则王累代功名虚弃矣。且云南久为吐蕃屈辱,今不乘此时依大国之势以复怨雪耻,后悔无及矣。"

戊戌,以横海留后程怀直为沧州观察使。怀直请分景城、弓高为景州,仍请朝廷除刺史。上喜曰:"三十年无此事矣!"乃以员外郎徐伸为景州刺史。

【译文】 贞元五年(己巳,公元789年)春天二月,丁亥日(十四日),韦皋致函异牟寻说:"回鹘多次主动请求帮助天子一起消灭吐蕃,大王你如果不及早决定,万一被回鹘抢先一步,那大王你累世的功绩就都浪费了。而且云南长期受吐蕃的侮辱,现今不趁此机会依附着大国的势力来报仇雪恨,将来就追悔莫及了。"

戊戌日(二十五日),派遣横海留后程怀直为沧州观察使。程怀直奏请划分横海辖区中的弓高、景城另置景州,并请求朝廷委派刺史。唐德宗高兴地说:"三十年来没有过这种事了!"因派遣员外郎徐伸为景州刺史。

中书侍郎、同平章事李泌屡乞更命相。上欲用户部侍郎班宏,泌言宏虽清强而性多凝滞,乃荐窦参通敏,可兼度支盐铁;董晋方正,可处门下。上皆以为不可。参,诞之玄孙也,时为御史中丞兼户部侍郎;晋为太常卿。至是泌疾甚,复荐二人。庚子,以董晋为门下侍郎,窦参为中书侍郎兼度支转运使,并同平章事。以班宏为尚书,依前度支转运副使。

参为人刚果峭刻,无学术,多权数,每奏事,诸相出,参独居后，以奏度支事为辞，实专大政，多引亲党置要地，使为耳目。董晋充位而已。然晋为人重慎，所言于上前者未尝泄于人，子弟或问之，晋曰："欲知宰相能否，视天下安危。所谋议于上前者，不足道也。"

【译文】 中书侍郎、同平章事李泌多次请求另加宰相。唐德宗曾想委任户部侍郎班宏，李泌说班宏虽然廉洁耿直，然而性格迟钝呆滞，因此推举窦参，说他通情达理，聪明敏捷，并可兼任度支盐铁职位；董晋为人刚正，可将他安置于门下省。唐德宗都以为不妥。窦参是窦诞的玄孙，当时任职御史中丞兼户部侍郎；董晋任职太常卿。一直推托到了现在，李泌病重，又再次举荐这两个人。庚子日（二十七日），于是委任董晋为门下侍郎，窦参为中书侍郎兼度支转运使，一并晋加同平章事。而派遣班宏为户部尚书，仍兼任度支转运副使。

窦参为人刚正果断，严肃苛刻，没有什么学识，然而颇有权术。每次奏事，和几位宰相一起出来，窦参都走在最后，常以上奏度支事务为借口，事实上是想独揽国政大权，起用了很多亲戚党羽高居要职，当作他的耳目。董晋只不过充位罢了。然而董晋为人小心，在唐德宗面前所讲的话，从来没泄露让外人知晓过，子弟有时问他，董晋只说："要想知晓宰相有没有能力，只要看天下是否安危就行了。在唐德宗面前的谋事，是不能和外人道的。"

【乾隆御批】 *泌知卢杞之奸，而不知窦参之不可用，可谓见目而不见睫者。且斯时朝臣之望，莫逾陆赞，何以不一齿？及知人之明，泌犹难言之，况其他哉。*

【译文】 李泌知道卢杞的奸邪，却不知道窦参不能担当大任，可谓看得见眼睛,而看不见眼睫毛。况且当时朝廷大臣中声望最高的,莫过于陆贽,为什么他不推荐录用?谈到知人的贤明,李泌还难说有此美名,何况其他方面呢?

三月,甲辰,李泌薨。泌有谋略而好谈神仙诡诞,故为世所轻。

初,上思李怀光之功,欲宥其一子,而子孙皆已伏诛。戊辰,诏以怀光外孙燕八八为怀光后,赐姓名李承绪,除左卫率胄曹参军,赐钱千缗,使养怀光妻王氏及守其墓祀。

冬,十月,韦皋遣其将王有道将兵与东蛮、两林蛮及吐蕃青海、腊城二节度战于嶲州台登谷,大破之,斩首二千级,投崖及溺死者不可胜数,杀其大兵马使乞藏遮遮。乞藏遮遮,虏之骁将也,既死,皋所攻城栅无不下。数年,尽复嶲州之境。

易定节度使张孝忠兴兵袭蔚州,驱掠人畜。诏书责之,逾旬还镇。

琼州自乾封中为山贼所陷,至是,岭南节度使李复遣判官姜孟京与崖州刺史张少迁攻拔之。

【译文】三月,甲辰日(初二),李泌去世。李泌有才华,但因为喜欢说些神仙诡异的事,因此被世人看不起。

当时,唐德宗念及李怀光的功绩,而想赦免他一个儿子,然而子孙都已正法处斩;戊辰日(二十六日),因此下诏李怀光的外孙燕八八为李怀光的后裔,赐姓名为李承绪,调任他为左卫率胄曹参军,赐钱千缗,并令他奉养李怀光的妻子王氏,祭拜李氏墓园,祀拜宗庙。

冬天十月,韦皋派遣他部属中的大将王有道带兵和与东蛮、两林蛮及吐蕃的青海、腊城二节度战于嶲州的台登谷,大败敌军，斩杀二千多人，敌兵跳崖及入水淹死的数不清，并斩杀了他们的大兵马使乞藏遮遮。乞藏遮遮是胡虏英勇善战的一员大将，被杀之后，韦皋攻城略地，战无不胜；几年之内，收复了巂州全部的领土。

易定节度使张孝忠兴兵为祸，侵略蔚州，掠夺人畜；诏书严厉责备，过了十几天才领兵返回易定防区去。

琼州自乾封年中就被山贼攻占，直到现在，岭南节度使李复派遣判官姜孟京和崖州刺史张少迁领兵攻打，才收复回来。

十二月，庚午，闻回鹘天亲可汗薨，戊寅，遣鸿胪卿郭锋册命其子为登里罗没密施俱禄忠贞毗伽可汗。先是，安西、北庭皆假道于回鹘以奏事，故与之连和。北庭去回鹘犹近，回鹘诛求无厌，又有沙陀六千馀帐与北庭相依。及三葛禄、白服突厥皆附于回鹘，回鹘数侵掠之。吐蕃因葛禄、白服之众以攻北庭，回鹘大相颉干迦斯将兵救之。

云南虽贰于吐蕃，亦未敢显与之绝。壬辰，韦皋复以书招谕之。

【译文】十二月，庚午日（初三），听闻回鹘天亲可汗逝世，戊寅日（十一日），派遣鸿胪卿郭锋册封他儿子为登里罗没密施俱录忠贞毗伽可汗。此前，安西、北庭都给回鹘借路来京奏报，因此都和回鹘联系。北庭离回鹘更近，回鹘对他们的索要，贪得无厌，又有沙陀六千多个营帐和北庭相连。到了三葛禄、白服突厥都依附了回鹘之时，回鹘也一再地侵略他们。吐蕃因此借葛禄、白服的兵卒去攻打北庭，回鹘大相颉干迦斯带兵救援北庭。

云南即使背叛了吐蕃，还是不敢光明正大地和吐蕃断绝来往。壬辰日（二十五日），韦皋再度封书招抚云南。

贞元六年(庚午，公元七九〇年)春，诏出岐山无忧王寺佛指骨迎置禁中，又送诸寺以示众，倾都瞻礼，施财巨万；二月，乙亥，遣中使复葬故处。

初，朱滔败于贝州，其棣州刺史赵镐以州降于王武俊，既而得罪于武俊，召之不至。田绪残忍，其兄朝，仕李纳为齐州刺史。或言纳欲纳朝于魏，绪惧；判官孙光佐等为绪谋，厚赂纳，且说纳招赵镐取棣州以悦之，因请送朝于京师。纳从之。丁酉，镐以棣州降于纳。三月，武俊使其子士真击之，不克。

回鹘忠贞可汗之弟弑忠贞而自立，其大相颉干迦斯西击吐蕃未还，夏，四月，次相帅国人杀篡者而立忠贞之子阿啜为可汗，年十五。

【译文】 贞元六年(庚午，公元790年)春天，下诏请出岐山无忧王寺中侍奉的佛指骨奉放于宫禁中，之后又送到各庙寺中以示众僧，全城士女都前去瞻仰跪拜，施舍多达上万的钱财；二月，乙亥日(初八)，派遣宦官为使又奉于原先的地方。

起初，朱滔在贝州被击败后，他的棣州刺史赵镐举州归降于王武俊，之后开罪了王武俊，王武俊召他前去，赵镐拒不从命。田绪性格残暴，他哥哥田朝在李纳手下做齐州刺史。有人说李纳要护送田朝返回魏州，田绪害怕；判官孙光佐就替田绪出了个主意，要他厚礼行贿李纳，并且劝李纳招降赵镐占占领棣州来取悦李纳，因此请李纳将田朝押送到京师去；李纳采纳了。丁酉日(三十日)，赵镐以棣州投降于李纳。三月，王武俊派遣他儿子王士真去攻打棣州，没能攻克。

回鹘忠贞可汗的弟弟斩杀忠贞而自立为可汗，那时回鹘大相颉干迦斯率兵去迎战吐蕃还没返回。夏天四月，次相带领着国人斩杀篡位的忠贞的弟弟，而立忠贞的儿子阿啜为可汗，那时阿啜才十五岁。

五月，王武俊屯冀州，将击赵镐，镐帅其属奔郓州。李纳分兵据之。田绪使孙光佐如郓州，矫诏以棣州隶纳。武俊怒，遣其子士清伐贝州，取经城等四县。

回鹘颉干迦斯与吐蕃战不利，吐蕃急攻北庭。北庭人苦于回鹘诛求，与沙陀酋长朱邪尽忠皆降于吐蕃。节度使杨袭古帅麾下二千人奔西州。六月，颉干迦斯引兵还国，次相恐其有废立，与可汗皆出郊迎，俯伏自陈擅立之状，曰：“今日惟大相死生之。”盛陈郭锋所赍国信，悉以遗之。可汗拜且泣曰：“儿愚幼，若幸而得立，惟仰食于阿多，国政不敢豫也。”虏谓父为阿多，颉干迦斯感其卑屈，持之而哭，遂执臣礼，悉以所遗颁从行者，己无所受。国中由是稍安。、

【译文】五月，王武俊屯驻于冀州，打算出兵攻打赵镐，赵镐就带领着他的属下逃跑到郓州；李纳因此分派了一部分军队驻守棣州。田绪派遣孙光佐到郓州，改诏将棣州隶属于李纳；王武俊愤怒，便派遣他儿子王士清去攻打贝州，而攻占了经城等四县。

回鹘颉干迦斯和吐蕃的战争失利，吐蕃因此得以加急攻打北庭。北庭人深受回鹘索要之苦，因此和沙陀酋长朱邪尽忠都归降了吐蕃；节度使杨袭古率领部下两千人逃跑到了西州。六月，颉干迦斯领兵返国，次相恐他有废立可汗的举动，就和可汗一起出城郊迎接，跪地陈述私自拥立阿啜的罪名，说：“生死今日全凭大相惩罚。”而将郭锋册封忠贞可汗时所带来的器币摆列出来，全部献给颉干迦斯。可汗跪拜流着眼泪说：“儿愚

昧年少，若能有幸被立为可汗，只仰仗阿多提供衣食过活，绝不敢干涉国政。"胡虏称父亲为阿多，颉干迦斯被他的卑微感动，抱起他来，流下了眼泪，于是依臣属的礼节向阿啜行礼，而将奉献给他的全部器币，分赏给了从行出战的士兵，自己一点都没接纳。国中此后渐渐安稳了下来。

秋，颉干迦斯悉举国兵数万，召杨袭古将复北庭，又为吐蕃所败，死者大半。袭古收馀众数百，将还西州，颉干迦斯绐之曰："且与我同至牙帐，当送君还朝。"既而留不遣，竟杀之。安西由是遂绝，莫知存亡，而西州犹为唐固守。

葛禄乘胜取回鹘之浮图川，回鹘震恐，悉迁西北部落于牙帐之南以避之。遣达北特勒梅录随郭锋偕来，告忠贞可汗之丧，且求册命。先是，回鹘使者入中国，礼容骄慢，刺史皆与之钧礼。梅录至丰州，刺史李景略欲以气加之，谓梅录曰："闻可汗新没，欲申吊礼。"景略先据高垄而坐，梅录俯偻前哭。景略抚之曰："可汗弃代，助尔哀慕。"梅录骄容猛气索然俱尽。自是回鹘使至，皆拜景略于庭，威名闻塞外。

【译文】秋天，颉干迦斯动员全国数万大军，打算收复北庭，又被吐蕃击败，士兵死了一大半。杨袭古集合了数百名残兵，打算回西州去的时候，颉干迦斯骗他说："先和我一起到牙帐去一下。"到达牙帐之后便把他拘禁下来而遣送他回去，最后竟将他斩杀。安西的信息从此断了，不知存亡与否，而西州仍然由唐室将领驻守着。

葛禄乘胜攻打回鹘的浮图川，回鹘大为惊动惶恐，而将西北部落都迁移到牙帐南边去躲避；同时派遣达北特勒梅录跟随郭锋一起来京，奏报忠贞可汗逝世的事，并请册封阿啜为可冬，十月，辛亥，郭锋始自回鹘还。

十一月，庚午，上祀圆丘。

上屡诏李纳以棣州归王武俊，纳百方迁延，请以海州易之于朝廷。上不许。乃请诏武俊先归田绪四县，上从之。十二月，纳始以棣州归武俊。

【译文】冬天十月，辛亥日（十九日），郭锋从回鹘返回京城。

十一月，庚午日（初八），唐德宗在圜丘祭天。

唐德宗一再命令李纳将棣州返还给王武俊，李纳想尽办法拖延，而要求朝廷用海州来交换棣州；唐德宗不许。于是李纳又请求诏令王武俊先返还田绪所占领的四县，唐德宗允许了。十二月，李纳才将棣州返还给王武俊。

贞元七年(辛未，公元七九一年)春，正月，己巳，襄王僙薨。

二月，癸卯，遣鸿胪少卿庾铤册回鹘奉诚可汗。

戊戌，诏泾原节度使刘昌筑平凉故城，以扼弹筝峡口。浃辰而毕，分兵戍之。昌又筑朝谷堡。甲子，诏名其堡曰彰信，泾原稍安。

初，上还长安，以神策等军有卫从之劳，皆赐名兴元元从奉天定难功臣，以官领之，抚恤优厚。禁军恃恩骄横，侵暴百姓，陵忽府县，至诟辱官吏，毁裂案牍。府县官有不胜忿而刑之者，朝笞一人，夕贬万里，由是府县虽有公严之官，莫得举其职。市井富民，往往行赂寄名军籍，则府县不能制。辛巳，诏：神威、六军吏士与百姓讼者，委之府县，小事牒本军，大事奏闻。若军士陵忽府县，禁身以闻，委御史台推覆。县吏辄敢笞辱，必从贬谪。

【译文】 贞元七年（辛未，公元791年）春天正月，己巳日（初八），襄王李僙去世。

二月，癸卯日（十二日），派遣鸿胪少卿庾铤前去册立回鹘奉诚可汗。

戊戌日（初七），命令泾原节度使刘昌重建平凉故城，以抑制弹筝峡口；十二天就重建完成，而分派将士据城驻守。刘昌又修筑了朝谷堡；甲子日（三月初四），下诏赐名该堡为彰信；泾原一带也渐渐平定了。

之前，唐德宗返回长安之后，因神策等军队有随从护驾的功劳，都赐名为兴元元从奉天定难功臣，派官领校，待遇甚为优渥。于是禁军依仗着宠信而骄傲横行，压榨虐待百姓，欺压府县，甚至谩骂侮辱官员，毁坏档案文书。府县官员有不胜怨恨而对禁军用刑的，早上鞭笞一个禁军，晚上就会有被朝廷贬低流放到万里之外去的官员，此后府县中虽有公正严明的官员，也不容他们尽心政务了。市井中富裕的人，经常行贿，寄名于军籍，府县对他们便无法加以管理。辛巳日（三月十二日），唐德宗颁发诏书："神威、六军官兵若有和百姓兴讼的事，一律授权于府县审理，小事牒知本军，严重的事故则奏报朝廷。假如军士凌压府县，囚困之后上奏，交给御史台究办审核。县吏假如擅自用刑鞭笞，必依法贬官。"

癸未，易定节度使张孝忠薨。

安南都护高正平重赋敛，夏，四月，群蛮酋长杜英翰等起兵围都护府，正平以忧死。群蛮闻之皆降。五月，辛巳，置柔远军于安南。

端王遇薨。

韦皋比年致书招云南王异牟寻，终未获报。然吐蕃每发云南兵，云南与之益少。皋知异牟寻心附于唐，讨击副使段忠义，本阁罗凤使者也。六月，丙申，皋遣忠义还云南，并致书敦谕之。

【译文】癸未日（三月十四日），易定节度使张孝忠去世。

安南都护高正平收取赋税太过苛刻，夏天四月，群蛮酋长杜英翰等因此举兵围攻都护府，高正平因担忧愤怒过度而死，群蛮听闻就都归降了。五月，辛巳日（二十二日），安置柔远军于安南。

端王李遇去世。

韦皋接连不断致书招降云南王异牟寻，始终没收到回信。然而吐蕃每次调动云南的士兵，云南派出的越来越少。韦皋深知异牟寻一心想要依附于唐，征讨副使段忠义，原是阁罗凤派来的使臣。六月，丙申日（初七），韦皋派段忠义回云南，并致书诚恳告谕异牟寻。

秋，七月，戊寅，以定州刺史张升云为义武留后。

庚辰，以虔州刺史赵昌为安南都护，群蛮遂安。

八月，丙午，以翰林学士陆贽为兵部侍郎，馀职皆解。窦参恶之也。

吐蕃攻灵州，为回鹘所败，夜遁。九月，回鹘遣使来献俘。冬，十二月，甲午，又遣使献所获吐蕃酋长尚结心。

福建观察使吴凑，为治有声，窦参以私憾毁之，且言其病风。上召至京师，使之步以察之，知参之诬，由是始恶参。丁酉，以凑为陕虢观察使以代参党李翼。

【译文】秋天七月，戊寅日（十九日），派遣定州刺史张升云为义武留后。

庚辰日（二十一日），派遣虔州刺史赵昌为安南都护，群蛮因此没再作乱。

八月，丙午日（十八日），任命翰林学士陆贽为兵部侍郎，其他的职务全部罢免；因为窦参厌恶他。

吐蕃攻打灵州，被回鹘击败，连夜逃跑而去。九月，回鹘派使臣前来献俘。冬天十二月，甲午日（初八），又派使臣前来献上所虏获的吐蕃酋长尚结心。

福建观察使吴凑，颇有政绩，声名大著，窦参因和他有私仇而诽谤他，并说他患有风湿症，浑身麻痹；唐德宗将他召到京师，让他走几步路看看是否确实那样，一看之下，知晓是窦参诬赖他，从此讨厌窦参。丁酉日（十一日），派吴凑为陕虢观察使以代替窦参的党羽李翼。

睦王述薨。

吐蕃知韦皋使者在云南，遣使让之。云南王异牟寻给之曰："唐使，本蛮也，皋听其归耳，无它谋也。"因执以送吐蕃。吐蕃多取其大臣之子为质，云南愈怨。

勿邓酋长苴梦冲，潜通吐蕃，扇诱群蛮，隔绝云南使者。韦皋遣三部落总管苏峞将兵至琵琶川。

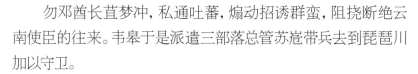

【译文】睦王李述去世。

吐蕃听闻韦皋派遣使臣在云南，就派使前来加以斥责。云南王异牟寻欺骗他说："唐朝派遣的使臣，本是蛮人，韦皋依他自己的意思，将他放回来罢了，并没有其他的图谋啊。"因此把来使拘捕遣回到吐蕃。吐蕃又要求了很多位云南大臣的儿子为人质，云南对吐蕃更加恼恨。

勿邓酋长苴梦冲，私通吐蕃，煽动招诱群蛮，阻挠断绝云南使臣的往来。韦皋于是派遣三部落总管苏峞带兵去到琵琶川加以守卫。